U0921055

LOCAL GOVERNMENT INVESTMENT AND FINANCING
AND ITS SUSTAINABILITY

地方政府投融资
及其可持续性

刘立峰◎著

图书在版编目（CIP）数据

地方政府投融资及其可持续性 / 刘立峰著 . —北京：中国发展出版社，2015. 7（2016. 6 重印）

ISBN 978-7-5177-0346-4

Ⅰ. ①地… Ⅱ. ①刘… Ⅲ. ①地方政府—投融资体制—研究—中国 Ⅳ. ①F832. 7

中国版本图书馆 CIP 数据核字（2015）第 133500 号

书　　　名：地方政府投融资及其可持续性
著作责任者：刘立峰
出 版 发 行：中国发展出版社
（北京市西城区百万庄大街 16 号 8 层　100037）
标 准 书 号：ISBN 978-7-5177-0346-4
经　销　者：各地新华书店
印　刷　者：北京科信印刷有限公司
开　　　本：700mm × 1000mm　1/16
印　　　张：23. 25
字　　　数：362 千字
版　　　次：2015 年 7 月第 1 版
印　　　次：2016 年 6 月第 2 次印刷
定　　　价：50. 00 元

联 系 电 话：（010）68990630　68990692
购 书 热 线：（010）68990682　68990686
网 络 订 购：http：//zgfzcbs. tmall. com//
网 购 电 话：（010）88333349　68990639
本 社 网 址：http：//www. develpress. com. cn
电 子 邮 件：bianjibu16@ vip. sohu. com

序　言

2014 年，我国广东和福建的人均 GDP 首次突破了 1 万美元大关。再加上原来的北京、天津、上海、浙江、江苏、内蒙古，全国已有 8 个省份人均 GDP 超过 1 万美元。2013 年，全国经济总量前 30 个城市中，只有重庆等 4 个城市人均 GDP 低于 1 万美元。从经济总量看，2014 年，广东省 GDP 达 6.78 万亿元，江苏省以 6.51 万亿元紧随其后，排名第三的山东省 GDP 达 5.94 万亿元，距离突破 6 万亿也只有一步之遥。这三个省区的经济规模均可以排在当年世界各国的第 16 位。地方经济发展是我国经济发展的有机组成部分，地方经济发展也是推动我国整体经济不断向更高水平迈进的动力源泉。

2011 年，国家发展改革委宏观院与斯坦福大学亚太经济研究中心举办学术交流活动，两位美国大学教授预测中国经济在 2012 ~ 2013 年会降到 5% 以下。笔者在会上提出，中国有 300 多个地级市、2800 多个县、4 万多个乡镇，这些地方政府是比一般市场主体能量更强大的经济体。地方政府不仅是经济社会的管理者，也是投资环境的建设者，更是经济的直接参与者，市场主体的投融资活动往往是在地方政府的诱导与推动下进行的，许多在其他国家看来不可能实现的投资项目，在中国的地方政府支持下却能够顺利建成并发挥效益。除人口红利、改革红利、全球化红利以外，地方政府竞争红利也是支撑中国经济长期高速增长的重要因素。

2010年7月，富士康正式签约入驻郑州航空港区；2011年3月，第一条手机生产线就已正式投产。在过去的3年中，全球iPhone的3/4来自郑州航空港区。要知道，富士康科技园的基础设施、厂房甚至员工宿舍的投资均来自于地方政府，资金额甚至占总投资的一半左右。近几年，重庆按照“整机+配套”的垂直整合发展模式，相继引进了惠普、宏碁、华硕、富士康等电脑巨头，形成了庞大的电脑产业集群。目前，全球四台笔记本电脑中有一台是“重庆造”。重庆政府也在基础设施和园区建设上投入了巨资，保证了企业的物流成本不会高于沿海地区。有人认为这些都不是地方政府应该干的，是地方政府过度干预市场，但是，这可能恰恰是中国经济发展的特色与成功所在，我们很难用单一标准评价地方政府的行为。

地方政府是我国投融资体制机制创新主体。在单一制的中央集权国家，地方政府的权力受到中央政府的严格限制。在我国，土地、财税、金融等重要领域的管理权均高度集中在中央政府，体制改革也是自上而下的，地方政府可以操作的空间很小。地方政府不得不在夹缝中求得生存和发展，因此，地方政府融资平台应运而生。正如中国人民银行官员所述：“不能不说，地方融资平台是地方政府天才般的创造，这是在市政债等‘正门’不开情况下，地方政府创造出的一条路。相当于地方政府把一个小窗户弄成一扇门。[①]”尽管当前融资平台也面临着转型发展的重要任务，但是，未来地方政府投资公司仍然可能是公共投资的重要主体。

许多西方经济学家认为，地租应作为政府收入的一个来源并由政府保留。如果按市场价格将土地等公共资产租给企业家，而不是卖掉或直接送掉，社会主义市场经济就能更加良好地运行。笔者在东南亚的泰国、印尼等国考察时发现，这些国家的地方政府也想搞产业园区，但是，那又是非

① “地方政府融资要开正门”，《21世纪经济报道》，2009年9月22日。

常困难的事情。因为土地都是私人的，地方政府必须按照市场价格从私人手中拿地；而地方政府手中缺少必要的公共资源可以出租或出售，也就没有资金进行园区的基础设施建设。因此，东南亚国家的产业集聚和集群发展就非常困难。而在中国，土地的公有制保障了地方政府在拥有土地资源的同时也获得了资本性投资的资金来源，地方政府可以通过土地批租和抵押贷款获得城镇化和工业化发展的资金。

与成熟市场经济国家相比，我国地方政府投资决策的一个重要特征就是效率高。在国外，公共项目的环境影响评价可能都没有做完，而在国内早已经建成使用了。许多专家和学者都认为，决策效率高是中国成功的关键。但是，问题在于，一旦过分强调效率，就必然要加强权威，这样就可能损害公众的权利。从上海、深圳等城市磁悬浮项目受到沿线公众反对而被长期搁置的情况看，那种只顾行政效率、只求雷厉风行的政府投资决策方式已经走到了尽头。让民众和专家充分参与，求得决策与民意的契合，才可能令决策畅行无阻。当然，民主是要使公共投资更具科学性与可行性，而不是无限制的扯皮，不是用极少数人的诉求绑架大多数人的利益，民主和效率的平衡点在于法治，要健全依法决策机制，促进社会公平与行政高效。

地方政府应该明白，老百姓把30% ~40%的收入交给了你，把土地等公共资源的处置和收益权交给了你，你拥有比其他国家地方政府更强大的权利和更优越的条件，你就必须提供出“性价比”更高的公共产品与服务，不断完善地区经济和社会发展环境，而不是拿着纳税人的钱搞形象工程和寻租腐败。从我国改革实践看，依靠自上而下的晋升激励和预算约束机制来规范地方政府行为是没有出路的。就像美国经济学家米尔顿·弗里德曼所说，“要把政府活动限制在应有的范围内，使政府成为我们的仆人而不让它变成我们的主人。①”什么是地方政府应该做的、必须做的，什

① 米尔顿·弗里德曼：《自由选择》，机械工业出版社2008年版，第25页。

么是政府不能做的、不许做的，要有明显的法律约束和社会监督。

2015 年 3 月，民生证券研究院的报告指出，34 个省市区地方政府推出的总额约 1.6 万亿元的 PPP 项目，实际签约落地的只有 13%，民间资本的积极性不高①。而在 PPP 应用最为成熟的英国，采用 PPP 模式的项目投资也只有公共项目的 20%。PPP 对我国的新型城镇化发展具有重大意义，发展空间仍然较大，但也不能过分夸大 PPP 的作用。在融资成本高、项目低收益、政策不配套、制度不完善的多重约束之下，PPP 项目对社会资本的吸引力不够。PPP 只是平滑了当期的财政支出压力，但是，不能从总量上降低政府支出和债务规模。就地方政府来讲，需要综合考虑采取 PPP 模式是否真正物有所值，政府中长期财力承受能力如何，以及项目对提升公共服务效率的作用，把握好 PPP 实施节奏，不能一哄而上。

债务负担不断增大仍然是地方政府投融资需要重点关注的问题，这关系到地方政府投融资的可持续性。尽管从总体看，地方政府债务相对规模仍在安全线以内，但是，点状或局部的风险因素却不容忽视，也会直接引起债券市场的恐慌。如果中央监管部门卡住了地方政府利用土地资源融资，以及其他市场融资渠道，则不单是增量融资问题，而且存量债务也会出现问题。用规范的地方债发行置换以往的短期债务是一个好办法，但是，如何满足不断增长的地方政府债务资金需求，现有债券市场能否承受，是否接受，仍然存在很多不确定性。因此，在允许地方政府发债的同时，允许其向银行直接借款，也是可以接受的融资方式。作为单一制的国家，地方自治程度很低，地方政府破产的可能性较低，但是，需要建立完善的地方财政重建机制。

中国犹如一只“黑天鹅”，对现有的社会学理论提出了挑战。执政党主导经济的弹性体制，加上一个快速增长的、具有国际竞争力的、融入全

---

① “PPP 项目签约不足两成　发改委国开行再刺激”，《经济观察报》，2015 年 3 月 22 日。

球分工体系的国民经济，使中国成为一个重要的、无法预测的异常案例①。中国的地方政府创新性的投融资活动及其对城镇化和工业化产生的巨大影响，也是一个“黑天鹅事件”。在这个过程中，地方政府愿意尝试和学习新事物，注重战略目标和规划的制定，敏锐捕捉突如其来的机会，直面不确定性的风险挑战；与此同时，中央政府给予地方政府一定的灵活发挥的空间，实施渐进改革、增量改革、试点推广、先行先试的策略，鼓励地方政府之间的竞争，形成可复制可推广的经验。因此，我们需要从全新的视角审视中国的地方政府。

本书是对我国地方政府投融资的系统性和实证性研究成果。2004 ~ 2005 年，笔者在四川省的一个地级市政府挂职两年，对地方政府的行为方式和运作模式有了更新鲜的感受。近十年来，笔者在中国社会科学院研究生院为硕士生和博士生讲授政府投资学课程，对地方政府投融资理论和案例有了更多的积累。我所承担的国家开发银行以及地方政府的课题大多涉及地方政府投融资问题，使我对地方政府投融资的现状和发展趋势有了更清晰的认识。本书共分为九章，包括地方政府投融资概论及发展阶段、规模和结构、投资行为、投资决策、公私合作、融资平台、土地财政、融资工具、债务风险及危机处置等方面的内容。

刘立峰

2015 年 7 月

---

① 韩博天、裴宜理：“中国如何处理不确定性：游击式政策与适应性治理”，《比较》，2012 年第 6 期。

目　录

第一章　地方政府投融资概论及发展阶段 …… 1

一、地方政府投融资概论 …… 2

二、地方政府投融资发展阶段 …… 10

第二章　地方政府投资规模与结构 …… 25

一、地方政府投资情况 …… 26

二、城镇基础设施投资情况 …… 33

三、地方政府投资发展趋势 …… 49

附件：对4万亿投资计划的回顾与评价 …… 57

第三章　地方政府投资行为 …… 71

一、地方政府投资行为表现 …… 72

二、地方政府投资行为形成的原因 …… 82

三、地方政府投资行为规范 …… 89

附件1：川陕甘毗邻地区区域协作中的问题及发展构想 …… 90

附件2：新型城镇化进程中的若干问题 …… 96

第四章　地方政府的投资决策 …… 103

一、政府投资决策理论 …… 104
二、国外地方政府投资决策经验与启示 …… 114
三、我国地方政府投资决策案例 …… 122
四、我国地方政府投资决策及其规范 …… 132

第五章　地方政府投资的公私合作 …… 139

一、公私合作的理论描述 …… 140
二、城镇基础设施公私合作 …… 147
三、教育的公私合作 …… 163
四、养老服务的公私合作 …… 178

第六章　地方政府融资平台 …… 197

一、融资平台的内涵 …… 198
二、融资平台的地位和作用 …… 199
三、国外政府融资平台发展情况 …… 204
四、我国政府融资平台的发展状况 …… 213
五、我国融资平台的问题及趋势 …… 223

第七章　土地财政融资模式 …… 229

一、土地财政及其可持续性的内涵 …… 230
二、土地租金和税收理论 …… 232
三、土地财政产生的背景 …… 236

四、土地财政的规模与结构 …… 239
五、土地财政的作用及问题 …… 244
六、国外土地财政模式及启示 …… 250
七、我国土地财政的前景 …… 258

第八章 融资工具与产品创新 …… 267

一、基本融资工具分类与概念 …… 268
二、现有融资工具的发展状况 …… 279
三、地方政府融资工具运用 …… 290
四、金融体系完善及其对融资工具创新的影响 …… 300

第九章 债务风险、危机及其处置 …… 313

一、债务风险 …… 314
二、债务危机及其处置 …… 334
附件：A 市地方政府债务调研报告 …… 346

参考文献 …… 354

第一章

地方政府投融资概论及发展阶段

地方政府投融资就是地方政府为了实现其职能要求，满足社会公共需要，实现经济和社会发展战略，投入资金用以转化为实物资产的活动和过程。地方政府投融资对我国经济发展具有重要作用，有利于满足城市化和工业化的资金需求，有利于拓宽公共投资项目的资金来源，有利于不断推动体制和机制的创新。地方政府投融资改革与发展是我国经济改革与发展的重要组成部分，它推动了新型工业化、城镇化的深入发展，促进了中央与地方、政府与市场、政府与社会关系的变革，当然，也产生了一系列的投融资风险问题。

一、地方政府投融资概论

1. 地方政府及其特点

一个国家的政府可分为中央政府和地方政府。中央政府是管理一个国家全国事务的国家机构的总称，地方政府则是管理一个国家行政区事务的政府组织的总称。各国对地方政府概念的认识差异很大。在西方地方自治程度较高的国家，人们将地方政府视为地方自治；在中央集权的国家，人们称之为地方行政或地方政权。我国是中央集权国家，宪法规定：“地方各级人民政府是地方各级国家权力机关的执行机关，是地方各级国家行政机关。地方各级人民政府对上一级国家行政机关负责并报告工作。全国地方各级人民政府都是国务院统一领导下的国家行政机关，都服从国务院。”

总体来讲，地方政府具有双重性、区域性、服务性和层级性等特点。

双重性。一般来说，地方政府的角色都具有双重性的特点。一方面，地方政府是中央政府以下的区域性政府，它代表辖区内民众的利益，为辖区内的民众提供公共产品，对辖区经济社会进行管理；另一方面，地方政府也是中央政府的代表（在中央集权型的单一制国家）或国家的代表（在联邦制国家和分权型的单一制国家），它必须依法维护国家的利益。高层地方政府要受制于国家或中央的法律，中层地方政府和基层地方政府既要受制于国家或中央的法律，也要受制于上级地方政府法律。虽然各国的地方政府的权力配置存在较大差异，中央政府与地方政府的关系也因此而存在各种不同的模式，但是，上述两种角色基本上都是存在的。

区域性。地方政府职能的区域性包括两方面内容：第一，权限所属仅限于特定的区域范围；第二，权限所及仅限于特定的区域性事务①。地方政府虽然被赋予许多权力，但是，行使这些权力的范围，仅限于它所管辖区域的对象与事务。世界上许多国家的地方选举中，都把该区域内的居民的居住期限作为地方选民的资格条件之一，这也从地方政府权力产生的角度说明了地方政府职能的区域性。另外，地方政府所管辖的事务受区域地理、人文特点不同而有所差别，必须因地制宜或按区域特征具体实施，其成效大多不直接影响全局或其他区域。即便是地方政府需要在更大区域范围寻求合作，其前提也是地方政府以自身的权限为起点。

服务性。服务是地方政府的主要职能特征。地方政府职能的设置与履行，从本质上说是行政为民，即地方政府为人民服务、为社会服务、为地方服务。服务型政府是对地方政府角色的准确定位。1997 年，世界银行在其发展报告中分析各国政府角色定位时指出，一个有效的政府对于提供商品和服务——以及规划和机构——是必不可少的，这些商品和服务可以使市场繁荣，使人民过上更健康、更快乐的生活②。在现代社会，地方政府在公共服务中的角色及其重要性已经发生很大变化，地方政府服务内容和方式的多变性已经成为大势所趋。地方政府需

① 沈荣华："我国地方政府职能的十大特点"，《行政论坛》，2008 年第 4 期。

② 世界银行：《变革世界中的政府》，中国财政经济出版社 1997 年版，第 1 页。

要更直接地面对服务对象的复杂需求，对其服务职能的要求也越来越增强。

层级性。世界各国由于国土面积以及政治、经济和社会背景不同，各自的地方行政层级设置也有很大差别。在当今近200个独立国家中，除少数国家只设一级地方政府外，大多数国家的地方行政层级实行两级制或三级制。从主要发达国家的地方行政层级设置看，美国在全国政府之下设有州级政府和地方政府两个层次；日本的地方行政区划包括都道府县和市町村两个层级；德国在联邦政府之下设有州、县（市）和乡（镇）等地方政府；法国的地方行政层级实行大区、省和市镇三级制。英国地方政府构成较为复杂，根据2005年英国选举产生的地方政府情况，第一层为郡、大都市、大伦敦地区政府，第二层为郡属区、城市区政府，第三层教区和城镇议会。我国的地方行政层级设置存在着两级制、三级制和四级制等三种形式①。

2. 地方政府职能定位

公共部门经济学认为，市场失灵是政府存在的前提条件。正是由于市场在资源配置、收入分配和经济稳定方面的失灵，因此就赋予了政府三大职能：资源配置职能、调节分配职能和稳定经济职能。资源配置职能是指政府选择（决定）提供某种物品或服务并为之提供资金的职责和功能；收入分配职能是指政府为了实现社会公平对市场经济形成的收入分配格局予以调整的职责和功能；稳定经济职能是指政府具有保证国民经济稳定增长的职责和功能。与调节分配职能和稳定经济职能更强调中央政府的作为相比，资源配置职能具有较强的地域性，为了更好地体现因地、因事制宜，满足当地居民的服务偏好，地方政府在履行政府的资源配置职能方面应更有所作为。

公共产品特性与地方政府职能。区域性的公共产品包括地方行政、社会治安、文化、教育、消防、垃圾和污水处理、地方道路等。除此之外，某些跨地区

① 两级制只存在于直辖市的城区，三级制主要有省（自治区）—县（自治县、县级市）—乡（镇）等四种情况，四级制主要有省（自治区）—设区的市—县（自治县、郊区、县级市）—乡（民族乡、镇）等两种情况。

的大型水利项目，由于其收益产生外溢，应由中央政府帮助协调，有关的地方政府协作承担；一些大的社会公益项目，需要建立费用分担机制，其费用往往需要由两级或多级政府共同分担。上述公共产品和服务具有效用的不可分割性、消费的非竞争性、受益的非排他性的特性，因而无法阻止那些未出钱的人享受其好处，存在着“搭便车”问题。地方性公共品不可或缺，免费搭车者的问题又不可避免，就只有依靠强制性的融资方式来解决公共品的供给问题。对于地方性的公共产品来讲，地方政府一方面以征税等手段取得资金，另一方面又将征税取得的资金用于这些公共产品的供给。

外部效应的存在和地方政府职能。外部性是指一个经济主体在自己的活动中对其他人的福利产生了有利或不利影响。由于经济活动的某种后果没有得到市场的承认，当事者不必承担负外部效应所造成的损失，也无法从正外部效应中得到报酬，该经济活动的私人成本或私人收益与社会成本或社会收益便不一致。当存在溢出成本时，就会发生相关产品的过度生产，分配给该产品的资源过多；相反，如果存在溢出收益，就表明生产过少和资源分配不足。当外部效应影响了很多人或整个社会利益时，为了取得经济效率，也就需要政府出面干预。地方政府可以对产生外部成本（如污染）的活动征税，对那些对社会有益的活动提供补助或直接提供。如交通、水利等基础设施，具有正外部性，但由于投入资本大、周期长、收益小，私人投资不愿或者不能投资，地方政府必须加大投入。

收入再分配与地方政府职能。政府配置和市场配置存在本质的不同，市场配置恪守等价交换原则，强调的是要素配置的权利公平，人们收入的结果有赖于要素禀赋，但是，其结果通常有失公平。政府配置以强制性的方式提供“有益需要”的社会公共品，创造公平的社会环境，减少个人间和地区间的收入差距，改善低收入人口生活状况。以基础教育、公共卫生、低收入住宅为代表的是具有收入再分配性质的公共产品，这些领域也是地方政府的重要职能范畴。地方政府通过加强本地区的公共投入可以有效提升基本公共服务水平，从而增加低收入者的实际所得，同时，提高其参与社会竞争的能力。20 世纪 60 年代以来，各国普遍重视教育、卫生、社会福利等人力资本投资，政府投资的再分配效应得到了普遍强化。

稳定经济增长与地方政府职能。对于新兴经济体来讲，要实现一定时期里的较快增长，地方政府在经济领域的广泛参与是不可缺少的。例如，地方政府要编制本地的经济发展规划、城市规划、土地规划以及各类专项规划，明确政府指导整体经济或专门领域发展的基本思路。地方政府要通过资本金投入、专项补助、政府采购等财政直接和间接投入方式，引导企业和社会资本投入本地区的重要部门，降低企业的生产和运营成本，提高政府资金的运作效率。无论是发达国家还是发展中国家，地方政府均提供招商引资的优惠条件，建设各种类型的产业园区，促进资本的集中和集聚，提高地区的核心竞争力。地方政府还要拓展区域间的经济合作，形成商品、资金、人力、信息的自由流动，推动基础设施建设的互联互通，促进旅游、生态、流域治理等项目的合作开发。

3. 地方政府投融资及其特点

地方政府投融资就是地方政府为了实现其职能要求，满足社会公共需要，实现经济和社会发展战略，投入资金用以转化为实物资产的活动和过程，通常是地方政府利用财政预算内资金、基金收入、上级政府补助、银行贷款、债券资金等内源资本和外源资金进行的固定资产投资活动，也包括地方政府利用其下属部门或直属公司、最终依托财政担保而进行融资后开展的投资活动。地方政府投融资具有自己的特点。

①依托政府资产和公共资源融资。运用自身拥有的资产（资源）进行融资是地方政府投融资活动的重要基础。地方政府一般都会加大对公共资源的统一管理，盘活各类公共资源，按照市场经济运作模式，引入市场机制，委托或授权政府性投资公司进行融资、建设、运营，并给予相关政策支持和相应投资补偿，在财政、税收等方面给予优惠，弥补项目资金不足，使公共资产更多地转化为价值形态和货币形态，使基础设施建设由简单的生产过程转变为资本运营过程，提高再融资能力和偿还能力。

②政府背景公司成为投资主体。地方政府通常会组建各类政府性公司进行市场化投融资，这些具有政府背景、市场运作的投融资公司成为地方政府实施公共

投资的主体。不只是中国，国外许多地方政府也建立有专门从事基础设施和公共服务设施投资与建设的政府性投资公司，分别从事道路、桥梁、电力、供水、垃圾和污水处理、学校、医院等设施建设。有的政府性投资公司达到了相当的市场化运作程度，并能够通过向银行贷款、发行企业债券等多种方式为地方政府项目融资。

③债务融资有利于实现代际公平。如果公共投资成本全部由当代人承担，而后代人只享受收益，则会形成成本—收益在不同代际的不公平，这会降低当代人投资公共产品和服务的积极性。而地方政府举债投资，可以通过提前使用未来的部分财政收入，让后代人通过偿还债务而与当代人一起承担基础设施的建设成本。当代人与后代人在为公共投资“掏腰包”的同时，都享有了经济社会更快、更好发展所带来的净收益。因此，合理、适度、有效的地方政府债务融资对当代与后代人来说是“双赢”的结果。

④公私合作拓展投资和运营空间。地方政府的财力有限，不可能单独承担公共项目的建设和运营，公私合作机制拓展了地方政府公共投资的空间。公私合作模式适用于政府负有提供责任又适宜市场化运作的公共服务、基础设施类项目。开展政府和社会资本合作，有利于创新投融资机制，拓宽社会资本投资渠道，增强经济增长内生动力；有利于推动各类资本相互融合、优势互补，促进投资主体多元化，发展混合所有制经济；有利于理顺政府与市场关系，加快政府职能转变，充分发挥市场配置资源的决定性作用。

4. 地方政府投融资的意义

地方政府不只是经济社会活动的管理者和行政权力的行使者，也是经济活动的参与者，公共服务的提供者，社会投资的引导者，地方政府投融资对我国改革与发展具有重要作用。

第一，有利于满足城市化和工业化的资金需求。我国城市化率每年以1%的速度快速增长，正处在城市化加速阶段。城市化进程和基础设施发展有着紧密的联系，地方政府需要进行大规模的基础设施投资。根据联合国的数据，发展中国家的市政公用设施投资应占国内生产总值的3%～5%，占住宅建设投资的50%～100%。如果按照GDP的3%～5%计算，2014年我国GDP达到63.6万亿元，城市市政公用设施投资额就应达到1.9万亿～3.2万亿元。我国正处于工业化中期向工业化后期过渡阶段，重化工业和劳动密集型产业的转型需要大量资金，电子信息、新能源等战略性新兴产业也需要大量资金，这些产业的发展也需要地方政府的支持。地方政府是我国城市化和工业化的主导力量，要满足日益增加的支出增长需要，就必须不断拓展融资渠道，完善投资方式，培育投资主体，创新金融工具。

第二，有利于拓宽公共投资项目的资金来源。地方政府是基础设施和公共服务投资主体，但是，许多地区的地方政府财力薄弱，只能维持经常性支出需要，单纯依靠现有地方政府财力进行公共项目的投入，财政必将不堪重负，城镇化和工业化的进程也必将放慢。地方政府投融资活动有利于整合公共和社会资源，盘活社会存量资本，激发民间投资活力，拓展企业发展空间，引导市场资金进入公共投资领域；有利于减轻地方政府财政支出负担，弥补公共投资资金需求与政府资金供给能力之间的缺口；有利于拓宽建设的投融资渠道、方式和工具，形成市场化程度更高、创新性更强、可持续的资金投入机制。市场化的地方政府投融资，还有利于平滑当期的财政支出压力，提高项目的运营效率，消化政府的债务。

第三，有利于不断推动体制和机制的创新。地方政府是我国投融资体制创新的主体，我国政府投融资的许多有益经验和做法都是由各级地方政府在实践中形成的。通过地方政府的投融资及其体制创新，可以进一步合理界定政府投资范围，优化政府投资投向；可以有效增强政府投资决策程序的公开透明，提高项目决策科学化、民主化水平；可以明确政府与市场边界，减少政府对微观事务的干预，实现政府职能由投资者、运营者向规则制定者、管制者的转变；可以改变政府管理方式，优化行政审批程度，促进政府管理体制创新；可以从法律的层面上规范和约束政府的行为，促进政府契约精神和诚信体系的建立。地方政府投融资活动对地方政府提出了更高的要求，是对政府转变职能、改革创新、依法行政的“倒逼”，有利于全面提高地方政府的公共管理能力。

5. 地方政府投融资的可持续性

可持续性（sustainability）一词来自拉丁语，意思是“维持下去”“能够支撑”或“保持继续提高”。对可持续性的概念可以从以下两个方面认识：第一，可持续性依赖发展，只有发展才能解决其他诸多问题，只有发展才能最终实现可持续。第二，可持续性强调限制与约束，即人类活动必须在长期承载力的极限之内。

可持续性是指一种可以长久维持的过程或状态。作为具有综合性和交叉性的研究领域，可持续发展涉及众多的学科。生态学家着重从自然方面把握可持续发展，理解可持续发展是不超越环境系统更新能力的人类的发展；经济学家着重从经济方面把握可持续发展，理解可持续发展是在保持自然资源质量和其持久供应能力的前提下，使经济增长的净利益增加到最大限度；社会学家从社会角度把握可持续发展，理解可持续发展是在不超出维持生态系统涵容能力的情况下，尽可能地改善人类的生活品质。地方政府投融资也有可持续性问题。

地方政府投融资的可持续性就是作为经济实体的地方政府投融资活动的存续状态或能力。从狭义或短期的角度看，地方政府投融资的可持续性在很大程度上等同于地方政府清偿资本性债务能力的可持续性，因此，地方政府债务负担水平经常被认为是衡量地方政府投融资是否可持续的主要指标。而从广义或长期的角度看，则需要从经济必要性和经济可能性两个方面分析地方政府投融资的可持续性问题。一方面，地方政府投融资规模扩张能够增强经济发展活力，增加具有增值能力的政府性资产，提高政府的债务可支付性和负担能力，从而实现政府投融资的可持续性。另一方面，如果地方政府投融资过度扩张，则可能使得政府收支面临的短期压力过大以至于无法保证政府基本职能的履行，而这将损害政府投融资可持续性。总体来讲，地方政府投融资的可持续性不具有短期的意义，而需要理解为长期的过程、道路、模式或战略。

二、地方政府投融资发展阶段

地方政府投融资改革与发展是我国经济改革与发展的重要组成部分，推动了新型工业化、城镇化、信息化、农业现代化的深入发展，反映了中央与地方、政府与市场、政府与社会关系的演变过程。我国地方政府投融资的历史进程大致可以划分为五个阶段。

1. 起步阶段（1978～1984 年）

这一时期，我国原有的“统收统支”的财政体制被打破，基本建设投资由传统的财政无偿拨款方式向有偿使用方式过渡。地方政府财权和事权都有所扩大，但是，地方政府投融资开始起步，财力仍较弱，融资渠道以财政资金为主。

从 1980 年开始实行“分灶吃饭”的财政体制，中央和地方的财政关系发生了很大的变化，财力分配由“条条”为主改为以“块块”为主。地方政府拥有了财政收入的“剩余索取权”，地方财政预算内基本建设投资、机动财力和预算外收入等成为地方政府扩大基建投入的重要资金来源。以“分灶吃饭”为基本特征的财政体制安排第一次使地方政府拥有了一定的财政自主权，在硬化财政约束的同时，开始强化地方政府在经济建设方面的责任。这一时期，地方财力比较薄弱，地方财政缺乏稳定的收入机制。由于财政几乎集中了全部社会资金，因而在地方政府投融资活动中，财政投资占据主导地位。

1979 年，国家决定在部分行业和地区选择投资少、见效快、利润高、条件较好的项目，进行建设资金由财政预算拨款改为银行贷款（“拨改贷”）的试点。以后，随着试点范围不断扩大，国家又决定从 1981 年开始，凡是实行独立核算、有偿还能力的企事业单位，进行基本建设所需投资，除尽量利用企业自有资金外，一律改为银行贷款。1982 年 5 月 1 日，国家计委、国家建委、财政部、建设银行发出《关于进一步实行基本建设拨款改贷款的通知》，重申对独立核算、有偿还能力的项目实行基本建设贷款制度。1984 年下半年的《建筑业和基本建设管理体制改革方案》进一步规定：国家投资的建设项目，都要按照资金延长使用的原则，该财政拨款为银行贷款。1982～1984 年间，“拨改贷”投资始终稳定在每年 30 亿元左右，“拨改贷”投资占全部投资的比重则在 10% 上下浮动。

“拨改贷”的意义不仅在于用有偿的办法管理财政投资，更在于它还成为大规模运用信用工具参与我国固定资产投资的先声，是投资市场化改革的重要一步。但是，银行资金融通的中介作用基本上没有得到发挥，“拨改贷”的资金也来自于政府财政资金。这一时期，中、农、工、建四大专业银行逐步设立。专业银行的突出功能是承担了大量的国家政策性任务，银行主要是依靠贷款指令性计划对经济建设所需资金进行分配，保证资金使用安全，在这样的体制下，银行只是充当财政的会计出纳，贷款按指令计划行事，使得银行不具有风险管理的功能。

为加快能源交通等制约经济发展的“瓶颈”行业的发展，1982 年 12 月，中共中央、国务院发布了《关于征集国家能源交通重点建设基金的通知》，决定从 1983 年开始，所有国有企事业单位、机关团体、部队和地方政府的各项预算外资金，以及城镇集体企业缴纳所得税后的利润，除国家免征项目外，一律按当年实际收入的 10%（后提高到 15%）征集，作为国家能源交通重点建设资金，确定为每年 40 亿元，全部上缴中央财政。地方超收留用部分，只能用于中央与地方合资项目和地方能源交通项目，这对弥补地方财政资金不足，增加国家重点建设资金来源起到了重要作用。

这一时期，在地方政府投资建设领域逐步开始探索推进市场化的进程。借鉴国际先进的技术经济评价方法，重新规范建设项目前期工作的程序、内容和工作深度，成立了中国国际工程咨询公司，将可行性研究报告及评估纳入了项目决策程序；为扭转“投资无底洞，工期马拉松”的局面，从 1980 年开始，建设项目开始试行投资包干责任制，建设单位等有关方面对国家计划确定的建设项目，按建设规模、投资总额、建设工期、工程质量、材料消耗和形成综合生产能力包干，实行责、权、利相结合的经营管理责任制。同时，对勘查设计单位推行技术经济承包责任制，推进建筑材料和设备供应单位的企业化经营。1982 年，国际上通行的建筑安装工程招标投标开始在我国试行，这一经验很快在全国推广。

2. 拓展阶段（1985 ~ 1992 年）

这一时期，投资体制改革逐步展开，地方政府开始掌握更大的投资审批权限，中央和地方的投资分工开始明确，地方政府通过预算外渠道和各种财政信用方式进行的财政融资越来越多。国家对银行贷款规模实行指令性计划管理，信贷资金财政化现象比较严重。

1984 年 10 月，中共十二届三中全会作出了《关于经济体制改革的决定》，决定加快以城市为重点的整个经济体制改革的步伐。投资领域的改革也随之展开。把固定资产投资分为指令性计划和指导性计划，缩小指令性计划，扩大指导性计划。实行指导性计划管理的投资包括地方、部门的自筹，国家统借、地方自还和地方、部门自借自还的国外资金安排的基本建设项目，由地方、部门负责平衡。下放项目审批权限，简化审批手续。国家进一步下放了技术改造、引进技术、技术开发项目的审批权限。对利用外资建设的项目，项目总投资的审批权限，对于不同类型的城市、地区都有所放宽。

1988 年，国务院颁布了《关于投资管理体制的近期改革方案》。方案明确提出改革中央政府对重点建设包揽过多的做法，对重大的、长期的建设投资实行分层次管理，加重地方的重点建设责任。总的原则是，面向全国的重要的建设工程，由中央或中央为主承担；区域性的重点建设工程和一般性的建设工程，由地方承担。地方投资的具体范围包括农业、林业、水利，本地区需要的能源、原材料工业、地方的交通运输、邮电通信设施，机电、轻纺工业，科技、教育、文化、卫生以及城市公用设施等的建设。方案还提出，按照上述划分的投资范围和中央、省区市两级的财力状况，将由中央承担的一批项目包括重点建设项目，转由地方承担，或由地方承担部分投资，共同建设。采取一些切实可行的经济办法，实行谁投资、谁得益的原则，调动地方兴办重点建设项目的积极性。

方案还提出，为保证重点建设有稳定的资金来源，建立基本建设基金制，基本建设基金分为经营性的和非经营性的。经营性基本建设基金不再由行业管理部门直接管理，而是由国家计委通过计划下达给国家专业投资公司，主要用于计划内的基础设施和基础工业重点工程。非经营性的投资，主要用于中央各部门直接举办的文化、教育、卫生、科研等建设和大江大河的治理。地方政府也陆续参照中央政府的做法，设立了所属的地方政府投资公司。地方政府专业投资公司既是从事固定资产投资开发和经营活动的企业，又是组织政府经营性投资活动的主体；既具有控股公司的职能，使资金保值增值，又要承担政策性投资的职能。

方案还调整了国务院主管部委和地方计委在投资方面的管理职能。国家专业投资公司建立以后，国务院各主管部委结合机构改革，转变职能，不再直接管理经营性项目投资，主要精力是搞好行业规划和管理，对归口行业大中型和限额以上项目的项目建议书提出初审意见，报国家计委，对中央投资为主的小型和限额以下具有一定规模的项目的立项进行审批；协同国家计委制订投资计划，以及检查、协调计划的执行。地方计委负责编制地方范围内中长期和年度的固定资产投资计划，按照两级调控的原则，做好建设规模与资金、物资以及投产后所需要的燃料、动力和原材料的平衡；按照行业规划，审批地方小型和限额以下项目的项目建议书；审批地方投资安排的大中型和限额以上项目的设计任务书和初步设计①。

为了稳定中央与地方的财政关系，进一步调动地方的积极性，国务院决定于1988～1990年期间，在原定财政体制的基础上，对包干办法进行改进，实行财政包干体制，地方政府支配自有财力的权限扩大。与此同时，中央政府也正式结束了为地方支出提供资金的责任。地方政府的职能从提供服务转变到为服务筹措资金。由于地方政府担负起了城市建设、社会管理、保障地方的社会福利和社会发展的重要职能，而且还肩负着辖区内相当庞大的国有资产所有者的职能②，因此，支出责任的调整在一定程度上超越了地方政府的财力和承受力。

---

① 国务院：《关于投资管理体制的近期改革方案》，1988年7月16日。

② 樊丽明：《中国地方政府债务管理研究》，经济科学出版社2006年版，第32页。

地方预算外资金规模迅速扩大。1985～1992年，地方预算外资金规模从1530亿元增至3855亿元，年均增长15.8%，预算外资金与预算内资金的比值由1.24上升到1.54。其中，行政事业性收费以及国有企业及主管部门收入膨胀的速度都比较快。行政事业性收费由233亿元增加到885亿元，国有企业及主管部门掌握的预算外资金由1253亿元增加到2878亿元。另外，地方财政部门自身掌握的预算外资金在这一期间也增长了1倍以上。地方预算外资金增长对弥补地方资金的供求缺口、增加地方政府投入方面发挥了一定的促进作用，但是，地方预算外资金膨胀造成的财政分配秩序混乱、资金的严重分散、财经纪律松弛等问题也越来越严重。

这一时期的银行体系由四大国有专业银行为主导，四大国有银行还不是独立的经济实体，而是国家集中社会资金的金融机构，受到政府的严格管制。不仅中央政府通过对国有银行及其信贷计划的严格管理控制着银行的金融资源，并将信贷资金分配给国有企业；而且，专业银行地方分支机构的广泛存在和地方性银行机构的大量设立，也为地方政府干预银行信贷活动提供了便利条件。地方政府有了金融控制诉求，整个金融市场变成了各级政府的“钱袋子”，金融业替代了财政和税收制度的功能，“信贷资金财政化”现象严重。

地方政府通过对地方金融资源的控制，使得地方财政能力通过上升的金融能力得以补充，银行信贷资金成为地方政府弥补财政投资资金不足的重要资金来源。1980年代中后期，我国兴起各种形式的农村合作基金会，地方政府对这一与自身关系更为密切的区域性非银行金融组织表现出极大的热情[①]，经常违背资金营运的基本规律，强行要求合作基金会为修路、办学、建医院等公益事业借款，这部分资金基本不能偿还，在很大程度上导致合作基金会最终被清理关闭[②]。

地方政府借用国外贷款始于1980年代中期，到1990年代中期达到高峰。主要包括世界银行、亚洲开发银行等国际金融组织贷款、外国政府贷款和由地方政府担保借款而形成的其他政府外债。在进行大规模基础设施建设而资金十分短缺

① 李静：“关于农村合作基金会的研究综述”，《中国农村观察》，2002年第6期。

② 1999年1月国务院发布3号文件，正式宣布全国统一取缔农村合作基金会。

的1980～1990年代，国外贷款极大地弥补了地方政府公共投资缺口。以世行贷款为例，1988年，我国和世界银行签订的贷款协议总额达到了17亿美元，仅次于印度和巴西，居第三位。除借用国际金融组织和外国政府贷款外，地方政府还广泛地到国际金融市场进行筹资。通过境外银行贷款、发行境外债券、使用出口信贷以及国际租赁等各种形式利用外资。

3. 转轨阶段（1993～2003年）

这一时期，地方政府在基础设施和公共服务领域的投资主体地位进一步强化，随着财权与事权关系的调整，地方政府需要为自己负责的公共服务融通更多资金，土地财政开始成为地方政府融资的依托，地方政府还不断探索多种市场化的融资方式。与此同时，商业银行改革进入加速发展阶段，地方政府投融资的外部约束增强。

1993年，《中共中央关于建立社会主义市场经济体制若干问题的决定》（下称《决定》）提出，要深化投资体制改革。竞争性项目投资由企业自主决策，自担风险，所需贷款由商业银行自主决定，自负盈亏，把这方面的投融资活动推向市场，国家用产业政策予以引导。基础性项目建设要鼓励和吸引各方投资参与。加重地方政府进行基础设施项目建设的责任，地方性的交通、邮电通讯、能源工业、农林水利设施和城市公用设施等的建设，按照“谁受益、谁投资”的原则，主要由所在地政府的投资主体承担。公益性项目建设，要广泛吸收社会各界资金，根据中央和地方事权划分，由政府通过财政统筹安排。除了特别重要的项目和必须由中央政府安排投资的项目由中央政府承担投资外，绝大部分项目应按受益范围由所在地方政府承担投资。

《决定》提出要积极推进财税体制改革，把现行地方财政包干制改为在合理划分中央与地方事权基础上的分税制，按税种划分中央、地方财政收入，使中央和地方财政都有稳定的收入来源，建立独立的分级预算，同时，按照财权与事权相统一的原则，明确各级政府的支出范围。实行分税制后，中央政府实现了财权上收和事权下放。在财权方面，中央财政收入从1992年的28.1%大幅度提高到

2002 年的 54.6%。在事权方面，中央逐步把更多的事权下放给地方，经常让地方以自有财力为代价来完成中央的任务。缺乏征税权和发现从上级政府获得的转移支付不可靠，地方政府不得不开辟新的资本金筹资渠道，"土地财政"逐渐成为一些地方政府用来缓解财政收入不足和筹集城市建设发展资金的重要手段。

1980 年代末至 1990 年代初，我国许多地方政府为了筹集资金修路建桥，都曾经发行过地方债券。有的甚至是无息的，以支援国家建设的名义摊派给各单位，更有甚者就直接充当部分工资。但是，到 1993 年，这一行为被国务院制止了，原因是中央政府对地方政府的财政兑付能力有所怀疑。此后颁布的《中华人民共和国预算法》第 28 条，明确规定"除法律和国务院另有规定外，地方政府不得发行地方政府债券"。但在 1998 年以后的国债投资建设项目中，有很多项目又是属于地方性的，根据收益原则，这部分项目的融资本应由地方负担。因此，采取由中央发专项国债再转借地方的办法，地方负责还本付息。如 2001 年中央代地方发行的国债为 400 亿元，2002 年代地方政府发行 250 亿元。这些国债转贷资金有力地支持了地方政府投资，但是，由于国债转贷地方是中央发债，地方使用，不列中央赤字，因此，转贷资金既不在中央预算反映，也不在地方预算反映，只在往来科目列示，不利于监督。同时，由于举借债务与资金使用主体脱节，责权不清，最终许多债务都被豁免了。

1995 年 7 月，《商业银行法》开始实施，国有银行从专业银行开始向商业银行转变，实行自主经营、自担风险、自负盈亏和自我约束的经营机制。1997 年，国有商业银行建立统一法人体制，加强了总行的信贷集中和资金调度，削弱了省分行权力，上收了县支行的信贷决策权限，改变了贷款分散决策局面，统一法人，统一风险管理。1995 年《商业银行法》颁布实施，商业银行与中央银行完全分离，商业银行作为经济实体的独立性得到加强。1994 年 3 月，国家开发银行正式成立，负责发放政策性固定资产投资贷款。国开行成立后，建设项目的政策性固定资产投资信贷业务从专业银行的信贷业务中分离出来，建设银行、工商银行、中国银行、农业银行等国有专业银行开始逐步向商业银行过渡。

在 1990 年代中后期积极财政政策和宽松货币政策的惯性作用下，地方政府普遍依赖向国家开发银行贷款进行基础设施建设。1998 年 8 月，国开行与安徽省签订了第一份金融合作协议。国开行率先采取以项目打捆、政府指定融资平台为统借统还借款法人的模式，对芜湖城市基础设施项目提供 10.8 亿元贷款。自此，国开行探索并建立了以“大额承诺，滚动计划，资金平台，融资拉动”为核心的开发性金融合作协议的基本模式。国家开发银行从培育融资平台做起，通过打捆的方式，把政府的财政信用、政府的协调优势转化为融资信用，通过开行的贷款过程提升政府融资平台的信用等级，扩大融资能力。这个过程既是支持经济发展的过程，又是制度和机制建设的过程。

地方政府融资平台源于 1980 年代末。当时，城市的现代化发展刚起步，为了缓解市政建设所需资金规模较大而政府财力相对不足的矛盾，部分地区的地方政府先后开办了“市政公司”、“城投公司”或“交通公司”等经济实体。1992 年 7 月，上海市成立了由政府授权、对城建资金进行筹措、使用和管理的城市建设投资开发总公司。至此开启了政府融资平台主导城市建设的先河。城市建设不再是政府统包统揽，而是由政府授权的专业融资平台以政府注资、银行贷款、企业举债的形式，通过吸引社会资金等多种办法，全方位筹措城市建设资金。1998 年亚洲金融危机之后，为了拉动地方经济增长，地方政府通过融资平台，借助地方政府信用，间接向国家开发银行等贷款进行基础设施建设，融资平台开始成为政府投融资的主体。

这一时期，信托业成为地方政府筹集资金、发展地方事业、直接从事经济活动的一个重要途径。因为有政府的全方位支持和保护，信托企业在国内拓展业务十分方便；又因为有政府背景甚至信誉担保，也容易从国外举借外债。信托企业的资金来源主要是中国人民银行的信贷资金和同业拆借，以及中国人民银行允许的信托和委托存款。地方政府通过自己的信托企业向外地其他信托企业、专业银行进行同业拆借，或者吸引他们直接向本地投资、贷款，从而在一定程度上绕开了中国人民银行的信贷规模控制。到 1998 年，全国有 244 家信托投资公司，资产达 6183 亿元。但是，官商性质的地方信托公司的发展并非健康，中国人民银行对其进行了多次整顿。1998 年 10 月，中国广东省国际信托投资公司发生债务危机，最终导致公司破产清算。2001 年 4 月，《信托法》出台，使地方政府与信托投资公司的关系建立在平等的商业基础之上。2002 年《信托投资公司资金信托管理暂行办法》实施后，资金信托业务得到快速、规范发展，很多基础设施项目通过资金信托计划获得融资，如5.5亿元的上海外环隧道项目建设信托计划、天津滨海新区3.5亿元基础设施建设信托等。

这一时期，地方政府更多通过资本运作吸引民间资金投入基础设施建设，投资与运营主体开始呈现多样化的特征。不断创新融资市场化方式，探索PPP融资方式，吸引民间资金。2001~2002年间，深圳、大连、成都分别颁布了投资体制改革方案，将城市基础设施和公共服务的主要领域向民营企业和外资开放。总投资118亿元的宁波杭州湾跨海大桥是国内第一家以地方民营企业为主体，投资超百亿的国家特大型交通基础设施项目。民营资本占股权的50%以上，共有17家省内民营企业凭着日益增强的经济实力进行投资入股。南京市采用合资、TOT、BOT三种模式，拿出了自来水总公司、煤气总公司和公交总公司的全部资产，以及4个污水处理厂处理项目等总计40亿元的资产对外公开招商。青岛市在流亭新机场建设中吸引东方航空公司入股，在污水处理方面与法国威望迪通用水务集团合资，在燃气管道项目上与香港中华煤气、壳牌公司合资。

4. 扩张阶段（2004~2011年）

这一时期，我国投融资体制已经形成了一整套改革思路，并开始系统推进。地方政府发展经济的冲动十分强烈，土地财政+政府性融资平台+政策性银行和国有商业银行的政府背景贷款成为地方政府投融资基本模式。2008年国际金融危机以后，地方政府融资平台规模迅速膨胀，地方政府债务风险也随之增加。

2004年7月，国务院颁布实施了《关于投资体制改革的决定》，首次提出了对企业投资和政府投资实行分类管理的改革理念，对政府投资运作实施全方位、全过程的管理和监督。明确规定政府投资主要用于关系国家安全和市场不能够有效配置资源的经济和社会领域。合理划分中央政府与地方政府的投资事权。编制政府投资的中长期规划和年度计划，统筹安排、合理使用各类政府投资资金，包括预算内投资、各类专项建设基金、统借国外贷款等。政府投资资金按项目安排，根据资金来源、项目性质和调控需要，可分别采取直接投资、资本金注入、投资补助、转贷和贷款贴息等方式。简化和规范政府投资项目审批程序，合理划分审批权限。按照项目性质、资金来源和事权划分，合理确定中央政府与地方政府之间、国务院投资主管部门与有关部门之间的项目审批权限。

这一时期，各类政府性投资公司作为政府授权基础设施和公共服务建设与经营的机构，地方政府以财政性资金注入、土地收益、国有资产存量以及赋予特许经营权等方式进行扶持，代替政府行使投融资职能，成为经济建设的平台和载体。以政府信用为背景的银行贷款成为地方政府主要融资渠道。各金融机构纷纷加大与政府的信用合作，建立政府授信平台，开展政府授信贷款、财政垫付性贷款等业务，以地方政府承诺，地方人大同意纳入地方财政预算确保还本付息的前提下，建立银政合作关系。特别是许多省市政府与国开行签订“银行和政府合作框架协议”，将地方市政、交通、环保等建设项目打捆纳入银政合作框架内，这无疑给地方政府注入了一针强心剂。

国际金融危机以后，地方政府融资平台进入快速扩张发展期。为配合4万亿元投资计划的实施，拓宽地方政府配套建设资金来源，2009年3月中国人民银行与银监会提出“支持有条件的地方政府组建投融资平台，拓宽中央政府投资项目的配套资金融资渠道”。短短一年多时间，地方政府融资平台数量快速增长，债务规模快速扩张。据统计，仅2009年，地方政府融资平台新增债务即达到3万亿~4万多亿元，债务增幅同比高达60%以上。县级政府融资平台大量增加，到2009年底，基本上全国每个县都有一个甚至多个融资平台。很多地方政府违背《预算法》和《担保法》等有关法律法规，通过承诺函、安慰函等间接形式为融资平台举债提供担保。融资平台在大量获得银行贷款的同时，也积极采用企业债券等直接融资方式。地方政府融资平台进入了数量急剧增长、债务规模迅速扩大、运作严重缺乏制约的无序发展期，引致其后中央对融资平台实施治理整顿。

2009年，我国首次允许地方政府发行2000亿元人民币债券。债券期限为3年。发行地方政府债券主要是为了解决4万亿投资刺激计划中新增中央投资地方配套资金困难的问题。考虑到中央公益性投资项目向中西部重点倾斜，而中西部地区政府财力普遍较为薄弱，因此，中西部地区分配到的债券规模较大。地方政府债券收入全额纳入省级财政预算管理，市、县级政府使用债券收入的，由省级财政转贷，纳入市、县级财政预算。地方政府债券到期后，由中央财政统一代办偿还。地方财政要及时向中央财政上缴地方政府债券本息、发行费等资金。对于未按时上缴的，中央财政将根据逾期情况计算罚息，并在办理中央与地方财政结算时如数扣缴。尽管这与地方政府自主发债还有一定距离，但是，毕竟是地方政府融资方式的有益探索。2009～2011 年，全国人大每年批准的地方政府债规模均为 2000 亿元。2012～2013 年，地方债规模分别增至 2500 亿元和 3500 亿元。2011 年，上海、浙江、广东、深圳四省（市）地方政府实施自行发债试点，合计 229 亿元。自行发债是介于中央代发地方政府债与地方自主发债之间的一种过渡方式，具体是指试点省市在国务院批准的发债规模限额内，自行组织发行本省市政府债券的发债机制。

地方政府又通过融资工具的创新继续拓展融资渠道。第一，城投债发行快速扩容。2009～2011 年，城投债发行量分别达到 1530 亿元、2970 亿元和 3644 亿元。2012 年城投债发行出现井喷，达到 1.26 万亿元，2013 年的发行规模也超过 1 万亿元。由于 2012 年、2013 年城投债规模迅速扩张，2014 年迎来接近 3500 亿元的兑付高峰。第二，银行委托贷款增长迅速。2010～2011 年，委托贷款的增加额都超过了 1 万亿元，其中许多直接贷给了地方政府融资平台。第三，信托投资大幅度增长。信托资产从 2004 年底的 1635 亿元增长 68 倍，达到 2013 年底的 10.9 万亿元。截至 2013 年底，信托对政府主导的基础产业配置比例为 26%，达到 2.8 万亿元。第四，银行理财产品规模快速增加。从 2009 年底的 1.7 万亿元激增至 2012 年底的 7.1 万亿元。这些金融产品很多是满足地方政府的融资需求的。

5. 规范阶段（2012～2014 年）

这一时期，地方政府债务不断膨胀，中央政府监管趋于严格，并希望通过“开正门、关旁门”的方式，约束地方政府的投融资行为，构建规范的地方政府融资渠道；同时，拓展政府资金与社会资本合作方式，减轻政府的财政压力和债务负担，持续推进公益性和基础性设施建设。

对于融资平台的清理整顿实际上在2012年以前就开始了，中央监管政策的松紧变化反映出风险本身的悄然变化。2010年6月，国务院下发了《关于加强地方政府融资平台公司管理有关问题的通知》（下称19号文），从清理核实地方融资平台债务、对地方融资平台进行规范、加强融资平台融资管理和银行信贷管理、制止地方政府违规担保承诺、加强组织领导确保落实五个方面进行了明确规定。文件指出：融资平台公司举债融资规模迅速膨胀，运作不够规范；地方政府违规或变相提供担保，偿债风险日益加大；部分银行业金融机构风险意识薄弱，对融资平台公司信贷管理缺失等。中央监管部门提出要对平台进行分类清理。对只承担公益性项目融资任务的融资平台公司，今后不得再承担融资任务，相关地方政府要在明确还债责任，落实还款措施后，对公司做出妥善处理；对承担上述公益性项目融资任务，同时还承担公益性项目建设、运营任务的融资平台公司，要在落实偿债责任和措施后剥离融资业务，不再保留融资平台职能。对承担有稳定经营性收入的公益性项目融资任务并主要依靠自身收益偿还债务的融资平台公司，以及承担非公益性项目融资任务的融资平台公司，要按照《中华人民共和国公司法》等有关规定，充实公司资本金，完善治理结构，实现商业运作。

不过有关融资平台的清理整顿并非那么容易。尽管19号文下发之后，地方各级政府加强融资平台公司管理取得一定成效，但一些地方政府违法违规融资又有抬头之势。为此，2012年12月，财政部等四部委联合下发《关于制止地方政府违法违规融资行为的通知》，明确要求除法律和国务院另有规定外，地方各级政府及所属机关事业单位、社会团体等不得以委托单位建设并承担逐年回购（BT）责任等方式举借政府性债务。地方政府对融资平台公司注资必须合法合规，不得将政府办公楼、学校、医院、公园等公益性资产作为资本注入融资平台公司。严格执行《土地管理法》等有关规定，地方政府将土地注入融资平台公司必须经过法定的出让或划拨程序。地方各级政府必须严格按照有关规定规范土地储备机构管理和土地融资行为，不得授权融资平台公司承担土地储备职能和进行土地储备融资，不得将土地储备贷款用于城市建设以及其他与土地储备业务无关的项目。这些政策的实施对地方政府融资产生了收紧的作用。

防范和化解地方政府融资平台的债务风险、规范地方政府融资行为成为这一阶段的主要政策基调。财政部在地方政府独立发债的制度设计方面迈出了重要步伐。2014 年 5 月，财政部印发了《2014 年地方政府债券自发自还试点办法》，试点自发自还地方政府债券的地区包括上海、浙江、广东、深圳、江苏、山东、北京、青岛、宁夏、江西等 10 个省（区、市），涵盖了东、中、西部地区，发行总额为 1092 亿元，其余地区的地方债仍由财政部代发代还。与原有模式相比，新模式实现了多方面的突破：首先，地方政府债券首次以地方政府信用资质为基础，由地方政府自主发行和偿还；其次，地方政府债券期限由以前的 3 年、5 年、7 年拉长至 5 年、7 年和 10 年；再次，本轮试点首次要求地方政府债券要进行信用评级，并要公开披露发债主体的经济、财政状况，以及债务数据。

2014 年 8 月，全国人大常委会表决通过新预算法，以法定的形式赋予地方政府发行债券的权力。新预算法规定，经国务院批准的省、自治区、直辖市预算中必需的建设投资的部分资金，可以在国务院确定的限额内，通过发行地方政府债券以举借债务的方式筹措。新预算法在为地方政府举债“开正门”的同时，也设置了若干安全阀来“堵偏门”，从六个方面确立了地方政府举债的基本规则。一是举债主体，规定只能是经国务院批准的省级政府；二是用债方向，要求只能是用于公益性资本支出，不得用于经常性支出；三是债务规模，实行债券发行限额管理，不能超额发行；四是还债能力，应当有偿还计划和稳定的资金来源；五是管理机制，规定了有关的债务风险评估预警机制等；六是法律责任，明确规定了违规举借债务或为他人债务提供担保的法律责任。

2014 年 10 月，国务院出台《关于加强地方政府性债务管理的意见》（国发〔2014〕43 号文），对地方政府融资机制和债务管理提出了明确要求，地方政府举债要采取政府债券方式。剥离融资平台公司政府融资职能，融资平台公司不得新增政府债务。财政部随后又公布了《地方政府存量债务纳入预算管理清理甄别办法》，对于政府性存量债务的清理甄别提出了指导意义，即项目没有收益、计划偿债来源主要依靠一般公共预算收入的，甄别为一般债务，如义务教育债务；项目有一定收益、计划偿债来源依靠项目收益对应的政府性基金收入或专项收入、能够实现风险内部化的，甄别为专项债务，如土地储备债务；项目有一定收益但项目收益无法完全覆盖的，无法覆盖的部分列入一般债务，其他部分列入专项债务。新预算法、国发 43 号文等法规文件密集出台，对地方政府融资主体格局造成了较大冲击和影响。

为了缓解地方政府财政压力和债务风险，中央政府大力倡导通过 PPP 方式，引导社会资本进入公共投资领域。国发 43 号文提出，推广使用政府与社会资本合作模式，鼓励社会资本通过特许经营等方式，参与城市基础设施等有一定收益的公益性事业投资和运营。2014 年 9 月，财政部发布了《关于推广运用政府和社会资本合作模式有关问题的通知》，提出推广运用政府和社会资本合作模式，要做好制度设计和政策安排，明确了适用于政府和社会资本合作模式的项目类型、采购程序、融资管理、项目监管、绩效评价等事宜。2014 年 12 月，财政部又印发了《政府和社会资本合作模式操作指南（试行）》，用于规范政府、社会资本和其他参与方开展政府和社会资本合作项目的识别、准备、采购、执行和移交等活动。2014 年 11 月，《国务院关于创新重点领域投融资机制鼓励社会投资的指导意见》（国发〔2014〕60 号）出台，提出在公共服务、资源环境、生态建设、基础设施等重点领域进一步创新投融资机制，充分发挥社会资本特别是民间资本的积极作用。2014 年 12 月，《国家发展改革委关于开展政府和社会资本合作的指导意见》（发改投资〔2014〕2724 号）出台，为具体落实国发 60 号文提出了实施 PPP 的基本原则、项目范围及模式、工作机制和规范管理方法。

第二章

地方政府投资规模与结构

从1990年代中期以来，我国地方政府投资资金规模增长迅速，地方政府占投资和GDP的比例略有上升。省、市、县各级政府公共投入重点有所不同，在基本公共服务方面，各级地方政府承担的投入责任不够。未来中国地方政府投资占GDP的比例将保持一个相对稳定的发展态势，长期将趋于下降。在经济发展进入新常态的条件下，地方政府投资扩张更要协调好短期和长期、总量和结构、需求和供给、国内和国外的关系，着力推动经济的提质增效，着力加快新型城镇化和工业化步伐，着力应对人口老龄化趋势，着力促进“一路一带”等国家战略的实施。

一、地方政府投资情况

1. 投资规模

在我国的固定资产投资统计中，没有明确的政府和非政府的划分。为了更真实地反映政府投资规模变动情况，我们对我国固定资产投资资金来源结构中有关政府投资的内容进行了分类与汇总，以近似反映政府投资的基本状况。这实际上是从出资人的角度反映了政府在全社会投资中的地位和作用。

口径一致的城镇固定资产投资资金来源数据始于1996年，根据国家统计局投资司的资料，以及历年《中国固定资产投资统计年鉴》，我们计算出了1996年、1998年、2000～2012年各年的政府资金规模。政府投资＝中央政府资金＋

地方政府资金。其中，中央政府资金 = 国家预算内资金 + 中央部门自筹资金，地方政府资金 = 省自筹资金 + 地市自筹资金 + 县自筹资金。

统计表明，1996 ~ 2012 年，政府投资由 3045 亿元快速增加到 58261 亿元，年均增长 20.3%。从增量看，2008 年国际金融危机以来，政府投资增加迅速。2008 ~ 2012 年，政府投资增量都在 5000 亿以上，2009 年和 2012 年，增量分别达到 12513 亿元和 13008 亿元（见图 2 - 1）。政府投资占全部投资资金来源的比例则趋于下降，由 1996 年的 22.3% 下降到 2005 年的 12%，再上升到 2012 年的 14.2%。政府投资率由 4.3% 提高到 11.2%。

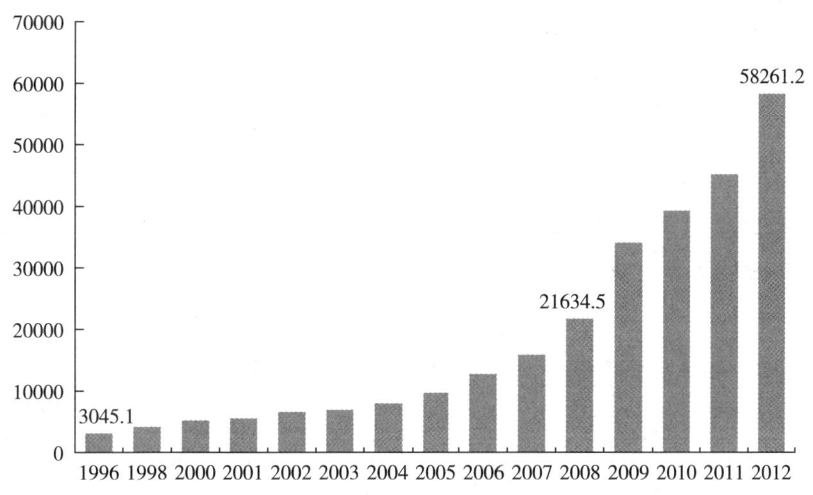

图 2 - 1　1996 ~ 2012 年政府投资规模（亿元）

注：数据为城镇固定资产投资。
资料来源：根据国家统计局投资司提供的资料，以及历年《中国固定资产投资统计年鉴》估算。

1996 ~ 2012 年，中央政府年投资资金从 1045 亿元增加到 23887 亿元，年均增长 21.6%；地方政府年投资资金从 2000 亿元增加到 34374 亿元，年均增长 19.5%。中央政府资金占全部资金来源的比例由 1996 年的 7.7% 提高到 2001 年的 9.6%，又下降到 2007 年的 5.1%，随后又逐步提高到 2012 年的 5.8%。地方政府资金占全部资金来源的比例由 1996 年的 14.6% 下降到 2005 年的 6.8%，又逐步提高到 2012 年的 8.4%（见表 2 - 1）。

表 2-1　　政府资金及其占全部资金来源的比例

	资金来源（亿元）			占资金来源的比例（%）		
	资金来源总计	地方政府资金	中央政府资金	地方政府资金	中央政府资金	政府资金
1996	13654.2	2000.1	1045.0	14.6	7.7	22.3
1998	22802.3	2574.3	1705.7	11.3	7.5	18.8
2000	26414.5	2643.1	2423.5	10.0	9.2	19.2
2001	29704.7	2662.3	2851.0	9.0	9.6	18.6
2002	35957.3	3257.0	3174.5	9.1	8.8	17.9
2003	48861.3	4023.9	2847.6	8.2	5.8	14.1
2004	63115.6	4595.9	3360.7	7.3	5.3	12.6
2005	80912.3	5490.4	4187.9	6.8	5.2	12.0
2006	101759.1	7404.1	5361.6	7.3	5.3	12.5
2007	130743.0	9205.4	6611.4	7.0	5.1	12.1
2008	158579.6	12634.5	8999.9	8.0	5.7	13.6
2009	218786.6	20010.5	14137.1	9.1	6.5	15.6
2010	285779	23191.3	16249.7	8.1	5.7	13.8
2011	345984	26699.3	18553.8	7.7	5.4	13.1
2012	409675	34374.1	23887.1	8.4	5.8	14.2

资料来源：根据国家统计局投资司提供的资料，以及历年《中国固定资产投资统计年鉴》估算。

现在的问题是，我们有了中央和地方政府固定资产投资规模，但是，仍然无法计算政府投资率，还需要把固定资产投资转化为固定资本形成。又由于我国的固定资本形成中不包括单纯的土地购置费用，但投资统计中包括了以出让方式和划拨方式取得土地所支付的各种费用。因此，固定资产投资与固定资本形成是有差别的。近年来的趋势是：土地价格快速上涨，固定资产投资越来越大于固定资本形成。我们根据全社会固定资产投资与固定资本形成的历年比例，对中央和地方政府项目投资规模进行折算。中央政府资金占 GDP 的比例由 1996 年的 1.8% 提高到 2012 年的 3%，平均 2.4%；地方政府资金占 GDP 的比例由 3.5% 提高到 4.3%，平均 3.2%，地方政府投资比例在波动的情况下略有上升（见图 2-2）。

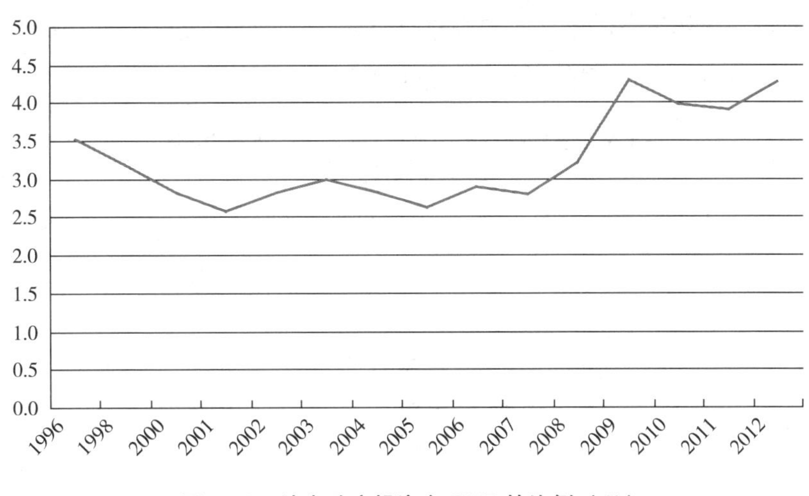

图 2－2　地方政府投资占 GDP 的比例（%）

资料来源：根据国家统计局投资司提供的资料，以及历年《中国固定资产投资统计年鉴》估算。

2. 投资结构

由于 2002 年以前的行业数据与之后的口径不太一致①，再由于 2006 年以后，国家统计局不再进行政府自筹资金的分类统计，因此，此处我们用 2003 ~ 2005 年的平均数分析地方政府的投资结构状况。在全部地方政府的资金投入中，重点是水利、环境和公共设施（31.6%）、交通运输（26.2%）、公共管理（9.4%）、电力（5.8%）、教育（5.3%）和信息传输（5.1%）等行业。其中，水利和交通两个行业就集中的地方政府投资的一半以上。在全部中央政府资金投入中，重点是交通、水利、公共管理和电力等行业，与地方政府的投资结构基本吻合。但是，在某些行业中，两者投入重点有所不同。例如，中央政府水利部门投资占全部投资的 19%，明显低于地方政府；而中央政府交通投资占比达到 33.5%，明显高于地方政府，在交通业中，铁路是中央政府的投资重点，而在道路交通中，

① 2002 年以前，批发、零售和餐饮业归于同一行业，2002 年以前，餐饮业与前两类分开进行统计；2002 年以前，教育与文化归于同一行业，2002 年以后，教育单独统计；2002 年以前，体育与卫生属于同一行业，2002 年以后，体育与文化和娱乐业归于同一行业。

地方政府投资比例更高。制造业和房地产业是企业投资的重点，而中央和地方政府在这两个行业中的投资比例都比较低（见表2－2）。

表2－2　各类型投资的行业结构（%）（以相关投资为100）

	地方政府投资	中央政府投资	企业投资
全国合计	100	100	100
农业	1.44	4.41	1.04
采矿业	0.46	1.21	5.30
制造业	4.46	4.30	31.90
电力	5.86	9.16	6.78
建筑业	1.89	1.35	1.15
交通业	26.19	33.49	9.21
其中：铁路运输业	0.95	14.07	0.88
道路运输业	21.91	16.53	5.59
城市公共交通	1.87	0.46	0.73
信息传输和软件业	5.12	1.19	4.52
批发和零售业	0.85	0.24	2.69
住宿和餐饮业	0.36	0.20	1.05
金融业	0.09	0.22	0.25
房地产业	1.55	1.09	17.46
租赁和商务服务	0.84	0.30	0.83
科技和地质勘查	0.93	2.21	0.63
水利环境和公共设施	31.58	19.02	7.91
居民服务和其他服务	0.12	0.16	0.22
教育	5.33	4.78	3.26
卫生、社会保障	1.02	1.58	0.93
文化、体育和娱乐	2.46	1.89	1.16
公共管理和社会组织	9.44	13.20	3.72

资料来源：历年《中国固定资产投资统计年鉴》。

在省、地市和县三级政府中，省级政府资金更多地投入交通运输、信息传输业和电力，分别占省自筹资金的46.6%、17.3%和12.1%，省级政府在上述三个行业中的投入比例大大高于地市和县级政府，其中，交通业分别高27.8个和27.1个百分点，信息传输和软件业分别高16.1个和17个百分点，电力分别高8.3个和8.7个百分点。地市级政府在水利环境和公共设施方面的投入最多，平均比例达到45.2%，分别高于省级和县级政府38个和10.5个百分点，可见，地市级政府是城市基础设施建设的主力。县级政府在水利环境和公共设施、交通和公共管理方面的资金投入都比较大，特别是在公共管理方面的投入比例达到12.5%，远远高于省和市级政府，因此，县级政府在政府和社会机构方面的投资负担还是比较重的。县级政府在制造业方面的投资力度仍然较大，占比达到7.2%，高于地市政府和省级政府3.5个和6.1个百分点，表明县级政府仍然把产业发展作为投入重点。而在教育方面，县级政府的投资负担也明显高于省级和地市级政府（见表2-3）。

表2-3　各类地方政府投资的行业结构（%）（以相关投资为100）

	省自筹	地市自筹	县自筹
全国合计	100	100	100
农业	0.90	0.65	2.53
采矿业	0.44	0.27	0.65
制造业	1.12	3.76	7.25
电力	12.16	3.90	3.47
建筑业	1.01	1.36	2.95
交通业	46.63	18.81	19.48
其中：铁路运输业	2.67	0.60	0.15
道路运输业	39.61	13.44	17.98
城市公共交通	1.81	3.34	0.57
信息传输和软件业	17.43	1.33	0.47
批发和零售业	0.38	0.46	1.51
住宿和餐饮业	0.23	0.39	0.43
金融业	0.19	0.05	0.06
房地产业	0.92	1.62	1.90
租赁和商务服务	0.11	1.19	1.01
科技和地质勘查	0.35	0.84	1.39

续表

	省自筹	地市自筹	县自筹
水利环境和公共设施	7.35	45.42	34.95
居民服务和其他服务	0.04	0.14	0.17
教育	3.30	5.27	6.72
卫生、社会保障	1.01	1.12	0.93
文化、体育和娱乐	2.05	3.65	1.65
公共管理和社会组织	4.39	9.78	12.48

资料来源：历年《中国固定资产投资统计年鉴》。

在全部地方政府投资中，县投资比例最高，达到39%，其次是地市投资，为35.4%，省投资比例最低，为25.6%。在不同行业，三级政府出资结构却有明显不同。总体来讲，县级政府在大多数行业的出资比例通常要高一些，其次是地市政府，而省级政府在大多数行业中出资比例较低。省级政府只是在信息传输和软件业投资比例达到87%，电力行业投资比例达到53%，金融业和交通运输业分别达到49%和45%，占比较高；在其他行业中，省级政府出资比例都比较低。地市一级政府在城市公共交通、水利、租赁和商务服务、文化体育等行业出资比例超过了50%。县级政府则在批发零售业（70%）、农业（68%）、制造业（64%）、建筑业（63%）、科技（60%）、居民服务（55%）、公共管理（51%）、教育（49%）以及房地产业（49%）中保持了较高的出资比例。县级政府在与职能密切相关的居民服务和公共管理等行业投资占比较高可以理解，但是，其在外部性较强的科技和教育等行业投资出资比例也较高就难以理解了。由于这一统计结果反映了各级政府自有财力，是各级政府实实在在的投资性支出，因此，可以说，在基本公共服务方面，省级政府承担的投入责任不够（见表2－4）。

表2－4　各行业地方政府投资结构（%）（以各行业投资为100）

	省自筹	地市自筹	县自筹
全国合计	25.64	35.37	39.00
农业	15.87	15.69	68.44
采矿业	24.46	20.49	55.05
制造业	6.63	29.46	63.91

续表

	省自筹	地市自筹	县自筹
电力	53.21	23.69	23.10
建筑业	14.23	22.80	62.97
交通业	45.61	25.39	29.00
其中：铁路运输业	63.92	31.40	4.68
道路运输业	46.37	21.66	31.96
城市公共交通	26.01	62.46	11.53
信息传输和软件业	86.99	9.20	3.81
批发和零售业	11.50	18.52	69.99
住宿和餐饮业	16.25	38.23	45.53
金融业	49.50	20.96	29.53
房地产业	13.43	37.56	49.01
租赁和商务服务	3.40	50.48	46.12
科技和地质勘查	9.80	30.32	59.88
水利环境和公共设施	5.98	50.85	43.18
居民服务和其他服务	8.38	35.73	55.89
教育	15.97	34.76	49.27
卫生、社会保障	25.61	38.71	35.67
文化、体育和娱乐	20.50	53.08	26.42
公共管理和社会组织	11.93	36.84	51.23

资料来源：历年《中国固定资产投资统计年鉴》。

二、城镇基础设施投资情况

1. 投资规模

城市建设是地方政府最重要的投融资领域之一，对地方政府城市建设投融资规模与结构的分析，有助于我们深入了解地方政府的投融资基本情况。

根据《中国城市建设统计年鉴》，1978～2013年，我国城市市政公用设施建设投资由12亿元增加到16350亿元，年均增长24.2%，分别高于同期全社会投资和GDP现价增长率3.9个和8.5个百分点，城市基础设施投资明显超前于投资和经济增长，成为我国工业化和城镇化的重要推动力量。

改革开放以来，我国城市建设投资出现了五次较为明显的周期变化。第一周期是1980～1983年，增速由1980年的1.4%提高到1982年的39.5%，又下降到1983年的3.7%；第二周期是1983～1989年，增速由1983年的3.7%提高到1985年的53.5%，又下降到1989年的-5.5%；第三周期是1989～1999年，增速由1989年的-5.5%提高到1993年的84.3%，又下降到1999年的7.7%；第四周期是1999～2006年，增速由1999年的7.7%提高到2003年的42.9%，又下降到2006年的2.9%；第五周期是2006～2013年，增速由2006年的2.9%提高到2009年的44.4%，又下降到2013年的6.9%（见图2-3）。

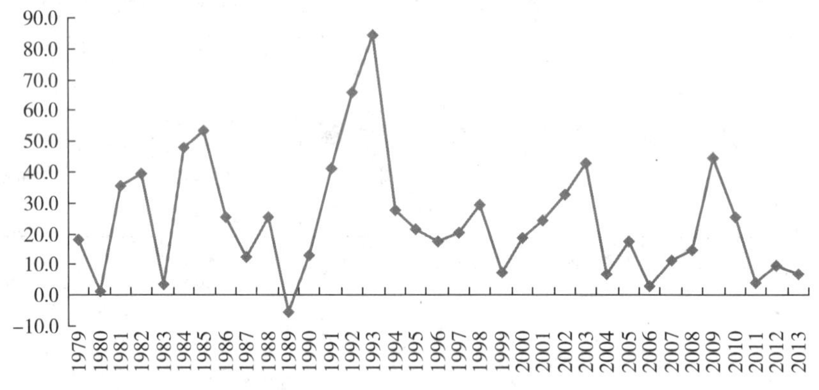

图2-3 城市市政公用设施建设投资增长率（%）

资料来源：《中国城市建设统计年鉴2013年》，中国计划出版社2014年版。

城市市政公用设施建设投资占全社会固定资产投资的比例由1978的1.44%提高到2013年的3.66%，在2003年曾经达到8%的高点，之后趋于下降，年均4%；城市市政公用设施建设投资占GDP的比例由0.33%提高到2.87%，在2003年曾经达到3.29%的高点，之后趋于下降，年均1.7%（见图2-4）。

图 2－4　城市市政公用设施建设投资全社会投资及占 GDP 的比例（%）

资料来源：《中国城市建设统计年鉴 2013 年》，中国计划出版社 2014 年版。

上文统计口径为 657 个设市城市，我们将 1627 个县城和 19683 个建制镇的相关数据进行汇总，得到全部城镇基础设施投资规模，如表 2－5 所示。2006～2013 年，我国全部城镇基础设施投资由 7076.1 亿元增加到 21786.2 亿元，占全社会投资的比例平均为 5.9%，占 GDP 的比例平均为 3.6%。世界银行《1994 年世界发展报告》中指出，发展中国家对新建基础设施的投资相当于其国民产出的 4% 和投资总额的 1/5①。长期以来，一些学者将这一指标作为评价我国城镇基础设施规模合理性的标准。如果以这一标准衡量，我国近年来城镇基础设施投资占 GDP 的比例略低于世行标准，而占全部投资的比例则明显偏低。

但是，由于世界银行报告中所指的基础设施包括了电力、电信、铁路、港口、机场等我国市政基础设施统计中不包括的内容，所以，世界银行的统计口径明显大于我国城镇基础设施的统计口径②。如果将上述行业投资加入城镇基础设施投资中去，2011 年，我国基础设施占全部投资和 GDP 的比例达到 18.4% 和 12%。可见，同口径比例，我国基础设施占 GDP 的比例远高于所谓世行标准，

① 世界银行：《1994 年世界发展报告——为发展提供基础设施》，中国财政经济出版社 1994 年版，第 1 页。

② 2011 年，我国电力、电信、铁路、港口、机场投资就达 3.9 万亿元，占全部投资和 GDP 的比例分别达到 12.5% 和 8.2%。

只是占全部投资比例略低于世行标准，而这也是由于我国投资率过高，投资相对规模过大形成的。

表 2-5　城镇基础设施投资及占全社会投资和 GDP 的比例

年份	城镇基础设施投资（亿元）	占全社会投资（%）	占 GDP（%）
2006	7076.1	6.4	3.3
2007	7844.8	5.7	2.9
2008	9239.6	5.3	2.9
2009	13120.8	5.8	3.9
2010	16961.5	6.7	4.2
2011	17962.1	5.8	3.8
2012	20627.5	5.5	4.0
2013	21786.2	4.9	3.8
年均	—	5.9	3.6

资料来源：《中国城乡建设统计年鉴 2013 年》，中国计划出版社 2014 年版。

可以从我国城镇化发展水平判断城市基础设施的适应性。改革开放后的 30 多年，我国城镇化水平迅速上升。1979 ~ 1990 年，城镇化率由 19% 提高到 26.4%。1990 年代以后，我国的城镇化进程发展更快，城镇化率由 1991 年的 27% 迅速提高到 2013 年的 53.7%，年均提高 1.19 个百分点。1996 年以后，城镇化速度明显加快，城镇化率年均提高 1.4 个百分点。城镇人口已由改革开放之初的 1.7 亿人，提高到 2013 年的 7.3 亿人。与改革之初相比，城镇人口增加了 5.6 亿人。与发达国家城镇化快速发展时期相比，我国的城镇化速度明显超前。按照联合国经社理事会的统计，发达国家在 1950 年的时候，城镇化水平就达到了 50% 以上，而欠发达国家将要到 2019 年达到。我国 2010 年城镇化已达到 50%，也就是说有一半以上人口居住在城镇，这是一个历史性的跨越，表明我国已经进入了城市社会。

随着城市基础设施的不断完善，城市规模也在不断扩大。截至 2013 年末，我国共有设市城市 658 个。与 2002 年相比，我国城市总数减少了 2 个，超大城市数量略有增加，中等城市增加较多，而人口介于 50 万 ~ 200 万的中小城市数量明显减少。城区常住人口 500 万 ~ 1000 万人的城市 11 个，包括武汉、成都、南京、佛山、东莞、西安、沈阳、杭州、苏州、哈尔滨、香港。北京、上海、广州、深圳、重庆、天津人口在1000万人以上。2013年，我国城市城区总人口达3.77亿人，是1981年的2.6倍；占全国总人口的比重由1981年的14.4%提高到2013年的27.7%。城市区域范围不断扩大，2013年，城市建成区面积达4.78万平方公里，是1981年的6.5倍；城市建设用地面积4.71万平方公里，是1981年的7倍（见表2－6）。

表2－6　全国城市数量及人口、面积情况

	城市个数（个）	城区人口（亿人）	建成区面积（万平方公里）	城市建设用地（万平方公里）
1981	226	1.44	0.74	0.67
1985	324	2.09	0.93	0.85
1991	479	2.95	1.4	1.29
1995	640	3.78	1.92	2.2
2001	662	3.57	2.4	2.4
2005	661	3.59	3.25	2.96
2013	658	3.77	4.78	4.71

资料来源：《中国城市建设统计年鉴2013年》，中国计划出版社2014年版。

总体来讲，我国城镇基础设施投资对经济发展的总体适应性较强。1990年代以前，投入强度相对较弱，之后逐渐增强，特别是2000年以后，投入强度明显增大，对城镇化的保障程度越来越好。

2. 投资结构

本部分主要分析城镇基础设施投资的行业结构、地区结构、城市结构及其适应性。

（1）投资的行业结构

城市基础设施投资主要集中在供水、燃气、集中供热、公共交通、道路桥梁、排水、防洪、园林绿化和市容环境等领域。1979～2013年，上述行业投资平均分别占全部市政公用设施投资的13.2%、6.3%、3.1%、8.6%、37.1%、7.7%、1.6%、5.6%和2.4%。1979～2013年间，供水行业投资比例由23.9%

迅速下降到3.2%，燃气行业投资比例由4.2%上升到1991年的14.5%，之后逐步下降到2013年的2.6%；集中供热投资比例变化不大；公共交通投资比例由1979年的12.7%下降到2003年的2.3%，之后，由于城市轨道交通投资的迅猛增长，投资比例趋于上升；道路桥梁投资比例由21.8%上升到51.1%；排水投资由1979年的8.5%下降到2013年的4.8%；园林绿化投资比例明显上升，而垃圾等市容环境投资比例则保持平稳（见表2-7）。市政建设投资的大头主要在道路桥梁、公共交通、园林绿化等地上的设施建设方面，而供水、排水、集中供热等地下设施投资则相对薄弱且重要性不断下降。

表2-7　各类市政设施投资占城市基础设施投资的比例（%）

	供水	燃气	集中供热	公共交通	道路桥梁	排水	防洪	园林绿化	市容环境卫生	其他
1979	23.9	4.2		12.7	21.8	8.5	0.7	2.8	0.7	23.9
1985	12.7	12.8		9.4	29.1	8.8	1.4	5.2	3.1	17.7
1988	20.4	9.9	2.5	5.3	31.4	8.8	1.4	3.0	2.3	14.9
1991	17.7	14.5	3.7	5.7	30.3	9.4	1.2	2.9	2.1	12.5
1993	13.4	6.7	2.1	4.2	36.8	7.1	1.1	2.5	2.0	24.1
1998	10.9	5.5	2.5	5.8	41.7	10.5	2.4	5.3	2.5	12.8
2000	7.5	3.7	3.6	8.2	39.0	7.9	2.2	7.6	4.5	15.7
2001	7.2	3.2	3.5	8.3	36.4	9.5	3.0	6.9	2.2	19.8
2002	5.5	2.8	3.9	9.4	37.9	8.8	4.3	7.7	2.1	17.6
2003	4.1	3.0	3.3	6.3	45.7	8.4	2.8	7.2	2.2	17.0
2004	4.7	3.1	3.6	6.9	44.7	7.4	2.1	7.5	2.3	17.6
2005	4.0	2.5	3.9	8.5	45.4	6.6	2.1	7.3	2.6	16.9
2006	3.6	2.7	3.9	10.5	52.0	5.8	1.5	7.4	3.0	9.6
2007	3.6	2.5	3.6	13.3	46.6	6.4	2.2	8.2	2.2	11.5
2008	4.0	2.2	3.7	14.1	48.6	6.7	1.6	8.8	3.0	7.2
2009	3.5	1.7	3.5	16.3	46.5	6.9	1.4	8.6	3.0	8.7
2010	3.2	2.2	3.2	13.6	50.1	6.7	1.5	10.1	2.3	7.1
2011	3.1	2.4	3.1	13.9	50.8	5.5	1.7	11.1	2.8	5.5
2012	2.7	2.7	4.1	13.5	48.4	4.6	1.6	11.8	1.9	8.7
2013	3.2	2.6	3.6	15.0	51.1	4.8	0.0	10.1	2.5	7.1

资料来源：同表2-6。

通过长期不懈的基础设施投资，我国城市市政设施建设取得明显成果。城市供水能力增强。2013 年，城市供水管道长度达到 64.6 万公里，1979 ~2013 年年均增长 8.6%。管道天然气广泛应用于居民生活、工业、商业、汽车等各个领域。2013 年，天然气管道长度达到 38.8 万公里，年均增长 20.6%。城市道路建设大幅增加。2013 年，城市道路长度达到 33.6 万公里，年均增长 7.5%。1979 ~2013 年，全国城市生活垃圾无害化处理厂由 12 座增加到 765 座。城市污水处理快速发展。1979 ~2013 年，全国城市排水管道长度由 1.9 万公里提高到 46.5 万公里；污水处理厂数量由 1979 年的 37 座，发展到 2013 年的 1736 座（见表 2 -8）。

表 2 -8　　各类市政设施发展水平

	供水管道长度（公里）	天然气管道长度（公里）	供热水管道长度（公里）	城市道路长度（公里）	排水管道长度（公里）	污水处理厂（座）	垃圾处理厂（座）	公园绿地面积（公顷）	防洪堤长度（公里）
1979	35984	560	280	26966	19556	37	12	21637	3443
1985	67350	2312	954	38282	31556	51	14	32766	5998
1988	86231	6186	2193	56818	50678	69	29	52047	12894
1991	102299	8054	3952	88791	61601	87	169	61233	13892
1993	123007	8889	5161	104897	75207	108	499	73052	16729
1998	225361	25429	27375	145163	125943	398	655	120326	18880
2000	254561	33655	35819	159617	141758	427	660	143146	20981
2001	289338	39556	43926	176016	158128	452	741	163023	23798
2002	312605	47652	48601	191399	173042	537	651	188826	25503
2003	333289	57845	58028	208052	198645	612	575	219514	29426
2004	358410	71411	64263	222964	218881	708	559	252286	29515
2005	379332	92043	71338	247015	241056	792	471	283263	41269
2006	430426	121498	79943	241351	261379	815	419	309544	38820
2007	447229	155271	88870	246172	291933	883	458	332654	32274
2008	480084	184084	104551	259740	315220	1018	509	359468	33147
2009	510399	218778	110490	269141	343892	1214	567	401584	34698
2010	539778	256429	124051	294000	369553	1444	628	441276	36153
2011	573774	298972	133957	308897	414074	1588	677	482620	35051

续表

	供水管道长度（公里）	天然气管道长度（公里）	供热水管道长度（公里）	城市道路长度（公里）	排水管道长度（公里）	污水处理厂（座）	垃圾处理厂（座）	公园绿地面积（公顷）	防洪堤长度（公里）
2012	591872	342752	147390	327081	439080	1670	701	517815	33926
2013	646413	388466	165877	336304	464878	1736	765	547356	—
年均增长率（%）	8.6	20.6	20	7.5	9.5	11.6	12.6	9.7	7.0

资料来源：同表2-6。

（2）投资的地区结构

不同地区城市基础设施投资也存在一定的差距。2006 年，东部地区人均城市基础设施投资分别是中部和西部地区的 1.8 倍和 1.2 倍；2009 年，分别是 1.5 倍和 1.2 倍；2013 年，分别是 0.9 倍和 0.7 倍。三个地区间的差距趋于缩小。而从各省区来看，差距则较为明显。2006 年，山西、贵州的人均城市基础设施投资只有 400 多元，而北京超过 4000 元，江苏超过了 3000 元；2009 年，青海、黑龙江、河南、海南只有 1000 多元，而北京、天津、广西、重庆、云南超过了 4000 元；2011 年，河南、宁夏、甘肃只有 1000 多元，而天津、北京、江苏、重庆则在 4000～5000 元；2013 年，河南、海南、西藏、上海不足 2000 元，而天津、贵州则超过了 10000 元（见表 2-9）。从各年平均水平看，人均投入较多的省市包括：北京、天津、重庆、内蒙古、江苏、福建；人均投入较少的省区包括河南、宁夏、吉林、黑龙江。

表 2-9 各地区人均城市基础设施投资 单位：元

	2006 年	2009 年	2011 年	2013 年
东部地区	2052.4	3540.0	3950.9	3903.8
中部地区	1161.0	2432.3	3965.5	4434.3
西部地区	1668.3	2971.9	3814.4	5650.2
全国	1730.3	3123.1	3932.2	4336.5
北京	4043.5	5750.7	4790.4	5846.6

续表

	2006 年	2009 年	2011 年	2013 年
天津	2522.0	4810.3	10501.7	10427.6
河北	1958.0	4171.3	4898.5	2984.7
山西	429.2	2797.8	3194.0	5733.5
内蒙古	1756.1	3810.2	8048.4	6002.8
辽宁	1277.2	3096.8	3761.6	2489.5
吉林	1158.4	1725.0	2268.3	2693.1
黑龙江	801.5	1471.7	2787.6	2365.2
上海	2440.8	3794.9	1870.5	1229.8
江苏	3000.9	4053.4	5036.5	6683.3
浙江	2291.8	3392.9	3843.4	5054.0
安徽	1612.6	3449.5	5530.8	6238.1
福建	2865.3	3927.1	5721.3	5652.7
江西	1279.2	2643.8	6907.5	5692.8
山东	1899.4	2843.6	2998.5	3445.3
河南	767.4	1044.1	1292.3	1925.5
湖北	1248.3	2760.4	4459.3	6012.3
湖南	1834.0	3575.3	4881.8	5327.7
广东	857.7	2291.4	2583.6	2028.3
广西	1897.8	4335.8	4986.6	5775.2
海南	1801.2	1595.7	3367.9	1589.7
重庆	2811.2	4887.5	8190.5	5807.9
四川	1885.4	2202.2	2477.6	5091.0
贵州	459.3	1638.7	3649.2	10075.6
云南	1392.4	5447.5	4162.6	3489.1
西藏	3478.3	1538.5	1333.3	1371.4
陕西	1657.8	4002.7	4109.9	5778.6
甘肃	1540.0	1466.4	1866.8	6627.7
青海	1414.1	1153.8	3487.2	3040.5
宁夏	1223.4	1230.8	1637.7	2027.0
新疆	1004.1	1977.4	3085.7	6467.6
东部/中部	1.77	1.46	1.00	0.88
东部/西部	1.23	1.19	1.04	0.69

资料来源：同表 2－6。

从各地区城市基础设施发展水平看，差距也是比较明显的。2013 年，东部地区用水普及率达到99%以上，而中部和西部地区分别只有95% ~96%；燃气普及率差距更显著，东部达到98.4%，而中部和西部分别只有90.6%和86.7%；建成区供水管道密度，东部地区达到16.7 公里/平方公里，而中部和西部地区分别只有10.2 公里/平方公里和9.3 公里/平方公里；建成区排水管道密度的差距同样明显，东部分别是中部和西部的1.3 倍和1.5 倍；东部地区的污水处理率达到90.5%，西部和西部地区分别只有88.1%和86.2%；中部地区的生活垃圾处理率较低，分别低于东部和西部地区5 ~6 个百分点（见表2 -10）。

表2 -10　2013 年三大地区城市基础设施水平

指标	用水普及率（%）	燃气普及率（%）	建成区供水管道密度（公里/平方公里）	人均道路面积（平方米）	建成区排水管道密度（公里/平方公里）	污水处理率（%）	人均公园绿地面积（平方米）	生活垃圾处理率（%）
全国	97.5	94.2	13.5	14.8	9.7	89.3	12.6	95.1
东部地区	99.1	98.4	16.7	15.5	11.1	90.5	13.3	96.9
中部地区	96	90.6	10.2	14.7	8.5	88.1	11.5	90.9
西部地区	95	86.7	9.3	13.1	7.3	86.2	12.4	95.7

资料来源：同表2 -6。

我们对各省区上述城市基础设施指标进行标准化①，然后相加得到各省基础设施的标准化指数，可以看出各省区城市基础设施总体发展水平。东部地区标准化指数达到8.58，中部地区为7.43，西部地区为7.18，大体反映出了三大地区城市基础设施的综合水平差距。在各省区中，城市基础设施综合水平较高的省区是天津、江苏、山东、上海和浙江，较低的省区是黑龙江、河南、吉林、贵州、甘肃和新疆（见图2 -5）。

① 标准化即用各省区相关指标数据除以全国的数据。

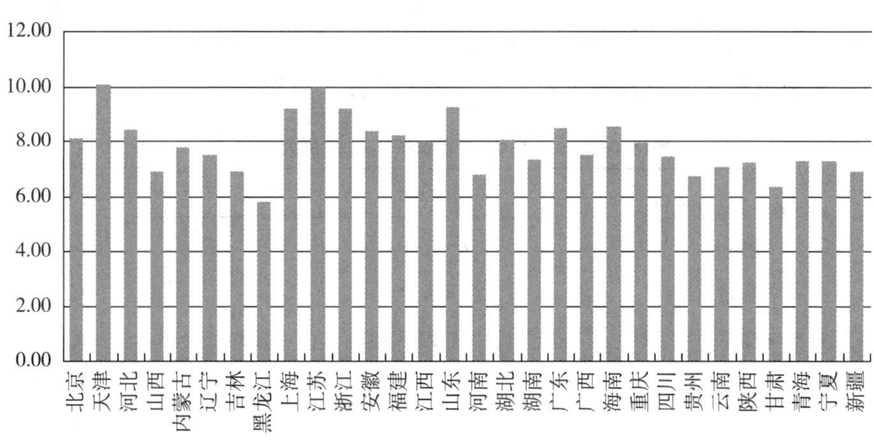

图 2－5　各省区城市基础设施标准化指数

（3）投资的城市结构

在城市、县城和建制镇，基础设施投入水平存在显著差距。2013 年，城市基础设施投资达到 16349 亿元，而县城和建制镇分别只有 3834 亿元和 1603 亿元；城市基础设施人均投资额达到 4431 元，而县城和建制镇分别只有 2861 元和 1083 元，城市人均水平分别是县城和建制镇的 1.5 倍和 4 倍（见表 2－11）。2006～2013 年，城市基础设施总投资达到 8.9 万亿元，而县城和建制镇分别只有 1.7 万亿元和 7863 亿元，城市分别是县城和建制镇的 5.2 倍和 11.3 倍。

表 2－11　　2011 年各类城镇基础设施人均投资额

	人口（亿人）	投资（亿元）	人均投资额（元）
城市	3.69	16349	4431
县城	1.34	3834	2861
建制镇	1.48	1603	1083

资料来源：《中国城乡建设统计年鉴 2013 年》，中国计划出版社 2014 年版。

投入的差距带来了设施水平的明显差异。2013 年，城市用水普及率达到 97.6%，而县城和建制镇分别只有 88.1% 和 81.7%；城市燃气普及率高达 94.2%，而县城和建制镇分别只有 70.9% 和 46.4%；城市污水处理率达到 89.3%，高于县城 11 个百分点；城市建成区绿地率达到 35.8%，而县城只有

24.7%，建制镇只有8.6%；人均公园绿地面积，城市为12.6平方米，而县城和建制镇分别只有9.5平方米和2.4平方米（见表2－12）。

表2－12　　2013年城市、县城和建制镇市政设施发展水平

	城市	县城	建制镇
用水普及率（%）	97.6	88.1	81.7
人均日生活用水量（升）	173.5	122.7	98.6
燃气普及率（%）	94.2	70.9	46.4
污水处理率（%）	89.3	78.4	—
人均道路面积（平方米）	14.8	14.8	12.3
建成区绿地率（%）	35.8	24.7	8.6
人均公园绿地面积（平方米）	12.6	9.5	2.4
每万人拥有公厕（个）	2.83	2.77	—

资料来源：同表2－11。

3. 融资渠道

随着我国经济的快速增长，近年来的财政收入大幅增长，政府掌握的土地等公共资源价值不断上涨，资本市场稳步发展，市场功能日趋深化，融资工具逐步完善，为城镇基础设施融资渠道拓展发挥了重要作用。

城市维护建设资金是用于城市维护和建设的资金，既包括中央、省、市以及市以下政府拨款、城市维护建设税、城市公用事业附加等财政收入，也包括市政公用设施配套费、市政公用设施有偿使用费、土地出让转让金、资产置换收入等政府性收入，还包括银行贷款和企事业单位自筹资金。由于城市维护建设资金收入来源比较全面，且城市建设投资通常占城市维护建设资金的60%～70%，因此，可以用城市维护建设资金近似说明城市建设的融资情况。

1986～2012年，全国城市维护建设资金由144亿元增加到19467亿元，年均增长20.9%。中央政府拨款由1986年的13.9亿元上升到2012年的253.3亿元，占全部资金来源的比例由9.6%下降到1.3%，中央政府在城建领域的作用明显降低。地方政府资金[1]由 127.6 亿元增加到了 11678 亿元，地方政府资金占全部城市维护建设资金的比例由 1986 年的 88.2% 逐步下降到 2012 年的 60%。贷款融资规模由 1986 年的 3.2 亿元迅速增加到 2012 年的 5002 亿元，比例由 2.2% 上升到 25.7%，其中，2000 年以后的一些年份，贷款比例还曾达到 30% 左右；利用外资规模由 0.07 亿元增加到 58.7 亿元，比例由 1986 年的 0.05% 上升到 1997 年的 12.7%，之后逐步下降到 2012 年的 0.3%。1996～2012 年，企事业单位自筹资金由 119.4 亿元增加到 2483 亿元，融资比例由 14% 上升到 2002 年的 19%，之后又下降到 2012 年的 12.8%。可见，地方政府资金在城市基础设施的建设与运营中一直发挥着重要的主导作用，1998 年亚洲金融危机以后，银行贷款地位显著上升，银行和社会资金更多地进入到城市建设和维护领域（见表 2－13）。

表 2－13　城市维护建设资金来源比例（以全部建设资金为 100，%）

年份	地方政府资金	中央政府资金	国内贷款	利用外资	自筹资金
1986	88.2	9.6	2.2	0.1	
1987	86.9	9.3	3.8	0.0	
1988	89.9	5.7	4.1	0.3	
1989	92.0	5.0	2.4	0.5	
1990	89.4	5.2	4.2	1.2	
1991	83.6	3.8	8.6	4.0	
1992	86.5	3.4	8.2	1.9	
1993	85.3	4.6	7.7	2.4	
1994	88.0	3.2	6.1	2.7	
1995	87.8	2.8	6.2	3.3	
1996	66.8	1.2	11.3	6.6	14.1
1997	61.4	1.3	14.9	12.7	9.7

① 地方政府资金包括：省、市以及市以下政府拨款、城市维护建设税、城市公用事业附加、市政公用设施配套费、市政公用设施有偿使用费、土地出让转让金、资产置换收入等地方用于城市建设的财政性收入。

续表

年份	地方政府资金	中央政府资金	国内贷款	利用外资	自筹资金
1998	56.6	4.5	21.4	5.2	12.3
1999	52.9	6.5	23.0	3.0	14.6
2000	52.4	5.8	20.9	4.3	16.8
2001	48.7	3.5	29.4	2.2	16.2
2002	48.9	2.4	27.7	1.9	19.0
2003	47.5	1.8	31.1	1.6	18.0
2004	53.0	1.0	27.5	1.4	17.1
2005	48.9	1.1	30.8	1.7	17.4
2006	55.9	0.9	27.9	0.8	14.4
2007	64.5	0.5	22.3	0.5	12.2
2008	64.2	0.9	21.8	0.6	12.6
2009	55.8	0.9	31.5	0.3	11.5
2010	57.6	1.2	29.3	0.4	11.5
2011	66.8	0.8	21.2	0.3	10.9
2012	60.0	1.3	25.7	0.3	12.8

资料来源：住房和城乡建设部综合财务司，《中国城市建设统计年鉴 2013 年》，中国计划出版社 2014 年版。

城市建设维护建设税是地方政府资金的重要来源，1986 年，全国城市建设维护税只有 40 亿元，到 2012 年，增加到 1479.7 亿元。但是，城市建设维护税占地方政府融资总额的比例却逐年下降，平均占 22.1%。同样，城镇公用事业附加占比也逐步下降，到 2012 年只占全部地方政府财政性资金的 1.4%。地方政府拨款在城建财政性资金中占有重要位置，1986 年比例曾达到 27.6%，之后趋于下降。1998 年亚洲金融危机以后，地方政府拨款比例逐步上升，到 2006 年达到最高点 30%，年均近 20%。其他收入始终都是地方政府资金最主要的来源，占地方政府资金的比例也由 1986 年的 26.9% 上升到 2012 年的 62.2%，平均占地方政府资金的一半（见表 2－14）。

表2－14　各类地方政府财政性资金比例（%）（以财政性资金为100）

	城市维护建设税	城镇公用事业附加	地方财政拨款	水资源费	其他收入
1986	31.9	12.4	27.6	1.3	26.9
1987	31.1	12.4	15.8	1.6	39.1
1988	31.7	11.6	10.9	1.5	44.3
1989	35.7	11.7	10.1	1.5	41.0
1990	34.6	12.0	10.5	1.5	41.4
1991	31.3	12.1	12.5	1.6	42.5
1992	22.9	9.1	16.9	1.2	49.8
1993	19.8	6.6	12.0	1.0	60.6
1994	19.6	7.0	10.1	0.8	62.6
1995	20.7	6.6	10.7	0.8	61.3
1996	27.9	9.8	15.2	1.1	46.0
1997	28.0	8.2	16.9	0.9	46.0
1998	26.6	7.5	19.5	0.8	45.7
1999	25.5	7.3	19.9	0.9	46.4
2000	22.8	5.2	20.0	1.0	51.1
2001	22.0	4.0	26.3	0.9	46.7
2002	20.5	3.2	25.4	0.8	50.1
2003	18.3	2.7	26.3	0.8	51.9
2004	16.0	2.1	23.9	0.7	57.2
2005	20.8	2.1	30.0	0.9	46.2
2006	16.3	2.2	30.9	0.7	50.0
2007	13.1	1.7	25.7	0.6	58.9
2008	13.4	1.6	25.7	0.5	58.8
2009	11.7	1.5	33.7	0.4	52.8
2010	11.9	1.3	20.1	0.4	66.4
2011	11.5	1.4	17.0	0.6	69.5
2012	12.7	1.4	23.3	0.4	62.2
平均	22.1	6.1	19.9	0.9	50.9

资料来源：同表2－13。

真正支撑城市建设投资扩张的还是包括市政公用设施配套费、市政公用设施有偿使用费、土地出让转让金在内的地方政府预算外收入的增长。2002～2013年，市政公用设施配套费由86.6亿元上升到896.3亿元，年均增长23.7%，市政公用设施有偿使用费由89.4亿元上升到363.9亿元，年均增长13.6%，土地出让收入由283亿元迅速上升到8795亿元，年均增长36.7%（见表2－15）。土地收益占全部城市维护建设资金的比例由2002年的9%提高到2012年的28.3%，土地收益占地方政府财政性资金的比例由18.3%提高到47.2%。地方政府城建融资对土地收益的依赖可见一斑。

表2－15　市政建设其他资金情况　单位：亿元

年份	市政公用设施配套费	市政公用设施有偿使用费	土地出让转让收入
2002	86.6	89.4	283.0
2003	94.4	106.1	506.8
2004	106.8	122.7	1099.6
2005	142.9	145.5	594.5
2006	210.0	197.1	881.9
2007	268.1	291.6	1668.7
2008	331.8	263.3	2105.4
2009	325.6	258.9	2636
2010	491.2	304.9	4071
2011	580.5	377.5	6586.5
2012	598.8	351	5508
2013	896.3	363.9	8795.4
年均增长（%）	23.7	13.6	36.7

资料来源：同表2－13。

三、地方政府投资发展趋势

1. 投资规模趋势

我们可以从美国地方政府投资比例变化情况，分析其长期变化趋势。1959～2007年，美国地方政府投资由139亿美元上升到3396亿美元，占全部政府投资的比例由12.9%略有上升到13.1%，其中70年代中后期到80年代中期还曾下降到10%以下，平均为12%，总体上变化不大。地方政府投资占GDP的比例由1959年的2.7%下降到2007年的2.4%，平均为2.3%，略有下降。可以看出，地方政府投资相对规模变动并不大，比例则趋于下降（见图2－6）。

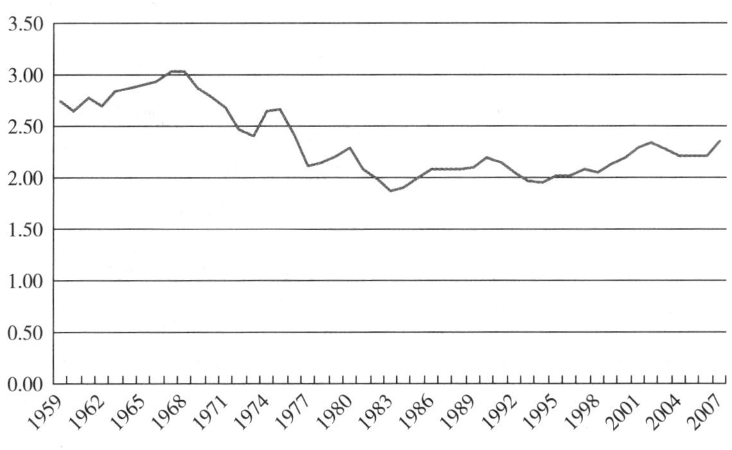

图2－6　1959～2007年美国地方政府投资率（%）

资料来源：Economic report of the president，United states government printing office，Washington：2010.

根据上文计算，1996～2012年，我国地方政府投资比例平均为3.2%，高于美国的长期平均比例，比例则趋于上升，但幅度并不大。鉴于中国经济转轨时期政府作用要强于美国，中美地方政府投资相对规模差距有其合理性。但是，如果按照美国地方政府投资比例的长期趋势，未来中国地方政府投资比例也将保持一个相对稳定的发展态势，长期比例将会趋于下降。

而从未来我国经济发展的大趋势看，地方政府投资想要保持过去20年的高速增长，可能性也将比较小。随着我国老龄化趋势越来越严重，劳动力供需形势开始发生逆向变化，“人口红利”正逐步消失，储蓄率将逐步下降，资本供给能力也将随之下降，加之资源和环境约束明显增强，经济高增长的局面将发生变化。自2007年之后，中国经济的潜在增长率已经开始下降了，未来国民经济将落入6%~7%的中高速增长的平台。改革以来，我国地方公共财政收入与GDP的相关系数达到0.98，经济增速减缓，地方公共财政收入以及土地出让收益增长也必然放缓，地方政府资金来源将受到较大影响。

地方政府债务负担增加也将限制地方政府的投资扩张。根据最新的国家审计署报告，截至2013年6月底，地方政府债务规模已经扩张到17.9万亿元。按照财政资金偿还比例计算，地方负有偿还责任的债务最高为12万亿元。目前地方政府性债务的利率基本在6%~13%不等，如果按9%计算，当年付息额就超过了1万亿元。而在政府融资平台，2012年，用于还本付息的支出比例达到66%，超过2010年和2011年的水平。从中短期来看，地方政府确实存在较大的流动性压力。加之一系列政策法规出台，地方政府债务要纳入预算管理，政府借债行为将受到较大约束。

未来地方政府资本形成规模占GDP的比例保持在3%~4%是比较合理的。这样，如果到2020年，经济平均增速能够保持在7%的水平，2015~2020年，地方政府资本形成规模将达到16.5万亿~22万亿元，年均2.4万亿~3.1万亿元。

2. 投资结构趋势

(1) 投资结构选择依据

地方政府投资结构选择需要考虑两个方面的因素：其一，根据职能性及其阶段性要求确定投资方向；其二，根据中央与地方政府的分工要求明确投资重点。

①职能性及其阶段性要求。

依据上文分析，地方政府投资职能主要应该体现在以下几个方面：提供公共产品与服务；激励正的外部性；促进收入的再分配。因此，地方政府不仅需要提供纯公共产品，而且需要通过直接或间接方式，提供具有外部性和再分配效应的准公共产品甚至私人产品。

地方政府投资职能不是一成不变的。在经济发展的初期，提高国民收入水平、改善国民生活水平是政府亟需解决的问题，其职能重点就是充分利用稀缺经济资源，促进经济增长，投资支出主要用于对经济发展有重要影响的基础设施，如交通、水利等。

当经济发展进入中期阶段以后，政府的职能依然侧重于经济的发展，但也开始注重社会的安定、收入的公平分配、国民素质的提高等，教育、卫生等社会事业领域的投资比重开始上升。

当经济发展进入成熟时期后，由于生活水平的大幅提高，人们对提高生活层次的各项需求迅速增加，要求政府投资更多地用于满足高层次的需要，如安全、文化和健康等。

②中央与地方政府的分工。

在中央与地方政府投资责任的划分问题上，英国学者巴斯特布尔曾提出以下三条原则：第一，受益原则。政府所提供的公共服务，其受益对象如果遍及全国，那么，其支出责任应属于中央政府；其受益对象如果是地方居民，那么，其支出责任应归地方政府。第二，行动原则。政府提供公共服务，需要在行动上做到全国统一规划的领域或活动，其支出责任属于中央政府；凡政府活动必须因地制宜，以本级政府财力为基础的，其支出责任属于地方政府。第三，技术原则。政府活动或公共工程，凡支出规模庞大，需要高技术才能完成的项目，其支出责任应归中央政府，否则应属于地方政府。

美国经济学家阿图·埃克斯坦更重视决策程序问题，他认为，与中央政府的决策相比，地方政府通过一项决策所需要的时间更短些。过长的决策程序往往会使政策发挥失去最好的时机，所以，中央政府过多地承担公共服务职能的体制安排面临着决策合理化的障碍。而地方政府的决策不仅具有所需时间短的优势，而且也更符合本地居民的利益，体现当地居民的偏好和习惯。所以，他主张除国防、外交、国家管理等项支出需要由中央财政承担之外，其他支出应主要由地方负责①。

根据上述政府间投资职责划分标准和原则，地方政府的主要职能是：提供区域性公共产品和辖区内居民受益的项目，如地方行政、社会治安、文化教育、消防、垃圾和污水处理、供电、供水和供气、地方道路等。与中央政府共同承担的投资职能是：某项公共产品属于中央政府职能范围，但出于效率的考虑，由地方分别去做，但以中央政府为主，如奥运工程等；某项公共产品属于地方政府职能范围，但由于其收益产生外溢，应由中央政府帮助协调，有关的地方政府共同承担，例如，跨地区的大型水利项目；一些大的社会福利或公共服务项目，需要建立费用分担机制，其费用往往需要由两级或多级政府共同分担。

（2）地方政府投资新要求

当前，全国经济已经由高速增长转向中高速增长，出现了明显不同于以往的特征，不仅表现为经济增速的放缓，更表现为增长动力的转换，经济结构的再平衡，改革开放进入一个全新阶段。随着经济发展进入新常态，地方政府投资方向的选择也必然发生新的变化，未来，地方政府投资应重在弥补短板、提升质量、形成带动。

第一，弥补经济发展短板。新常态下我国公共基础设施领域的新问题新矛盾新挑战凸显。目前，中国人均公共设施资本存量仅为西欧国家的38%、北美国家的23%，农村的公共设施投资严重不足，城市地下管网设施老旧落后。地方政府投资必须适应这种变化，着力解决瓶颈制约，为经济发展创造好的外部环境。

第二，提高公共服务水平。进入新常态，我国经济正在向形态更高级、分工更复杂、结构更合理的阶段演化，经济的提质增效是这个阶段的显著特征。地方政府投资同样需要提质增效，基础设施的配置水平要提高，公共服务水平也要提

① 李齐云：《分级财政体制研究》，经济科学出版社2003年版，第114页。

高，生产、生活、生态三者要统筹兼顾、协调发展，从而满足人们不断增长的物质文化生活需要。

第三，积极培育新增长点。新常态意味着要全新审视发展空间，向纵深寻找经济增长的新动力。发现和培育新的增长点，市场和企业必将发挥基础性的作用，但是，与此同时，地方政府投资也要围绕国家战略重点的调整，不断发现和培育区域和产业的增长点，形成带动经济健康发展的新动力。

第四，致力于可持续发展。创新发展和绿色发展是经济发展新常态的核心内容和有效途径。从传统比较优势向新的竞争优势转换，根本出路在于创新和绿色发展。地方政府投资要在外部性较强的科技、教育、资源、环境领域增加投入，从而创造良好的外部环境，为推进经济和社会可持续发展创造良好的条件和更大的空间。

（3）地方政府投资重点

交通基础设施仍是地方经济发展中具有重要影响力的行业。我国铁路总长度仅占全球的6%，却承担着全球约24%的铁路运输。2013年底，我国已建成世界上规模最大的高速公路系统，但是，总体通过能力不如发达国家。未来要重点推进国家公路网“断头路”建设，加快重要通道拥挤路段扩容改造，促进普通国道及落后地区，特别是集中连片特困地区交通基础设施建设。加快建设以市域（郊）铁路为主的都市圈通勤铁路，建成大运量、快速度的通勤网络，培育和支撑都市圈外围区域发展，疏解特大城市中心城职能。基础设施互联互通是“一带一路”建设的优先领域。要抓住交通基础设施的关键通道、关键节点和重点工程，优先打通缺失路段，畅通瓶颈路段，提升道路通达水平。陆上依托国际大通道，以沿线中心城市为支撑，共同打造新亚欧大陆桥，中蒙俄、中国—中亚—西亚、中国—中南半岛等国际经济合作走廊。在海上，以重点港口为节点，共同建设通畅安全高效的运输大通道。

表 2－16 “一带一路”沿线省区交通等设施建设设想

地区	设施建设内容
新疆	推动中巴经济走廊及面向中西南亚和欧洲的物流通道、信息通道建设。积极推进中欧班列集结编组中心、进出口货物分拨中心、乌鲁木齐空港陆路港建设
甘肃	提升中川机场国际航空口岸对外运营水平，加快敦煌、嘉峪关航空口岸对外开放，推进兰州铁路综合货场建设，开通兰州至俄罗斯、哈萨克斯坦等国家的国际航班，实现中欧货运班列“天马号”常态化运营
陕西	建设丝绸之路经济带航空城和铁路物流集散中心，组建中亚五国能源交易平台，增开国际航线和货运班机，提升“长安号”营运能力，促进陆空运输一体化和交通、物流、信息设施互联互通
宁夏	实施包兰铁路扩能改造、太中银铁路增建二线、乌玛高速等一批铁路、公路项目，完善“三环九联”高速公路网，构建“五纵五横”铁路网。提升银川空港口岸功能，把银川河东国际机场打造成面向阿拉伯国家的门户机场，形成便捷高效空中通道
重庆	完善面向欧亚的大通道、大通关体系，着力构建内陆国际物流枢纽和口岸高地。积极组织周边地区货物搭载“渝新欧”班列，推动国际邮政专列正式运行，增加“渝新欧”开行班次和集装箱运量
四川	南向抓好成昆铁路扩能改造、成贵客专等项目，加快隆黄铁路叙永至毕节段建设，对接孟中印缅经济走廊运输通道和西南出海大通道建设；北向推进西成客专等项目，提升连接欧亚大陆桥的运输大通道；西向加快推进蓉欧快铁、中亚货运班列等国际物流骨干网络和成兰铁路建设，加快形成通往西北和中亚的便捷通道
浙江	推进宁波—舟山港一体化，推进全省沿海港口、义乌国际陆港的整合与建设，积极谋划港口经济圈建设。加强江海联运、海陆联运体系和远洋船队建设，稳步推进“义新欧”中欧班列运行常态化
海南	建设南海资源开发服务保障基地和海上救援基地，启动三亚临空经济区建设，依托美兰机场建设空港综合保税区

资料来源：各省区 2015 年政府工作报告。

与新型城镇化相关的基础设施投资是地方政府的重要职责。目前，我国城市公共服务水平不高，大城市地铁、轻轨等大容量轨道交通发展滞后，城市污水和垃圾处理能力不足，大气、水、土壤等环境污染加剧，城中村和城乡接合部等外来人口集聚区人居环境较差。要加快城市基础设施转型升级，全面提升城市基础设施水平。将公共交通放在城市交通发展的首要位置，加快构建以公共交通为主体的城市机动化出行系统，科学有序推进城市轨道交通建设。统筹电力、通信、给排水、供热、燃气等地下管网建设，推行城市综合管廊模式。加强城镇污水处理及再生利用设施建设，提高城镇生活垃圾无害化处理能力。根据城镇常住人口增长趋势和空间分布，统筹布局公共服务设施，加大对公立幼儿园的投入力度，加强公共文化、公共体育、就业服务、社保经办和便民利民服务设施建设。

围绕城乡发展一体化推进新农村建设仍然需要地方政府增加投入。尽管全国99%的乡镇和93%的新农村都通了公路，但是，依然是整个国家城乡交通的短板，特别是在中西部地区。2013年底，西部地区建制村通沥青（水泥）路率仅为65%，与《中国农村扶贫开发纲要》要求“十二五”末期达到80%的目标还有差距。农村公路管养问题依然突出，“十五”末以来建设的300万公里农村公路，早已进入大中修养护高峰期。艰巨的养护任务和资金不足的矛盾日益尖锐和突出。要以中西部地区和集中连片特困地区为重点，加快建制村通沥青（水泥）路建设，加大养护政府投入力度。2013年底，我国农村宽带人口普及率为7.5%，城市宽带人口普及率为19.4%；截至2014年3月底，东部农村地区固定宽带人口普及率为13.8%，而中部和西部农村地区仅分别为5.0%和3.8%。我国宽带基础设施发展存在严重的城乡和地区差距。中西部农村地区住户相对都比较分散，需要加大中央和省级财政支持力度，推动农村信息基础设施建设和宽带普及，提供更广泛的电信普遍服务。

环境保护是未来一段时期制约地方经济发展的重要瓶颈领域。按照加入PM2.5指标的《环境空气质量标准》，我们国家70%的城市达不到空气质量的要求，全国十大水系水质一半污染。要在生物多样性重要、生态环境脆弱敏感但已经受到不同程度破坏的区域，开展恢复示范工程；加大对水质良好或生态脆弱湖泊，以及生态敏感区、脆弱区的保护力度；深化重点流域水污染防治。加强工业烟粉尘控制，推进燃煤电厂、水泥、钢铁除尘设施改造。加强挥发性有机污染物和有毒废气控制。推进城市大气污染防治。在大气污染联防联控重点区域，建立区域空气环境质量评价体系，开展多种污染物协同控制。以大中城市周边、重污染工矿企业、重金属污染防治重点区域、饮用水水源地周边、废弃物堆存场地等典型污染场地和受污染农田为重点，开展污染场地、土壤污染治理与修复。

水利事业和水资源保护应成为未来一段时期地方政府的投资重点。供水安全是首要问题，在《国家新型城镇化规划》确定的21个城市群中，华北、西北、中原等区域有11个城市群处于资源性缺水地区。要加大城市供水设施建设和改造，积极推动水源保护和城市供水设施的建设、改造。防洪安全是另一个棘手的难题。2013年黑龙江、松花江、嫩江发生的流域性大洪水，进一步暴露出我国大江大河防洪还存在薄弱环节。迫切需要建设一批江河防洪骨干工程，增强防御流域性大洪水的能力。目前，我国有效灌溉面积生产了全国约75%的粮食，还需在东北平原、长江流域等水土资源较好地区，新建一批设施完善、用水高效、稳产高产的大型灌区。在地下水资源危机的新形势下，还需要实施地下水重大保护工程，提高国家水资源战略储备能力，同时改善生态环境。

老年事业和产业是地方政府必须持续加以关注并增加投入的领域。以养老机构的床位数为例，2013年，我国60岁及以上老年人口每千人拥有的床位数为24.4张，远低于市场经济发达国家50～70张的平均水平。目前，民政部已将“公建民营”确立为主导养老发展模式。必须建立中央和地方政府投资保障机制，把城乡养老设施建设财政支出职责更具体地纳入到中央和地方法律细则之中。通过调整高层政府与基层政府的养老事权划分，降低地方政府的筹资负担。将养老服务业列为服务业重点发展领域，明确发展思路、设施建设、土地供应、重大项目、资金投入和政策保障措施。科学制定养老服务机构设施布点规划，明确规定将公益性和准公益性养老机构选址在城市发展的成熟地段，降低其后期运营成本。建立基本养老服务政府供给制度。政府举办的养老机构要实用适用，发挥托底保障作用，重点为城镇“三无”人员和农村五保对象中的老年人、低收入老年人、经济困难的失能、半失能老年人提供基本的供养、护理服务。

促进创新型产业的发展需要地方政府发挥好资金杠杆和政策引领作用。中国经济要提质增效，走创新驱动发展之路，既要加大力度支持新技术、新模式、新业态、新产业发展，打造中国经济新的“发动机”；又要致力于传统产业挖潜改造，推动高端化、低碳化、智能化发展。例如，上海市就确定了机器人、3D打印、智能传感器等12个引领制造业发展趋势的重点方向；智慧照明、移动医疗、车联网等10个制造与服务相融合的先进方向；以及网络视听、互联网金融等14个跨界融合催生的新型服务业态。地方政府要在培育和发掘新产业和新的增长点方面有所作为。充分发挥地方财政专项资金的作用，采取贷款贴息、有偿使用、以奖代补、信用担保、创业引导、风险补助等方式支持企业发展。创立由政府资金和社会资金共同参与的产业投资基金，综合性产业基金按照母基金模式运作，充分发挥投资基金的引导作用。建立包括财政出资和社会资金投入在内的多层次担保体系，加大对高技术企业的融资担保支持力度。

附件：对4万亿投资计划的回顾与评价①

2008年的全球性金融危机给世界经济造成重创，中国政府迅速、及时做出反应，于2008年11月推出4万亿元投资计划以及一系列扩大内需的刺激措施，为中国经济率先复苏和世界经济增长做出了重要贡献。中央政府的四万亿计划一出，也掀起了地方的投资热潮，到2008年11月，根据已公布的地方政府未来两年投资计划，将会有18万亿元的投资规模，是中央投资计划的4.5倍。

1. 政策出台背景

本轮金融危机由美国次贷危机引起，并逐步演化为1929年大萧条以来最为严重的全球金融危机。美国、欧洲和日本等发达经济体以及金砖国家为代表的新兴经济体和发展中国家都受到严重的冲击。随着金融风险通过各类渠道扩散到全球，各国实体经济受到严重影响，出现不同程度的放缓或衰退。全球通货膨胀压力缓解，通货紧缩风险同步增加。在全球金融危机的影响下，我国经济下行压力也逐渐加大。

经济增速急速回落。我国经济从2008年下半年起受到影响，经济增长明显下滑。从GDP季度增长情况看，2008年一季度和二季度时，增速还略高于

① 本文发表在《中国投资》2012年第12期。

10%，而到三季度和四季度就分别下降到9%和6.8%，到2009年一季度更滑落到6.2%的谷底。工业生产月度增长率由2008年2月份的17.8%下降到6月份的16%，再下降到9月份的11.4%，之后增幅持续回落，到2009年1~2月份，只有3.8%。

出口额显著下降。从2008年11月开始，我国出口月度同比增速连续13个月出现负增长，2009年2~8月，出口的下降幅度都在20%以上，直到2009年9月，降幅才逐步趋缓。2009年，我国外贸出口下降了16%，增速比上年回落了33个百分点。2008年，我国净出口对国内生产总值增长的贡献率下降到9%，比2007年降低了近9个百分点，净出口对经济增长的拉动点数只有0.9个百分点，同比降低了1.7个百分点；2009年，净出口的贡献率则只有-37.4%，拉动经济增长-3.5个百分点。这是1993年以来外需最明显的一轮下降，影响超过亚洲金融危机[①]。

负面影响波及多个行业。纺织、钢铁、房地产等行业步入寒冬，生产经营陷入困境。尽管国家逐渐调高出口退税率，试图拉动加工贸易型企业的发展，但是，一些劳动密集型产品产量增长仍然明显放慢，沿海地区的加工贸易型企业大批破产。钢材销售量急剧下滑，钢价持续下跌，钢厂减产，铁矿石库存不断增加。到2008年11月份，我国粗钢和钢材产量分别同比下降12.4%和11%。全国企业家信心指数由2008年一季度的140.6下降到12月的94.6；制造业采购经理指数（PMI）由2008年3月的58.4下降到11月的38.8。

呈现通货紧缩态势。居民消费价格指数（CPI）从2008年2月份的8.7%迅速回落到年底的1.2%的低水平，2009年还出现了通货紧缩的局面，全年CPI比上年下降0.7%，其中城市下降0.9%，农村下降0.3%。生产者价格指数（PPI）由2008年8月高峰值的10.1%下降到年底的不足2%，2009年各月继续收缩，

① 表现在：一是在全球金融危机中，出口增长下降的幅度远超过亚洲金融危机。以危机前的出口增长水平为1，全球金融危机最低为-1.4，而亚洲金融危机仅为-0.6。二是冲击的速度更快。亚洲金融危机时出口增长从开始下降到达到谷底，用了11个月的时间，而全球金融危机仅用了5个月的时间。三是出口负增长的时间要长。在全球金融危机导致我国出口增长下滑以来的14个月中，有13个月出口处于负增长区间，而亚洲金融危机时同期只有6个月的负增长。国家发展和改革委员会，宏观经济研究院课题组：《2009-2010年中国宏观经济形势分析与预测》，中国经济出版社2010年版，第9页。

到10月份，PPI同比下降了5.8%。房地产开发综合景气指数由2008年1月的106.59直线下降到2009年3月的94.74。这显示出我国经济正显著趋冷。

全球金融危机对我国经济的冲击相当严重。为了抵御外部环境对经济的不利影响，必须采取积极灵活的宏观经济政策，出台更加有力的扩大内需政策，以应对严峻复杂的形势。就当时的情况看，企业和消费者信心不足，贷款需求明显下降，单纯依靠宽松的货币政策是解决不了问题的。实施积极的财政政策，扩张中央政府投资，不仅能有效扩大内需、促进增长，最重要的是可以起到重振市场信心的作用，对于国内乃至全球经济都是重大利好因素。

2. 内容与成果

针对国内外经济形势的变化，中央及时调整宏观经济政策取向，迅速出台扩大国内需求的十项措施，包括加大政府投入、提高城乡居民收入、减税和增大金融支持力度，其中加大政府投入的主要内容就是实施两年4万亿投资计划。

从2008年4季度到2010年底，新增了中央政府投资11800亿元，带动地方政府投资8300亿元、银行贷款14100亿元、企业自有资金等其他投资5800亿元，共同完成4万亿元的投资工作量。着力加强了七大重点领域投入，包括①保障性安居工程，②农村民生工程和农村基础设施，③铁路、公路和机场等重大基础设施，④医疗卫生、教育、文化等社会事业，⑤节能减排和生态建设，⑥自主创新和产业结构调整，⑦汶川地震灾后恢复重建。

4万亿投资计划按照“调结构、转方式、促民生”的基本方针安排投资，对扩大内需和加强经济社会薄弱环节发挥了重要作用。国家和地方分别建成了一批大型项目，民生工程不断向深度和广度推进，自主创新和节能减排投资显著加强，汶川地震灾后恢复重建取得重大成就。

保障性安居工程建设大规模推进，有效缓解了保障性住房供应严重滞后局面。2008～2010年，全国各类保障性住房开工建设量分别达到1170万套、400万套和590万套。2009～2010年两年的保障性住房开工建设量约占“十一五”时期总开工建设量的65%。到2010年底，全国累计以提供实物住房方式解决了

2200万户城镇低收入家庭和部分中等偏下收入家庭的住房困难问题，通过实物住房保障的受益户数占城镇家庭总户数的比例达到9.4%，比2006年提高了6.4个百分点。在2009~2010年新增廉租房保障户数中，通过新建廉租房保障的比例由2008年的10%迅速提高到70%左右。

农村民生工程和农村基础设施建设明显加强，进一步改善了农村生产生活条件。南水北调等重大水利工程进展顺利，长江、淮河、海河等流域重点蓄滞洪区安全建设得到加强，7300多座大中型和重点小型水库除险加固任务如期完成。解决了1.23亿农村人口饮水安全问题和107万农村无电人口基本用电问题，建设农村户用沼气516万户，建成农村公路近21万公里，农村“水电路气”等民生工程超额完成“十一五”规划任务。全面实施新增千亿斤粮食生产能力规划，新增粮食生产能力62.8亿斤，建设生猪等标准化规模养殖小区及油糖棉生产基地，新增农副产品产量约28亿公斤。

重大基础设施建设成效显著，推动了交通运输能力供给和运输质量显著提升。京沪、哈大、武广、南广、贵广等重大铁路项目加快建设和建设通车。2009年，郑西、武广两条时速350公里级别的高速铁路相继开通，2010年，沪宁、沪杭两条城际高铁投入使用。截至2010年底，我国高铁投入运营里程达到8358公里，高铁运营里程高居世界第一。在投资带动下，公路基础设施投资规模、建设规模达到新中国成立以来的最高水平。重点加快了高速公路“断头路”的建设进程，2009年启动了3629公里“断头路”建设，2010年“断头路”建设规模约2498公里。

社会事业建设取得积极进展，基本公共服务体系进一步加强。建成县医院、乡镇中心卫生院、村卫生室和城市社区卫生服务中心等医疗卫生服务项目近2.7万个，完成中小学抗震加固面积949万平方米，改造农村初中校舍面积802万平方米，建成1.2万个乡镇综合文化站。公共卫生、教育和文化服务体系建设全面加强。政法基础设施建设稳步推进。

节能减排和生态建设成效明显，增强了污染治理和节能降耗能力。城镇污水、垃圾处理设施和重点流域水污染防治成果显著，新增污水处理能力3700万吨/日，垃圾处理能力7.1万吨/日。国家十大重点节能工程、循环经济和重点流域工业污染治理工程积极推进。天然林资源保护等生态建设重点工程顺利实施，完成营造林面积1.15亿亩，治理水土流失面积1.6万平方公里。

自主创新和产业结构调整步伐加快，促进了经济结构战略性调整和发展方式转变。加快推进了重大科技基础设施、重大信息工程和高技术产业化项目，加强了国家工程实验室、工程研究中心和企业技术中心建设，自主创新能力增强。十大重点产业调整和振兴规划实施取得积极进展，企业技术水平继续提高，产业结构优化升级步伐加快。

汶川地震灾后恢复重建胜利完成，推动地震灾区实现了跨越发展，城乡面貌焕然一新。震后一年半，农村住房重建全部完成；震后两年，城镇住房重建基本完成。不仅损毁的学校、医院得到全面恢复，还建成了一大批社会福利院、敬老院、社区服务中心、村民活动中心等公共服务设施。学校、医院等的抗震设防标准普遍提高，建筑物更加坚固安全，设施装备也明显改善。交通、通信、能源、水利等基础设施功能全面恢复，一大批关系灾区长远发展的重大基础设施项目相继建成。灾区产业发展也明显超过震前水平。

3. 实施效应分析

（1）经济与投资的总体表现

在积极的财政政策和适度宽松的货币政策的共同作用下，在针对投资、消费、出口的一揽子经济刺激计划的拉动下，我国经济在短期内全面复苏，度过了新世纪以来经济发展最为困难的一年①。

①经济增长实现V型反转。自2009年一季度中国经济增长陷入谷底的6.2%之后，2009年第二、第三、第四季度，我国经济增长率分别达到7.9%、8.9%和10.7%，全年增速保持在9.2%的高水平上。工业增速持续上升。从分季度数据看，规模以上工业增加值增长率分别为5.1%、9.1%、12.4%和18%，形成强劲回升势头。全年工业增加值增长8.7%，只比2008年回落了1.2个百分

① 《2010年政府工作报告》指出："2009年是新世纪以来我国经济发展最为困难的一年。"

点。大多数工业产品产量增长率得到提升。无论是从国内生产总值还是从工业增加值季度增长率来看，都走出了一个标准的V型反转。我国在全球率先实现经济形势总体回升向好（见图1）。

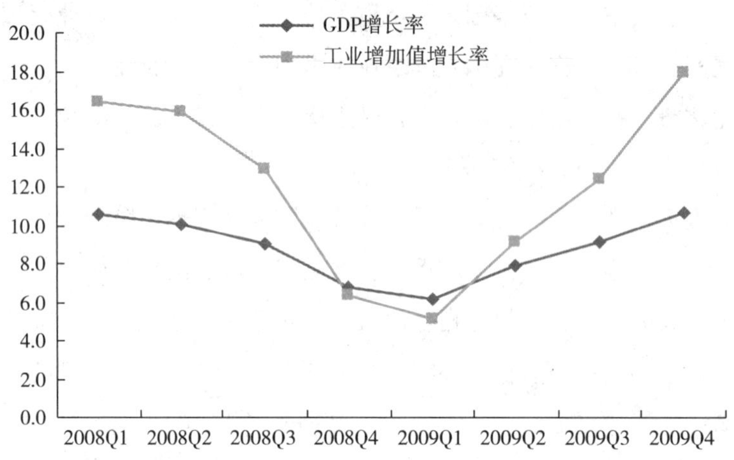

图1 我国GDP和工业规模以上增加值当季增长率（%）

资料来源：国家统计局。

②投资平稳较快增长。投资刺激计划的顺利实施，有力地带动了固定资产投资的增长。2009年各月累计投资增长基本在30%以上，全年全社会固定资产投资增长29.9%，比2008年加快了4.1个百分点。投资对经济增长的拉动作用显著扩大。2001～2008年，资本形成对GDP的贡献率大都在40%～50%，消费的贡献率大多在40%左右，而净出口的贡献率则波动较大，最高达到22%，最低接近于零。而2009年，资本形成对GDP的贡献率迅速提升到87.6%，有力地弥补了净出口贡献率明显下降37.4%对经济增长造成的负面影响（见表1）。

表1 三大需求对国内生产总值增长的贡献率和拉动

年份	最终消费支出		资本形成总额		货物和服务净出口	
	贡献率（%）	拉动（百分点）	贡献率（%）	拉动（百分点）	贡献率（%）	拉动（百分点）
2001	50.2	4.2	49.9	4.1	-0.1	
2002	43.9	4.0	48.5	4.4	7.6	0.7

续表

年份	最终消费支出		资本形成总额		货物和服务净出口	
	贡献率（%）	拉动（百分点）	贡献率（%）	拉动（百分点）	贡献率（%）	拉动（百分点）
2003	35.8	3.6	63.2	6.3	1.0	0.1
2004	39.5	4.0	54.5	5.5	6.0	0.6
2005	38.7	4.4	38.5	4.3	22.8	2.6
2006	40.4	5.1	43.6	5.5	16.0	2.1
2007	39.6	5.6	42.5	6.0	17.9	2.6
2008	44.1	4.2	46.9	4.5	9.0	0.9
2009	49.8	4.6	87.6	8.1	-37.4	-3.5
2010	43.1	4.5	52.9	5.5	4.0	0.4
2011	50.8	4.7	53.3	4.9	-4.1	-0.4

资料来源：《中国统计摘要2012年》。

③经济景气显著提高。2009年，我国工业生产逐季回升，企业利润由负增长转为正增长，全年规模以上工业企业利润增长13%，增幅较前8个月高20.6个百分点，略高于上年同期水平。2009年39个工业大类中，38个行业利润同比增长或降幅缩小。中国人民银行5000户企业调查显示，第四季度企业盈利指数为55.6%，较上季度上升1.9个百分点，连续三个季度回升。CPI于2009年11月结束了连续9个月的同比负增长，同比上涨0.6%；工业品出厂价格于2009年12月结束了连续12个月的同比负增长，同比上涨1.7%。随着宏观经济基本面的好转，全国财政预算收入同比增速从1月的-17.1%振荡攀升至12月的55.8%。

（2）政策效应的基本评价

①4万亿投资计划直接拉动了经济增长。据一些初步测算结果，现阶段我国投资的乘数效应大约在2倍左右①。中央4万亿元的投资项目均为新增加投资，

① “中国2007年投入产出表分析应用”课题组：“基于2007年投入产出表的我国投资乘数测算和变动分析”，《统计研究》，2011年3月；刘金山：“乘数效应的区际差异”，《财经科学》，2007年第6期。

它对经济增长产生新的拉动作用。根据 2009 ~ 2010 年固定资产投资额与固定资本形成额的比例，4 万亿元投资折合为资本形成额大约为 2.9 万亿元。2009 ~ 2010 年，GDP 合计为 74 万亿元，中央投资占 GDP 的比例则为 3.8%。按照 2 倍的乘数作用，4 万亿元投资计划拉动的经济总量约占 GDP 的 7.6%。考虑到 2006 ~ 2008 年，净出口占 GDP 的比例也只有 8% 左右，因此，中央投资计划本身就可以基本替代国际金融危机对外需减少的冲击。

相关研究结果也表明①，2009 年二季度以后的经济回升说明各项宏观调控措施是及时有效的，政策因素在当时经济走势中发挥了举足轻重的作用。模拟结果表明，政策在一季度的效果并不显著，而在二季度具有显著的拉动作用。若不存在扩张的政策，二季度城镇固定资产投资增长率仅为 17%，政策介入后，固定资产增长率显著提高到 35%，政策对投资的增长具有决定作用。使用剔除政策拉动作用的城镇投资增长率和社会消费零售总额增长率模拟 2009 年二季度的经济增长率，GDP 增长率仅为 5.5%，而实际 GDP 增长率为 7.9%，提高了 2.4 个百分点，可见扩张性政策是卓有成效的。

②4 万亿元投资计划对就业的推动作用不容忽视。投资的就业效应，可以分为阶段性效应和长期性效应。阶段性效应是指投资项目建设期间创造的就业岗位，又称为项目性就业。长期性效应是投资项目建成后创造的就业岗位，也称为生产性就业。根据张本波等的计算，只考虑建筑工程投资，4 万亿投资带动的建筑工程类项目性就业约为 5000 万人，项目建成后可创造生产性就业岗位约为 560 万人。因此，4 万亿元投资可直接创造就业岗位 5600 万人②。又根据“中国 2007 年投入产出表分析应用”课题组的计算，2009 ~ 2011 年间 4 万亿投资可分别带动就业 1433 万人、3017 万人和 2202 万人。从实际运行结果看，2009 ~ 2010 年，我国城镇就业人员分别增加了 1219 万人和 1365 万人，一直保持在较高的水平（见图 2）。因此，4 万亿元投资对于在国际金融危机的局面下稳定就业发挥了积极和不可替代的作用。

---

① 国家发展和改革委员会，宏观经济研究院课题组：《2009 - 2010 年中国宏观经济形势分析与预测》，中国经济出版社 2010 年版，第 24 ~ 25 页。

② 张帅、张本波：“四万亿投资计划的就业效应评估及建议”，《中国经贸导刊》，2009 年第 15 期。

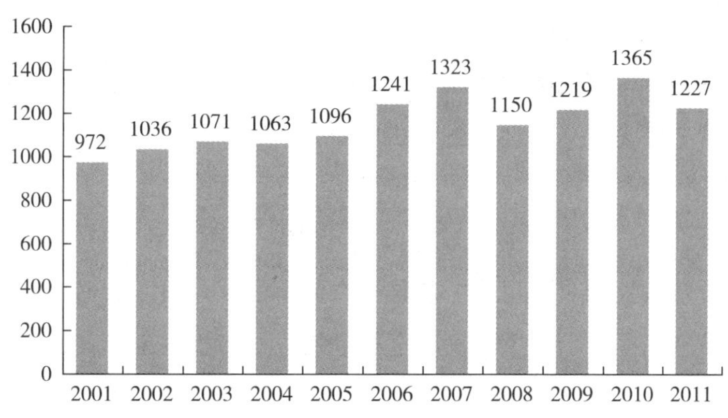

图 2 我国城镇就业人员的增加额（万人）

资料来源：《中国统计摘要 2012 年》。

③4 万亿元投资计划有力地促进了结构调整。4 万亿元的投向安排，紧紧围绕着改善人民群众生产生活条件、缩小城乡和区域发展差距、缓解基础设施瓶颈制约等目标，在新的发展阶段和更高层次上调整和优化了投资结构，为国民经济的长远发展夯实了基础。一批交通、能源基础设施投入使用，显著提高了经济运行的质量和效率，加快了人员和物资的流动速度，推动了城乡居民消费水平的提升。大力发展保障性安居工程，继续推进医疗卫生、教育、文化事业的发展，成为促进消费结构升级、刺激消费扩张的重要举措。尤其是自主创新和结构调整投资，有力促进了企业的技术进步，集中突破了一批关键技术和关键环节，完善了产业链和价值链，提高了我国企业在国际分工中的地位；鼓励了企业的设备更新，促进了关键设备、关键部件的国内生产，开发出了一批具有自主知识产权的高端装备。当前的经济增长面临越来越显著的资源、能源约束，节能环保投资重点推进了节能改造工程、污染源治理工程、资源循环利用工程建设，为节能减排、发展绿色经济和循环经济提供了支撑。

4. 启示与思考

(1) 面对严峻的经济形势，需要采取迅速而有力的调控措施

中国提出的两年 4 万亿元中央投资计划和每年 5000 亿元的减税计划约占

GDP 的 7%。而金融危机重灾区的美国的刺激计划只占 GDP 的 5%，欧洲和日本就更低了，发展中国家刺激政策也相对较弱。中国是全球刺激力度最大的国家，这种做法是否必要呢？从亚洲金融危机时看，1998 年和 1999 年中国国债投资分别只有 1000 亿元和 1100 亿元，之后几年国债投资规模增加也不多。由于各年的政策力度较小，在一定程度上造成连续四年的经济增长率保持在 7% ~8% 的水平，积极财政政策长期难以退出。从这个意义上讲，高强度的财政刺激政策有助于经济的迅速复苏。欧盟国家在本轮金融危机应对措施效果不佳，主要原因就在于政策力度太小。直到 2008 年底，德国只出台了相当于 GDP1.3%、英国仅出台相当于 GDP1% 的经济刺激计划。约瑟夫·斯蒂格利茨认为，西方国家推出的经济刺激计划“太小、太慢”。保罗·克鲁格曼则主张，欧盟需要拿出当年国内生产总值的 4% 用于刺激经济，而欧盟当时的经济刺激规模远低于这一数字。在全球金融危机一周年时，德国《商报》指出，中国虽然也受到危机影响，但行动果断有力，它以“令人瞩目的速度”推出经济刺激方案，不仅强化了国内需求，也成为全球危机中“新的牵引”。

（2）根据国情的不同特点，经济刺激方案应更具针对性

在国际金融危机的冲击下，各国政策刺激方案的选择存在明显的差异。第一，是稳定金融还是支持实体。由于金融体系和机构受到危机影响最大，美国救市方案的核心内容是授权政府购买银行及其他金融机构的不良资产，帮助其摆脱困境。欧盟国家政策目标首先也是稳定银行体系，为金融市场和机构注入大量流动性。而中国金融机构受危机冲击极小，金融体系相对稳健，刺激政策主要是加大投资、改善民生，重点用于实体经济。第二，是刺激消费还是促进投资。尽管美国财政部出台了刺激消费信贷计划，为消费者提供信贷；德国也大幅提高退休金，以刺激退休人员的消费。但是，在本轮危机中，各国都更加重视投资，特别是基础设施投资的拉动作用。例如，2009 年 2 月，奥巴马政府通过《美国恢复与再投资法案》，在 7872 亿美元经济刺激计划中，2/3 用于公共开支和投资（见表 2）。在欧盟国家中，德国投入 500 亿欧元，意大利投入 800 亿欧元，主要用于基础设施建设。与之相比，中国的 4 万亿元投资计划及其投向符合国际潮流和经

济发展的需要。第三，是增支还是减税。美国和日本在本轮金融危机期间，都不约而同地选择了继续减税的财政刺激措施。在减税的同时，政府支出也在加大，政府负债就成为必然结果。但是，美、日已经到了债多了不愁的地步，特别是美国，由于美元的强势地位，美国国债有人买单，所以敢于一直采取既减税又增支的做法。而我国在赤字问题上历来采取审慎的态度，考虑到政府支出保持高水平，民生支出力度会加大，大规模减税措施始终难以出台，只能对税负结构做出一定的调整。

表 2　　　　美国的公共开支和投资计划

项目	金额（亿美元）	内容
基建计划和科学研究投资	1200	改善公共交通系统，兴建高速公路、高速铁路；加强宽带网络覆盖；洁净水源。基建项目中的 72 亿美元将用于改善网络宽带通路，特别是偏远地区
再生能源及节能项目	199	其中 131 亿元用于对再生能源生产的税收抵减
能源项目	110	用于提升美国的电力网
公共卫生与社会服务紧急基金	437	其中 269 亿用于帮助失业者维持他们的医疗保险
医疗信息技术项目	190	投资于医疗信息技术领域
教育建设	1059	包括对各州政府支持 536 亿美元修缮学校建筑
环境计划	145	包括消除已废弃的武器和能源研究中心，改善食水设施等

资料来源：《美国应对金融危机的经济刺激措施及实施情况》，国家发改委网站，2010/08/11。

（3）既要重视短期需求影响，也要关注长期供给结构调整效果

从短期需求拉动看，4 万亿元投资计划带来的国内市场机会，使得一批出口加工企业熬过了金融危机最困难的时期，获得了进一步生存和发展的空间。4 万亿元投资计划最先影响到工程建设，特别是对钢铁、水泥、有色金属等原材料产品产生了较大需求，从而推动了相关行业的复苏。应该说，在极为严峻的国际经

济环境下，如果不对中国经济进行一次及时的政策刺激，陷入衰退的代价会更大。因此，国家出台4万亿元经济刺激计划的初衷并无不妥。况且，正是在这一时期，中国超越德国成为世界第一大出口国；更多的能源、原材料大企业进入了世界500强①。而从长期结构调整看，4万亿元投资方向的选择是正确的，照顾到了结构调整和可持续发展等影响国民经济长期发展的重点领域。通过自主创新投资，强化了企业的新产品开发，增加了技术含量和附加价值，提高了产业分工层次。节能减排和生态建设投资有利于减轻我国的资源、能源和环境压力。根据世界自然基金会（WWF）的报告②，4万亿元投资在短期内将使中国能耗增速加快，但从长期看来，对节能和环境生态工程的建设、对新能源产业的带动，不但在远期将获得较大的节能和碳排放削减效益，且对经济结构调整将产生深远意义。

（4）突出保障和改善民生，实现经济与社会的协调发展

4万亿元投资计划把民生建设作为了重中之重，这与1998年积极财政政策的投向有很大区别。以保障性安居工程建设为例，是中央政府第一次将保障性住房正式纳入国家规划和中央财政预算加以支持，是在我国保障性住房长期发展滞后情况下，以超常规的方式进行的一次“补课”式发展，对解决低收入群体住房困难、完善城镇住房供应体系发挥了积极的作用。另外，教育、卫生等社会事业的投入力度也很大。据统计，中央投资用于民生领域的投入占比近60%。在大力推进民生工程的同时，基础设施建设仍然成为4万亿元投资支持的重点。这是因为，目前，我国基础设施滞后状况仍未根本缓解。以铁路为例，目前，我国铁路路网密度小、人均拥有量低。2008年，我国每万平方公里铁路仅83公里，只有德国、英国、法国、日本的8.8%～15.7%，不到印度的一半；人均铁路仅6厘米，只有美国、法国、德国的8.1%～14.6%（见表3）。当前，我国城市化进程加快，大中城市交通拥堵尤其突出，交通阻塞已由点到线、由局部向大范围蔓延。尤其是北京、上海等直辖市和一些省会城市，私人汽车数量急剧膨胀，道路

---

① 2008年，中国有35家企业进入世界500强，2009和2010年分别上升到43家和54家。

② “4万亿投资带来哪些收获?”，《中国环境报》，2011年2月21日，第6版。

交通压力越来越大，亟需大力发展地铁、轻轨等大容量轨道交通。从一定意义上讲，基础设施本身就是民生工程的重要组成部分，是经济增长和社会发展的重要依托，基础设施的进一步完善就是在促进经济与社会的协调发展。

表 3　2008 年我国铁路路网密度、人均拥有量与主要国家的比较

	路网密度		人均长度	
	公里/万平方公里	中国相当于（%）	厘米/人	中国相当于（%）
美国	235.7	35.2	74.6	8.1
中国	83.0		6.0	
印度	192.7	43.1	5.6	108.3
加拿大	57.3	144.9	171.8	3.5
日本	530.4	15.7	15.7	38.3
法国	544.6	15.2	48.0	12.5
德国	948.5	8.8	41.2	14.6
意大利	560.2	14.8	28.2	21.3
英国	668.9	12.4	26.6	22.6
墨西哥	135.8	61.1	25.1	24.0
巴西	35.0	237.1	15.5	38.7

资料来源：根据《国际统计年鉴 2010 年》相关数据计算。

(5) 区分长期发展和短期调控问题，客观评价调控政策成果

我国正处在大规模城市化提升的阶段，基础设施和公共服务都需要大量投资，从而为重化工业提供了广阔的市场空间，促进了能源和原材料产业的快速增长。财政分权体制下地方政府间竞争加剧，导致土地等生产要素价格被严重低估，扭曲了市场信号，误导了企业行为，因而无法对投资扩张及其过剩产能起到成本约束作用。政绩考核目标偏离了政府公共职能的要求，使得地方政府官员热衷于税高利大的项目，卖地筹资搞政绩工程，国有企业和商业银行的扩张冲动同样强烈，导致了地方政府债务和银行信贷的大幅度扩张。独家垄断土地的征用制度给政府带来了巨大的土地增值空间，地方政府的土地经营策略推动了土地收益的不断增长和房地产价格不断攀升。上述情况一方面表明，在我国特有的发展阶

段和体制条件下，中央政府投资刺激计划的政策效应很容易被人为放大，甚至因此导致政策刺激过度的现象；另一方面也说明，土地财政、政府债务、资产泡沫、生产过剩等问题有其深刻的背景，是改革与发展中的问题，是长期积累的问题，有没有 4 万亿元投资计划同样会存在，希望通过 4 万亿元投资计划使得上述问题同时得到解决也是不现实的。

（6）通过体制机制的完善，逐步解决影响经济运行的重大问题

如上所述，阶段性和体制性问题通过反周期的短期政策措施是无法解决的。只有不断规范地方政府和其他主体行为，发挥市场配置资源的基础性作用，完善长期投资管理工具的功能，才能为宏观调控创造良好的制度环境。地方政府应集中力量办大事、办难事、办急事，防止政府职能的不合理扩张。建立符合科学发展观的政绩考核体系，降低经济增长和投资扩张的目标要求。加大对土地财政资金使用的监督，使得土地收益能够真正用在与民众密切相关的公共服务领域。实现政府融资平台的准确定位，明确平台的市场主体地位，完善企业治理结构，促进投资主体多元化。更多运用经济杠杆调控投资，根据资源短缺程度和外部性要求，确定生产要素的市场价格，对投资起到正确的导向作用。完善技术、环保、能耗、资源综合利用、安全等市场准入标准，对不符合国家经济社会发展要求的项目进行限制，淘汰落后产能。打破行政垄断，营造公平的市场准入环境。在国家没有禁止和限制的产业领域，对所有投资主体都应持一视同仁的开放态度。促进地方政府债务规范化发展。实现“法制融资”和“阳光融资”。建立地方政府债务审批制度。建立地方政府的债务监管体系、债务风险准备金制度和纠错与危机化解机制。

第三章

地方政府投资行为

我国地方政府投资行为特征表现在，经济发展紧迫性强，政府投资成为重要抓手；城市建设求新求大，新区成为近年发展热点；园区促进产业集聚，转型发展任务仍然艰巨；政府间竞争激烈，彼此分工合作难。地方政府投资行为不规范的原因在于，财政分权体制存在明显缺陷，地方政治体制存在较大弊端，政绩考核目标偏离政府职能要求，监管体系形同虚设且效率低下，公共投资事务缺乏健全的治理结构。地方政府投资行为规范就是要建立地方政府投资运作的制度框架，形成促进地方政府投资责权利相匹配的体制机制。

行为是人类所特有的，由一定原因引起的，为了实现一定目的所进行的活动。行为是由满足某种需要的动机引起的，又是达到一定目标使需要得到满足的手段和过程。行为既是某种需要和动机的结果，也是这种需要和动机的反映。地方政府投资行为可能是各种公共性职能和外部性需要和动机的结果，也可能是财政分权和晋升激励的需要和动机的反映。

一、地方政府投资行为表现

地方政府投资有效推进了我国基础设施和公共服务的完善，改变了城市和乡村的面貌，促进了民众物质、文化生活水平提高。但是，在快速发展过程中，由于体制机制的不完善、不健全，我国地方政府投资行为也存在着一些明显的缺陷和扭曲现象，与政府职能要求和公众的期望存在不一致。

1. 经济发展紧迫性强，政府投资成为重要抓手

对于各级政府来讲，投资都是拉动经济增长的第一动力甚至唯一动力，地方党代会、人代会都把投资增长作为最为重要的目标。政府投资历来是地方投资增长的主要抓手，一方面，政府投资是需求的重要组成部分，政府投资的扩张有助于当地需求的增长，从而有利于刺激当期经济增长；另一方面，政府投资提供的基础设施和公共服务是地方经济发展的重要条件，通过政府投资完善相关设施和服务，有利于改善本地的招商引资的环境，吸引更多的社会资金。发展本地经济的急迫性决定了地方政府投资冲动十分强烈。地方政府往往通过两种途径促进政府投资的增长，第一，通过本级自有财力扩大本地公共投资；第二，向上级政府争取资金，争取中央和省级政府投资项目在本地落地。

本级政府性资金包括公共财政预算资金、政府性基金、财政专户资金和政府筹措资金等资金。而本级政府投资项目则是指采取政府直接投资、资本金注入、投资补助、贴息等方式，全部或者部分使用本级政府性资金的固定资产建设项目。各地政府通常都会寻求事关经济社会发展大局的关键环节，作为政府投资的着力点和关键点；通过制定实施方案、精心组织施工，加快推进项目建设进度，并做好项目跟踪服务；促进新建项目开工建设，做细、做深、做实项目前期工作，推进项目审批提速；深化项目前期准备、研究工作，为项目的规范管理打下基础；努力确保用地、资金供给，抓好审批、服务、督查等环节工作；强化考核机制，完善考核办法，促进项目早开工、快建设、早竣工、早见效。

向上级政府争取资金的过程就是所谓的“跑部钱进”，是指利用地方驻京办（或驻省城办事处）的关系网，在中央各部委部门（或省政府各部门）跑动沟通，达到要项目、要资金的目的。据不完全统计，长期以来，在北京，除52家副省级以上单位的驻京办之外，还有520家市级单位驻京办、5000余家县级单位驻京办。“跑部钱进”是地方政府争取上级政府部门资金支持的迫切心情的反映，它对于地方的经济发展确实可以起到促进作用，但是，另一方面，其危害之大也是不言而喻的。“跑部钱进”免不了和寻租腐败挂上钩，驻京办事处成为腐

败高发区是不争的事实。2010 年初，国务院办公厅印发《关于加强和规范各地政府驻北京办事机构管理的意见》，除保留 50 家省级政府驻京办事机构和 296 家地市级政府驻京办事机构外，共撤销驻京办事机构 625 家。2015 年 3 月，国务院办公厅发布了《关于清理规范驻省会城市办事机构的指导意见》，提出撤销县级政府驻本省省会城市办事机构，撤销市、县两级政府职能部门驻本省省会城市办事机构。

2. 新城新区成为发展热点，宜居宜业才能实现繁荣

建设新城新区成为推动城镇化发展的重要途径。新城新区建设的示范效应在 20 世纪 90 年代初期传递到国内，成为我国许多大城市重要的空间发展战略。尤其是进入新世纪以来，在城镇化的快速推进过程中，我国出现了新城新区规划与开发的热潮。经过 20 多年的建设发展，浦东新区成为上海奇迹和速度的验证者，成为中国改革的窗口。滨海新区的开发开放，提升了天津城市发展的质量和城市竞争力，提升了京津冀及环渤海地区的国际竞争力。上海浦东新区、天津滨海新区、重庆两江新区、武汉东湖高新区等，已经成为国家战略性新兴产业、先进制造业和现代服务业集中区、自主创新示范区和自由贸易实验区，成为国家和城市经济发展的新门户、新基地和新引擎。新城新区建设吸纳了大量人口居住就业，改善了城市人居环境；新城新区推动了城市产业转型升级，提升了城市发展质量与效益；新城新区建设有效地疏解了城市功能，缓解了日益严重的城市病；新城新区建设拓展了城市发展空间，优化了城市空间结构。

与此同时，我国新城新区也呈现出数量上不断增多、面积上不断扩大、区域分布不均衡的特点。存在的主要问题包括：部分新城新区建设缺乏科学规划，存在不同程度的土地浪费；部分新城新区定位不清晰，与主城功能趋同，与城市总体规划不协调；部分新城新区建设超前，存在基础设施浪费问题；部分新城新区产业基础薄弱，难以支撑新城新区经济增长；部分城新区建设未量力而行，加大了地方政府的债务风险。在中国数百个城市新城新区中，有些人口不足 10 万人，有些甚至低于 1 万人。新城新区人口规模偏小，造成已建成基础设施的浪费和低

效利用，不利于服务设施和功能的进入，造成了在很长时期内缺少人气和商气[①]。2004 年，鄂尔多斯市开始建设康巴什新区，总投资达 50 多亿元，新区总面积 352 平方公里，建成区面积 32 平方公里，建成了会展中心、博物馆、大剧院等一批形态各异的标志性建筑。但是，十年过去了，新城现居住人口不足 5 万人。类似于康巴什新区的例子还有不少，人气、商气不足仍然是制约新区发展的关键因素。

当然，从国际上新城新区的发展历程看，不存在一开始就规划完美、高质量的新城新区。新城新区的发展必然是一个曲折的进程，对待新城新区的发展需要有一点耐心。城市本身就是人口与产业的集合体，尤其是第二、第三产业与城市的融合发展。有产业带动，才会有人口聚集，城市才有活力，城市规模才会不断扩大。因此，宜居宜业是新区繁荣与发展的根本动力。郑东新区的发展印证了上述观点，郑东新区曾被国外一些媒体称为“中国最大鬼城”，2005 年，郑东新区常住人口只有 10 多万人，2008 年，常住人口达到 20 万人，2010 年，人口达到 30 万人。到 2013 年底，新区建成区面积已突破 100 平方公里，人口突破 100 万人，全口径税收达到 135 亿元，已经发展成为一个成熟的城区。

专栏 3-1　郑州郑东新区对我国新区发展的典型意义

自 2003 年郑东新区的建设正式起步，到现今，只有 10 多年的时间。这期间，郑东新区经历了太多外界的质疑，2009～2013 年间质疑声最盛。郑东新区管委会提供的数据显示，2014 年，郑东新区全口径税收完成 135.8 亿元，同比增长 14.5%，其中公共财政预算收入、地方税收收入、新增固定资产投资规模，三项数据均位列郑州市第一。

郑东新区规划之初，省委书记提出，城市发展要一张蓝图绘到底，规划方案形成后，可以通过法律程序固定下来，在建设过程中，一定要服从规划，任何单位和个人都不能自行其是。郑东新区的规划方案进行了国际招标，黑川

① 方创琳、马海涛：“推进新型城镇化调研：新城新区，如何让城市更美好?”，《光明日报》，2014 年 7 月 1 日。

纪章的概念规划方案获得国内外权威专家的多数投票，最终入围。之后几届郑州市委书记均严格按照规划执行。

在一块150平方公里的空地上再造一座城市，投资力度如此之大，不可能完全依靠行政主导，这也是地方政府强调的——郑东新区以市场运作为主，政府只在基础设施上投资。外地开发商过硬的产品质量和品牌影响力，逐步把信心向外传导，更多的资本开始流入郑东新区。随着城市规模的成长，郑州市尤其是郑东新区的房价，也从每平方米2000多元，蹿升到每平方米1.5万元以上。房地产一直是郑东新区主要的发展引擎，一度占据着财政收入的70%以上，同时也是郑东新区人口净流入的主要驱动力。

但是，这种模式的不可持续性可以预见。郑东新区的产业培育也在同步进行。2008年前后，郑东新区的产业定位为8个方向，其中金融业尤为重要。随着郑东新区完成“三年出形象，五年成规模”的目标任务，到2008年，3.45平方公里的CBD区域已吸引多家金融机构聚集。从金融业在郑东新区财政收入的占比来看，2012年是5%，2013年是15%，2014年将近20%。目前，金融业在全区GDP中的占比达到一半左右。郑东新区已经走上产城融和发展的轨道。

资料来源：“中国最大鬼城郑州郑东新区逆袭　房价超1万5”，《经济观察报》，2015年3月1日。

3. 园区促进产业集聚，转型发展任务仍然艰巨

产业园区是指为促进某一产业发展为目标而创立的特殊区位环境，是区域经济发展、产业调整升级的重要空间聚集形式。产业园区能够有效地创造聚集力，通过共享资源、克服外部负效应，带动关联产业的发展，有效地推动产业集群的形成。长期以来，地方政府都非常重视产业园区的发展，推动产业链式发展和集群化，努力提升产业竞争力。以湖南为例，截至2013年底，全省共建成各类园区127家，其中省级及以上开发区82家，省级工业集中区45家，全省园区共设

立各类企业26140家，安排就业243.5万人。根据福建省调查总队的资料，截至2013年底，福建共建成工业园区272个，其中国家级23个、省级81个、市级47个、县及以下121个，入园工业企业共2.93万家，占全省工业企业的40.4%。2012年，园区工业总产值1.75万亿元，占全省工业总产值的58.9%。

产业园区的开发模式主要有以下几种：①政府主导开发模式，即地产开发是在政府主导下进行，通过创造相关产业政策支持、税收优惠等条件营造园区与其他工业地产项目所具备的独特优势，然后通过招商引资、土地出让等方式引进符合相关条件的工业发展项目。②主体企业引导模式，一般是指在某个产业领域具有强大的综合实力的企业，营建一个相对独立的工业园区，并在自身企业入驻且占主导的前提下，借助企业在产业中的强大的凝聚力与号召力，通过土地出让、项目租售等方式引进其他同类企业的聚集，实现整个产业链的打造及完善。③工业地产商模式，是指房地产投资开发企业在工业园区内或其他地方获取工业土地项目，在进行项目的道路、绿化等基础设施建设乃至厂房、仓库、研发等房产项目的营建，然后以租赁、转让或合资、合作经营的方式进行项目相关设施的经营、管理，获取地产开利润。

地方政府建设产业园区也出现许多问题。第一，园区的“孤岛效应”不断显现。园区在早期大多遵循“单一工业区”的发展思路，面积都不大，选址远离主城区，造成了人居空间与产业空间的不对称。许多园区只是由一条条宽阔平整的马路、一栋栋现代化厂房构成的工业园区，下班后，则是一片沉寂。随着园区的日益成长壮大，以往单纯工业区的定位与综合城市化发展需要的矛盾逐步显现。此时的园区已不再是传统意义上的单纯工业园区，而是按照统筹二、三产业、统筹城乡建设、统筹区域发展的理念进行建设的复合园区或综合经济区。

第二，园区的结构转型升级相对滞后。相当一些园区的产业层次偏低，以传统产业和一般制造业为主，先进制造业和现代服务业发展相对滞后；一些园区企业生产环节处于产品价值链低端，绝大部分依靠引进技术，或者缺乏自有核心技术；一些园区的产业关联效应不明显，产业配套与协作有待强化；一些园区产业同构现象严重，不同地区的开发区之间、同一城市的不同开发区之间，仍然存在着较为严重的重复建设问题，在国家级经济技术开发区中，主导产业的雷同度也很高；一些园区引进了不少的高耗能、高排放、高污染的企业，又没有按照循环经济的理念对企业进行合理组织与布局，环境问题十分突出。

第三，园区存在过多过滥和资源浪费现象。2003～2006年，我国开展了对全国各类园区的清理整顿工作，全国各类园区由6866个核减至1568个，全国各类园区数量减少了77%。从那时起，园区审批权上收，各地园区建设必须获得国务院或者省级政府审批。但是，地方为了追求在吸引投资、上缴税收、解决就业等方面的利益，仍然采取各种方式设立名目繁多的各类园区，致使各级各类的园区遍地开花。不少园区先期征用过多的土地，或者随意扩大建设用地规模，动辄几十平方公里甚至几百平方公里。一些地方粗放低效用地，加剧了土地供需矛盾，影响到土地资源可持续供给和可持续利用。

4. 产业结构趋同，产能过剩趋于严重

我国地区产业结构趋同主要表现在，各地区难以按照专业化分工原则进行投资建设，导致重复性建设，形成恶性竞争，造成资源浪费；各地区均追求门类齐全、自成体系；地区间产业结构高度相似，经济资源配置效率低下；产业结构从低水平向高水平状态升级的过程中处于低水平状态，引发产业结构的低度化。社科院城市与竞争力研究中心的测算数据显示，2004年之后，长三角整体的产业结构相似度系数均值水平总体呈上升趋势，2010年达到0.795，发生了明显的产业同构现象。从长三角各地之间的产业结构相似度水平来看，上海与江苏、江苏与浙江的产业结构相似度水平较高，近年来分别保持在0.9和0.85左右[①]。

地区产业结构趋同和重复建设与地方政府投资及政策选择关系密切。从横向来看，只要是产值高、利税多的产业，地方政府均争先恐后上马。例如沿海不少地区不顾自然资源和产业基础条件，竞相上马重化工项目，形成“千军万马争上重化工”的局面，不但加剧重化工业未来更大的产能过剩，还给沿海生态环境和

---

① “社科院：沪苏浙皖‘世界超级经济区’已形成”，《第一财经日报》，2014年5月14日。

社会的可持续发展带来了巨大的压力[①]。从纵向来看，一个行政区内部，往往不考虑区位优势、资源条件、环境承载力等方面的差异性，要投资什么，上下一致。全国许多省都提出过“工业强省”战略，地市也就跟着提出“工业强市”战略，县区则随之提出“工业强县”战略，甚至有些乡镇还提出“工业强镇”战略。明明许多地区只能归入限制或禁止发展区域，只适合发展旅游或只能进行生态保护，但是，这些地区也被要求搞工业集中区，引入工业项目。在资源禀赋条件相差不大的情况下，产业结构趋同难以避免。

各级政府竞相盲目扩大投资，致使很多行业投资过度、产能过剩。2013 年，我国大宗商品中，有 48% 的产品存在产能过剩问题，产能过剩品种与非过剩品种接近 1∶1。在过剩产品中，有 3/4 的产品产能利用率低于 80%。按照过剩产品品种数量计算，化工行业过剩产品品种数量最多，占全部过剩产品品种的 18%，其次是能源产业，接下来依次为钢铁业、有色金属产业、农副产品加工业、橡塑行业、建材产业以及纺织业[②]。在这些过剩行业中，一些地方仍在不断新增投资和扩大产能。产能严重过剩，意味着大量的稀缺资源所生产出来的产品不能被社会及时消费，不能满足经济社会需要，造成社会资源的巨大浪费。过多的资源和资金拥挤在产能过剩行业里，这些资源和资金往往不是用于技术研发，不是用于新兴产业的发展，使得新技术和新兴产业投入不足，发展缓慢，不利于产业结构调整和升级。

5. 政府间竞争激烈，彼此分工合作难

地方政府竞争是指一个国家内部不同行政区域的地方政府，为提供公共物品、吸引资本技术等生产要素而在投资环境、法律制度、政府效率等方面开展的跨区域竞争。我国经济长期保持增长活力，地方政府竞争提供了巨大的内生性动

---

① 国家海洋局发布《中国海洋发展报告 2012》指出，随着新一轮国家沿海开发战略布局基本完成，涉海行业尤其是重工业正在瓜分沿海空间，全国七大石化基地中有五个落户沿海，全国原油加工能力大多集聚沿海地区，全国九大钢铁基地有六个布局沿海。开发利用需求与资源环境承载力之间矛盾凸显。

② 秦玄：“有效化解产能过剩的思考”，中国改革论坛，2014 年 10 月 21 日。

能。31 个省、300 多个地级市、2800 多个县以及 4 万多个乡镇政府实际上是更为活跃的市场主体，除自身的投资扩张外，地方政府也诱导或推动着其他市场主体和生产要素进入增长的快车道。政府间竞争有其积极的意义，作为竞争主体的地方政府往往是制度创新的积极推动者，从而有利于改善政府的服务能力，提高服务效率，优化投资环境，促进经济增长。

但是，地方政府过度竞争也是一个突出问题。由于资源、资本等生产要素极度短缺，政府间竞争的排他性非常强烈，“本地资源决不放弃，外来资金决不分享”是普遍现象。就连市域范围内的各个县区之间，都形成了资源和资金的竞争关系。由于各地政府都追求自身利益最大化，导致跨地区性公共产品供给失灵。基础设施各地都要建，还都要建大的，缺少合理布局，没有规模效益。跨区域公共事务治理失灵。例如，河流上游政府投入大量的成本维护河流清洁，下游地区享受着上游地方政府治理河流带来的正外部效应，却不用花成本。地方政府为了自身发展，经常出台招商引资政策，在土地审批和税收上进行优惠，出现“让利竞赛”。这种不惜成本的竞赛在吸引资金注入的同时，却损害了地区经济社会发展的整体利益。

近年来，我国各类经济区规划相继出台，地方政府间的横向联系日益增强、合作形式日益多样，推动了我国不同地区之间的协调发展。但是，目前区域合作还缺乏“讨价还价”的协调机制，利益交换或让渡很难实现，进而导致了地方保护、以邻为壑等恶性竞争现象层出不穷，区域合作的进一步深化面临体制机制障碍。发展较落后地区积极响应并推崇区域合作，希望以此改善自身经济发展落后的劣势。经济较发达地区则对此并不积极，一是因为作为发达地区在合作的成本上会承担很大一部分，二是合作的收益分配不平衡，没有形成多投入、多收益的良性预期。在区域内部，上海、广东、浙江等发达省市都出台了优惠的政策，鼓励产业从发达城市向本省市的其他城市转移，而限制这些产业向省外的转移。这种“肥水不流外人田”的作法，使得不同地区城市间、大中小城市间的产业分工协作非常困难，不利于形成城市间优势互补、合作共赢的局面。

6. 重视中心区域发展，外围普遍受到忽视

无论是省级政府还是市县级政府，财政资金总是有意无意地向区域中心城市倾斜投入，严重违背基本公共服务均等化原则。北京、上海等超大城市集中了全国最便捷的基础设施条件和最优质的教育和医疗资源，省会城市其次，距离中心城市近的地区要好一些，越往边远地区，基础设施和公共服务水平越糟糕。铁路、公路越修越快、越修越直，加剧了点对点的大城市人流和物流的聚集。根据交通部的统计，目前，全国仍然有6000多公里的断头路，这些断头路基本都在各省、各市的交界处，在西部的边远地区。这些地区是政府投资最少关注的地方。与区域中心城市地理距离越远的地区，发展条件越差，机会越小，越来越被边缘化。应该说，核心区域、中心城市的率先发展是必然的过程。但是，如果对外围欠发达地区附加较多的经济增长职能及其政绩要求，同时，又不对这些地区的基本公共服务进行足够的倾斜投入，弥补历史欠账，从而缩小公共服务的地区差距，对非核心区域、中小城市来讲，就是一种严重的不公平。

在现行体制下，大量的公共的、社会的资源和资金通过行政方式集中到了高等级的城市。我国有4个直辖市、15个副省级城市，这些城市实行计划单列，享有省级的经济管理权和立法权，财税也不用与省里分成，因而拥有得天独厚的政策优势。在省级层面，省会城市享有更多的行政资源优势，中心城市的功能仍在强化与集中，而与省会城市地理距离越远的地市，发展条件越差，机会越小，越来越被边缘化。我国的分税制只是到省，省以下仍然是包干制和谈判制，由于存在严格的行政隶属关系，下级官员通常不敢与上级政府在税收分成和产业招商上讨价还价。县级城市、小城镇的税收的地方留成部分大多给了省、市级政府，留给自身的极少。用地指标的分配也是如此，土地计划分配指标都是按照传统的计划经济方式向下分配的，高等级城市能截留更多的建设用地指标。另外，由于主要官员都集中居住在中心城市和城区，通常倾向于利用行政手段调动各类资源满足他们的利益需要，优质的公共服务和产业发展功能更容易集中于这些地区。

二、地方政府投资行为形成的原因

1. 政府行为原因理论分析

近年来，关于我国地方政府行为的研究较多，对地方政府行为的决定因素主要涉及以下几个方面：财政分权、晋升激励与预算软约束等。

刘金石、周文认为，在我国相对集权的政治体制和分权的经济体制背景下，地方政府官员面临完成政绩考核目标的压力，同时，中央与地方政府之间存在信息不对称，导致地方政府在努力促进辖区经济增长的同时采取不规范的行为追求各种合理与不合理的收入。辖区内微观主体的某些资源（如土地资源）处于模糊产权的开放状态下，为地方政府官员扩张其个人控制权、动员资源提供了便利条件。在地方政府之间的竞争关系中，地方政府官员为了在经济竞争中胜出以获得政治晋升，同样具有强劲的增长冲动①。

夏能礼指出，在放权体制的原则和机制约束之下，中央与地方的关系首先是一种“侍从关系”，这种“侍从关系”通常是通过中央运用“选择性”政策工具来维系，包括规划制定和审批、财政预算安排、投资决策，奖励、项目选址、物质分配和补贴等方面政策资源的配置。大量选择性政策的存在，地方经济发展好坏或快慢与中央的政策惠顾密切相关，中央在不同时期对不同地区所实施的选择性优惠政策和资源配置，对相关省市的经济发展具有决定性的影响。而地方政府为了加速地方经济发展，会最大化地争取中央的优惠政策和资源分配而竭尽所能②。

---

① 刘金石、周文：“改革三十年：地方政府行为的双重性”，《经济理论与经济管理》，2009 年第 11 期。

② 夏能礼：“放权体制中的地方政府行为特征思考”，《人民论坛》，2013 年第 23 期。

文雁兵发现，如果把经济转型中政府行为及其作用分为“援助之手”和“攫取之手”，在全面层面，地区禀赋越好越能提高地方政府的“援助”程度，而人均经济增长水平越高则会诱发其“攫取”行为，社会包容度越高则会引致地方政府行为由“攫取之手”变成“援助之手”；在区域层面，东部地区与全面层面的发现一致，而中部地区的外资效应、人口规模和发展包容均会加重其地方政府的“攫取”程度。而西部地区产业结构的落后形成了恶性循环，为满足财政支出和政绩需求，政府加大了攫取程度，进而造成了其产业发展受到抑制①。

周黎安建立了一个地方官员政治晋升博弈的简单模型，强调地方官员的晋升激励对地区间经济竞争和合作的影响。他认为，地方官员同时处于两种竞争之中，既有为地区的经济产出和税收而竞争，同时又为各自的政治晋升而竞争，地方官员都处于一种政治晋升博弈，或者说政治锦标赛。上述两者的总和才真正构成对他们行为的激励。混合竞争的合作空间比纯粹的经济竞争的合作空间要小得多。政治晋升激励的考虑可能使得官员主导型的投资过度进入某个行业或项目，甚至进行恶性竞争②。

周业安等人提出，地方政府本身构成参与市场的一个重要主体，所以，地方政府的竞争行为特征必然构成市场秩序的一部分。对地方政府的激励和约束更多的来自上级政府，而不是当地居民和市场主体。上级政府需要规定具体的经济目标和基础设施建设等公共品目标，以此来有效约束下级。当地政府为了达成特定的目标，一则通过和上级讨价还价获得更多的资源和政策，二则通过各种手段和其他地方政府竞争，以获取更多的资源流入。如果地方政府面对市场的能力有限，面对上级可给资源的有限性，很可能采取非市场的竞争手段，甚至可能采取违法违规的手段③。

李军杰、钟君也认为，中国目前的地方政府具有为辖区微观主体服务的内在动力，但是这种动力不是来自纳税人和公共产品受益人直接的监督和评价，而是

---

① 文雁兵：“区域异质性视角下中国地方政府行为选择及演变”，《中国人口科学》，2014 年第 3 期。

② 周黎安：“晋升博弈中政府官员的激励与合作——兼论我国地方保护主义和重复建设问题长期存在的原因”，《经济研究》，2004 年第 6 期。

③ 周业安、冯兴元、赵坚毅：“地方政府竞争与市场秩序的重构”，《中国社会科学》，2004 年第 1 期。

按照掌握着地方官员升降大权的上级政府的判断标准进行评判。上级政府无法掌握在地方政府行为中感同身受的纳税人和公共产品受益人的充分信息，而只能简化为类似于经济增长率、就业率以及社会稳定等片面的考核指标，并以此对地方政府首脑的升降提出决定性的意见，这就给地方政府留下了采取短期行为和机会主义行为的广阔空间①。

王燕武等人利用不完全信息动态博弈的理论框架，揭示了地方政府行为与地区间产业结构趋同之间的关系，认为在单一的中央政府依托相对绩效考核的晋升激励假设下，不同类型的地方政府会采取模仿战略来最大化自身利益，进而导致地区产业结构趋同。若地方政府效用函数只包含晋升激励，且中央政府只通过相对绩效考核来制定晋升规则，则后行动政府忽略自己观察到的市场信号而采用模仿战略会带来最优的晋升结果。模仿战略导致的一个后果是各地区产业政策的趋同，并逐渐演变成各地区产业结构的趋同②。

王永钦等人提出，过于依赖 GDP 作为相对绩效的考评指标，就给城市倾向的经济政策提供了另一个理由。因为城市的第二、第三产业是经济增长的主要源泉。同样是为了追求经济增长的目标，在各地的经济增长都依赖于招商引资的情况下，一旦发生资本拥有者和普通劳动者之间的利益冲突，地方政府就会优先考虑资本拥有者的利益，而普通劳动者的利益则很容易被忽略。由于比较富裕的地区更多地享受着先天的优势和收益递增机制的好处，这就使得经济较落后地区的地方官员寻求替代的办法进行补偿，如贪污腐败，或者破罐子破摔③。

郭庆旺认为，在特有的官员晋升机制和财政分权体制下，地方政府同时受到政治利益和经济利益的双重激励，相比于公共物品和服务提供的数量与质量，它们更关心资源配置和经济绩效。积极扩大投资以迅速做大经济“蛋糕”是实现其利益最大化的有效途径，因此投资竞争成为地方政府竞争的重要方面。地方政府投资竞争主要涉及三个方面：第一，努力争取中央投资项目落户本辖区；第

① 李军杰、钟君：“中国地方政府经济行为分析——基于公共选择视角”，《中国工业经济》，2004年第4期。

② 王燕武、王俊海：“地方政府行为与地区产业结构趋同的理论及实证分析”，《南开经济研究》，2009年第4期。

③ 王永钦等：“中国的大国发展道路——论分权式改革的得失”，《经济研究》，2007年第1期。

二，大干快上本地建设项目；第三，对企业施行投资软约束管理并采取各种优惠措施，旨在吸引辖区外资金以及鼓励辖区内民间投资增加①。

杨瑞龙论述了地方政府在我国制度变迁中的积极作用。在通过行政性放权让利推进市场取向改革的条件下，市场竞争首先表现为地方政府之间的竞争，然后才表现为企业之间的竞争，即地方政府将努力凭借其行政权力及经济实力助本地企业一臂之力，从外部吸引稀缺资源，并帮助推销本地产品。地方政府为了在与其他地方的竞争中吸引更多的资源，刺激本地的经济发展，除了要求上级给予优惠政策外，也具有通过突破制度创新的进入壁垒，构建一个相对有效率产权结构的动机，通过明确微观主体的投资收益预期，激励其创造更多的生产性利润，从而扩大地方政府的剩余分享额②。

钱海刚特别强调了预算软约束对地方政府恶性竞争的影响。他认为，财政分权并不必然带来地方政府的恶性竞争，问题的关键是财政分权可能是在一种恶劣的前提即预算软约束下进行的。财政分权和晋升激励使得地方政府发展经济的激励增强，地方政府之间为吸引要素、资源展开竞争。预算软约束使得财政分权产生道德风险的危险，使得地方政府的恶性竞争有了资源基础，同时促使地方政府的恶性竞争陷入一种自我实施（self - enforcing）的可持续状况。一般而言，预算约束越软，竞争的资源越充足，竞争的强度可能越大，竞争就越可持续③。

方红生，张军从预算软约束和扩张偏向的财政行为角度，同样讨论了地方政府间的竞争行为。他认为正是地方政府“预算内软约束”和“预算外基本无约束”的“攫取之手”解决了“金融约束”问题，使中国地方政府可以在经济衰退时期，实施比繁荣期更加积极的“扩张偏向政策”。地方政府“扩张偏向的财政政策”是中国地方政府竞争与“预算软约束”相互作用的一个可以解释的结果，政府竞争的强度越大、预算软约束的程度越大，扩张偏向的财政政策力度

① 郭庆旺：“地方政府波动投资竞争对经济周期的影响”，和讯网，2013 年 12 月 5 日。

② 杨瑞龙：“我国制度变迁方式转换的三阶段论——兼论地方政府的制度创新行为”，《经济研究》，1998 年第 1 期。

③ 钱海刚：“财政分权、预算软约束与地方政府恶性竞争”，《财政研究》，2009 年第 3 期。

越大[①]。

关于中国地方政府经济行为的论述比较零散，没有系统化为一个全面的分析框架。从上述理论研究可以看出，我国地方政府行为特征具有双重性，既可以产生投资冲动、机会主义、结构趋同等负效应，也可以产生制度创新、投资环境改善等正效应。地方政府行为是复杂的社会政治现象，地方政府面对的激励因素也是比较复杂的，财政分权、晋升激励、政治压力、预算约束等都是研究地方政府行为应考虑的因素。随着政府职能转变和行政权力下放，地方政府拥有更多的资源配置权，亟需建立新的激励机制，使地方政府能够超脱于具体的微观管理和投资活动，而致力于不断增加公共产品的数量、改进公共产品提供方式、提升公共服务的品质。

2. 地方政府投资行为原因

我国地方政府投资行为产生的原因是综合和复杂的，也基本符合上述研究中对地方政府行为的分析结果，结合投资活动的特征，我国可以将地方政府不规范投资行为原因归纳为以下几个方面。

①财政分权体制存在明显缺陷。实行分税制以来，我国主要税种的大部分收入都划归中央，留给地方的多是一些增收潜力较小和征管难度较大的零散税种。崔运政（2011）的统计表明，2005 年，我国地方政府具有全部或部分决定权的税收仅占地方税收的 8.3%，比 30 个 OECD 国家平均水平低 51.8 个百分点[②]。这导致地方财政收入占总财政收入的比重比分税制之前有了较大幅度的下降。与此同时，中央政府仍牢牢控制着各项财政权力，地方政府无权开征新的地方税税种，不能发行地方公债，甚至无法自主地对地方税税种的税率、征税范围以及税收优惠等进行调整。在财权上收的同时并没有相应的上调事权，地方政府不仅要承担行政管理、义务教育、农业支出、社会治安、环境保护等多种地方公共产

① 方红生、张军：“中国地方政府竞争、预算软约束与扩张偏向的财政行为”，《经济研究》，2009 年第 12 期。

② 崔运政：“我国财政分权程度的实证研究”，《地方财政研究》，2011 年第 10 期。

品，同时，还要促进地方经济建设，这给地方政府造成了沉重的财政压力。在财政收支严重不平衡的情况下，为本地拓展财源，地方政府均积极发展能源、石化、装备制造等的资源和资金密集型产业，大力开展招商引资活动；积极发展价高利大的房地产业，热衷土地开发和新区建设。

②地方政治体制存在较大弊端。如上所述，对地方政府的激励和约束更多的来自上级政府，而不是当地居民和市场主体。由于我国的地方政府官员都是上级任命，民众只是地方政府管理的对象，没有“用手投票”决定官员的命运的权力。另外，长期以来一直实行着限制人口流动的户籍制度和城乡区别对待的政策，人口在地区间自由流动这一“用脚投票”机制发挥作用的条件也不具备。所以，地方政府的公共服务的投资行为实际上得不到当地居民的制约。因此，官员对政府投资项目的选择和决策考虑更多的是如何让上级满意，如何有利于自己的仕途和升迁，而不可能眼光向下，认真考虑当地公众的福祉利益。也正是由于公众无法监督与约束，地方政府投资普遍存在权力不受限制、民主不够、集中过分的情况。政府投资项目决策通常只局限于政府部门内部甚至少数几个领导的“暗箱”运作，社会公众的知情权和参与权被严重剥夺。

③政绩考核目标偏离政府职能要求。在我国的集权型政治体制之下，上级官员主要依据经济增长来考核和提拔下级官员，经济竞争与政府锦标是联系在一起的，因此下级官员有着很强烈的动力来发展经济以求能够获得政治上的升迁。长期以来，上级政府就像考官，下级政府就像考生，经济指标表现就是考卷。地方官员为了谋求显赫政绩，都挖空心思争表现，希望在任职期间经济建设有所成就，往往急功近利，热衷于那些税高利大的项目，卖地筹资搞政绩工程。这种政绩考核机制不能形成对重复建设、恶性竞争的抑制作用，对经济发展方式转变产生了极为明显的消极影响。由于不同公共品的增长效应不同，在政治锦标赛的激励下，地方官员更加重视基础设施和形象工程，如铁路、公路、机场、市政等建设上，地方政府只要加大投资即可直接产生 GDP 增长效应，也可以通过收费来回笼资金，亦可通过降低物流成本以提高本地企业的经济效益。而对于教育、医疗、文化、体育、养老等公益性社会事业，地方政府的关注程度则明显不足，或有意无意将责任推给上级政府。

④监管体系形同虚设且效率低下。缺乏有效的内部与外部监管也是地方政府投资冲动、短期行为形成的重要原因。一是目前对政府投资的监管仍然局限于政府自身的内部监管，即由政府设立隶属自身的专门监管机构来监管自身的投资活动，而没有引入外部独立的第三方力量对政府投资决策活动进行监管，这使得投资监管的公正性、公平性、科学性大打折扣。二是多部门监管导致监管权利过于分散，国家审计署、发改委稽查办、财政部评审中心、检察院、监察部、纪委，上述各部门都在行使行政和法律权力，彼此之间却缺乏信息和情报的沟通与协调，耗费了大量的人力物力，却常常达不到预期的效果。三是缺乏投资管理的法律体系。我国目前尚无一部系统的法律法规对政府项目全过程监管进行规制，《政府投资条例》经多次修订，2010 年征求意见稿发布，但至今仍然没有正式发布。法律法规虽然涉及了一部分政府投资项目的监管内容，但都是从各自的角度做出孤立的规定，没有形成一个完整的法律体系。

⑤公共投资事务缺乏健全的治理结构。财政分权除了中央向地方分权外，还应包括政府向市场、政府向社会分权。在我国，地方政府仍然是地方权力的唯一中心，在公众、民间资本和社会组织参与政权治理方面存在明显缺陷。第一，地方公共事务不仅缺少制度化的民众参与渠道，而且已有的参与渠道形式大于内容。不少地方官员总认为让民众参与就削弱了自己的权力，给自己为所欲为设置了障碍。他们不习惯这种受人监督的环境，也不愿意受到任何形式的公众监督，没有把自己看成是食人民俸禄和为人民服务的公仆，反映出地方政府官员在权力授予方面心态的扭曲。第二，尽管地方政府也将市场机制引入到公共服务的提供和运营中来，但是，由于采取的方式方法存在缺陷，以及对企业运营监管不力，导致许多市场化项目以失败告终，不得不又回到政府投资和运营的老路上。同时，由于融资平台对政府投资项目的垄断投入，使得民间资本进入这一领域门槛提高。第三，社会组织发展受到身份认定、资金募集、进入门槛等方面的限制，难以在更大范围和领域参与社会管理和社会服务，从而在治理结构上打破政府对权力的垄断。

三、地方政府投资行为规范

地方政府投资行为规范就是要建立地方政府投资运作的制度框架，形成促进地方政府投资的有效方式和途径，特别是要确立地方政府投资责权利的合理安排与制衡机制。

第一，明确政府投资职能。就像新自由主义代表人物弗里德曼所说，“要把政府活动限制在应有的范围内，使政府成为我们的仆人而不让它变成我们的主人。”什么是地方政府应该做的、必须做的，什么是政府不能做的、不许做的，要有明显的法律界定。地方政府重要的“不是敢有所为，而要敢有所不为”。地方政府投资是其为弥补市场机制的缺陷和不足，加快基础设施和公共服务建设而进行的一项经济活动，应集中力量办大事、办难事、办急事，防止政府职能的不合理扩张。

第二，完善政绩考核机制。把经济、政治、文化、社会、生态文明建设和党的建设的实际成效作为评价地方政府官员政绩的主要标准。不把地区生产总值及增长率作为考核评价政绩的主要指标，不搞地区生产总值及增长率的地区排名。根据不同地区、不同层级领导班子和领导干部的职责要求，设置各有侧重、各有特色的考核指标。全面历史辩证地评价领导班子和领导干部的政绩，既看前任基础，也看现任业绩，既看个人贡献，也看集体作用，既看发展成果，也看发展成本与代价。

第三，发挥财税的引导作用。将增值税上收中央，解决增值税对地方的不当激励问题，推动各地转变经济发展方式。我国开征的财产课税税种中，只有房产税、契税、车船使用税和土地增值税。长期以来不征收地价税、不动产税、遗产税和赠与税，使财产税的收入作用受到很大的限制。开征财产税，可以促进地方政府改善公共服务和基础设施，提高辖区内物业价值，从而提高税基，反过来增加政府的收益。另外，地方政府还可适当增加新的地方税费种类。例如，社会保障税、资源费、排污费等。

第四，健全区域合作机制。引导各地立足自身资源禀赋，发展具有自身特色和优势的产业和产业环节。核心城市应当承担更多的责任与义务，集中发展高端现代服务业，而向外围城市转移有利于促进当地就业的一般制造业。通过灵活的税收、金融和统计政策，对特定领域的投资做出兼顾地区利益分配的政策调节，促进城市间资源的整合与优化配置。建立利益共享的项目投资合资合作机制，对于可能产生较大收益的区域性重大投资项目，不受项目所在地的限制，可实行联合投资，按投资比例分配收益。

第五，推进公共服务方式创新。地方政府应放松对公共产品与服务的市场限制，扩大市场准入范围，设立多个服务提供者，让民众有更多的选择机会。地方政府可以通过购买、委托代理、发包等方式将公共项目交给社会组织、中介机构，由市场、社会来提供，以扩大公共服务的供给，解决政府在公共服务领域投入不足、经营不善、效益低下等问题，实现公共服务供给方式的多样化和供给主体的多元化。要加快公共基础领域改革，打破公共基础领域的行政垄断，拓宽其他社会组织和成员参与公共服务供给的空间和领域。

附件 1：川陕甘毗邻地区区域协作中的问题及发展构想[①]

近年来，我国发达地区之间的区域协作发展迅速，但欠发达地区之间的区域协作机制却一直没有真正建立起来。为深入了解欠发达地区毗邻地区区域协作情况，探寻协作的方式、方法和途径，2007 年 9 月下旬至 10 月中旬，我们先后到

① 本文发表在《中国延安干部学院学报》，另一作者为罗全生，2009 年 11 月。

地处川陕甘交界的汉中市、广元市、陇南市就相关问题进行了调研。

1. 区域协作的必然性

川陕甘交界地区的汉中、广元和陇南是我国主要的连片贫困地区，境内各县区大多是国贫县或省贫县。为摆脱贫困所产生的强烈发展冲动，使这些地区的政府更希望与发达地区之间建立贸易和投资联系，更多地吸引发达地区资金的流入，而对于与毗邻地区的区域协作则普遍重视不够。

实际上，欠发达地区毗邻地区的区域协作具有独特的意义，是这些地区对外开放的重要组成部分。只有通过相邻区域的经济协作，促进本地区资源与要素的优化与整合，才能摆脱生产力的低水平复制循环，推动优势的互补和集中；只有通过相邻区域的经济协作，才能形成商品、资金、人力、信息的自由流动，推动交通、通信、电力等基础设施建设的互联与共享，促进旅游、生态、流域治理等项目的合作开发；只有通过相邻区域的经济协作，才能形成团体的力量，在向上争取政策的谈判中处于更为有利的位置，更容易得到中央政府的理解与支持，不至于被边缘化。如果相邻区域的经济活动一盘散沙，经济主体相互内耗、倾轧，就失去了地区整体的基础竞争力。因此，川陕甘毗邻地区的协作是其跨区域协作的前提。

面向“十一五”时期的经济社会发展，川陕甘毗邻地区的区域协作具备不少有利条件和发展机遇。这一区域是我国重要的自然资源富集区之一。现已探明大中型矿藏百余处，陇南的西成和宝鸡的凤太铅锌矿储量分别占全国单矿储量的第二和第三；平凉的煤炭，庆阳的油田，达州、广元的天然气，共同构成了区内的南北能源和石化产业基础；以粮油、畜禽、油橄榄、中药材、林产品等为代表，拥有品种多、质量好、数量大的农产品资源；红色旅游、绿色生态旅游、历史文化旅游资源独具特色。随着资源合作开发力度不断加大、产业链条的延伸以及资源优势向经济优势的成功转化，必将有力推动本地区的跨越式发展。

近年来，这一地区的交通、通信、能源、农业、水利、市政等基础设施建设步伐加快，经济发展的瓶颈制约得到极大缓解。随着西安至成都高速公路全线贯通，兰渝铁路、宝鸡经汉中至巴中铁路、汉中至陇南铁路、兰渝高速公路、宝鸡经汉中至巴中高速公路、十堰经汉中至天水高速公路的陆续开工建设，以及汉中机场迁建、陇南机场的建成与广元机场的复航，以交通为重点的基础设施将进一步完善，川陕甘地区的交通地理和区位条件开始向着有利于发展环境改善的方向转变，经济发展的后劲将不断增强。

未来国家新一轮区域发展战略部署将逐步展开，会有力促进成渝经济区、关中经济区和兰州经济区的发展。以成都、重庆和西安三市为核心的西部“大三角”区域，将领跑未来我国西部的区域发展。利用毗邻而居的地理条件、优势互补的产业关联、历史形成的交流纽带，川陕甘毗邻地区在承接成都、重庆、西安、兰州等大城市乃至泛珠三角、长三角经济区的产业转移中占据先机。作为西部“大三角”区域乃至泛珠三角经济区的重要腹地，川陕甘毗邻地区可望步入推进区域经济技术合作的新阶段，成为沟通和连接西南与西北地区发展的前沿地带。

2. 区域协作面临的挑战

(1) 区域协作基础相对薄弱

经济发展相对缓慢，结构低水平趋同，区域协作的推动力不足。川陕甘毗邻地区的基础设施发展水平还比较低，经济总量偏低，质量和效益不高。经济的欠发达和缺少活力使得地区内部生产和需求规模的增长非常有限，大大降低了区域协作带来的福利效果，并直接导致经济协作缺乏必要的动力。这一地区以资源密集型、劳动密集型、高能耗、高污染产业为主，处于产业链的低端，即便区域内部有一些简单分工，也难以形成类似于发达地区之间的同一产业内部的生产过程与零部件的复杂分工。目前，这一地区各地市之间缺乏强有力的投资，且相互投资多集中在餐饮服务或建材加工等传统领域。由于生产的多为初级产品，加之本地区商贸物流不发达，无法形成有规模的商品集散，所以，这一地区的物流方向大多以区外为主。

（2）区域协作体制存在障碍

类似于川陕甘毗邻地区这样的欠发达地区之间的区域协作之所以不成功，与其背后的体制缺陷关系密切。实行分税制以后，中央财政收入比例不断上升，地方可支配财力明显下降。只能通过多上项目、多办企业实现税收的增加，以满足地方行政经费和公共服务支出增加的需要；长期以来，对地方干部政绩的评价与考核过分强调与所辖地方经济增长业绩直接挂钩。这必然导致各地招商引资的竞争空前激烈，导致地方官员强化资源配置本地化和保护本地市场。由于欠发达地区处于绝对输入型增长阶段，资源、资本等生产要素极度短缺，政府间竞争的排他性就更加强烈。与发达地区之间的经济关系相比，欠发达地区之间的不合作倾向更为明显。政府间的无序竞争已经成为区域协作的障碍。

（3）区域协作模式缺乏创新

1986 年成立的“陕甘川毗邻地区经济联合会”，经过 20 年的发展，成员方由 12 方发展成现在的 18 方，覆盖面由陕甘川三省扩大到陕甘川宁蒙五省（区）。开展的主要活动为一年一度的经联会年会和中国西部商品交易会。目前，每年召开的经联会年会和西交会完全流于形式，缺乏实质内容，成效不佳，问题突出①。第一，机制落后，合作走形式。一年一届的经联会完全成了东道主邀请各成员方政要简单考察的活动。近年来参会级别越来越低，很多分会早已名存实亡。第二，责权不明，各成员方失去信心。经联会缺乏应有的协调组织功能，造成目前有很多政府连副市长以上的官员还不知道自己是经联会成员。第三，定位不准，政府充当主角。没有建立一套完整的市场化运作体系，主题不突出，特色不鲜明，收效甚微。第四，缺乏宣传，品牌效应难于形成。

3. 完善区域协作的政策建议

鉴于合作基础的薄弱性、合作对象的复杂性、合作利益的分歧性以及合作体

① 陕甘川宁蒙毗邻地区经联会办事处：“探索区域合作新模式，推动西交会健康发展”。

制的特殊性，川陕甘毗邻地区应采取更加多形式、多层次、多方位的协作模式，建立更加开放、富有活力的协作机制，在深入推进与发达省区的经济协作的同时，更加积极地推动毗邻地区的区域协作。

（1）搞好重点领域的协作

川陕甘毗邻地区应在交通、旅游、物流、信息、生态保护等领域有所突破，这些领域比较容易实现资源互补、市场共享和规模收益，比较容易在多方之间形成共识和“多赢”。一是协力推动基础设施建设。重点解决跨省不同行政区之间（市与市、县与县、乡与乡）“断头路”的问题，作好公路联网规划和筹资工作。二是切实搞好商务与贸易。加强市场体系建设，清除限制货物商品流通的地区障碍，在区域间推行工业制品和农产品质量检验检测标准和认证标准的互认。三是强化信息化建设。建设区域信息化交流网，加强区域信息技术的研发和应用合作。四是加强环境保护。制定区域环境保护规划，强化区域内资源保护。五是全面推进区域旅游合作。共同研究制订旅游发展战略和市场开发策略，逐步推进区域内无障碍旅游，共同策划和推广区域精品旅游线路，打造区域整体旅游品牌。

（2）完善宏观调控机制

对于川陕甘毗邻地区的区域协作，应设立中央级别的综合性区域管理机构，统一协调这一地区的规划、政策的制订和实施。从综合协调的职能要求考虑，这一机构应设在国家西部开发办。在 2007 年颁布的《西部大开发“十一五”规划》中，只提到了成渝经济区、关中—天水经济区、环北部湾（广西）经济区三大经济相对发达的重点区域的合作，而对贫困地区的区域间协作只字未提，这不能不说是规划的重大缺陷。建议将川陕甘毗邻地区的经济协作区作为欠发达地区间区域协作的试点地区，或者作为建设生态文明国家级试点地区和推进山区综合开发国家级试点地区，由国家“西部开发办”负责这一地区的规划编制和政策协调；大力推进与东部地区各类经济合作组织特别是泛珠三角、长三角与北部湾经济协作区的横向联系；对汉中、广元实施“东北政策”，对“三线”建设企业遗留的历史欠账予以清理和适当补偿；建立健全天然气、水电资源有偿使用制度，鼓励支持地方参与资源开发。

（3）减少合作方和增强紧密度

目前，川陕甘毗邻地区区域经联会范围太广，参与方过多，特别是宁夏固原市、吴忠市等地与川陕甘毗邻地区相距遥远，几乎没有什么经贸联系。这些地区的加入，只会使组织变得更加松散，缺乏凝聚力和向心力。因此，经联会应该“减肥”。建议将川陕甘毗邻地区区域经联会调整为三省九方，即四川的广元、达州、巴中、阿坝和绵阳，陕西的汉中、安康和商洛，甘肃的陇南。这一区域总面积 24.7 万平方公里，总人口 3012 万人，分别占全国的 2.6% 和 2.2%。上述地区横跨大西南和大西北，具有较为密切的地理、历史、交通、经贸和文化联系。例如，广元、绵阳、阿坝处于九寨旅游环线上，汉中、安康、广元、绵阳是古蜀道和三国文化的聚集地，汉中、广元、绵阳之间以及陇南、广元的交通和物流联系十分紧密。随着合作方的精简，无论是双边还是多边协作的利益共同点就会增加，在产业发展和基础设施建设等方面的结合点就会增加，稳定性和协同性就会提高。

（4）完善政府间协调组织机构

川陕甘毗邻地区政府间协调组织要不断向制度化、规范化的方向发展，不断健全功能、强化职能，使自己不只是能够从事招商引资等低层次合作，而且能够承担起区域经济社会发展的协调职能，就区域内的重大问题进行协商，对关系共同利益的基础设施建设、生态和旅游发展、维护正常市场秩序以及打击经济犯罪等方面做出规划或决定。应尽快建立协作区省长、市长联席会议制度，研究决定区域合作规划，协调推进区域合作的重大事宜；建立政府秘书长协调制度，协调推进各项合作事宜的进展，组织有关部门联合编制推进协作发展的专题规划，并向年度省长、市长联席会议提交区域合作进展情况报告和建议；建立部门衔接落实制度，相关主管部门加强相互间的协商与衔接落实，对具体合作项目及相关事宜提出工作措施，制订详细的合作协议、计划，落实本协议提出的合作事项。

（5）建立区域间利益补偿机制

产业协同与合作是区域间协作的难点，只有建立利益调整机制，对部分地区在利益分配上的损失进行补偿，使这些地区同样享受到产业协作发展带来的好处，才能减少产业协同调整可能带来的摩擦与阻力。应通过灵活的税收、金融和统计政策，对特定领域的投资做出兼顾地区利益分配的政策调节，促进川陕甘毗邻地区区域资源的整合与优化配置。例如，这一地区的中药材、木材、山珍等资源分布较广，如果将资源加以整合，可以吸引更大资本的进入，也可以建立本地区自己的品牌。建立利益共享的项目投资合资合作机制，对于可能产生较大收益的区域性重大投资项目，不受项目所在地的限制，可实行联合投资，按投资比例分配收益。按照“市场引导、公平开放、优势互补、互利共赢”的原则，共同搞好产业的空间布局，实现要素的空间优化配置，尽可能避免遍地开花、布局分散带来的环境和资源破坏的问题。

附件 2：新型城镇化进程中的若干问题[①]

我国城镇化取得了巨大的成就，2011 年，城镇化率超过了 50%，城镇人口总数已经接近了整个欧洲人口数，进入了以城市社会为主的新阶段。但是，与此同时，传统城镇化发展质量不高、不协调、不和谐、不可持续等问题，也越来越明显地暴露出来，探索新型城市化道路具有现实的紧迫性。

1. 城镇化的更均衡发展

我国城镇化的发展具有显著的非均衡特征。大中小城市差距很大，北京、上海、广州等大城市城镇化率超过了 80%，但西部地区城镇化率仍很低。城市发展规模也严重不均衡，截至 2011 年末，全国有 13 个城市人口超过 1000 万，但

① 本文发表在《宏观经济研究》，2013 年第 5 期。

是城市平均人口却只有 52 万。北上广等少数城市长期得到国家的政策支持和集中投入，举办奥运会、亚运会、世博会使这几个城市市政设施水平提前了十多年。而每个省区都把省会城市作为发展的中心，经济发展过度集中。除直辖市以外，2011 年，我国有 19 个省会城市的经济总量占本省的 1/5 以上，吉林、黑龙江、湖北、四川等 7 个省会的经济总量占本省的 1/3 以上。2011 年，省会首位度①超过 2 的有 9 个省区，超过 1.5 的有 5 个省区。成都首位度接近 6，武汉首位度则超过了 3。

东部沿海地区的城市经济发展水平明显高于中西部，产业和企业的聚集度也更高，造成劳动力从中西部地区拥向东部的大城市，而这些城市在住房、教育、医疗、社保等方面又不能为外来人口提供同等的服务，造成 2 亿流动人口只是实现了地域转移和职业转换，但却没有实现身份转变。城市间在产业发展、基础设施和公共服务水平等方面差距巨大，大企业、大机构、名医、名校全部集中于东部大城市以及中西部的少数中心城市，高速公路和铁路网实现了这些城市间的点对点的联络。物流、人流、信息流都向这些城市集中，导致这些城市的房价畸高，交通拥挤不堪，大气污染严重，上学难、就医难等问题日益突出，城市病逐步蔓延。无论是区域发展总体战略，还是主体功能区战略，或是城镇化发展战略，都以强化核心区域、中心城市的集聚功能为主要方向。而与这些中心城市地理距离越远的中小城市，发展条件越差，机会越小，越来越被边缘化。

我们需要走更加均衡的城镇化道路，未来，我国的新型城镇化发展的重点应该转向中小城市，特别是县城，推动这些重点城镇发展成为 10 万～50 万人的中小城市。要大力促进城市间公共服务的均等化，引导优质教育和医疗资源向中小城市，特别是中西部的中小城市流动。将能源、矿产等深加工环节更多地留给中西部城镇，税收更多地留在本地，促进这些城镇的产业发展和财富积累，推动人口的本地城镇化。

---

①　省会首位度是指省会 GDP 与各省除省会外经济最强市的 GDP 比值。

2. 城乡间要素双向流动

长期以来，我国的城镇化都是按照资本、劳动力、技术等要素向城市单向集聚和集中，城市向城郊及农村逐步拓展与扩张的方向进行。商业银行和邮政储蓄从农村抽血，向城镇输血。尽管近些年，中央财政不断增加三农投入，与三农有关的中央政府资金甚至占到全部中央政府资金的60%；但是，由于土地财政收入属于城市政府，地方政府预算内资金也主要投入城市，因此，财政资金仍然是净流入到城镇。农村的青壮年或到城市接受高等教育，或到城市打工，许多农村地区只剩下妇女、儿童、老人，这些人群素质较低，不利于农村经济发展和村镇设施建设。与此同时，由于土地政策的诸多限制，城里人不能在农村买房子置业，直接导致城镇的资金、技术和人力资源不可能向农村大规模的流动。上述因素造成了一些农村地区经济社会日益凋敝。

如果按4.5‰的人口增长率，每年城镇化率提高1个百分点，到2030年，我国人口将达到14.6亿人，城镇化率达到70%，到那个时候，农村人口仍然有4.4亿人。这些人群仍然需要居住在广大的农村地区，为农村居民创造一个有利于本地化发展、能够安居乐业的生产和生活环境，推动农村居民与城市居民同步实现全面小康，是新农村建设的重大目标和任务。况且，在城市工作的人群也有相当部分可以在农村居住。德国的城镇化率超过了80%，但是，却有40%的居民居住在农村，其中的绝大多数就业在城里；日本20%以上的人生活在农村，但农民只占到全国居民的4%。这表明我国的城镇化不单是吸引农民向城镇聚集的单向发展过程，保持山水田园和民俗风貌特征，实现“就地城镇化”，吸引城镇居民到农村居住和就业，也是城镇化的重要组成部分。

只有通过土地政策的必要调整，才能引导社会资源和资金向农村的流动，促进新农村开发与建设，推进农村的就地城镇化。由于我国的土地法明确规定包括农村宅基地在内的集体建设用地，使用权不得自由转让与买卖。因此，目前，新型农村聚居点的住宅只能由符合条件的农村居民购买，这有利于农村居民的集聚，以及在条件较好的聚居点发展新的城镇。但是，由于住宅不能转让给城镇居民或企业法人，极大地限制了愿意享受田园生活的城镇居民投资新农村的热情。如果能够突破现有土地制度的限制，在确权、登记、颁证的前提下，允许农村宅基地部分转让给城镇居民，就可以实现农村居民出宅基地，城镇居民出资金，共同建设农村新居的新局面，从而促进城镇资本向农村的涌流，缓解农村新居建设的资金瓶颈；同时，吸引城镇人口向适宜发展的农村地区自发的集中，形成新的城镇集散点；吸引城镇的人才和科技资源向农村流动，推动农业的现代化。

3. 政府债务的可持续性

2011 年，我国固定资产投资额（不含农户）30.2 万亿元，与城镇化有关的投资主要包括交通、电力、电信、公用设施、教育、卫生、文化等。合并计算，2011 年，我国城镇化投资规模约为 5 万亿元。即便是未来投资没有增长，到 2020 年，城镇化投资总规模也有 50 万亿元。如果按照 10% 的投资增速（远低于过去十年的平均增速），投资总规模将达到 77 万亿元。即便按照 50% 的银行贷款比例计算，未来十年，仅城镇化的银行贷款总规模就可能达到近 40 万亿元。由于城市政府在城镇化中的主体地位和重要功能，在这些贷款中，至少也有 50% 是属于地方政府的债务。即在未来城镇化过程中，地方政府银行负债总规模可能会达到 20 万亿元。到 2020 年，我国地方政府负债率可能达到 40% 以上，接近甚至超过发达国家水平。

面临未来新型城镇化的投资需求，必须从财政可持续发展的角度考虑，有效控制城镇化的速度与节奏。根据发达国家的经验，地方政府债务风险要明显小于中央政府，地方政府出现债务危机的情况极为罕见。由于中国的地方政府通常不为自己的投资冲动负责，又缺乏自下而上的、来自社会公众的监督，财政风险的扩张速度明显快于成熟市场经济国家，形成的危害也可能更大。因此，要从财政、金融甚至经济发展和体制改革的全局和长远考虑地方政府债务风险防范。要保持经济的平稳增长，避免经济大起大落。要提高地方政府的财政能力，建立地方政府的稳定财源，允许资信能力强、还债有保障的地方政府发行债券。要严格约束地方政府的投资行为。要实现“法制融资”和“阳光融资”，建立地方政府的债务监管体系，提高包括债务在内的政府财政信息的透明度。

4. 投融资模式的创新

1990 年代中后期以来，我国已经形成了较为完备的地方政府融资模式，这种由国家开发银行倡导的模式在很大程度上缓解了由于《预算法》等法律法规约束造成的城镇化进程中的融资瓶颈问题，具有体制创新价值。一些长期没有解决或解决不到位的基础设施和公共服务项目，随着城市政府土地财政融资能力的增强，陆续得到了解决。但是，这种融资模式也受到社会公众越来越多的质疑。人们普遍认为，城市政府通过“低吸高抛”赚取土地价差，追求土地收益的最大化，导致房价暴涨以及居民消费能力和幸福感下降，导致失地农民利益受损和民怨增加。传统的土地财政融资模式已经走到了尽头，难以承担未来新型城镇化投融资的重任。

我国土地财政融资模式最主要的问题是地方政府既是城市公共事务管理者，又承担具体的城市建设责任，在这两者之间很难找到平衡。尤其是在缺乏民众的监督与约束的情况下，地方政府行为经常出现扭曲。实际上，成熟市场经济国家的政府也依赖土地收益推动城市建设，但是，这些国家的地方政府通常不直接参与其中，城市道路、街道照明、排污管道以及自来水等服务都是开发商的职责，政府在土地出让环节给予优惠。我国有些城市采取的城市运营商模式与此类似，也是由城市运营商在商业开发的同时，一并完善基础设施和公共服务，最终建成一个社区或城市新区。在这个过程中，地方政府得到了需要的设施和服务，同时避免陷入土地财政的利益漩涡。但是，采取这种开发模式需要在土地政策上有所突破，即建设用地不再进行“招拍挂”，地方政府不再直接获得土地收益，形成土地一级和二级市场的联动。

5. 行政区划和建制调整

城镇化的快速发展，原有行政区划和建制已经不适应公共管理与服务的需要。近两年，国家加快了区划调整的步伐。调整大致可以分为以下几种情况。第一，撤县设区；第二，设立新区；第三，特区扩容；第四，城区合并。应该说，行政区划和建制调整具有积极的意义。撤县设区后，所设区直接获得中心城市的发展资源，而中心城市也获得原县域土地资源，有利于促进中心城市规模扩张与市政设施建设的空间一体化。城市新区设立统一的行政区，可以实现政府的公共管理职能与经济发展功能合一，避免行政区分割造成的相互掣肘和各行其是。特区扩容和城区合并则有利于优化资源配置，实现先富带后富，加快区域均衡发展步伐。撤乡并镇有利于扩大小城镇规模，进行集中建设。但是，与此同时，上述调整也出现了一些问题。例如，撤县设区增强了中心城市的发展能力，但是，也可能限制原来有潜力的县域经济的发展。撤乡并镇增加了农民的办事成本，加大了乡镇的管理难度，加重了农民的教育、医疗负担，不利于乡镇的治安与维稳。

因此，适应新型城镇化需要，行政区划和建制调整需要注意以下问题。第一，撤县设区不应是行政层级压力下的结果，县域经济体需要有更大的自主权和选择权。目前的撤县设区基本上由行政层级较高的地级市政府主导和决策，县级政府处于弱势地位。而作为具有发展活力和辐射能力的县级经济体来讲，完全可以选择撤县设市，而不是撤县设区实现自身的发展壮大。第二，目前，城市新区的区划调整只限于国家级新区的范围，例如浦东新区、滨海新区和两江新区，其他新区基本上只是一个经济功能区，很难获得国家的批准。城市新区是城镇化的重要载体，要在缜密研究、科学规划的基础上，从法律上明确新区的行政区划。第三，由于撤乡并镇的管理权在省级政府，因此，这方面的调整相对容易也较为频繁，这反而可能不利于乡镇经济社会的稳定。要禁止地市一级政府盲目推动撤乡并镇政策，要充分考虑群众的切身利益不受影响，避免人口过多和面积过大的乡镇出现，尽可能保留边远乡镇和交通不便的乡镇。

6. 城市文化的保护与传承

近20年的城镇化对城市历史和文化遗存的破坏比战争年代和“文革”时期还要大。在这个过程中，许多老城区被推倒重建，城市的文化遗迹大量被毁坏。

据统计，1990～2003年的旧城改造，北京胡同锐减683条，比1965年减少28%。1995～2001年，上海拆除了大约3000万平方米历史上遗留下来的建筑，也就是说，上海的近代建筑大约有70%以上在大规模的城市开发中被拆除。在全国近120个国家历史文化名城中，其中，已经有将近20个没有历史文化街区，有将近一半历史文化街区不合格。国内许多城市几年不去就会模样大变，地方政府官员也常得意于这种变化；可是，即使是本地人回家，也再找不到那种儿时的城市记忆，留下的只是“千城一面”的钢筋水泥森林。

新型城镇化要从根本上抛弃绝对经济利益导向的大拆大建，更多从城市文化传承和城市记忆延续的角度考虑城市的改造。城市政府要对历史文化心存敬畏感，要防止大规模的“旧城改造”对历史文化街区和文化传统的破坏与湮没。每个城市都应出台相应的《历史文化风貌区和优秀历史建筑保护条例》，通过法律的强制手段，提高历史建筑的保护率。不仅要保护历史文化遗存自身，还要保护其周围的整体环境，应在城市中设立禁止开发区域，明确在该区域内，禁止任何与资源保护无关的建设。要坚持“整旧如故，以存其真”的原则，在保留古建筑基础上修旧如旧，让老建筑延年益寿。避免把旧城中的居民全部迁出，把民居改为旅游和娱乐场所，导致历史文化街区失去传统的生活方式和习俗。应建立国家历史文化名城等的退出机制，对历史文化遗产遭到严重破坏，过度商业开发的城市坚决予以除名。

第四章

地方政府的投资决策

成熟市场经济国家地方政府投资决策具有许多共性，决策程序的规范化，决策过程的公开透明，公众的广泛深入参与，各类利益集团发挥作用，以及政府权力受到约束。我国地方政府投资决策呈现明显逐利化和商业化倾向，缺乏风险性论证和不可行论证，公民参与公共决策程度较低，决策问责的长效机制难以形成，决策约束欠缺导致显著的社会风险。未来我国地方政府投资决策就是要更接近人民的意愿，使政府投资能够满足经济社会发展的长远利益要求，能够投向国计民生最紧迫的领域和环节，避免政府投资成为某些官员谋取政绩和私欲的工具，避免政府投资决策失误带来的社会损害。

地方政府投资决策是地方政府为了实现经济与社会发展目标，运用科学的理论、方法和手段，依据一定的法定程序，对涉及地方重大和关键领域的公共投资事项进行研究论证，并从中选出最满意的投资方案的过程。投资决策是地方政府投资的首要和重要环节，决定了地方政府投资的成败，决定了经济社会发展的方向。

一、政府投资决策理论

在西方国家，过去几十年来，许多理论被应用于地方政府决策的研究。这些理论涉及地方政府的权力结构、地方政府决策动机、地方政府决策方式、地方政府分权，以及地方政府决策约束等方面的内容。

1. 地方政府权力结构理论

关于地方政府权力结构理论的研究，探讨的是权力运行的分散和集中，或谁更有决策的影响力等问题，主要有以下几种。

（1）精英论

这一理论认为，地方决策是少数精英的专利，决策权力掌握在少数精英手中，重大的政治方案通常是由这些精英起决定作用，地方各级官员予以配合来实现少数人的意志[①]。具体而言，精英论的观点包括：①上层少数人构成单一的“权力精英”；②该“权力精英”阶层统治社区生活；③政治领导与社区领导是该阶层的执行者；④该阶层与下层市民之间存在冲突；⑤地方精英与国家精英存在千丝万缕的联系。

亨特是精英论的代表。他曾以美国佐治亚州的亚特兰大市作为研究对象，分析其决策层的层级和权力运行的过程，并于 1953 年出版了《社区权力结构：决策者研究》一书。亨特认为，地方权力通常由不超过 40 人的集团行使，其中实业界的利益在起决定性的作用。他通过调查得到了一个中选率最高的 12 人名单，他发现这 12 人是 40 人权力精英的核心。他得出的结论是：“少数实业界代表对决策后果有决定性的影响，在决策集团中，经济利益起决定性的作用。”

精英论对多元论者的批评，认为它只关注政府的正式决策过程，忽略了非政府领袖、社会精英的影响。P. 巴赫拉兹（Bachratz）和 M. 巴拉兹（Baratz）1970 年在《权力与贫穷》这本书中，对多元论者提出了两方面的批评，并指出：①多元论没有认真区分“重要的”和“不重要的”问题，且其选择纽黑文的政策领域是武断的；②多元论研究的是得到权力集团允许的提案，根本无法研究那些尚在构想或酝酿阶段就已被社会权力结构否决驳回的提案；而获得允许的提案，也许更可能是不能真正影响资源分配和既定权力结构的琐碎小事。

---

① 任进：“地方政府理论与地方治理理论述评”，http：//china. findlaw. cn/。

（2）多元论

对于精英论的观点，多元论者提出了质疑。多元论者认为，城市权力分散在多个团体或个人的集合体中，各个群体都有自己的权力中心，地方官员也有自己的独立地位；官员要向选民负责，所以选民也有权力，他们以投票来控制政治家。

多元论的代表人物是美国的达尔。1961 年，达尔出版了《谁统治：美国城市中的民主和权力》，该书以纽黑文市为研究对象，选择了地方政府三个最主要的政策问题——城市重建、公共教育政策和政治任命——的政治过程进行分析。他发现，当时有各种团体、个人参与了这三个方面的决策，政治权力很分散，每个个人或团体都拥有各种资源，有其在特定专属领域的影响力，但没有任何个人或团体足以垄断地方政府的决策过程。例如，工商业团体对城市重建较有发言权，但是对教育的影响较小。政治决策总是倾向于反映大多数人的意见，并经过“在多元民主中领导人与公民间形成的关系复杂的共生和变化过程”而产生。据此，他指出，纽黑文市的地方政治是以“分散的非对称性”（dispersed unequalities）为主要特征的多元性政治。

邓里维（Dunleavy）和汉普敦（Hampton）等多元论者认为，地方政治权力分散在多个团体或个人的集合体中，各个群体都有自己的权力中心。政治决策过程只有在大多数居民达成广泛共识的情况下才能形成。主要包括：①竞争性政治团体向选民提出方案以获得制定政治制度的权力；②政治制度的设计以制约与平衡为主要特征，以预防任何个别团体进行绝对的控制；③政治制度对广大代表不同政治见解的特殊利益集团是公开的；④政治事务由独立的提供各种政治见解并对权力的行使进行审查的媒体进行分析和讨论。

多元论者假设，地方决策制度具有复杂的特征，但它是公开和透明的，能够回应大多数人的意愿；多元论者还假设，地方存在一定程度的自治，地方政府有足够的资源和法律资格将大多数居民的意志转化为政策措施。多元论者受到政治学者和社会学家的批评，并在此基础上产生了新多元主义。新多元主义认为，在政策决策过程中，若要充分表述意见，充分参与，影响决策，乃至顺利执行，相关的民间团体、政府部门、学者与专家应形成一个有高度共识、凝聚力的网络。

（3）城市体制论

1980年代以来，费因斯坦夫妇（Norman & Susan Fainstein）、埃尔金（Elkin）与斯通（Stone）等学者相继以城市体制论来解析城市权力结构。城市体制论关心的问题是：城市体制是如何形成的？城市体制中的成员有哪些？这些成员如何运用权力与发挥影响力？①

立足于对亚特兰大市的研究，斯通指出，城市体制是为城市公私部门合作而形成的非正式联盟。在城市权力结构上，城市体制论既不偏向于精英论，也不偏向于多元论。城市体制论认为，在城市体制模式下，政府不可能拥有绝对权力来独立制定和执行政策；同样，私人部门也不能独立制定政策来促进城市发展。城市决策是复杂的关系与互动网络。

基于斯通的研究成果，墨斯伯格和斯托克（Mossberget & Stoker）对其描述的城市体制特征进行了全面总结：①体制是一个非正式的但相对稳定的，能够对城市发展政策发挥持续控制作用的制度性资源。它通过正式的制度安排或者非正式的合作关系来完成。②体制旨在掌控公共资源的政府和控制经济资源的私人部门之间建立沟通。除此之外，其他的社区组织也参与其中。③合作不是上天的恩赐，需要努力去争取，而且城市体制不是存在于所有城市。④体制是一个相对稳定的制度安排，并不一定随着行政管理者的更换而变化。⑤体制的性质是由参与者所控制的资源，以及参与者之间的关系所决定的。⑥体制可以通过“选择性诱因”（selective incentive）达成一致意见。⑦体制并不表明行动者在价值观和信仰上完全一致，但合作将使他们在政策上趋于一致。

城市体制论对多元论、精英论的挑战首先在于对权力理解的不同。在多元论和精英论那里，权力是一种“社会控制”（social control）的模型，因此其理论强调支配和抵抗；但与此不同的是，城市体制论认为权力应该是一种能够促进城市

① 何艳玲：“城市的政治逻辑：国外城市权力结构研究述评”，《中山大学学报：社科版》，2008年5期。

发展的权力或能力，而不是一种高于他人的特权或社会控制权。因此，城市体制论把有关城市权力的本质问题由“谁统治”转向了“如何统治”，强调赋予某方权力，关切权力如何被产生以达到特定结果，而非权力如何限制社会行动。换言之，城市体制论的重点在于如何获得行动能量以创造特定政策结果，而不是控制社会行动。

2. 公共选择理论

公共选择理论的产生不是偶然的，有其特殊的经济和政治背景。二战后，凯恩斯国家干预理论日渐盛行，它把政府干预看作是弥补市场缺陷的唯一良策。随着政府对市场干预的加强，其缺陷也与日俱增。布坎南等人创立公共选择理论的目的正是在于揭示“政府失灵”并试图克服政府干预的缺陷。围绕公共品需求决策这一中心问题，逐步形成了民主政治经济理论、俱乐部理论、官僚经济理论等，使公共选择理论得以系统化。

（1）民主政治经济理论

在市场经济条件下，市场机制不能解决公共品的供给和需求，因此，应通过公共选择机制来实现公共品配置。其选择的实现应通过民主政治过程来决定公共品的需求、供给与产量，这是把私人选择转化为集体选择的一种过程与机制，是对资源配置的非市场决策。这就要求公共选择必须经过立宪、立法与行政司法三个阶段来实现①。在立宪阶段，主要解决公共选择机制的决策规则问题，以确定社会对公共品的最佳需求量和各阶层应负担的税收；在立法阶段，则主要是通过立法程序和投票过程来确定最合适的对公共品的需求量；而在行政司法阶段，则要解决由政府行政机构生产并提供给议会加以确定的社会需求的公共品。在这一公共选择过程中，可以通过社会成员的偏好显示机制和公共决策机制来实现。

所谓偏好显示机制就是在公共选择中，个人是最终的决策者、选择者和行动

---

① 张伟、刘晓梅：“西方公共选择理论与实现机制评介”，《中共中央党校学报》，2003 年第 2 期。

者，个人真实性偏好决定着各种选择机制的有效性。但是，在公共经济中，由于公共品易于导致“免费搭便车”，公共选择所体现的偏好未必真实。因此，在进行公共选择过程中，应以经济人理性原则与利己主义本性作为公共选择的利益动机，由此决定公共选择过程的政治交易性质。对于不同公共品的偏好强度可通过“保险投票制”，“投否决票制”和“征税投票制”三种方案显示。所谓公共决策机制就是要通过一定程序将社会成员对公共品的偏好作为国家偏好给予确认，一般是通过直接民主制和间接民主制等政治程序来实现。由于直接民主制容易产生较高的行政管理成本和投票交易、投票议程的操纵与低效等弊端，因而公共选择理论更倾向于采取间接民主制的决策机制，主张公共品的需求由民选代表投票决定。

(2)“以足投票”理论

美国经济学家蒂鲍特（Tiebout）在《地方支出的纯粹理论》中最早提出了“以足投票”理论。他认为人们愿意在全国范围内寻找地方政府提供的服务与所征收税收之间的一种精确、最优组合，以便使自己的效用达到极大化。当他们在某地发现这种组合符合自己效用极大化目标时，他们便会维护和接受当地地方政府的管辖，即通过迁移流动来显示对公共品的偏好。这种以“足”实现的全体一致规则，是一种分权决策机制，类似于市场交换，具有实现地方公共品配置最优的内在动机。但由于存在信息的不完全性、不对称性，社区数量有限和社区间外部效应，人口流动政策的限制等因素不利于实现“以足投票”的条件，造成“以足投票”理论存在固有缺陷。因此，艾拉德与希尔曼将移民政策的政策成本和收益加以考虑，从而确定最优的社区或地方政府。伯格拉斯则将个人的技术差异考虑在内，以确定居民的最优选择和社区的类型。费什则把规模经济和拥挤程度考虑在内，以确定最优社区或地方政府的规模。

(3) 官僚经济理论

官僚经济理论主要分析公共部门的动机、行为及其约束、效率等问题。公共选择论认为，官僚是以追求个人利益而存在的理性“经济人”，官僚机构是供给公共品的生产者，官僚行为与官僚机构之间遵循制度约束下的刺激反应。尼斯坎南指出，官僚追求预算的最大化以满足个人效用的最大化，因而它成为官僚的动机或目标函数。米格和布朗热提出，官僚可能更看重与产出无关的各种奖励，可能更希望有供自己自由处置的财政节余。所以，公共经济活动中的公共部门或官僚（机构）是通过选择投入来利用财政节余，即在预算拨款约束下，选择一个最优产量与投入，以从中获得最大化的效用。

公共选择理论认为，政府公共部门存在低效率和严重的资源浪费。从公共部门本身来说，公共部门目标比较抽象，很难量化成具体化的中间目标和操作性目标，再加上目标间的冲突和比较高的交易成本与信息损耗，造成了公共部门内部也是低效率的。而低效与利益动机最终会促使公共部门的规模不断扩大，机构扩张。因此，面对这种低效的官僚机构，必须强化外在控制，必须改进其运行方式和组织体系，在公共部门中引进某种程度的竞争机制，以打破公共品供给的垄断，在能够市场化的某些公共事务的供给中引入市场机制，并给予适当的利益刺激。同时，必须强化政府机构的监管，成立专门的机构对公共部门绩效给予科学的评估，为此应特别注意立宪和宪法的约束。

3. 委托—代理理论

经济学中的委托—代理理论最初是用来分析两权分离的企业中的“所有者—经理”行为。自 20 世纪初现代公司制确立其主导地位以来，所有权和经营权的分离便成为现代企业最突出的特征。由于存在着信息不对称，所有者无法完全获悉经营者的行为，面临着较高的监督成本，逆向选择和道德风险就会出现。经营者往往会专注于追求自己的效用目标最大化，而忽视了所有者的利益，即所有者追求企业利润最大化，而经营者追求个人控制权收益最大化。这里，我们可以把政府官员看做与企业经理一样的管理阶层，它们作为代理人提供公共服务，具有信息优势和追求自身利益最大化的动机，也会出现道德风险和逆向选择。因此，委托人就有必要建立一套有效的激励与监督机制，促使政府恰当地行政，使得它们在追求自身利益的同时，也能最大限度地增进委托人的利益。这种委托—代理关系存在于公众与政府之间以及中央政府与地方政府之间。

按照契约理论，公众与政府间关系是基于行政权的运行而达成的政治委托—代理关系。公众是行政权委托人，政府是行政权代理人。根据民主政治的内在要求，由民众（或选民）对公共投资提出要求最有约束力和说服力，因为公共的事情就是民众的事情，公共投资是民众的公共利益所需要的投资，民众说投才能投，但是，由于民众偏好的多样性，就使得事情趋于复杂化。真正能代表民意的公共投资偏好往往只存在于观念之中，很难为决策者所掌握，这既有技术上的原因，如信息搜集成本过高、信息具有时滞等，也有制度上的原因，如决策者也是一个经济人，也有自身的利益追求与成本考虑。后者使决策者在决策时并非一定要充分考虑选民的偏好。在间接民主制条件下，即使采用多数票为准的投票模型，也不一定能使决策真正体现大多数选民的偏好。

在现实生活中，对公共投资提出要求的，除了选民（更多的是选民的代表），还有各种利益集团以及与这些利益集团有着千丝万缕联系的政府官员，并且，政府官僚阶层本身就是一个特殊的利益集团，在民主法制不完善的情况下，往往是某些利益集团或政府官员对公共投资提出的要求更具有权威性和约束力。在政府主管部门中，某类投资往往只有少数几个人负责审批，这些人很容易被相关利益集团所捕获。另外，在下级官员的升迁不是主要取决于选民，而是取决于上级官员的情况下，“政绩”的考虑往往使下级官员为博得上级官员的好感而进行许多不切实际的公共投资。在这种情况下，代理者的行为就严重背离了委托者的要求，委托—代理的成本就迅速扩大，所谓的公共投资事实上很大一部分就被偷换为与某些利益集团或政府官员局部利益有关的私人投资。要解决这一问题，必须从根本上完善民主与法制，特别是在条件允许的情况下，在某些层次，尽可能用直接民主代替间接民主。

与企业经营者通过扩大企业投资规模来扩大个人控制权收益的逻辑类似，地方政府官员实现自己职务控制权回报的主要方式就是加大地方经济资源的开发力度和扩大地方投资规模。地方投资规模的扩张至少在以下三个方面增加了地方官员的个人控制权收益[①]：第一，地方投资规模越大，官员的各种在职物质利益也越大，官员的支配能力、成就感等非物质性效用也越高；第二，地方投资规模越大，经济社会结构越复杂，中央政府对地方官员进行监督的成本就越高，中央政府的控制和约束就会在一定程度上受到削弱，这反过来进一步有利于地方政府官员攫取个人控制权收益；第三，地方投资规模扩大还会加强地方政府官员的谈判力量，有利于它们在与中央政府讨价还价的过程中争取到更大的地方行政独立性和更多政策支持。

4. 治理理论

进入20世纪90年代，随着志愿团体、慈善组织、社区组织、民间互助组织等社会自治组织力量的不断壮大，它们对公共生活的影响日益重要，治理理论兴起，1989年，世界银行在概括非洲国家经济社会发展情况的一份报告中首次使用了“治理危机”（crisis in governance）一词。全球治理委员会于1995年发表了一份题为《我们的全球伙伴关系》的研究报告，对治理作出了如下界定：治理是各种公共的或私人的个人和机构管理其共同事务的诸多方式的总和。它是使相互冲突的或不同的利益得以调和并且采取联合行动的持续的过程。

1998年，英国学者格里·斯托克（Gerry Stoker）对流行的各种治理概念作了一番梳理后指出[②]，第一，治理是指一系列来自政府，但又不限于政府的社会公共机构和行为者的复杂体系。政府并不是国家唯一的权力中心，各种公共的私人的机构只要其行使的权力得到了公众的认可，就都可能成为在各个不同层面上的权力中心。第二，治理意味着在为社会和经济问题寻求解决方案的过程中，存在着界线和责任方面的模糊性。它表明在现代社会，国家正在把原先由它独自承担的责任转移给公民社会。第三，治理明确肯定了在涉及集体行为的各个社会公共机构之间存在着权力依赖。进一步说，致力于集体行动的组织必须依靠其组

① 赵祥：“建设和谐社会过程中地方政府代理行为偏差的分析”，《中国行政管理》，2006年第5期。

② 徐磊：“治理理论与我国政府管理创新”，《理论前沿》，2009年第12期。

织，各个组织必须整合资源，力图达到共同的目标。第四，治理意味着参与者最终将形成一个自主的网络。这一自主的网络在某个特定的领域中拥有发号施令的权威，它与政府在特定的领域中进行合作，分担政府的行政管理责任。第五，治理意味着办好事情的能力并不仅限于政府的权力，不限于政府的发号施令或动用权威。政府有责任使用新的方法和技术来更好地对公共事务进行控制和引导。

有的学者总结出治理的特点，指出治理理论认为政府并不是国家唯一权力中心，各种机构（包括社会的、私人的）只要得到公众认可，就可以成为社会权力中心①。治理的目的是在各种不同的制度关系中运用权力去引导、控制和规范公民的各种活动，最大限度增进公共利益，治理重要规则是参与、公开、透明、回应、公平、责任、正当性和合法性等。在治理中，公民积极参与，政府与公民之间建立互相信任、依赖关系，治理过程的基础不是控制，而是协调与合作。政府治理模式可以概括为以下几种理论范式②。

①“企业化政府”模式。主要内容是公共管理的自由化和市场化取向，管理者必须从政府的繁文缛节中解脱出来，在公共部门内部创立内部市场，把私人部门的管理实践和方法应用于公共部门。企业化政府的基本原则是：第一，催化的政府，“掌舵”而不是“划桨”。第二，社区所拥有的政府，授权而不是服务。第三，竞争性的政府，将竞争机制引入服务的供给之中。第四，顾客驱动的政府，满足顾客的需要，而不是满足官僚机构的需要。第五，有预见的政府，预防而不是治疗。第六，分权化的政府，从层级节制的等级制到参与和协同。第七，市场导向的政府，通过市场的杠杆作用来调控变化。

②E. 费利耶（Ferlie）的四种模式。英国学者费利耶认为在当代西方政府改革运动中，至少出现了四种不同于传统的政府治理模式的新模式：一是效率驱动模式。这种模式代表了将私人部门管理方法引入公共部门管理的尝试，强调公共部门与私人部门一样要以提高效率为核心。二是小型化与分权模式。这种模式的特征是组织的分散化和分权，加强组织的灵活性。三是追求卓越模式。它强调价

---

① 王志刚：“多中心治理理论的起源、发展与演变”，《常熟理工学院学报（哲学社会科学）》，2010年第3期。

② “现代治理理论解读”，http：//blog. sina. com. cn/s/blog。

值、文化、习俗和符号等在实际行为的形成过程中的作用，强调组织文化、组织学习和组织发展。四是公共服务取向模式。它关心提高服务质量，强调产出价值，但同时注重私人管理方式的应用。

③政府未来的治理模式。B. 盖伊·彼得斯（Peters）针对传统的官僚制政府治理模式的种种弊端和问题，提出了当代西方政府改革实践中正在出现的治理模式，其内容和特征分别是：第一，市场式政府。它相信市场是资源配置的最优方式，而政府的自利倾向不可避免，所以要破除政府垄断和引入市场机制，分散决策和政府执行权力。第二，参与式国家。它倾向于建立更强的民主机制来向政府传达信号，更为关注较低阶层的员工和组织的服务对象。因此，公共组织的结构应该更为扁平，可以建立新的机构以弥补传统政府的不足。第三，弹性化政府。它是指政府有应变能力，能够有效回应新的挑战。因此可以不断撤销现有组织，避免组织僵化。

④网络治理模式。网络治理就是为了实现与增进公共利益，政府部门、私营部门、第三部门和公民等众多主体彼此合作，在相互依存的环境中分享权力，共同管理公共事务的过程。网络治理的内容包括：第一，网络结构将成员组织各自的核心优势经过主动优化、选择搭配，相互之间以最合理的结构形式结合成一个优势互补、相互匹配的有机体，收到了 1 +1 >2 的整体协作效应。第二，网络治理结构中的每个结点都有能力和动机相互合作，都能在不断的互动、协作中获取“网络利益”，从而实现自身利益的最大化。第三，信息结构从传统的纵横方向向网络化、交互化方向转化，各个结点都能在网络上适时获得所需的各种信息。

二、国外地方政府投资决策经验与启示

成熟市场经济国家地方政府投资决策具有许多共性，这与其民主制度一脉相承。其中，决策程序的规范化，决策过程的公开透明，公众的广泛深入参与，各

类利益集团发挥作用，以及政府权力受到约束成为地方政府决策的主要特征。他们就是要建立一种相互制约，甚至是相互矛盾的政府框架和效率不高的民主制度，以保证公民的自由和其他民主权利。

1. 美国的地方自治

美国实行的是三级政府架构：即联邦政府、州政府和地方政府。在州政府以下，县、市、镇、特别区等无论大小都统称为地方政府。以市为例，美国地方政府组织形式主要有三种：一是委员会制，委员会既是政府又是议会，委员既是议员又是各政府部门的负责人，通过委员会对地方事务进行集体决策；委员会的主持人即市长，但仅有一些礼仪上的职权。二是市长—委员会制，市长行使行政权，议会行使立法权，又分为强市长制和弱市长制。三是委员会—市政经理制，这是近年来借鉴现代企业治理模式形成的组织形式，由选民选举产生委员会，行使重大决策权，委员会公开招聘一位专门人士担任市政经理，负责日常行政事务，包括任免各政府部门负责人①。

美国的地方政府建立在自治和直接民主的基础上。在制度设计时，立法权、行政管理权和选民的选举权相互制约。民选的官员在对选民负责的同时，还要接受来自民间和各种相互制约的机构的监督。这种负责、制约和监督都用法律的形式固定了下来，并被设计成了一系列法律的程序。重大事项决策，一般要经过立项申请、社会调查、民众公听、专家论证、政府审议、议会表决等多个重要程序。一项决策的提出和决议，除应对突发事件外，都必须有足够的时间，不能临时动议和表决。大家都必须按照这个程序办事，违反了它，就是破坏了民主的程序，就要受到法律的制裁。只有制度设计到位了，制约和监督才能够真正起作用。而这一切都必须建立在自治的基础上，建立在选民拥有最终的决定权的基础上。

美国地方政府运作的透明度比较高，在政府治理的过程中，民众时刻在参

① 高新军：“美国地方政府治理的20个要点”，中国改革论坛，2012年1月4日。

与、关注和监督。他们采取的主要形式是建立起与地方政府各个部门相对应的、主要由民众自愿者参加的各种理事会和委员会，参与决策和监督决策的执行。政府的会议一般是公开进行的，选民可以进入会场自由旁听；在政府办公楼的秘书办公室和会议现场，可以拿到需要的材料、办公电话、办公地址和电子邮件地址。重要的决策事项均在政府网站公布，民众可以通过网络等媒体了解到政府决策的情况。政府定期召开公民参加的公开听证会，公民有权在关于重要的立法和预算决策的听证会上作证。地方政府的这些做法保证了政务决策的公开透明。

没有听证就没有决策，重大事项交全民公决，决策中注重程序公正原则和保护少数原则。在地方政府的日常决策中，选民可以利用其所在的非政府组织，出面参与政府的决策。这明显得益于美国民众的自组织水平比较高，他们中的大多数人都是各种非政府组织中的一员。他们也可以参加各种听证会，自由旁听地方政府的任何会议，并在允许的情况下公开在会议上发表自己的观点。美国地方政府的决策必须经过充分的讨论和听证，然后交于代表会议或市政议会进行表决，重要的决策还必须交于全民公决。尤其重要的是，即使一项决策最后经过代表会议表决通过了，决议实施中可能会有利益损失的选民，仍旧可以提出新的修改意见和提出新的利益损失补偿办法，要求地方政府予以考虑和解决。

民众的自组织水平高，对地方政府官员形成了制约之势。一般来说，单个选民与政府和政治家对话，是决不会占有什么优势的，但组织起来的选民和处于非政府组织中的选民与政府和政治家的对话就完全是另一个概念了。美国的社区一般都有很多各种各样的非政府组织：经商者可以加入商会，教师有教师工会，公务员有公务员工会，还有警察工会，消防员工会，环保人士有环保组织，残疾人有残疾人的组织。这些组织有自己的利益倾向，通常可以用同一种声音与政府和政治家对话，要求他们倾听自己的声音。这些声音对选举的影响是很大的，任何一个政治家都不可能无视这种力量的存在。同时，在地方政府讨论与他们的利益密切相关的议题时，他们作为一个团体的力量也会影响和左右讨论的最后结果。

在美国，重大工业或基础设施建设项目的投资方往往同样财大气粗。更为关键的是，其自身也好，与之紧密相关的游说团体也好，都是当之无愧的利益集团。这些利益集团虽然非常强大，但他们却不仅不能为所欲为，相反，在面对诸多压力和监督时甚至如履薄冰。例如，有来自各种法律法规的约束压力，有来自司法机关的司法监督压力，有来自环保等公益利益集团的对抗压力，有来自媒体舆论的批评监督压力，更有来自社区公民及其组织合法有序抗议的利益维护压力。

联邦的“空气清洁法案”及各州和地方的相关法律，是高悬于各种重大建设项目头上的利剑；投资方与环保组织、社区公民等利益集团之间相对公平的相互博弈，是避免重大建设项目不至于成为一方滥用权利的缓冲器；社区公民积极有序的知情、参与等，则保证重大建设项目能始终置于社会监督[①]。在此背景下，美国地方政府若要引进重大建设项目，即使你将其税收等好处说得天花乱坠，对其内部风险等重要信息的提前披露和详细说明依然是其首当其冲的第一要务，否则他们无力承担起欺瞒的严重政治后果。

此外，美国公共项目在立项前就要接受审计部门的可行性和财政预算审查，而且直接向立法机关汇报审核，项目立项后检察官办公室和各种监督机构介入，实行每周报告制度，还有日常巡检，向公众公开整个过程，并接受咨询，还有独立于规划部门的专业机构协助公众监督。

正是由于具有前述法制体制机制的层层保障，美国一些重大建设项目在经历公民有序参与之后，往往必须经过重大改进完善，如更加严格的环评及环保风险防控措施，更多的社区利益配套措施，如配建学校、修缮公园、建设社区广场等基础设施以直接惠及所在社区公民，更多地雇佣当地亟待帮助的群体如少数族群、弱势群体等。经过这些相互谈判博弈并取得妥协共识后，不少重大建设项目最终如愿开工建设，公民、企业、政府三方在各退一步后实现多赢。不难发现，实现地方政府决策多赢结局的最关键的一环，正是公民合法有序的参与。

2. 法国的地方治理

20 世纪 80 年代以来，法国相继进行了多次政府改革与政府间权力关系的调

① 张智新：“美国政府投资项目如何赢得公众支持?”，价值中国网，2012 年 7 月 4 日。

整，其中1982～1983年社会党人的分权改革是法国地方治理变革的催化剂①。地方治理的发展可以认为是国家、市场、公民社会三者之间权力结构和关系重新调整的过程，也是分权化改革的过程。分权化不仅仅是以政府为中心的传统行政理论下政府间的关系调整，即中央和地方关系的调整，而且是涉及多种形式，不同层次、不同程度的权力的重新调整分配。

地方分权改革使得法国地方政府在法律上及现实中的自主权扩大了，为了应对当地各个社区面临的社会和经济问题，一般的市政委员会不仅需要与其他层次的政府机构结成伙伴关系，更需要利用私营和第三部门手中的资源。首先，地方行为主体呈现碎片化趋势，地方政府官员、民意代表、主要政党领袖、中央在地方的职能部门都是地方公共决策系统的重要力量，地方治理依赖于多级政府间的沟通与合作。其次，私人企业以及社会团体对公共决策的影响力日渐突出，传统的省长与地方显贵之间的行政联盟已经被包括经济利益代表、第三部门和地方压力集团在内的更广大联盟所取代。在这样一个大背景下，地方政府与私人部门、第三部门的关系发生了巨大变化，形成了三者之间互动合作的新治理结构。

1960～1970年，法国第三部门获得了较大发展。到20世纪90年代，法国拥有70万个各类团体，并以每年6000多个的速度递增，已经“成为法国社会变革和改革的一种途径”。在法国地方政府与第三部门的合作中，最有代表性的是“格勒诺布尔”模式。格勒诺布尔是法国南部的一个中等城市，属于里昂地区。20世纪60年代，该市的第三部门组织市政行动小组广泛参与到地方政府决策中，尤其是在邻里社区建设和环境保护领域，其领导人在1965年当选为市长，由此引发了全国范围内市政行动小组的成立热潮。这个案例证明地方政府与第三部门的合作是可行的，同时也表明公民在地方层面的参与可以提高公共政策的质量，尽管它只限定在生态政策领域。

不过，在分权改革过程中，法国地方政府与企业之间关系的不对称，限制了公私伙伴关系的有效性。政府是政策的创制者、主角，社会团体的参与是有限

① 郁建兴、楼苏萍：“近20年来法国地方治理体系变革与新治理结构”，《学术研究》，2006年第1期。

的，市政府通过控制财政资源和政治资源，拥有足够的能力将他们的偏好加于第三部门，而市民社会几乎丧失了对抗能力。鉴于此，2001 年，法国政府与第三部门代表签署了一项被称之为“国家—协会宪章”的协议，目的在于：一是通过更广泛的公民参与促进民主发展，二是帮助团结社会的建立，从而避免“从市场经济沦落到市场社会”。这可视为法国第三部门发展的新起点。

公民参与对于公共利益的体现和地方治理绩效具有积极意义。地方治理体系中的公民不应仅仅被界定为选择民意代表的投票者和政府公共物品的消费者，而是具有强烈公民精神的“积极的公民”。尽管一些评论认为分权改革在推动地方民主方面是失败的，认为分权改革后国家分散的权力落到了地方行政官僚的手中而不是公民身上，但公民参与的途径却无疑增多了。2002 年，法国通过了《参与民主法》，它在推广已有公民参与措施之外，还提出成立邻里委员会等新的公民参与机构。概括地说，公民参与地方公共事务有两种途径，一是常规性的咨询机构（第三部门），二是临时性的公民参与方式。

公民参与的常规性机构是大区社会经济委员会，成立于 1972 年，自分权化改革将大区作为一级地方行政层级后，其重要性增强；邻里委员会，2002 年参与民主法案通过后的产物，该法案规定人口超过 8 万人的城市可以设立邻里委员会；地方信息和监督委员会，是关于地方环境和垃圾管理问题的机构；发展委员会，一般设在农村或者城市交界地区，是当地政府出台各项推动地区发展的政策必须咨询的一个机构；地方公共服务委员会，在 2002 年参与民主法之前就已经存在，但之后变得更具权威性，某些行政决策如果没有得到该委员会支持就很容易被取消。

临时性的公民参与方式更加多样化，通常是与特定的公共项目有关。其中最主要的手段之一是公众调查，即政府就事关地区发展的计划和项目征求公民的意见和期望。手段之二是公民复决，即公民对已经完成立法程序的议案进行公决，以表达公民支持、反对和要求的呼声。巴黎南部郊区的伊西莱穆利诺市早在 1991 年就交通方面的问题提请公民复决，开创了法国地方政府公民复决的先河。

法国的地方治理变革表明，不存在一蹴而就的改革方案，地方治理本身是一个渐进的过程。法国地方治理中可能遭遇的问题具有普遍性，比如第三部门如何积极吸纳社会群体力量而不会使其成为反对政府、破坏社会稳定的力量？治理时代的公民参与与代议制民主制度之间如何协调？等等。这些问题都需要在实践中加以解决，而解决途径同样需要治理结构中各主体的共同参与与努力。

3. 英国的地方治理

英国地方政府构成较为复杂，大致有四级：大区（region，相当于我国的省）、郡（share，相当于地区）、县（county）和市（区）（city or district）。据1997年弗莱恩对英国的地方政府结构的统计，伦敦和其他大都市有68个一体化地方政府，其他大城区有46个一体化地方政府，城乡结合地区有36个县级政府和237个区级政府，苏格兰有32个一体化地方政府，威尔士有22个一体化地方政府。

地方政府政策决策程序是：在地方政府职权范围内，一件事的动议由利益集团提交到专门委员会，委员会同意后提交到相关议员参加的听政和辩论会，通过后再提交市议会，投票通过后财政部门才能进入预算。如果是在坐落在地方的中央直属或各部直属机构职责内，一件事直接由机构负责人向上级申请，获准后由上级预算拨款，毋需通过地方政府。

一个政策制定过程大体上受到四种动力机制影响：党派动力，执政党为政策规定的政治方向；行政动力，体现在负责执行现行政策并提供关于政策变化可行性建议的公务员系统中；公众动力，涉及公共舆论的表达，通常反映在国会出版物或传媒的辩论和报道中；利益集团动力，可能会受到政策影响的政府之外的机构将试图影响政策的制定过程。

20世纪70~80年代以来，经济全球化和区域一体化趋势日益加剧，在快速的社会变迁和众多的社会矛盾、冲突的作用下，欧美发达国家都在积极寻求公共治理变革之道，以摆脱政府管理已经陷入的财政危机、管理危机和信任危机。英国地方政府也兴起了一场规模空前的治理变革①。

① 胡熙华："英国地方政府改革的几点启示"，《华中师范大学研究生学报》，2008年第1期。

这场变革的核心理念和主要内容是：①授权于地方政府，授权于民，建立参与型的、民主的治理模式。突破传统的代议制民主的局限和束缚，激发公众直接参与地方公共事务治理的积极性和主动性。②调整治理结构，由传统的以政府为主导的单中心治理向政府、民间组织、社会团体、公民共同合作并相互影响的多中心治理转变，在深层次上改变政府与市场、公共与私人领域之间的关系。③公共政策的制定由传统的自上而下的模式（top - down）向新型的自下而上（down - top）的模式转变，强调政策制定过程中的对话与协商，建立政府与公众之间的信任机制。④更加重视政府之间、政府各部门之间的合作关系，打破以往的分工界限和部门、地区壁垒，以解决共同面临的公共问题为中心，展开各种层次、各种方位的深度合作，提升政府的治理水平和能力。⑤建立以顾客为导向的，能够及时回应公众需求，能够提供公众满意的公共产品，追求公平与公正，富有效率和活力的地方政府。

提高决策效率及民主程度。长期以来，英国地方治理采取“委员会制”，即决策由地方议会的委员会做出，这一做法在实践中暴露出决策过程冗长、表面程序公开但实际操作不透明、责任不明确等问题。对此工党提出以下治理模式：直选市长并由市长从地方议员中任命内阁；地方首脑由地方议会选举产生，内阁由地方议员组成，由首脑任命或由议会选举产生；直选市长并由地方议会任命全职管理人负责具体事项。

促进公民对地方事务的参与。对公民参与问题，此前保守党政府把公民看作消费者而非选民，因而导致政府带有某种商业组织色彩，一定程度上淡化了其作为选举产生的机构应有的共同利益代表者、公共责任承担者的作用。相比保守党，工党较强调政府公共责任承担人的角色，倡导发挥参与民主的作用。就促进公民参与而言，工党采取如下措施：对于某些需要公民参与投票的人事和决策问题，工党提供便利以鼓励参与。开拓新的参与渠道，公民通过公民陪审团、公民小组、公众会议等形式参与地方事务。为公民监督地方财政提供途径，在英格兰、威尔士及北爱尔兰等地工党设立专门审计机构。

三、我国地方政府投资决策案例

从近年来我国地方政府投资决策的一些典型案例中，能够看出政府决策方式、方法及程序的变化。在决策过程中，地方政府面临的矛盾和问题越来越复杂，项目牵扯的利益关系也越来越复杂，考验着地方政府的智慧，也推动着决策体制的改革。

1. 怒江水电开发

怒江发源于青藏高原唐古拉山，流经西藏、云南，进入缅甸，最后汇入印度洋。它在中国境内全长2018公里。这条有东方大峡谷之称的河流是联合国确认的世界文化遗产。

2003年6月14日，中国华电集团公司、云南省开发投资有限公司、云南电力集团水电建设有限公司、云南怒江电力集团有限公司在昆明签订协议，共同出资设立公司，全面启动怒江流域水电资源开发。2003年8月12~14日，国家发展与改革委员会在北京主持召开《怒江中下游水电规划报告》审查会，会议通过了怒江中下游“两库十三级”梯级开发方案，总装机容量2132万千瓦，年发电量1029.6亿千瓦时。该报告认为，怒江干流中下游河段全长742千米，天然落差1578米，水能资源十分丰富，是我国重要的水电基地之一。与另外12大水电基地相比，其技术可开发容量居第6位，可开发容量居第2位。如果建成，经济效益显而易见，比三峡工程规模1820万千瓦还要大，是三峡年发电量的1.2倍，而工程静态总投资只有896.4亿元。

该规划报告一出，就遭到有关方面的质疑。参加会议的原环保总局代表不予签字，指出怒江是除雅鲁藏布江外唯一相对完整的生态江河，建议作为一个原生环境予以保留，不予开发。从2003年开始，关于怒江水电开发工程的争论就一直没有停息。绿家园志愿者、自然之友、云南大众流域等环保NGO利用网络、沙龙、论坛、图片展、参加国际会议等方式，积极倡导保护怒江，引起国内外各界对怒江建坝事件的关注与讨论。2004年2月，国务院主要领导在《怒江中下游水电规划报告》上批示："对这类引起社会高度关注且有环保方面不同意见的大型水电工程，应慎重研究，科学决策。"怒江水电工程被紧急叫停。

反对建坝言论主要有：怒江的自然生态系统、沿江形成的多元人文系统一旦破坏将无法挽回。奔腾的河流将被一连串水库取代，成为相对静止的水系，损害了河流的整体性和动态性，改变了河流是"天然地表水流"性质，对水生生态系统将造成不可逆转的破坏。农村和贫困地区从大水电站受益少。怒江大坝最近的邻居、多年前动工兴建的漫湾水电站曾经喊出"漫湾发电之日，也就是百姓富裕之时"的口号。但是，从1993年大坝正式发电以来，当地住民的生活并无明显改善。

支持建坝言论主要有：怒江干流已经有了水电项目，不是"自然河流"。怒江水电开发有多方面的综合效益，可以使两岸人民获得新的谋生手段，不再需要破坏植被和陡坡种植，可以走出恶性循环。维护怒江的自然性未必是最好的，按照生态规律建造新的人工生态系统可能比原生系统有更高的生产力，产出更大经济效益、生态效益和社会效益。建坝后，大部分河段水流没有改变，部分河段只改变了水流速度，没有从根本上改变或破坏水流动的性质。采取生态保护措施，可使对生态的损害降到最低程度。建坝开发水电是怒江社会经济发展的最好途径。

表4-1　　针对怒江水电工程的不同意见

反对建坝者——环保组织	赞成建坝者——地方政府、水电企业
中国最后一条自然流淌河流	因怒江干流上游已于20世纪90年代建成两座水电站大坝，怒江已经不再是自然流淌的河流
怒江处于活动断裂带、地震频发，身处泥石流重灾区，多暴雨	怒江流域仍属区域构造相对稳定的地区。规划中的全部电站大坝都避开了怒江断裂带
"三江并流"于2003年被联合国列入世界自然遗产名录，在该地区进行水电开发和梯级电站建设与世界自然遗产保护的宗旨不符	"三江并流"列入世界遗产地的范围只有1.7万平方公里，与目前"一库四级"坝址还有较大距离

续表

反对建坝者——环保组织	赞成建坝者——地方政府、水电企业
“三江并流”地区面积不到国土面积的0.4%，却拥有全国25%以上的高等植物和动物，有77种国家级保护动物，是世界级的物种基因库	“三江并流”怒江片区的核心区域在海拔2500米以上，但怒江水电开发规划最高程为1570米，因此不会对其产生大的影响
农村和贫困地区从大水电站受益少。怒江大坝最近的邻居、多年前动工兴建的漫湾水电站就是先例	水电开发有多方面的综合效益，可以使两岸人民获得新的谋生手段，更好地保护怒江的生态环境

虽然争论不断，但在怒江上修建大坝的准备工作却从未真正停止。2008年3月，国家发展改革委发布的《可再生能源发展“十一五”规划》明确表示，将开发怒江六库、赛格水电站。后受制环保争议，未获环保部门批准。2008年，六库水电站在国家发展改革委尚未正式核准的情况下悄然动工，并以建设社会主义新农村为名，对上游的村庄进行了移民。2010年3月，怒江州给国家发展改革委的《关于怒江发展问题研究工作情况报告》明确表明，希望国家尽快批准怒江中下游水电规划“一库四级”优先开发方案，正式核准六库电站。2013年1月，《国家能源发展“十二五”规划》提出，我国在“十二五”将积极发展水电，怒江水电基地建设赫然在列，其中重点开工建设怒江松塔水电站，深入论证、有序启动怒江干流六库、马吉、亚碧罗、赛格等项目。目前，怒江水电开发“复活”几乎已成定局，但有关怒江水电发展与保护的争论仍在继续。

评论：

①因是否会破坏“原生态环境”等争论，怒江水电开发进度已延宕近十年，怒江也被外界称为中国乃至世界水利开发主要受阻于环保因素的一个案例。一个公共工程经历这样长的前期论证、争论、再论证过程，说明我国的政府决策民主化和科学化有了很大的进步。在这个过程中，规划及方案逐步完善，更多考虑生态和人文的需要。

②照顾水电建设所在地居民利益。在整个决策过程中，住民作为利益直接相关的一方却始终没有出现。许多地方政府决策者常常以国家利益的名义无视利益相关者的个人利益。况且，水电并非真正的公益性项目，项目经济回报丰厚，地

方政府能否以公大于私，或国家利益高于一切的思考方式行事。

③以环保组织身份出现的非直接利益相关者参与工程决策，并最终成为与怒江州政府和水电企业博弈的重要力量。2005 年 6 月 9 日，中国社会转型论坛在 2004 年影响中国社会转型的 20 件大事中，将环保组织阻止怒江水电建坝事件列为第九位，指出非政府组织开始对公共政策产生重大影响。

2. 珠海机场

1995 年兴建的珠海机场是全国唯一纯地方政府投资的机场，投资总额达 60 多亿元。该机场严格按照国际一级民用机场标准进行总体规划、设计和施工，其跑道、候机楼、通讯系统、供油和安全等均达到国际先进水平。机场建有长 4000 米、宽 60 米的跑道和长 4000 米、宽 44 米滑行道各一条，可供世界上各型客机起降。候机楼建筑面积 9.2 万平方米，设有综合大厅、候机厅和观景厅，到港与出港旅客分流。机场采用美国和瑞典的计算机控制大屏幕航班显示及引道系统、设备控制及管理计算机系统、旅客服务电子计算系统、行李自动分检系统。机场设计年飞行量 10 万架次，年旅客吞吐量 1200 万次，年货邮吞吐量 40 万吨，规划停机体 60 万平方米，拥有 40 多个机位，候机站总面积 91600 平方米。

珠海机场的跑道原设计是 3000 米，后来施工过程中不顾规划人员的劝阻，改成 3600 米，之后又改成 4000 米。候机楼原本设计只有 2 万平方米，施工过程中扩建到 5 万平方米，再到 8 万平方米，到最后竣工时，候机楼达到 9.2 万平方米，超过原计划四倍多。珠海市政府希望建设一座当时全国最先进的机场，在建设过程中，擅自违背国务院“利用旧三灶机场改建为中型国内机场”的要求，另行填海兴建大型国际机场，最终导致投资额大幅超标。除了擅自更改国家决策外，珠海方面还未经国家批准就签订了引进国外先进的导航和地面服务设施的商务合同，支付定金 1500 万美元。造成既成事实后，要求国家批准借用国际商业贷款指标 9060 万美元，在未经国家批准开工的情况下，主体工程就已建设大半。

珠海机场建成之后，建设规模与现实经营状况之间存在明显差距。从 1995 年运营以来，珠海机场的年旅客吞吐量一直徘徊在 70 万人次上下，直到 2007 年才突破百万人次，2012 年，实现年旅客吞吐量 209 万人次，距离其当初设计的年旅客吞吐量 1200 万人次的标准，仍有高达 1000 万人次的缺口。由于客流少，这也使得珠海机场长期“吃不饱”，运能远未充分发挥。

珠海机场北面是中山和广州，南面是澳门，东与香港和深圳对望，西面则是广大的粤西地区，地理位置非常优越。但在同一个区域，除了珠海机场外，同时还有澳门国际机场，香港国际机场，广州白云机场，深圳黄田机场和佛山机场、惠州机场。在小小的一个珠江三角洲上，就拥有 7 个机场。这一区域航空领域的竞争显然非常激烈，空域资源也十分紧张。据统计，当时，90% 以上货物转运都是以香港国际机场为基地，余下不足 10% 的则分流到其他几个机场，其他机场市场需求并不旺盛。

珠海市独自承担建设费用，其压力巨大。珠海市政府筹集资金的安排计划是这样的，先由政府投入资金，待机场建成后，再以出让部分股份的方式回收资金以用作基地投资。根据预算，机场总造价预算为 69 亿元人民币，其中，珠海市政府投资 30 亿元，包括电厂、供水和通往机场的道路等配套设施投入。而其他的 39 亿元则向银行贷款。由于对机场收益预期过于乐观，珠海市政府选择了自己出资及向银行借贷的较为快捷的筹资办法。但是，最终珠海市政府因财政困难而无力偿还其余 39 亿元的银行贷款利息。

评论：

①需不需要建。我国 20 万以上人口的城市数已达 800 个以上，已有的民用机场，仅为城市总数的 1/5；我国每 10 万平方公里只有 1. 6 个民用机场，即使与印度和巴西相比，也相对偏低①。目前，全国还有 45% 的县、38% 的人口和 18% 的经济活动区不能得到航空运输服务。因此，民用机场加快建设仍是大趋势。

②在哪里建。民用机场建设不同于通用机场，必须考虑客流吞吐量、地理位置和交通需求如何，必须考虑机场建设与区域和城市间协调发展的问题。在珠江三角洲方圆 200 多平方公里的土地上，竟然密布着这么多的机场，竞争已趋白热

① 与发达国家相比，我国拥有的民用机场数量还是太少。美国有 17335 个机场，其中商用机场 5000 多个；加拿大人口 2000 万，地域面积略大于我国，机场有 725 个；英国的面积只相当于我国的 1/40，机场却多达 850 个。

化。如果地方政府仍然坚持狭隘的地域性思维方式，必然阻碍区域内民航机场的科学布局。

③建成什么水平。与国外相比，我国中小机场设施过于豪华超前，由于机场利用率低，甚至“无机可飞”，设施长期处于闲置状态，造成了投资的极大浪费。因此，量力而行、够用就行应该成为大多数中小机场建设的基本原则。建设具备救援、勘探、播种、医疗、人工降雨、运动训练等功能的通用航空机场对于中小城市来讲更有必要。

3. 上海与深圳的磁悬浮项目

（1）上海磁悬浮

上海磁悬浮列车专线西起上海轨道交通 2 号线的龙阳路站，东至上海浦东国际机场，全长 29. 8 公里，是由中德两国合作开发的世界第一条磁悬浮商运线。2001 年 3 月 1 日开工，2002 年 12 月 31 日全线试运行，2003 年 1 月 4 日正式开始商业运营，全程只需 8 分钟。上海机场磁悬浮线路建成后，一直处于亏损状态。2005 年和 2006 年，上海磁浮公司分别亏损 4. 4 亿元和 3. 9 亿元，2007 年亏损 4. 6 亿元，2008 年亏损高达 5. 6 亿元。

2006 年 3 月，国务院又批准了沪杭磁悬浮新型交通建设项目建议书。其中，上海机场联络线规划与走向是：上海浦东国际机场—龙阳路—世博园—上海南站，在铁路三角区附近分岔，一条向北至上海虹桥国际机场，一条向西至嘉兴、杭州。全长约 175 公里，工程总概算 350 亿元。上海磁悬浮是把浦东国际机场和虹桥国际机场这两个国际机场连接起来的一个快速干道，可以更好地发挥现有上海磁悬浮的作用，是上海城市进一步体现服务功能，服务长三角、服务全国的一个枢纽工程。

2007 年底到 2008 年初，上海市有关部门在网上公示了磁悬浮线路优化方案和环境评价报告。但沿线部分市民认为该方案和报告并未解决安全环保问题。从 2008 年 1 月 5 日起，几乎每天晚上，闵行区淀浦河沿岸一些小区的部分居民都以“集体散步”名义到附近几处商业中心聚集，对沪杭磁悬浮机场联络线从自家小区附近经过提出异议[①]。此后几天，又有数百名群众在人民广场“集体散步”，在南方商城、南京路步行街、徐家汇“集体购物”。

民众参与散步的根本原因在于磁悬浮方案触及了切身利益。一位参加散步的小区居民称，他的住房在磁悬浮规划线路附近，方案公布之前，均价达到每平方米1万元，但规划公布后，房价缩水了30%。一些沿线居民还说，不少房产中介都不收沿线的房源。沿线居民质疑磁悬浮方案的理由主要有四：一是政府公开的环保标准不一致，二是中国标准与世界标准不一致，三是已有公众反映磁悬浮沿线居民的身体、睡眠甚至电视受到磁悬浮的影响，四是一些有专业背景的小区业主认为，磁悬浮可能会影响附近部分人群的健康。

目前，沪杭磁悬浮项目仍在进一步深化研究，线路走向、环境保护及工程设计还在细化当中。磁悬浮项目实施主体正在按照国家有关部门要求，听取有关单位、专家以及公众意见，本着尽可能利用交通走廊、适当改造市政设施、集约使用土地、降低对居民影响等原则，在线路走向、环境保护及工程设计等诸多方面进一步整体细化、优化项目的方案，完善相关工程技术措施。

（2）深圳磁悬浮

自2008年，深圳轨道8号线获得国家发展改革委批准，关于是否采用磁悬浮技术的争议就从未休止。2009年初，来自盐田区发改局的一则消息，地铁8号线已纳入《深圳市城市轨道交通建设规划（2011－2020）》。按照规划，地铁8号线是集上下班通勤、游客输送、观光旅游和商圈联络线四项功能为一体的独特线路。该线路暂设17座车站，1个车辆段，主线全长30.4公里，设莲塘到仙湖、大梅沙到东部华侨城两条支线，总长约9公里，以高架为主。地铁8号线的功能定位为联系罗湖区与盐田区沙头角、盐田港区、大小梅沙片区，提供中心城区与盐田组团之间的快速交通服务。

地铁8号线的建设进程，并未如许多人想象的那般顺利。几乎与8号线规划获批的消息同时，2009年的深圳“两会”期间，来自深圳地铁集团的人大代表

① “担忧磁悬浮，上海市民温和散步”，南方新闻网，2008年1月21日。

提出了建设8号线的另外一种可能——磁悬浮[①]。提案认为，应用磁悬浮技术可以减少征地拆迁成本，和其他地上的轻轨比，磁悬浮技术噪音非常小，可以在楼宇间穿行，能够更好地展现东部海滨景观的特色，带动东部旅游业的发展。

对于轨道8号线采用中低速磁悬浮和高架（地面）模式，赞成者认为，中低速磁悬浮具有低噪音、低震动的特点，可以实现大坡度和急转弯，比较适合沿线地形地势。理论和实测的情况都表明，磁浮列车与传统轮轨列车的电磁水平是同等级别的。而且，现在的技术已经能将电磁波完全屏蔽，磁浮交通可以做到比轮轨更低的电磁辐射水平。地铁三期轮轨工程的地下段的造价在8个亿左右，过高的造价和巨大的运营成本将使轨道交通的建设难以为续。地面或高架的建设成本不到地下的二分之一，车站的用电也只有地下的一半。8号线不管采用什么技术应该都会是一条以高架敷设为主的轨道交通线。

工程沿线居民对于深圳政府大力修建轨道交通等民生工程没有异议，但是，对于以高架形式建设磁悬浮项目，不少持反对意见。根据一项民间调查，82.6%的当地居民拒绝采用磁悬浮技术；另一项官方调查也表明，至少有2万名当地居民持同样的态度。在一份“莲塘居民关于反对深圳地铁8号线磁悬浮方案的报告”中，沿线居民列出了8项反对的理由，首当其冲的是磁悬浮辐射危害健康的问题。2014年7月，数百市民穿着写有标语的统一T恤，在深圳地铁大厦门前集体拉横幅，抗议政府在居民区修建磁悬浮高架地铁，原因是噪音扰民，且辐射对人体有害。

2009~2014年，地铁8号线的建设一直停留在纸面上。深圳市政府对这个项目表现了极大的宽容态度，在盐田的党代表工作室、民意表达工作室，常年有居民可以以成文形式对磁悬浮项目表达反对态度。在围绕地铁8号线的争议中，市民表现出极大的关切，释放出参与公共决策的巨大热情。有市民提出建设性意见：涉及城市交通的重大决策，是否能够启动听证程序，以公开的利弊权衡来凝聚共识，让好的想法更快转化为好的结果。这不仅是深圳推进社会建设多年形成的成果，也是一座城市走向成熟的标志。

---

① “8号线磁悬浮的4年之争”，《南方日报》，2013年6月20日。

评论：

①近年来，社会公众愈发关注身边工程项目可能诱发的环境隐忧，甚至把其放在放大镜下审视。作为政府部门，应当具备更开放的姿态，更强的公关意识，更高的公共沟通能力。对公共工程的博弈、讨论、决断，考验政府部门的公关智慧。这个时候，论证对与错、合理与不合理的问题已经是次要的了，关键在于政府部门公共沟通的技巧和能力。

②反对磁悬浮运动实际上是一种典型的“邻避运动”（Not in my backyard），对此，国际上形成了两大协商方式：回馈补偿和缓解风险。早在 1980 年，美国威斯康星州进行的一项核废料储存场设置的民意调查表明，当采取补偿回馈与风险减轻方案后，公众的反对比例从 71% 下降到 47%。与补偿相比，缓解风险方式更为有效。最关键的缓解措施就是从法律和制度上确立一套开放的参与程序，与社区居民共享选址决策权力。

4. 豪华形象工程

政府建设豪华办公楼的奢靡之风，从经济发达的东部地区刮到百姓贫瘠的西部省份。像贵州、宁夏和重庆等的一些市、县、区，都出现了类似“五角大楼”、“天安门”、“白宫”等豪华版的办公楼。一些区、县政府的办公楼甚至高薪聘请国外的设计师设计。当中央三令五申严控豪华楼堂馆所之时，位于鄂西山区的房县耗资 8000 万建设新行政中心建筑群，超批复投资 2600 多万元，超面积近 1800 平方米。会议中心形似世博园中国馆，大气恢弘，办公楼由玻化砖、大理石装饰得富丽堂皇，室内中央空调、电梯、搭配适宜的灯具显得非常时尚。作为国家级重点扶贫县的房县年财政收入 5.5 亿元，每年需上级转移支付超过 20 亿元。

“水城”建设也在多地不断升温，即使是在缺水严重的北方地区，城市公共工程营造水景也不遗余力。有的北方省份，从省城到地级市，再到有的山区贫困县，只要附近有河流，就斥巨资筑起拦河坝，在城市中心营造所谓“北国江南”、“塞上江南”水景。陕南的西乡县要建设“秦巴水城”，没有立足于当地水资源条件的实际，而是要拦河蓄水，形成了一个 237 万平方米的人工湖面。恶果是蓄水后不仅会淹没上游4个村的大面积农田，还将殃及规划建设中的牧马河国家湿地公园，让栖息在这里的朱鹮、大鸨等国家重点保护动物面临痛失家园的厄运。“湖光城色”让城市靓丽了不少，但造价及维护费用很高，且下游很长一段河道容易因此陷入缺水甚至无水状况，对流域生态环境造成负面影响。

为提升知名度，近年来我国很多城市都在热衷打造城市地标建筑，这些地标或气势恢弘，或外形夺目。东北某城市耗资超亿元建设的“生命之环”，外径170米，内径150米，结构顶标高154米，钢结构总重3500吨，安装1.2万只LED灯。在“生命之环”之后，华东一个城市又建成“时来运转”的大圆环，这个无辐式摩天轮位于该市一公园内，直径约84米，钢结构总重约3000吨，主体结构是组合钢箱梁结构，内侧设钢管桁架支撑，箱梁外侧为游艺舱体。河南伊川北大门投资上千万元，建成后被人戏称为“裤腰带”。江苏扬中花7000万建造河豚塔，也引来很多质疑。城市地标要有生命和灵魂，要留存于人们记忆中。作家冯骥才认为，城市地标首先要有文化内涵，能够赋予一座城市特别的意义；其次，要得到人们的广泛认可；第三，要记录时代的特征，经得起历史的考验。而我们有些城市建设的地标恰恰是让城市丧失了个性和独特魅力。

评论：

①好大喜功的“形象工程”频繁出现，一方面，反映了地方政府投资缺乏科学的决策机制和有力的监督制约，一些地方党政主要负责人强力干预、主导政府投资工程。另一方面，反映出我国的政府投资缺乏问责追究机制，决策者、执行者无需承担责任，照样步步高升。

②各地“形象工程”屡见不鲜，一个重要的原因就是在大兴土木过程中官员们有利可图。有的官员甚至搞暗箱操作和权钱交易，借城市建设工程中饱私囊。也就是说，“形象工程”往往牵连腐败问题，成为贪官与不法商人利益输送的温床。

③党的群众路线教育实践活动收官之际，全国叫停了663个“形象工程”、“政绩工程”。在存在弄虚作假的436起问题中，共有418名个人被查处，这是中央首次大规模叫停此类工程。

四、我国地方政府投资决策及其规范

1. 地方政府投资决策特征

(1) 呈现明显逐利化和商业化倾向

地方政府的公司化和商业化是我国经济发展的一个重要特征。政府的利益跟经济活动有着直接的相关性，其行为和动机都具有公司的逐利特征。许多城市老城区设施陈旧，功能退化，但是，很少有地方政府埋头旧城改造。因为旧城建设费力不讨好，投入大、油水少。地方政府的注意力自然都转到了新城建设上。新城建设有大马路、大广场，风光体面，既能显示政绩，又能卖地赚钱。在地方政府眼里，特别是欠发达地区地方政府眼里，教育、医疗、水利、环境等公共服务投入是上级政府的事情，本级财政主要保公务员工资，富余的资金则重点投入各类开发区的基础设施建设，用于招商引资。以公共利益之名、行商业开发之实，利益集团绑架公共决策是非常普遍的现象。地方官员俨然成为开发商和企业家的代言人，被投资人牵着鼻子走，千方百计地为这些人在公共工程中谋取利益，或者直接把公共设施和公共资源私人化。地方政府的公司化和逐利化导致其投资决策行为扭曲和目标偏差，与其公共服务职能要求的距离越来越远，与普通百姓的要求距离也越来越远。

(2) 缺少风险性论证和不可行论证

国务院领导在视察三峡工程时，曾问负责人："在三峡工程建设中贡献最大的是谁?"负责人回答："贡献最大的是对三峡工程提出'不可行性'意见的几位中科院院士，他们提出的'不可行性'分析和论证意见避免了多项重大失误，保证了工程的顺利实施。"据此，有专家提出，要建立重大决策"不可行性论证”制度。所谓“不可行性论证”，是指针对重大的建设项目，成立专项调研组，从项目的“不可行性”方面进行分析，从相反角度为项目审查部门提供参考意见，给决策者一个兼听则明的机会。但是，长期以来，我国地方政府投资决策失误的一个重要原因是对拟投资项目的科学调研论证不够，一般只停留在投资项目可行性层面，而缺乏对投资风险的全面客观评价，论证往往欠充分、全面；项目的评估与论证往往沦落为领导人或利益集团的御用工具，专家学者在利益驱动下，难以做出公正、科学的评判，只是一味迁就和顺从当权者的意志。这导致相当多的投资决策流于形式，实际上只是一种声音说话，甚至是少数人或个别人拍脑袋的结果。

（3）公民参与公共决策程度较低

Sherry Arnstein 区分了三个层次的公民参与模式，最高层次是“公民控制”；第二个层次的参与被称作“象征性参与”，最后的选择和决策权仍然在于政府；第三层次是指常被冒充作参与的“非参与”模式，是摆样子看的[①]。我国地方政府投资决策中公民参与可以说还停留在第二和第三之间的层面上。地方政府在决策过程中主要依赖“自上而下”的权力运作，而排斥“自下而上”的公民参与和利益表达过程。地方政府决策过程中一般采取如下程序：决策动议—分管领导负责—部门牵头—调查研究—部门审议—政府常务会或党委常委会决议—社会公开[②]。在这种决策模式下，决策部门虽然也要进行调查研究，但是，往往只是走程序、走过场，决策权实质上控制在主要领导手中，其他官员的发言权都受到限制。近年来，我国地方政府也建立了一些公民参与的机制和渠道，例如，听证会、问卷调查等。但是，公民参与决策的制度性渠道缺失，不同社会组织和群体在决策程序中缺乏利益表达、博弈、协商、妥协的渠道，政府与公众之间的互动严重不足，公民参与的结果难以从实质上影响政府的决策。

---

① Arnstein, Sherry R. “A Ladder of Citizen Participation,” JAIP, Vol. 35, No. 4, July 1969, pp. 216 - 224.

② 蒋俊杰：“我国地方政府转变社会治理方式：挑战、问题与对策”，《中国浦东干部学院学报》，2014 年第 2 期。

(4) 决策问责的长效机制难以形成

在很多时候，人们对地方政府投资决策失误大都以“集体决定”为理由，宽容或免于问责。这就使得一些决策者失去了必要的压力，往往“拍脑袋”、“拍胸脯”，即使由于决策失误给地方和人民造成巨大损失，也可逍遥“责”外。另外，一项决策的实施可能需要几年、几十年或是更长的时间，而产生的效果需要较长的时间来检验，时间久了，当初的决策者早已经离开了原先的岗位，因此，以往的决策失误往往被放弃追究责任。长此以往，为了个人或少数集团的私利，为了打造“政绩工程”，为了迎合上级领导的个人偏好，地方政府官员大都会因“头脑发热”而作出盲目甚至错误决策，致使国家和人民利益蒙受损失。这种情况之所以频繁出现，与错误成本过低、决策失误不担责有直接关系。从国外的经验看，对于政府官员工作失误造成的损失，责任追究是非常严厉的，比如英国的法律一度是要求官员赔偿的。而在我国，还很少见到有哪个地方政府干部因为投资决策失误而受到严厉处罚，见得多的却是造成重大投资失误的官员不断得到升迁。

(5) 决策约束欠缺导致显著的社会风险

政府的职能之一就是限制有害的外部性，建立公平环境，提高经济效率，而在我国，地方政府反而成为这种有害外部性的制造者。地方政府以及国企投资决策基本是从如何实现项目本身的效益，甚至主要是经济效益出发，从减少行政管理角度的麻烦出发，很少认真考虑项目建设和运营过程对公众和社会带来的外部影响。即便是工程项目的社会影响评价也多是从业主或投资者的角度考虑如何让项目尽快上马。以水利为例，地方政府大多没有把保护原住民利益作为基本出发点。我国的水利工程移民尚没有成功的案例，即便是国家花费巨资的三峡工程移民也存在诸多遗留问题，主要原因就是对移民的安置与补偿难以满足其生产和生活不断提高的需要。厦门、云南等地的 PX 项目，四川彭州的乙烯项目，上海、深圳的磁悬浮项目，南京和广州的垃圾焚烧发电项目，都在公众中产生了强烈的反弹。这样的政府项目牵动着周边成千上万居民对生活环境与身体健康的担忧，地方政府决策无视民意的一意孤行，或隐瞒信息的暗箱操作，容易导致群体性事件的发生，由此带来严重的社会风险问题。

2. 地方政府投资决策规范

一个在制订和实施政策时忽视广大民众需要的政府不是一个有能力的政府①。我国地方政府投资决策就是要更接近人民的意愿，使政府投资真正能够满足经济社会发展的长远利益要求，真正能够投向国计民生最紧迫的领域和环节，避免政府投资成为某些官员谋取政绩和私欲的工具，避免政府投资决策失误带来的社会损害。

（1）推进投资决策的法制化进程

通过宪法和法律规定和约束决策主体行为和决策程序，特别是要通过法律来保障民众参与投资决策的权利。探索实行地方政府投资项目决策公示和重大项目决策听证制度。凡不涉及国家机密的投资项目，要建立在正式决策前向社会公示的制度。对社会影响较大的重大政府投资项目，应仿照价格听证制度，建立起政府投资项目决策听证制度。试行由当地民众公决，将民众投票结果作为项目选择与取舍的重要参数的制度。充分发挥专家在政府投资项目决策中的作用，邀请该项目所在行业领域的经济、技术、管理等方面的专家对该项目的可行性、经济和社会影响等进行总体评价。集体讨论决定是投资决策的重要环节，这一过程不能成为行政首长的“一言堂”，会议组成人员应充分发表意见。当然，政府投资决策也不能搞绝对的民主，相互扯皮与悬而不决只会损害公共利益。在充分征求意见的基础上，地方政府要勇于做出最终的决定。

（2）完善政府投资决策监督机制

引入各级人大等立法机关参与对政府投资项目决策和实施的监督活动。可在

① 世界银行：《1997 年世界发展报告——变革世界中的政府》，中国财政经济出版社 1997 年版，第 110 页。

各级人民代表大会所属的财经委员会下面设立专门小组，由专门小组接受人大常委会的委托，负责对经过人大审批的政府投资规划、计划的执行情况，以及重大投资项目决策和实施活动进行定期或不定期的日常监督检查，如发现问题则要求政府相关投资决策和实施部门做出正式答复并要求限期改正。加强社会公众、新闻媒体对政府投资决策过程的社会监督。政府应逐步放宽对新闻媒体的信息管制，支持网络等媒体对所谓政府秘密信息的公开发布。对由社会公众和新闻媒体揭露出来的决策问题，政府投资决策部门应给予正式回应和答复。尝试建立政府投资项目决策举报制度，鼓励社会公众采取具名或匿名举报方式，向监管部门举报公务人员的违纪、违规和违法行为。

(3) 建立政府投资决策责任制

明确相关决策主体的责任。凡是涉及政府投资的决策、实施、监管各环节的政府管理部门、项目单位、中介服务机构和项目参建单位，以及与其有关的党政领导干部和工作人员，均需对与政府投资相关的行为承担相应责任。对不遵守法律法规给国家造成重大损失的，要依法追究有关责任人的行政和法律责任。完善决策责任追究机制。可以根据问题的严重程度，针对不同部门的特点，建立不同的责任追究制度，各责任追究制度的实施细则，必须要与相关部门如纪检、执法机构协调，形成一个相对权威的责任追究组织，并赋予相应的权利。逐步推行重大政府投资决策失误行为的“行政问责”制度。当政府投资决策出现重大失误时，承担决策行为的各个主体应公开面对社会公众做出明确解释，主管领导应承担主要决策失误责任。因决策失误造成国家财产出现重大损失，主管领导应引咎辞职，并规定其在一定时期内不能够再担任行政领导职务。

(4) 提高地方政府的公信力

近年来，因为政府决策引发的群体性事件，很大程度上源于公众对地方政府决策的不信任。政府公信力直接体现了政府工作的权威性和有效性，显示政府对社会公众的凝聚力和影响力。全面培育和提高政府公信力，才能有效减少社会治理成本，确保政府投资决策的高效实施。要坚持以人为本、执政为民的理念，坚持权为民所用、情为民所系、利为民所谋，为政府决策效率提高创造民意条件。坚持政府职能法定原则，依法界定和科学规范政府职能，防止政府职能转变中的随意性。坚持依法行政，切实兑现各项承诺，将“信用政府”建设寓于每项政策的落实过程中。完善行政组织和行政程序法律制度，推进机构、职能、权限、程序、责任法定化。促进政府与公众“双向互动”，政府更多以议程设定者、重要参与者和促成公共问题解决的中间人身份发挥作用。完善公众参与政府立法的制度和机制，保证人民群众的意见得到充分表达、合理诉求和合法利益得以充分体现。

第五章

地方政府投资的公私合作

单纯依靠地方政府的财政资金供给和公有部门经营，很难满足公共部门的投资需要，也难以保障公共项目的运营效率提高。实施政府与社会资本合作，对于拓宽公共项目的资金渠道，提高公共产品供给效率，推动体制和机制创新具有重要意义。从我国 PPP 项目的长期实践看，尽管不少项目是成功的，但也有一些项目走过弯路，一些项目干脆就是失败的。政府想甩包袱，企业盼高回报，不顾及公众利益，不考虑社会责任，PPP 模式很难得到发展。地方政府要积极稳妥地推进 PPP，完善投资回报机制，合理分担经营风险，强化政府监管职责，促进合作双方诚实守信。

一、公私合作的理论描述

按照传统的投资建设方式，单纯依靠地方政府的财政资金供给，很难满足公共部门的投资需要。因此，采取地方政府与民间资本多种合作模式，通过合理的资源分配、风险分担和收益分享机制，发挥各类投资主体的优势，才能有效地满足公共需求，缓解地方政府的财政压力。

1. 公私合作方式的不同组合

提供是谁付费或出资的问题，生产则是谁建造或制造的问题。如果我们将公共产品与服务的提供与生产视为一个投资过程的不同阶段，那么，提供和生产可以有不同的组合方式，在各种组合方式中，不同提供者和生产者可以根据其自身特性，同时，针对不同产品与服务特性要求，发挥着各自不同的作用。

私人、非营利组织和地方政府都可以成为公共产品与服务的提供者，也可以成为公共产品与服务的生产者。从表5－1可以看出，公共产品与服务的提供和生产可以有九种组合方式。

表5－1　　公共产品与服务提供和生产的组合方式

生产	提供		
	私人	非营利组织	地方政府
私人	①	②	③
非营利组织	④	⑤	⑥
地方政府	⑦	⑧	⑨

①私人提供、私人生产。即私人为公共产品与服务产品与服务付费，私人生产或建造。例如，私立学校是由私人投资，同时由私人经营。正如萨瓦斯所说，家庭是提供健康、教育及人力资源的最有效率的部门①。

②非营利组织提供、私人生产。即非营利组织通过自愿机制筹资，委托私人生产或建造。例如，由非营利组织出资，私人演出公司组织义演。

③地方政府提供、私人生产。即政府财政为产品与服务付费，私人生产或建造。如政府与私人组织签订服务合同，由政府出资，私人公司从事救护车服务、孤儿院、图书馆及博物馆的管理与服务。

④私人提供、非营利组织生产。即社会和个人自愿集资、捐资兴办或资助各类公共产品与服务。如高等教育的民营化，由私人付费或资助，非营利组织负责组织学校的日常管理与教学。

⑤非营利组织提供、非营利组织生产。即非营利组织实现自我投资、自我补偿与自我发展。例如，对于一些具有一定收益性的公共产品与服务，非营利组织具有较强的经营补偿能力。

① E. S. 萨瓦斯：《民营化与公私部门的伙伴关系》，中国人民大学出版社2002年版，第87页。

⑥地方政府提供、非营利组织生产。即由政府出资提供公共产品与服务，具体的运营则由非营利组织自主、自愿进行。例如，政府通过采购或补贴等形式，帮助非营利组织从事医疗卫生、文化艺术事业。补贴的方式可以是对生产者的补助，也可以是对消费者提供凭单。

⑦私人提供、地方政府生产。即私人为产品付费，通过政府部门或企业生产或建造。例如，由私人出资，由政府企业建造社会基础设施，或由政府所属的社会组织提供服务。

⑧非营利组织提供、机构地方政府生产。即非营利组织为公共产品与服务出资，由政府企业运营或建造。例如，由非营利组织出资，由政府企业建造公共产品与服务基础设施，或由政府所属的机构提供服务。

⑨地方政府提供、地方政府生产。即政府同时扮演提供者和生产者的角色，政府为产品与服务出资，并通过政府的企业来生产或建造。例如，政府出资并由政府雇员从事基础科研、卫生防疫、质量检验等社会服务。

2. 公私合作方式的选择标准

(1) 一般模式

上文我们只是探讨了公共产品与服务领域具有不同的提供与生产形式，但是，仍然不知道是什么因素影响与决定了这种选择，或者说按照什么标准来选择不同的体制模式。布兰科（R. M. Blank）在他的《社会服务的有效提供》一文中对公共产品的提供形式的选择确立了一个大致的框架（见表5-2）①。这一框架同样适用于以准公共产品为主的公共产品与服务领域。在布兰科的分析框架中，外部性、社会公平分配问题、代理问题和产品质量的可见性成为模式选择的重要标准。

---

① Rebecca. M. Blank, 2000, "When can public policy makers rely on pivate markets? The effective provision of social services." Economic Journal, vol. 110 (March), pp. 34-49.

表 5－2　　公共产品与服务提供与生产形式选择模型

	是否存在外部性	是否考虑到分配问题	是否存在代理问题	能否有效观测产品的质量
政府管制下的私营部门所有与管理（私有私营、政府管制）	是	否	无	能
政府管制、授予凭证下私营所有与管理（私有私营、政府补贴）	是	是	无	能
公共部门所有与私营部门管理（国有私营）	是	是	有	能
公共部门所有与管理（国有公营）	是	是	有	不能

外部性的特点、涉及范围和影响程度等都对公共产品与服务的提供形式的有效性产生积极作用，确定公共产品与服务提供方式必须以外部性为基础。在比较公共产品与服务的政府提供与私人提供时，分配目标起着重要的作用。公共产品与服务的消费者更为关切公平或普遍一致。在许多社会服务领域，消费者做出决策的能力相当有限，比如父母对子女的教育问题，子女常常不是实际的决策者，很难想象消费者的利益总能够由另外一些人来维护，由此便产生代理问题，在这种情况下，政府必须介入并提供有效的社会服务。公共产品与服务可以由政府购买或资助，由私营企业运营或建造，但是，这取决于政府必须具有观测与控制产品质量的能力。这一点十分重要，实际上，许多情况下，政府对于产品与服务质量的监督与控制能力并不令人满意。

对于上述因素的综合考虑有助于我们选择公共产品与服务适宜的提供与生产形式。首先，如果产出质量易于观测，且代理与分配问题的严重性弱于外部性问题，或它们在技术上易于低成本地解决，那么旨在针对外部性问题的政府管制下的私营部门所有与管理模式则较为可取，政府可以通过其本身的地位和职能优势将此类经济问题有效解决。比如，教育市场失灵往往具有外部性，那么颁布并强制执行法律、确保普通大众子女就学就成为政府介入教育市场的主要方式，而具体的教育设施的投资及运营则可以交给私人企业。

其次，如果产出质量易于观测，且没有代理问题，但存在分配问题与外部性问题，那么“凭证”制度模式就较为适宜。在标准的“凭证”模式中，政府向消费者提供社会收入的再分配，或政府向低收入消费者提供补贴资金，以扩大需求，而消费者自己则以契约的形式发包给私人市场，或直接在市场上进行购买。

再次，如果产出质量易于观测，但同时存在代理问题、分配问题与外部性，那么“承包出去”的市场化方法更为可行。这是典型意义上由公共部门与私营部门共同负责并实现公共产品与服务“私营化”的形式。政府处于所有者或指导者的地位，代表消费者的利益，要同企业签订合同以确保服务质量，同时确保社会成员均能公平享有相关服务。

最后，如果产品质量难于观测，承包契约难以签订，且存在代理问题、分配问题和外部性时，政府所有、管理或提供公共产品与服务的投资模式就是优选对象。在这种模式中，政府要做出全部的决策，并由典型意义上的政府雇员提供公共产品与服务，基础义务教育、公共卫生防疫、传统的政治宣传等都是以这一形式提供的。

（2）补充标准

在上述理论框架的基础上，我们补充两方面的标准。其一是地方政府的效率。公共产品与服务提供和生产方式的选择实际上就是资源配置方式的选择，不同的提供方式，资源配置的效率也会不同。一般来说，除非建立完善的治理结构和管理机制，政府提供或经营会失去价格机制的约束，也会失去资源配置的竞争激励机制。政府决策者的决策失误，都将造成资源的极大浪费。而且，在政府提供下，需要通过征税来弥补公共产品与服务的提供成本，而征税改变了资源的配置，可能引起整个社会效率的损失。所以，在选择公共产品与服务政府提供时要考虑政府配置机制的有效性。如果政府存在资源配置效率低下的问题，通常公共产品与服务的提供方式多采取私有私营、政府管制或者私有私营、政府补贴；而当政府能够有效解决效率问题，则可以采用国有私营或国有公营。

当然，也有经济学家指出，判定政府提供与生产效率实际上非常困难，不能笼统地认为政府所有和经营就一定效率低下，某些公有制和私有制绩效的比较并没有把较高的公共成本与公共企业的额外目标联系起来。没有普遍性证据可以证明，公共企业的管理效率较低①。休·史卓顿、莱昂内尔·奥查德认为，公共企业往往有多重目标，因而应从全部目标而不是一个目标的效率来进行判断。而判断其总体效率则取决于对不同目标的相对重要性的社会判断。公立医院可能成本较高，导致效率低下，但是，它能提供普遍的公共服务；教育的私营化可能带来经营效率的提高，但是，却可能导致教育质量的下降和普通人上不起学。因此，有坏的公共企业，并不能证明其全盘私有化就是正确的，就像有坏的私营企业也不意味着就要将它们全部国有化一样，对两者加以改善更有意义②。所以，我们在选择公共产品与服务提供形式时，应该考虑政府效率问题，但是，不能先入为主地认为政府效率低下，而应当从多重目标的协调把握这一标准。

其二是地方政府的负担能力。提供方式的选择还受到成本负担能力的制约。成本负担能力的大小取决于政府和私人各自所掌握的财力。政府和私人掌握的财力又取决于经济发展水平和分配格局。经济发展水平越高，社会产品越丰富，可供政府支配的财力就越大，相应的政府负担能力也就越强；而当财力分配向国家倾斜时，公共负担能力上升。所以，当经济发展水平较低或财力分配比较分散时，市场提供成为一种主要选择，可以更多采取私有私营、政府管制或者私有私营、政府补贴方式；当经济发展水平较高或财力分配比较集中时，政府提供就成为一种主要选择，政府可以采取国有私营或国有公营方式，也可以采取私有私营、政府管制或者私有私营、政府补贴，此时，公共产品与服务提供与生产方式呈现多样化的趋势。

3. 公私合作方式的分类

同一公共产品与服务领域可以单独采用某一种投资与经营形式，也可以混合

① 托马斯·玻切丁等："比较公私企业的生产效率：来自五国的证据"，《经济学杂志》增刊2，及埃瑞克·罗尔："公有制和私有制的绩效比较"，引自：休·史卓顿、莱昂内尔·奥查德：《公共产品、公共企业和公共选择》，经济科学出版社2000年版，第101页。

② 托马斯·玻切丁等："比较公私企业的生产效率：来自五国的证据"，《经济学杂志》增刊2，及埃瑞克·罗尔："公有制和私有制的绩效比较"，引自：休·史卓顿、莱昂内尔·奥查德：《公共产品、公共企业和公共选择》，经济科学出版社2000年版，第105～107页。

运用多种形式。同一公共产品与服务领域往往由彼此独立而又相互联系的一系列活动所组成，不同活动又可以通过不同方式来提供。萨瓦斯在《民营化与公私部门的伙伴关系》一书中提出了公共服务提供的十种具体形式。我们从中选择主要的七种方式，探讨不同投资形式对不同公共产品与服务领域的适用性。这七种方式分别是：政府服务——由政府投资与经营；承包与采购——政府是出资者，付费给民营化的生产者；特许经营——政府将垄断性的特权交给某一私营企业；补助——政府通过资金、免税、贷款担保等形式对生产者进行补贴；凭单——围绕特定产品而对特定消费者群体实施的补贴；自由市场——投资者与生产者都是私人；志愿服务——志愿团体提供公共服务。

从表5－3可以看到，同一公共产品与服务领域适用多种投资与经营形式，它可以接受从政府服务、政府采购到自由市场和志愿服务的所有形式。不同产品与服务的特性、同一产品与服务不同环节的特性的不同，以及不同投资与经营形式自身特性不同，决定了相关公共产品与服务领域投资和经营方式的适当选择。

表5－3　　　　公共产品与服务提供的制度安排

	水务	学校	卫生	住房	养老
政府服务	国有水厂	公立中小学	卫生防疫站	公共住房管理	公办福利院
政府购买	污水管网实行政府购买服务模式	政府雇用学校进行职业培训	政府雇用医院对灾区进行医疗援助	雇用企业修理和粉刷房屋	政府向养老机构购买床位
特许经营	私人投资或运营污水处理厂，若干年后交给政府	学校公寓、食堂由私人投资运营，若干年后交还学校	将公立医院的商标、设施、规范流程等通过授权的方式，让民营医院使用	私人建成公租房，拥有经营权，通过收取房租获取收益	政府提供土地，开发商建设运营，然后交还政府
补助	对低收入家庭予以财政补贴	私立学校因接收学生而接受政府补助	政府对非营利医院进行资金补助	对私人企业承建廉租房进行补助	向特定或非特定人群发放养护补助
凭单		对特定消费者群体发放教育券	医疗卡允许持有者在任何地方就医	向低收入房客发放凭单	向80岁以上老人发放老人券

续表

	水务	学校	卫生	住房	养老
自由市场	私人自来水公司	私立学校	私立医院	一般私人住房	私人养老机构
志愿服务		慈善机构或社会兴办的学校	非营利性医院	住房合作社	宗教和社区组织举办老年公寓

二、城镇基础设施公私合作

1. 国际经验

(1) 澳大利亚阿德莱德水务项目

澳大利亚阿德莱德地区是世界上最干旱的地区之一，该地区 85% 的供水依赖于连接墨累河的管道系统，由于水源危机，确保长期的供水是当地政府面临的主要问题。当地政府从 20 世纪 90 年代开始尝试采用 PPP 模式开展阿德莱德水务项目，对当地的水务设施进行管理、运营和维护①。

1995 年，泰晤士水务公司和 Kinhill 组成的联合水务公司于当年 10 月中标。联合水务公司与原运营公司——南澳大利亚水务公司签订项目合同，约定了联合水务公司的主要职责是水务及污水处理相关的全部工厂、水网和污水管网的管理、运营和维护，以及基建工程项目的管理和交付、资产管理计划的实施、应急计划的制定和环境的管理等。而南澳大利亚水务公司负责获取收入、管理客户关系、管理集水区与制定服务标准。南澳大利亚水务公司对基础设施拥有所有权，并控制资本支出。

项目管理主要分为资产管理、基建工程管理和环境管理三个方面。在资产管理方面，合同规定，联合水务公司须提供详细的资产管理计划，并由南澳大利亚水务

① 孟春等："澳阿德莱德运用 PPP 模式加强水务建设"，《中国经济时报》，2014 年 9 月 11 日。

公司审议。审议的重点是确保收支平衡，对所有资产状况及可用性进行定期检查。资产管理计划由联合水务与南澳大利亚水务公司协商制定，包含 1 年期、5 年期和 25 年期，最后由南澳大利亚水务公司验证计划的可行性并对其进行调整。

在基建工程管理方面，联合水务公司负责设施的管理、运营和维护，南澳大利亚水务公司拥有资金分配的决策权和批准权。联合水务公司按照南澳大利亚水务公司批准的资本计划管理该项目，在其与南澳大利亚水务公司协商后起草设计、招标文件以及相应的基建工程合同，并在合同签订后，负责确保项目按时按预算完成。

阿德莱德水务项目得到当地政府的大力支持，在相关设备、基础建设准备充分的情况下，联合水务公司从技术层面以及人力资源管理层面对项目的良好运行给予保障。在技术研发上，联合水务公司通过其母公司在阿德莱德设立了研发中心，并在项目初期就与多所大学及研究机构展开合作，进行了一系列研究，包括过滤器的优化、膜处理技术的提高等。此外，联合水务公司还设计并建造了玻利瓦尔的溶气气浮和过滤设备厂，该厂为北阿德莱德提供污水循环再利用设施。

在经济效益方面，该项目为南澳大利亚水务公司节约了近 2 亿美金的成本，为南部澳大利亚增加了 7.2 亿美元的出口（超过了合同规定的 6.3 亿美元的目标）。另外，由于采用工程采购与建设管理（EPCM）方法进行工程建设，为国家节约了近 4300 万美元资金。在社会环境效益方面，该项目引入了第三方质量控制体系和环境管理体系，建立了世界级的研发中心，改进了污水处理技术。此外，项目还开发了计算机程序以优化污水处理厂的运行，并对运营中心进行了重组优化，以提供更有效率的电话咨询和紧急事务处理服务。

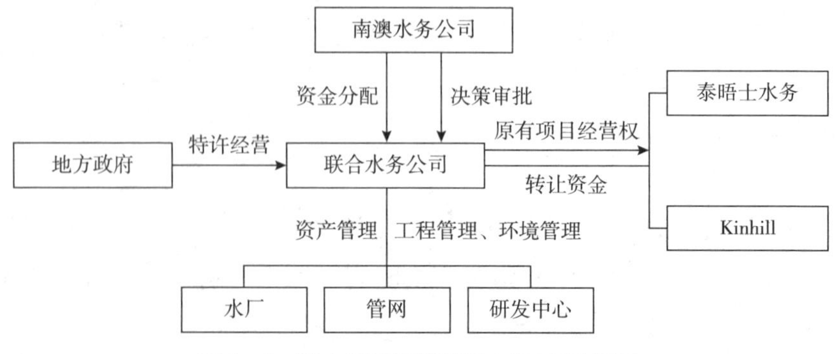

图 5－1　澳大利亚阿德莱德水务 TOT 项目

（2）英法海底隧道工程

英法海底隧道是一条连接英法两国的海底铁路隧道，又称英吉利海峡隧道或欧洲隧道，横跨英吉利海峡，总长50千米，其中海底部分39千米，仅次于日本青函隧道，为世界第二大海底隧道。英法海底隧道工程在19世纪初由法国工程师提出，在19世纪70年代由英法两国开始建设，但因英国公众担心国防安全而终止。20世纪60年代，两国在和平时期又开始建设此隧道，但工程却又因财政问题而搁置。20世纪80年代，两国政府通过采用私人资本建设大型基础设施等管理创新，成功建成隧道并成功运行。自1986年2月12日英法两国政府签订坎特布利条约批准建设起，整个工程历时8年多，是世界上规模最大的利用私人资本建造的工程项目。

英法海底隧道项目公司是欧洲隧道公司，它由英国的海峡隧道工程集团（一个由英国银行和承包商组成的财团）和法国的法兰西—曼彻公司（一个由法国银行和承包商组合的财团）联合组成。在特许权协议中，政府对项目公司提出了三项要求：①政府不对贷款作担保。②本项目由私人投资，用项目建成后的收入来支付项目公司的费用和债务。③项目公司必须持有20%的股票。项目资金来源依靠股票和贷款筹集，其中股票20亿美元，在1986～1989年间分四次发行。贷款为83亿美元，由209家国际商业银行提供。政府允许项目公司自由确定通行费，其收入的一半是通过与国家铁路部门签订的铁路协议产生的，用隧道把伦敦与欧洲的高速铁路网相连接。其他收入来自通过隧道运载商业机动车辆的高速火车收费。政府保证，不允许在30年内建设第二个跨越海峡的连接通道。

英法海峡隧道建设和运营过程中遭遇了一系列的风险[①]。①运营时间延迟。最初规定的货运和客运服务正式开通的时间是1993年5月，但是，由于几项关键项目延误，正式开通时间延迟了一年，项目运营延迟使得现金流入延迟，带来了巨大的财务负担。②实际收入偏低。欧洲隧道公司的预期运营收入主要来自于

① “BOT案例：英法海峡隧道”，http：//blog. sina. com. cn/s/blog。

穿梭列收费、铁路使用费和其他副业收入。尽管两国政府许诺不兴建第二条固定的海峡通道，但是轮渡和航空公司大幅度消减票价引发了一场价格大战，迫使欧洲隧道公司降低票价。③总成本增长。项目初始计划成本是48亿英镑，最后实际成本大约是105亿英镑。其中，施工成本比预期增加了近65%。建设成本超支、运营延期、实际现金流偏低等因素都严重影响项目的整体收益。

英法两国政府在海峡隧道项目前期的推动起着至关重要的作用。在特许权协议中，两国政府承诺2020年之前不兴建第二条竞争性的固定海峡通道，给予项目公司自主定价的权利。但是也明确表示不提供担保，在项目的建设和运营过程中，两国政府缺少了足够的监督管理和必要的支持。在英法海峡隧道正式开通之后，有实质性竞争关系的轮渡、航空公司打起了价格战，迫使欧洲隧道公司大幅降低票价。两国政府在此问题上，没有提供足够的支持。另一方面，两国政府在项目前期并没有对方案进行足够的调查分析，在建设期间要求增加安全管理和环保措施导致施工成本增加和工期延迟，在施工结束后又延迟发放欧洲隧道公司的营运许可证书，使得项目正式开通一拖再拖，项目现金流进一步恶化。在项目公司的索赔要求下，两国政府最终将特许期由55年延长至99年，但是项目公司在运营的前十几年背负着巨大的财务压力，苦苦经营，以至于2006年不得不申请破产保护。

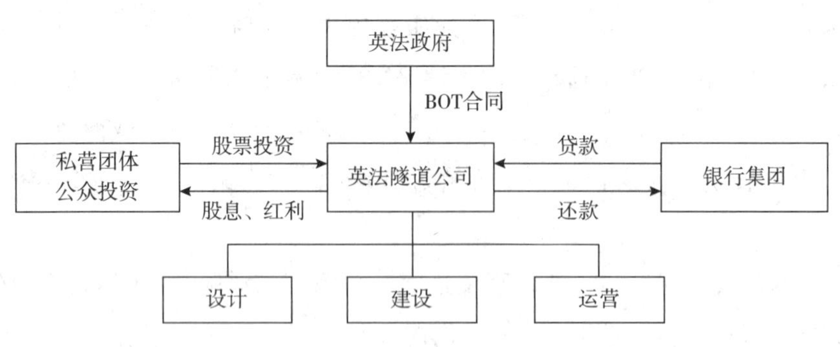

图5-2 英法隧道工程BOT模式

(3) 印度大博电厂BOT项目

20世纪90年代初，亚洲各国兴起了利用项目融资方式，吸引外资投资于基础设施的浪潮。受这些成功案例的影响，基于国内电力市场供需情况，印度政府批准了一系列利用外资的重大能源项目，大博电厂正是在这样的背景下开始运作的。大博电厂项目由安然公司安排筹划，由全球著名的工程承包商柏克德（Bechtel）承建，并由通用电气公司（GE）提供设备。电厂所在地是拥有印度最大的城市孟买的马哈拉斯特拉邦，是印度经济最发达的地区。投资者、承包商以及项目所在地的经济实力均是最强的，项目的前景让不少人看好。

与常见的项目融资的做法一样，安然公司为大博电厂设立了独立的项目公司。该项目公司与马邦电力局签订了售电协议，安排了比较完善的融资、担保、工程承包等合同。在项目最为关键的政府特许售电协议中，规定大博电厂建成后所发的电由马邦电力局购买，并规定了最低的购电量以保证电厂的正常运行。该售电协议除了常规的电费收支财务安排和保证外，还包括马邦政府对其提供的担保，并由印度政府对马邦政府提供的担保进行反担保。

售电协议规定，电价全部以美元结算，这样一来所有的汇率风险都转移到了马邦电力局和印度政府身上。协议中的电价计算公式遵循这样一个基本原则，即成本加分红电价。即在一定条件下，电价将按照发电成本进行调整，并确保投资者的利润回报。这一定价原则使项目公司所面临的市场风险减至最小。我们可以将售电协议理解为印度政府为其提供的一种优惠，但正是这一售电协议使得马邦电力局和印度政府不堪重负，随之产生的信用风险导致了该项目最终以失败告终。

从合同条款来看，可以说对项目公司而言是非常有利的，合同中的点点滴滴充分反映了协议各方把项目做好的意愿。然而，正当项目大张旗鼓地开始建设时，亚洲金融危机爆发了。危机很快波及到印度，卢比对美元迅速贬值 40% 以上。危机给印度经济带来了很大的冲击，该项目的进程也不可避免地受到了影响。直到 1999 年，一期工程才得以投入运营，而二期工程到目前才接近完成。工程的延期大大增加了大博电厂的建设费用，因建设风险而导致的成本上升使大博电厂的上网电价大幅度提高。

对印度经济发展的乐观预期使马邦电力局和大博电厂签订了购电协议，但金融危机造成的卢比贬值使马邦电力局不得不用接近两倍于其他来源的电价来购买大博电厂的电力①。2000 年，世界能源价格上涨时，这一差价上升到近 4 倍。到 2000 年 11 月，马邦电力局已濒临破产，因而不得不开始拒付大博电厂的电费。根据协议，先是马邦政府继而印度联邦政府临时拨付了部分款项，兑现了所提供的担保与反担保。然而它们却无法承担继续兑现其承诺所需的巨额资金，因而不得不拒绝继续拨款。至此，该项目运营中的信用风险全面爆发。

如果没有亚洲金融危机，如果印度国内经济运行良好，在这样的一种风险分配结构下，大博电厂项目也有可能运营成功。但经济活动不允许有太多的如果，一个成功的项目，在项目初期就应该考虑到可能出现的种种问题，并据以设计出合理的风险分配方案。对于印度政府而言，部分是因为缺乏经验，部分原因是为了尽快促进项目的开展，有关项目的可行性研究、项目成本分析、产品市场、资金回收、风险分配问题都未予以认真考虑。本意为吸引外资的优惠待遇，其结果却导致了政府的失信。大博电厂纠纷的直接效应就是，目前几乎所有的印度境内的独立发电厂都陷于停顿，印度吸引外资的努力也因此受到沉重打击。

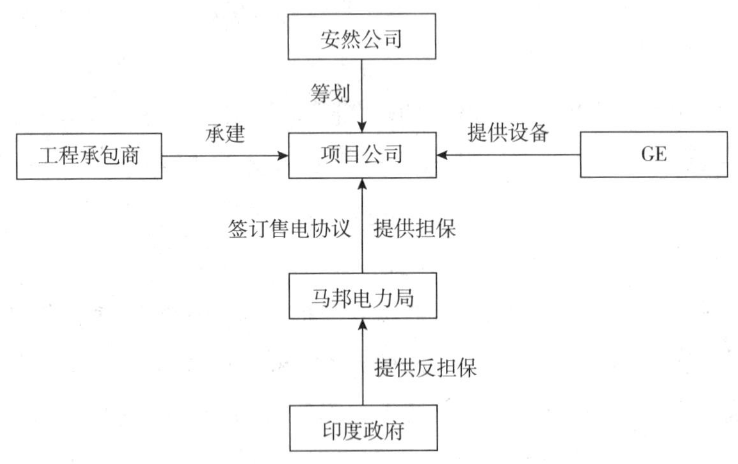

图 5－3 印度大博电厂 BOT 模式

---

① 严兵、阮南：“信用风险：BOT 项目融资成败的关键——国内外电力行业项目融资案例分析”，《国际经济合作》，2003 年第 1 期。

2. 国内经验

(1) 北京地铁4号线PPP模式

2005年2月7日，北京市政府与香港地铁公司、北京首都创业集团共同签署了北京地铁4号线PPP项目的《特许经营协议》，由社会投资方香港地铁公司、北京首都创业集团与北京市政府出资的基础设施投资有限公司合作共同成立特许经营公司，参与北京地铁4号线的融资、建设和运营过程①。该特许经营公司的总投资约为46亿元人民币，注册资本约为15亿元人民币，其中香港地铁有限公司和北京首都创业集团有限公司占绝大部分比重，各占总资本的49%，北京市基础设施投资有限公司占2%，约2/3的资金来源于无追索权银行贷款。

北京地铁4号线的特许经营期为30年，项目总投资约153亿元人民币，根据协议，其中70%约107亿元由北京市政府出资，用于征地拆迁和土建工程等方面的建设，其余30%约46亿元由特许经营公司出资，用于车辆、信号、自动售检票系统等机电设备的建设，并在特许经营期内的30年里负责4号线的日常运营、管理、维护和更新。建设期内市政府有权监督特许经营公司是否按时按质完成建设，同时，由于地铁是公共设施，如果发生涉及公共安全的紧急事件，市政府必须介入以保护人民和公共财产的利益。

当地铁建成后，特许经营公司与北京地铁4号线投资有限公司签订资产租赁协议，获得由北京市政府出资建设的地铁部分的使用权。在30年的特许经营期内，特许经营公司的收益主要是票款收入和站内商业经营等其他收入，其中地铁票价仍由北京市政府统一制定，若票价低于特许经营公司指定盈利票价，市政府会补贴差价。当特许经营期期满时，特许经营公司必须将整个北京地铁4号线完好、无偿地转交给北京市政府。在特许经营期内，特许经营权不允许转让，如果特许经营公司发生严重违反相关法律法规和特许经营协议的情况，北京市政府有

---

① 赵先立、李子君：《地铁经济中的公私合作——北京地铁4号线项目的运营、经验和意义》，《城市观察》，2012年第5期。

权采取相应的措施。

在北京地铁4号线的公私合营模式中，政府投资与社会投资的比例明确。4号线公益性部分和盈利性部分的划分比例被确定为7∶3。整个项目投资中30%由社会投资完成，采用公私合作方式解决项目融资问题，剩余70%投资仍由政府财力解决。政府投资与社会投资比例的确定，体现了公私合作模式中各方的平等与公平。在项目初期，政府只向特许公司免收或者收取少量象征意义的租金，促进项目尽快成熟。项目成熟期，如果实际客流超出预测客流一定比例，政府投资方将适当提高租金，收回政府投资，避免特许公司利用公共财产产生超额利润。

北京地铁14号线采取了与4号线大致相同的PPP模式，但在具体操作方法上，地铁14号线有了一定改进。4号线对B部分投资超支和节约由企业承担，而14号线在投资控制中采取了“多退少补”机制，依照工程竣工后的审计结果与目标引资额的差额计算。从而有利于引导社会投资者对项目足额投资，重视工程质量。由于客流预测受多种因素影响，政企双方都面临预测准确性风险。因此，14号线委托第三方机构共同完成客流预测工作，设置客流变化风险分担方式，如果客流低于预期，风险由政府承担，保证企业基本收益；如果出现高客流，设置了超额客流票款收入分成机制（见图5－4）。

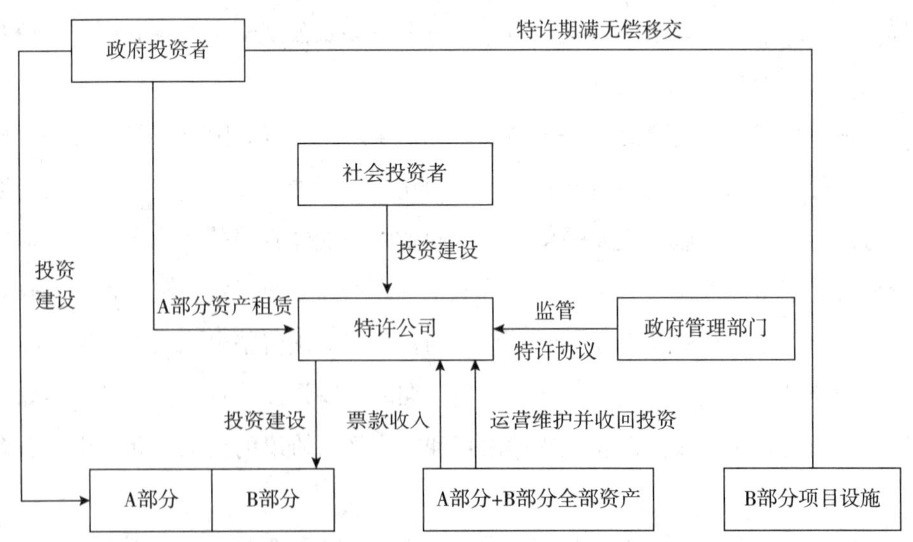

图5－4　北京地铁4号线项目运作模式图

(2) 汇津污水处理厂 TOT 模式

2000 年 3 月，长春市排水公司与香港汇津污水处理有限公司签署《合作企业合同》，约定排水公司将长春市北郊污水处理设施的在建工程和项目所需的全部土地使用权以 5000 万人民币作为出资，汇津公司以 2.7 亿元人民币投资建立并经营中外合作企业——汇津中国（长春）污水处理有限公司。长春公司注册资本为 32 亿元人民币，其中排水公司占 15.6%，外方公司占 84.4%。

2000 年 7 月，长春市政府专门为该项目制定了《长春汇津污水处理专营管理办法》。该办法规定，长春公司负责对汇津污水处理进行专项经营，经营期为 21 年。汇津污水处理设施由排水公司负责建设。建成后的汇津污水处理设施移交给长春公司经营。长春公司经营期满解散并依法处理债权、债务后，汇津公司在长春公司的资产应当无偿转让给排水公司。排水公司应当履行合作合同中规定的支付污水处理费、提供污水等全部义务。

2000 年底，该项目正常投入运行。2002 年年中，市排水公司开始拖欠合作公司污水处理费，并在 2003 年 3 月起全面停止支付。截至 2003 年 10 月底，累计欠费高达 9700 多万元。在经过多次调解未果后，外方公司于 2003 年 8 月向法院提起行政诉讼，要求长春市人民政府纠正其违法行政行为。长春市人民政府认为：外方公司与市排水公司签订的《合作经营合同书》所订立的权利义务不平等，而且具有大量保底和固定回报条款，违背风险共担、利益共享原则。

2003 年 12 月 24 日，长春市中级人民法院驳回原告的诉讼请求。原告不服，2004 年 2 月 26 日，长春汇津北郊污水处理厂正式停产，39 万吨/日污水直排入松花江，形成当时非常轰动的“汇津事件”。经多方协商，北郊污水处理厂于 2004 年 5 月 1 日恢复生产运行。而经过近两年的法律纠纷，案件最后以长春市政府以 2.8 亿人民币回购外方股份分三次支付而告终[①]。

80 年代末 90 年代初，我国城市化发展很快，城市政府无力支付巨额基础建设的资金，纷纷引入外国投资者。在合作项目中，政府承诺固定价格和固定比率

① 张庆才：“汇津事件三问政府”，http：//www. sina. com. cn，2005 年 12 月 22 日。

的购买量、固定价格的原料或燃料供应量，以使投资人取得较为固定的投资回报率的约定比较常见。但是，早在 1995 年，外经贸部、建设部等部门法规都已经对涉及“固定回报”的问题作出了禁止性规定。汇津污水处理项目能够通过各级政府部门的审批备案，一方面表明政府主管部门的监管不力，另一方面表明地方政府在招商引资过程中的违规作法。

政府制定和撤销、废止行政规章或调整具体行政行为是政府的法定职权。特别是当市政府发现自己制定的规章与国家法律、法规不一致时，出于国家法制统一和公共利益的需要，可以废止已经生效的规章和其他规范性文件。但是，废止文件不单是政府一家的事情，而是涉及方方面面的利益，即使确属需要废止的违法不当文件，也要经过正当程序，依法补偿相关利益遭受损失的投资商，而不能置投资人的合理期待与利益于不顾，随意废止自己制定发布的文件，更不能未经对方同意，单方面撕毁合作合同。

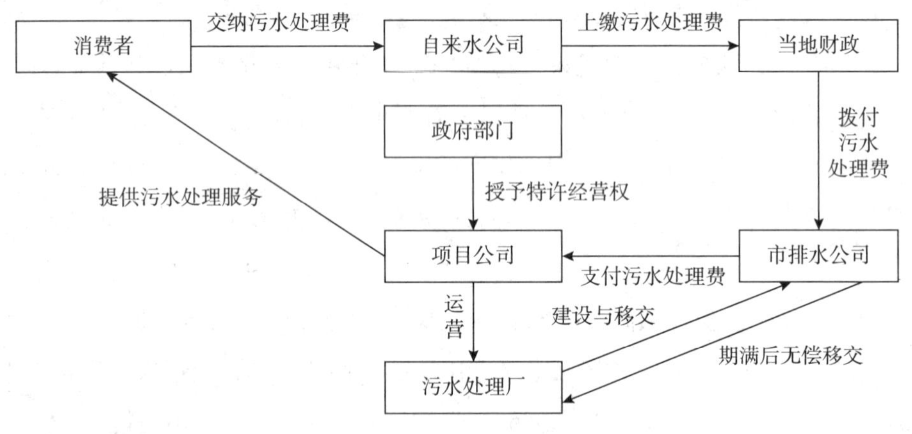

图 5－5　汇津污水处理 TOT 模式图

（3）泉州刺桐大桥 BOT 模式

泉州市境内横跨晋江的刺桐大桥，是福建省特大型公路桥梁之一，也是国内最早引入本土民营资本，采用 BOT 方式建设的路桥项目。20 世纪 90 年代初期，福建省泉州市只有一座跨越晋江的大桥——泉州大桥，为缓解交通压力，1994 年初，泉州市决定再建一座跨江大桥。由于泉州市政府财力十分有限，因而决定对外招商。1994 年，由泉州市 15 家民企参股组成的名流公司出资 60%，政府资金占 40%，组建“刺桐大桥投资开发有限公司”，全权负责大桥建设，经营期限 30 年（包括建设期），期满后无偿移交给政府。

该桥于 1997 年 1 月 1 日大桥正式投入运营，比规定的 3 年工期节省了近一半的时间，工程质量达到全优。刺桐大桥建成后，迅速成为连接泉州晋江、石狮和鲤城三大经济中心干线公路网的枢纽，并在分流国道 324 线的过境车辆、改善晋江南北岸交通、促进晋江南岸的开发中，发挥了重要的作用。刺桐大桥自 1997 年通车以来，车流量迅速上升，不仅取得良好的社会效益，而且经济效益也曾经出现高峰期。车辆通行收入由 1997 年的 2371 万元增至 2006 年的 8100 万元。

刺桐大桥的建设，实现了以较小量国有资金引导较大量民营企业资金投资于原认为只能由政府兴办的基础设施建设，成为以内地民营资本为主的 BOT 投资模式的国内首例，开创我国本土民营经济主体为主组建特殊项目公司（SPV）投资基础设施项目建设的先河。其采用的以刺桐大桥特许经营权质押贷款和按揭式还本付息的模式，为我国长期受困的大型基础设施建设融资提供了良好的示范和借鉴。《人民日报》称赞“刺桐大桥不仅是一座解决塞车、过桥困难的物质的桥，而且是一座探索、改革的桥，它的意义远远超出了造桥者的想象”。

但是，由于法律、契约层面的缺陷，缺乏关于法律制度规范，也增加了民营资本企业的交易成本和运作困难。名流公司曾向政府申请大桥周围的土地开发权，但在政府看来，契约仅限于刺桐大桥的建设和运营，并没有涉及土地开发。自此政府和民企的关系开始出现裂痕。之后，泉州政府又用名流公司创新的融资方式，自己修建了后渚大桥、晋江大桥等大桥；随着国务院大力提倡民生项目惠普工程，政府修建的大桥一律实行免费。这些新建设的大桥对刺桐大桥来说，逐渐形成了竞争，分流了车流量，2013 年，刺桐大桥的通车费用降至 4200 万元①。

刺桐大桥项目长期存在的问题，给大力推进 PPP 模式的政府敲响了警钟。PPP 的核心——项目后期运营中如何实现公私合作开始成为关注的焦点。目前，该项目已经运营了 17 年，按照合同还需要经营 13 年，由于交通部《收费公路管

① “内地首个 PPP 项目调查：刺桐大桥‘刺痛’了谁?”，http：//www. nbd. com. cn。

理条例》规定经营公路收费年限不得超过25年，因此，该项目运营年限实则还有8年。对于这种变化，名流公司提出两个要求和一个建议：要求一是缩短收费年限应当给出相应的补偿，二是该项目收费标准17年来从没有调整，希望收费标准根据当前物价做适当调整；一个建议是最好地方政府提前回购，民企方面以可接受的价格退出。

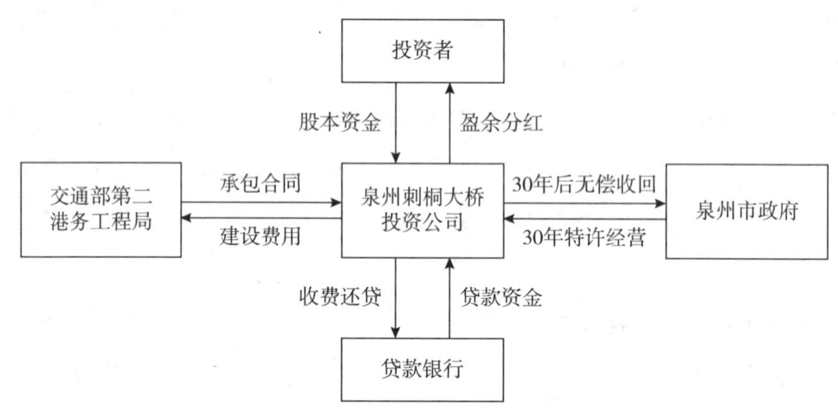

图5－6 泉州刺桐大桥BOT模式

（4）法国威立雅POT模式

2002年，威立雅在上海浦东拿到了中国授予外方完整服务内容的首份公有服务授权经营合同，投入2.66亿欧元购得浦东自来水公司50%的股权，组建了合资公司“上海浦东威望迪水务公司”。此后的2003年和2004年，威立雅在中国拿下了至少8个水务项目，其中北京卢沟桥和青岛项目都是奥运项目的一部分，此外还有深圳、呼和浩特的城市供水项目和上海米其林轮胎园区的污水处理项目等。法国威立雅水务与地方政府的公私合作方式是POT（Purchase－Operate－Transfer）模式，即购买—经营—转让，政府出售已建成的、基本完好的基础设施并授予特许经营权，由投资者购买基础设施项目的股权和特许经营权，在一定的期限里经营管理，约定期限届满后，再移交给政府。

兰州威立雅水务集团公司是兰州市唯一的供水企业，前身是兰州供水集团。2007年1月29日，威立雅水务集团与兰州供水集团签约，以17.1亿人民币高价获得兰州供水45%股权。在合资之前，兰州供水集团净资产共9.5亿元，威立雅出资17.1亿元购买了其中3.5亿的股权，击败了其他两个竞争对手顺利中标。项目签约后，6亿元国有股收购款被兰州市政府拿走，并未留在合资公司用于发展供水服务，这对于合资公司未来的经营极为不利①。由此可见，当时兰州市政府市场化的最大的初衷是为了解决资金短缺的问题。在市场准入竞争阶段，这样的决策是不到位的，未能从多目标来综合考虑市场化的意义，过分强调项目合作的融资效益，这为未来的供水安全埋下了隐患。

本土水务企业多年来一直在呼吁通过市场化方式解决水产业的改革。但是，溢价所得实质上是政府用其他资产、收益或者承诺换来的，隐患可能会在数十年后才显现出来。供水服务项目到期后，政府很可能必须以市场价值回购资产，而不是无偿受让或以残值回购②。高溢价为未来水价的调整埋下了伏笔，在合资后的第二年，兰州威立雅立即提出目前水价低于供水成本，申请水价上浮49%。虽然涨价申请遭到市民激烈反对，但是，从威立雅公司与兰州市国资委签下合同的那一刻起，水价上调已经成为这个城市的宿命。威立雅在当时的收购合同规定了一个水价上涨的公式，按照这个公式，兰州水价需要随时根据当地物价、收入水平上调，这导致城市居民要在数十年间承受高水价的代价。

2014年4月，兰州威立雅出厂水及自流沟苯含量严重超标，最高时为国家限值的20倍。因为兰州威立雅的自流沟年久失修、超期服役，加之兰州石化历史积存的地下含油污水不断渗入自流沟，对水体造成苯污染，致使局部自来水苯超标。事件逐渐演变为城市供水安全问题，兰州市面上的矿泉水被一抢而空，市民对兰州水安全产生了严重质疑。兰州水污染事件将威立雅发展模式的危害更清楚地暴露出来。按照合同规定，威立雅只拥有45%的股权，却有一票否决权。威立雅方面控制公司的经营大权，长期不增加投资、不提升技术、不更新设备，不按照相关标准对污染隐患进行处理，一门心思谋求利润最大化；中方虽是大股东，但是，却没有任何发言权，无法约束企业行为，维护公众利益。当地政府的

① 王金龙："兰州水污染事件周年考：业内质疑官方偏袒威立雅"，《中国经营报》，2015年4月4日.

② 王小炆："从兰州水污染事件看公用事业政府监管"，http：//blog. sina. com. cn/s/blog。

不作为，将本应是国计民生的水安全问题完全交给合资公司控制，最终漏洞百出、隐患无穷。威立雅虽然开创了供水的“兰州模式”，但这种不顾及公众利益和社会责任的PPP模式是值得商榷的。

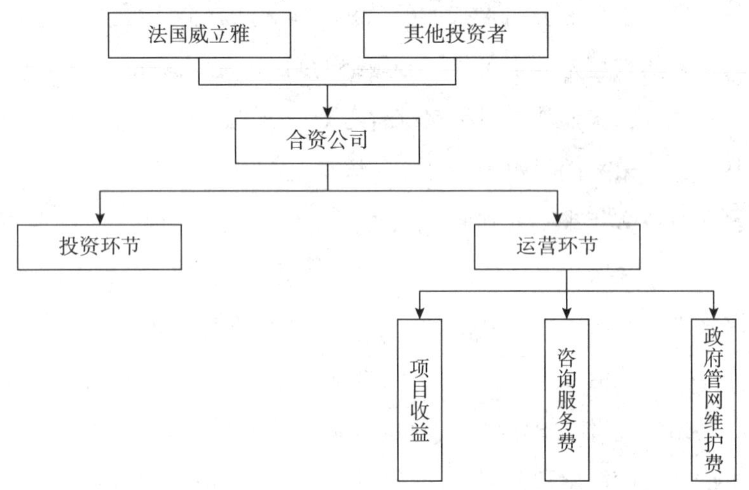

图5－7　法国威立雅POT模式

3. 存在的问题

法律法规体系不完善。目前，我国尚没有关于PPP的统一法律法规。有关公私合作的一些细节问题还没有规范的制度约束。PPP的具体形式各异，其对应的制度规范也应不同，然而当前的规则设置常常搞一刀切，忽视了针对性和具体性。在本不多的已颁布的法律法规中，其内容经常以部门利益主导的政策或规章为依据，法律制度始终处于一种杂乱无章、上位立法不足而下位规章泛滥的境地。主管部门在各自管理范围内做出的规定，大多仅适用于某个行业，缺乏全局性和系统性；有的法规过多重视自身管理的需要，导致部门法规间存在冲突，难以有效衔接。

投资者的利益难以保障。建设部2004年颁布的《市政公用事业特许经营管理办法》中对投资方利益的保护条款极少，导致在PPP的实践活动中，出现问题时，政府及其代表方的违约现象严重，民营或外资企业无法找到合法的、常规的途径去协调纠纷，经营者的合法利益得不到保障。虽然保障公众利益确实应该成为特许经营的根本出发点，但是，对企业利益的漠视，将使企业的权责出现不平衡，使企业的投资风险增加。一方面会打击社会资本对城镇基础设施的投资信心；另一方面也会加大投资的风险成本，而风险成本最终也将通过价格上涨、质量下降转嫁于消费者，最终还是侵犯了公众利益。

政府短期行为比较严重。PPP 不是一次“婚礼”，而是一桩“婚姻”，是一桩需要长期经营的事业。而地方政府普遍存在“甩包袱”的思想，以为只要与私人企业合作了，就可把提供合格产品与服务的责任转移给企业，而急于摆脱政府自身的责任与义务。地方政府只关注公私合作的引资功能，一些地方政府甚至不惜在合作合同中专门以政府文件的形式，给予投资者以保底用量，甚至设定超越其自身履约能力的高固定回报率，从而为日后的合作埋下隐患。与此同时，在如何平衡合作各方的利益关系，如何保护公众利益和外部利益不受损害等方面却考虑不够。

信息劣势导致监管不足。政府对可能产生的各种政治风险、商业风险、法律风险缺乏充分论证，又由于缺乏预设的纠纷解决机制和风险保障机制，导致了特许经营合同本身的不完备性，给未来纠纷产生带来了隐患。政府对企业的技术能力、管理水平、财务状况和诚信水平等信息掌握不准确，致使在公私合作伙伴的选择上出现偏差。政府与民营企业在行业规则、资本运作和工程技术等诸多方面存在信息不对称，特许经营企业掌握经营管理大权，不增加投入、不提升技术、不更新设备的行为往往得不到有效监督制约。

公私合作蜕变为私营垄断。PPP 改革的过程中出现新的垄断问题。一是将某一公共事业领域一揽子移交给私营部门，全部由其运营，将上下游中可竞争环节与垄断环节捆绑出售或转让，限制了可竞争环节市场主体的进入。外资对于城市天然气市场的大规模进入就是如此；二是由于城市基础设施特许经营中，政府合作对象长期局限于某一个企业，其他符合条件的企业难以获得公平的竞争机会。把垄断部门简单地从公共部门转向私营部门丝毫不能刺激竞争，特许权获得者在利益驱动下将限制竞争，实行价格垄断，损害消费者利益，进而侵害公共利益。

4. 对策建议

积极稳妥地推进PPP。PPP对我国的新型城镇化发展具有重大意义，发展空间仍然较大，但也不能过分夸大PPP的作用。并非所有的项目都适用于PPP，即使在PPP应用最为成熟的英国，采用PPP模式的项目投资也只有公共项目的20%。公共产品属性显著、外部性较强、再分配效应明显的基本公共服务项目不宜采取特许经营等方式。就一个城市来讲，需要综合考虑采取PPP模式是否真正物有所值，政府中长期财力承受能力如何，以及项目对提升公共服务效率的作用，把握好PPP实施节奏，不能一哄而上。

完善投资回报机制。社会资本参与公共投资并不是为了公益目的，资本逐利的特性并没有改变。因此，建立PPP项目长期稳定与合理的回报机制十分重要。对于地铁、供水、垃圾处理等项目而言，经营初期主要表现为服务量的不足，需要相应的财政补偿，即如果实际服务量低于预期服务量，政府要向特许经营公司进行补偿。对于这些项目来讲，初期确定的服务价格如果多年不变，企业肯定要亏损。因此要针对运营过程所涉及的成本等因素的变化进行调整，使得企业在情况变化时仍能获得预计的经济利益。当然，若私人部门从PPP项目中获得了超额利润，政府则应根据合同控制其利润水平。

强化政府监管职责。公共服务不同于普通商品，其服务与公共安全和民众生活息息相关，一个小疏漏就可能引发重大事故。政府的公共责任与监管职责不能缺位。单凭政府部门的事后监管远远不够，应在不影响企业正常经营的前提下实现过程监管。在危及或可能危及公共利益、公共安全等紧急情况下，政府可临时接管项目，企业若有法律、法规禁止的其他行为，还应依法取消其特许经营权。可委托中介机构开展建设全过程、运营收支全过程的跟踪审计，加强绩效考评。提高民众的参与度，建立有效的外部监督机制。

合作双方要诚实守信。社会投资者不能以自身拥有的垄断地位和信息优势，降低服务质量，夸大经营成本，抬高服务价格，损害公众利益。公共部门也不能利用管理者的优势，获取强势谈判地位，更不能人为挤压社会投资者的合理收益。合作的基础是诚信，社会投资者要守信自律，政府也要兑现承诺。由于公私合作期限可能长达10~20年，总会有合同没有约定、难以预测的事件发生，此时公私双方应坐下来好好谈判，在兼顾各方利益诉求的基础上，按照协议确定的基本原则进行协商解决，协调解决的结果通过签订补充协议予以明确。

充分有效利用公共资源。在政府缺少资金对PPP项目进行补助的情况下，应充分利用公共资源，特别是土地资源吸引社会资本进入公共领域。目前，铁路建设已经可以采取“以地养路”新模式，即扣除站场用地后，同一铁路建设项目的综合开发用地总量按一定规模控制，铁路建设项目配套安排的土地综合开发所需新增建设用地指标，由国土资源部计划单列。建议将这种“公益性项目+经营性物业”综合用地模式扩展到城市道路、水利、教育、医疗、养老、文化、体育等项目建设中，从而为地方政府与社会资本合作建设公益性项目创造可能的条件。

增强公开性和透明度。公用事业公私合作制度的服务对象是社会公众，所以公众对于公用产品的需求变化必须得到快速有效的反应。为此，要建立社情民意收集制度、信访制度、听证制度等。在公用事业公私合作规则确立程序上，应突出民主性、公正性、公开性和科学性。建立公众参与监督管理的制度与机制，加强公众参与和监督力度。成立由政府有关部门、公共产品规制机构、消费者、媒体等多方代表组成的“公共产品监督委员会”，定期对PPP项目公司的服务质量、运行情况等进行监督。规范价格调整听证会制度等。

三、教育的公私合作

1. 国外经验

（1）学校基础设施

学校基础设施PPP具体实施有英国的私人融资计划（PFI）、澳大利亚新南威尔士州的新学校项目（NSP）等[①]。

①英国的私人融资计划（PFI）。

在学校基础设施 PFI 计划中，私人部门根据与政府的合约，负责教学楼、宿舍或整所学校的基础设施的融资、投资和建设。合约一般长达 30 年，不同项目合约差异较大。

在英国最为常用的合约模式中，私营合作者（通常为一个公司财团）根据当局和学校计划书的规定，承担设施提供和长期经营任务。在规定的合约期内，私营合作者可以根据绩效表现获得公共财政定期的付费。所获费用与私营合作方完成业绩目标挂钩，业绩目标未完成则可能导致支付额度的降低。合约期满后，私营合作方将设施转交给政府。

随着 20 世纪 90 年代末以来很多项目计划的引入，PFI 在教育部门的运用获得了显著的成效。到 2008 年，英国 PFI 所吸引的教育投资达 116 亿美元。根据英国财政部的研究，教育领域的 PFI 项目在所调查的 PFI 项目的平均水平之上，有 88% 的项目都能准时交付使用。

②澳大利亚新南威尔士的新学校项目（NSP）。

NSP 由澳大利亚新南威尔士州政府经过竞争招标程序选定的 Axiom 教育集团承担。该集团包含投资银行、商业建设公司、财产公司和设施设备管理公司。作为澳大利亚第一个 NSP 计划，其主要包含两大内容：一是私人合作方于 2002 ~ 2005 年间在该州融资、设计和建造 9 所新的公立学校。新学校必须符合或更优于教育和培训部门（DET）的学校设计标准。二是私人部门为学校及设施设备提供保洁、维护、修理等相关服务至 2032 年底合同结束时。在此合约运作期间，教育和培训部参照私人合作者的绩效表现，按时支付其费用作为报酬。最后，在合同期满时，所建设施设备移交公共部门。

对于澳大利亚新南威尔士州的 NSP 项目，研究者通过对传统方式和 PFI 方式的费用指标的比较表明，在 NSP 一期项目中，传统方式的成本指标比 PFI 下的净

---

① 教育 PPP 国际经验主要来源于李飞龙：“公私合作伙伴关系在国外基础教育办学中的应用研究”，福建师范大学 2011 年硕士论文。

成本高出 980 万美元，在二期项目中则高出 4880 万美元。成本节约一定程度上是因为把新建 9 所学校交由同一合约者管理所产生的规模效益，明确清晰的业务提案，竞争性的投标程序以及健全的实施和评估制度。通过基础设施合作模式建造的学校比传统方式平均提前两年投入使用。

③基本模式框架。

学校基础设施 PPP 模式一般有以下共同点：第一，私人部门负责投资学校设施的建设并提供相关的非核心服务（如设施维护）；第二，政府部门保留教育核心服务（如教学）；第三，政府和私人合作者的职责安排受长期限（通常为 25 ~ 30 年）合约的规制，合约具体规定了私人部门必须提供的服务水平；第四，服务合约通常是捆绑式的，私人部门通常同时负责多项职责，如设计、建设、维护；第五，合约款项支付以私人合作方达到预定的业绩标准为前提。

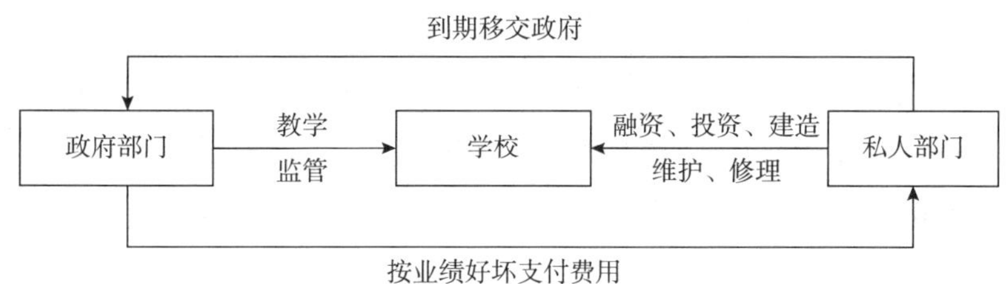

图 5－8　学校基础设施 PPP 模式

（2）教育券制度

教育券具体实施的有智利的普遍教育券改革、美国的政府教育券和私人教育券、哥伦比亚教育券计划等。

①智利的教育券。

20 世纪 80 年代，为提升教育系统的效率，智利开始推行普遍生教育券计划的改革。在该计划下，学生可以自行选择公立学校或私立学校，生均教育经费跟随学生，由政府根据教育券数量拨给学生所选择的学校。这项改革背后的理论基础认为，学生选择会刺激学校竞争，并且可以促使学校直接对家长的选择偏爱做出反应，从而增强地方层面的责任。父母根据学校的业绩表现自行选择学校，而政府则可根据学校表现，对业绩不佳的学校采取针对性措施，促进质量的提升。智利的普遍教育券改革促进了学校市场的发展，产生了2万多所新的私立学校，并且私立学校的入学率从1985年占总入学率的32%上升到2005年的51%。2007~2008年间，智利所有学校中大约有94%接受教育券的拨款。

②美国的教育券。

美国的教育券包括两大类：第一类是政府教育券，是指政府向学生提供的教育券，学生可以用教育券作为上私立学校的费用。布什总统在竞选中支持在全国范围内实施教育券计划，并将这一概念放入了2003年预算。第二类是私人教育券，是指私人机构捐助的向低收入家庭学生提供的教育券，作为上私立学校的费用。在纽约、华盛顿、俄亥俄州的Dayton、得克萨斯州的Edgewood等地有私人教育券项目。最大的是Children' s Scholarship Fund，父母年收入低于22000美元都可以申请，并要求家庭每年出1000美元匹配，作为子女上私立学校的费用。到2001~2002学年，共有近2万学生在威斯康星州Milwaukee、俄亥俄州Cleveland及佛罗里达使用政府教育券。私人教育券项目超过75个，使用私人教育券的学生超过6万人。

③哥伦比亚的教育券。

20世纪90年代，哥伦比亚政府中等教育阶段（6~11年级）开展了“教育券”计划。政府将补贴的学费以教育券的形式分发给家庭经济困难的学生家长，用来支付所选私立学校的学费，缓解了这些学生的学费压力，保障了私立学校的生源，有效地分担了公立学校的负担。该计划于1991年开始制定，一年之后在全国10个最大的城市开展，最初约有18000张教育券发放。到1997年，该计划涉及了全国1/5的城市，近2000多所私立学校，共资助了10万多名学生。哥伦比亚教育券计划从本国的实际情况出发，使贫穷的孩子有机会进入私立学校，同时也在一定程度上促进和保障了私立中等教育的发展。为了使整个计划的实施过程更加清楚、透明，避免官僚、腐败等因素的影响，该计划由一个公共部门即哥伦比亚教育认证及国外培训机构来管理、监督及实施，其主要职责是制定规则，保证实施，如决定每年教育券的最大面值，监督计划内的学生数量和学校的注册情况等。教育券所需经费的80%由中央支付，其余由参与该计划的地方政府资助。

④基本模式。

教育券是政府支付给父母用于子女教育的津贴凭证。通过教育券，家长可以在规定的范围内为子女选择学校并用教育券支付学费，而不是被指定学校分配入学。将私立学校纳入教育凭证制度范围，让私立学校与公立学校一起参与基础教育服务的供给，是基础教育公私合作的创举，它为基础教育引入了新的竞争机制，有利于促进基础教育质量的提升，也给家长选择子女的基础教育提供了更为广阔的空间。在教育凭证制度的实施上，各国根据本国基础教育的实际和拟实现的目的，在方案设计及凭证获取的资格上作不同的规定，以实现诸如改善教育质量、增加总的或某些特殊群体的入学机会等不同的目的。

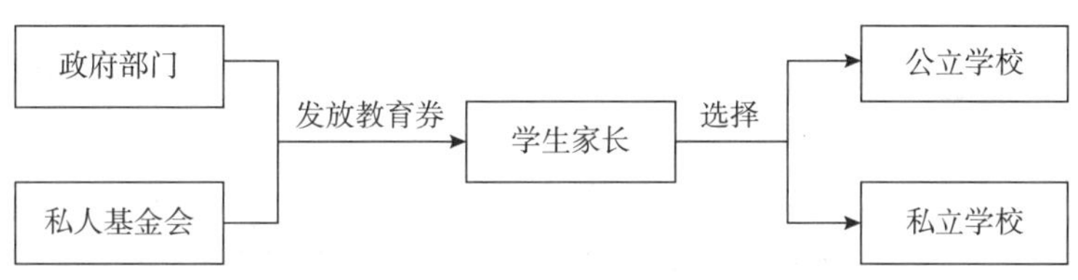

图 5－9　教育券模式

2. 国内经验

从 20 世纪 90 年代中期开始，以“国有民办”、“民办公助”、“公办名校转制”等为特征的教育利用民间资本的改革试验就在我国各地广泛开展。教育机构的办学形式多样化、资金来源广泛化、管理体制灵活化适应了市场经济发展的需要，民间资本逐渐成为我国教育体系中的重要力量。

(1) 国有民办

“国有民办”高校是在公办学校基础上发展起来的按照民办教育机制运作的教育机构，即由公办大学创办或附属于公办大学，以财政拨款之外的社会资源作经费来源，以民办机制运行和管理的二级学院或独立学院。浙江省是我国独立学院的发起之地，从 1999 年第一所民办二级学院在浙江诞生以来，浙江独立学院发展至今已有10余年，从一所试点的国有民办二级学院到22所独立学院，这一办学模式已成为浙江省高等教育的重要组成部分。具有代表性的独立学院包括宁波大学科技学院和温州大学瓯江学院①。“浙江模式”的独立院校的实质就是高校“国有民办”模式，即学校的资产属国家所有，按民办高校的运行机制进行管理，学校按教育成本收取学费，国家不再投入。独立学院共享母体高校的部分师资，并把学费收入的一部分上缴母体，作为土地、校舍、师资等办学资源使用。浙江省独立学院10多年的发展也证明，“浙江模式”独立学院的办学起点高、办学质量好、推进教育资源共享效果好，对公办高等教育支持力度大，能够最大限度地保障受教育者的权益，在实践中具有很强的生命力。

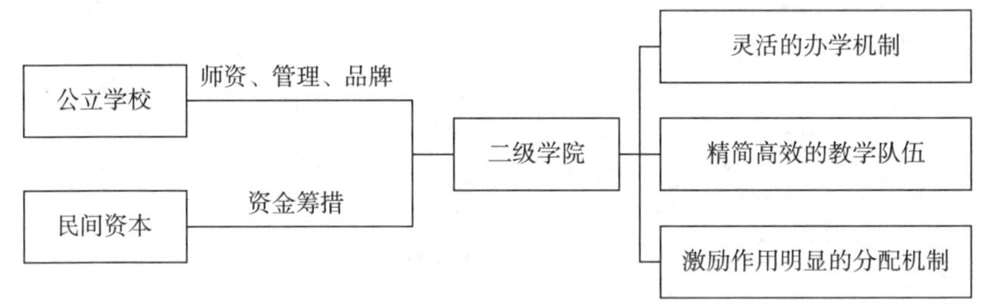

图5-10 国有民办模式

(2) 民办公助

河南周口地区办学体制的创新主要表现在民办公助办学。2001年，周口市颁布了《周口市人民政府关于鼓励社会力量办学加快教育产业发展的意见》。通过广泛吸收江浙两省的社会资金，周口市新建了多所民办学校，这些学校运用灵活的经营管理机制，为当地提供了许多优质教育资源，并逐步形成了多元化办学格局。虽然民办公助在很多地方已经存在且有所发展，但是在学校管理中制约公私合作伙伴关系办学的主要因素是教师的管理和待遇，由于没有较好的师资，许多民办学校发展缓慢。根据周口的政策精神，民办学校办学用地要纳入城乡建设规划，按照公益事业用地优先安排、优先办理；民办学校的教师享有与公办学校

① “独立学院与‘浙江模式’”，《科学时报》，2011年1月5日。

教师相同的权益；对规模较大、生源较多的民办学校，按照学校要求，可以选派部分优秀公办教师和管理人员，工资由财政发放等。周口民办教育的整体繁荣很大程度上归功于政策、财政和师资的支持，从而巧妙地实现了公办教育与民办教育的优势互补。可见，政策支持是推进民办公助模式发展的重要环节。

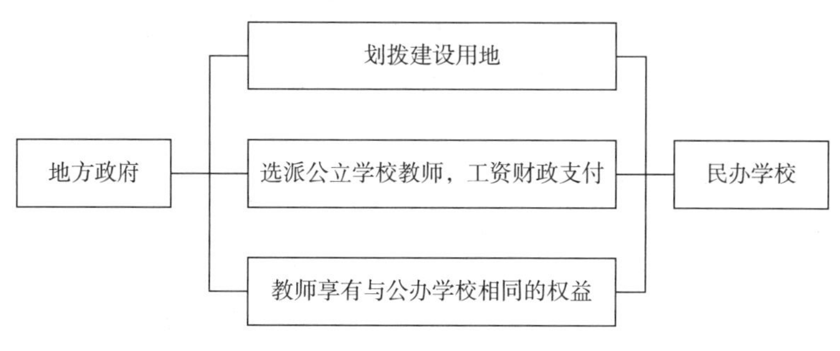

图 5－11 民办公助模式

（3）公办名校转制

江苏宝应模式的核心内容就是公办名校转制。关于公办学校的转制，很多地区的实践仅局限于一般的公办学校，或薄弱公办学校，真正优质公办名校的转制并不多见。江苏宝应模式则是政府根据社会对教育的需求，将公办名校进行转制，利用名校的影响力，吸引投资改善现代化的教学设备并加速扩张，实现学校的规模经营。2001 年，宝应县教育局与翔宇集团签订协议，把宝应中学、宝应实验初级中学、宝应实验小学三所公办名校一并转制。翔宇集团将学校固定资产全部归还当地教育局，只留用这三所学校的牌子和绝大部分教师骨干，集团投入逾 1.5 亿元，异地新建起翔宇宝应中学和翔宇宝应实验小学。经过几年的发展，翔宇教育集团取得了骄人的成绩，异地新建的新宝应中学（高中）2002 年落成当年就从老宝中的 8 个班扩为 20 个班，2003 年扩为 25 个班，2004 年再扩至 29 个班，优质教育资源成倍扩大，这个模式得到了很多地方的认同。这种模式利用了公办名校的品牌优势以及私人企业的资金优势，实现了优质教育资源的扩张。

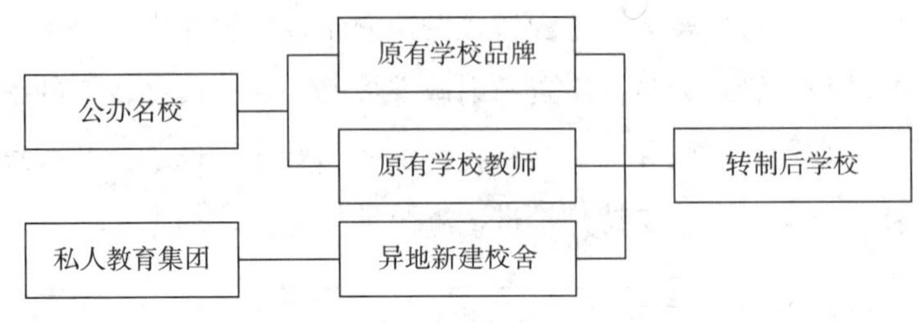

图 5-12 公办名校转制

(4) 教育券

教育券在我国的实行，从政策导向来看大致可分为两种：一是“无排富性”模式，二是“排富性”模式。“无排富性”模式如2001年浙江长兴县教委为鼓励学生报考职高，给报考、就读职高的初中毕业生发放300元的教育券。2004年秋季开学时，长兴县在高中尝试“无排富性”教育券模式。“排富性”教育券的发行，主要是给处于不利地位的弱势群体与弱势教育以保护，从2009年3月开始，杭州发放总额过亿元的教育培训消费券。在杭高校应届毕业生、在杭高校杭州市困难家庭子女、义务教育阶段外来务工人员子女等几类群体，每人可以拿到300~2000元不等的教育培训消费券，分别可用于参加教育培训、技能培训或抵缴学费。教育培训消费券采取实名制发放，同时必须在具有合法资质的指定教育培训机构使用。首批被列入教育培训消费券定点使用单位名单的，有杭州师范大学等114家学历教育文化培训机构，以及浙江省就业培训中心等72家技能培训机构。教育券从资助教育机构转向资助个人，从资助供给方转向资助需求方，让公立、私立教育机构平等地为争取学生而竞争，促进了教育质量、效益的提高。

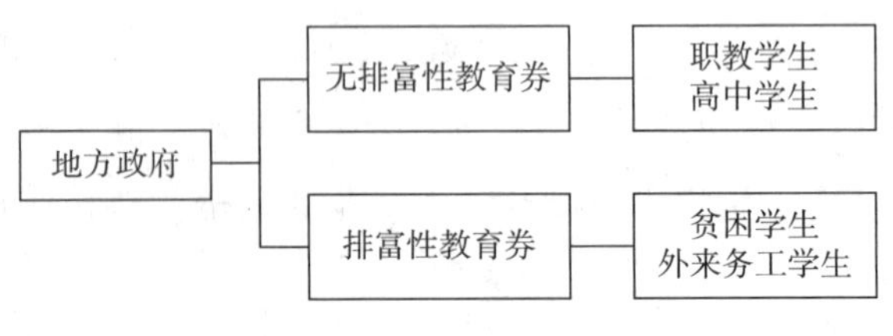

图 5-13 教育券

（5）教育股份制

我国教育股份制办学，开始于 1997 年浙江台州椒江市的教育股份制办学。台州书生教育实业有限公司就是比较典型的民办教育股份制。1996 年，由椒江区教育局牵头，邀请 32 个企事业单位和个人共同入股，集资 1000 多万元，成立“书生教育事业有限公司”。该公司投资筹建“书生中学”，并以股本金作为学校基建工程的启动资金。国有股占 20%，成为吸引更多法人股和自然人股加入的“定心丸”[①]。从教育股份制办学收益分配来看，股东可以提取一定的股息（略高于银行的贷款利息），这是一种现金形式的直接回报形式；另外，根据办学效益的好坏、学校积累的多少，按照股东持股的比例进行的股权摊分，不可以以现金形式拿走，只是一种所有权与经营权分离的财产。“教育股份制”的组织特征是“双法人结构”模式：一个是以投资为目的的教育股份公司，另一个是由该股份公司投资设立、独立运行的学校法人。公司负责筹集资金，并将筹集的资金用于创办学校，学校有独立的办学自主权，学校向公司负责，公司向股东负责。在分配上，股东只拿限定的股息，即债权化股权。教育股份制办学实现了有效的资本组织方式、高效率的筹资功能和完善的法人治理结构。

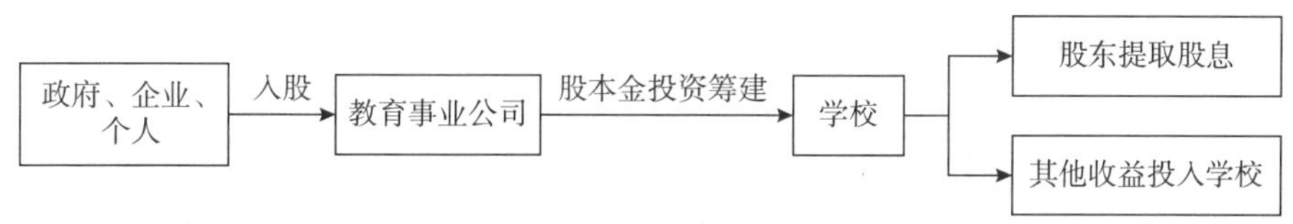

图 5－14　教育股份制模式

（6）中外合作办学

一些学校通过中外合作办学模式成为民办教育中的佼佼者。东华大学与新加坡莱佛士教育集团合作创办的东华—莱佛士国际设计专修学院创立于 1994 年，18 年来以其出色的创新设计教育在亚太地区享有盛誉。该校的公办方——东华

① “浙江台州市椒江区推行教育股份制增加教育投入”，搜狐教育，2008 年 9 月 19 日。

大学是教育部直属的72所高校之一，也是全国唯一一所以现代纺织为特色进入"211工程"重点建设的高校。民营方——新加坡莱佛士教育集团是目前亚太地区规模最大的专业跨国教育集团。另一个中外合作办学的例子是由985重点高校之一的华东师范大学与美国纽约大学联合创办的上海纽约大学。该校突出的办学特色是"游学"型教育模式，即在总共8个学期的本科学习中，学生可以选择5个学期在上海就读，另外3个学期在纽约大学全球其他教学点中任选3个进行国际交流。上述中外合作办学都具有公私合作模式特点，是我国在高等教育领域公私合作模式的大胆探索。中外合作办学，有利于引进国外的办学资金和教育资源，可以部分弥补我国教育经费的不足，缓解对多样化、多层次教育供不应求的局面。

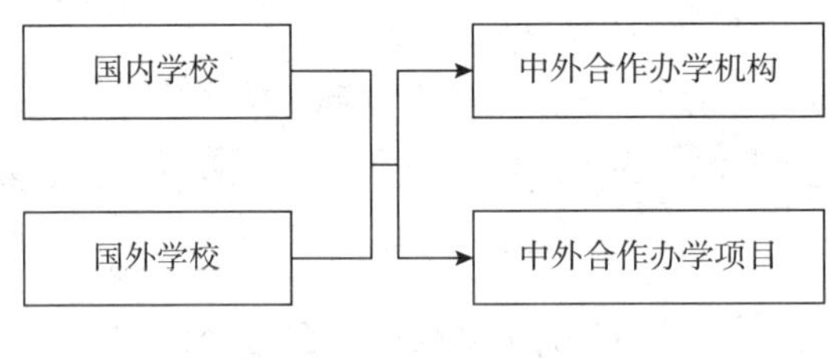

图5-15　中外合作办学

（7）基础设施特许经营

1996年，教育基础设施BOT融资模式首次在天津大学"京华育缘"国际会馆项目中使用。湖南长沙的中南大学湘雅医学院、南开大学深圳金融工程学院项目、国基大学城生活园区以及广西交通职业技术学院都成功地实施了BOT融资模式，这些成功的经验为高校BOT的优化发展提供了良好的借鉴。高校实施BOT融资模式的范围一般而言主要是后勤服务设施，不包括教学用房和教育设施建设，因为后者通常不产生现金流。对于高校来讲，采用BOT模式不仅减少了高校对于后勤单位的资金和精力投入，节省了高校教育经费开支，而且增加了固定资产。从BOT项目公司来说，由于高校本身对于基础设施的旺盛需求，且具有良好的持久性，只要BOT项目保质保量完成，项目能产生丰富的经济利润，且项目风险较小。高校BOT项目有其自身的特点，高校作为学校事务的管理者，对于后勤服务不能完全放手不管，否则也会带来高校与承包商在学校管理上的冲突和矛盾。

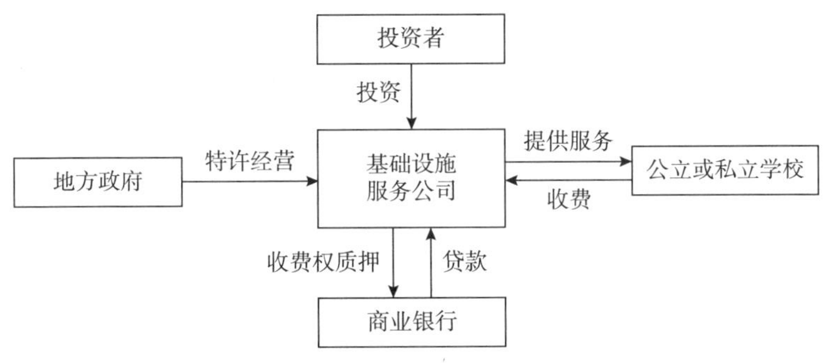

图 5 –16 基础设施特许经营

（8）风险投资

2004 年，老虎基金进入中国教育行业，首选目标是新东方教育科技集团，基金先后投入 3000 万美元换取了“新东方”18.9% 的股份。这是国外风投资金进入中国民办教育领域的第一个案例。2006 年，中国最大雅思培训机构——环球天下教育科技集团获得软银赛富亚洲基金首轮 2500 万美元投资。2010 年 9 月，学而思国际教育集团与老虎环球在京签约，正式宣布成功融资 4000 万美元。据中资教育研究所的统计：截至 2010 年 3 月，国内共有 316 家民办教育机构获得风险投资，涉及金额超过 196.5 亿美元。从目前风险投资的实际运行情况看，其进入民办教育具有如下几个特点：主要投资于职业培训和幼教行业，少有涉足学历教育。这主要是因为学历教育受到政府规制较多，且教育行政部门的监管较严所致。重在提供种子基金和成长资金。风险投资很少关注那些发展已经相对成熟及处于停滞状态的培训企业，而更多地是寻找一些高速成长的中小培训机构，为其发展提供启动资金。风险投资人一般都会介入学校运作，某种程度上控制所投资的教育企业。谋求海外上市以图退出。目前国内已成功在海外上市的教育企业已达到 15 家。

表 5－3　教育机构获得风险投资一览表

机构名称	金额（万美元）	投资者
游戏学院	1000	凯鹏华盈
易才集团	1200	纪源资本、华威
学大教育	1000	鼎辉
安博教育	5421	麦格理、思科、华威、艾威基金
华育国际	1000	软银赛富
新世界教育	2000	凯雷集团
巨人学校	2000	启明创投、海纳亚洲
东方标准	1000	DCM、德同资本
环球雅思	2500	软银赛富
瑞思教育	3000	迪拜基金

董圣足、谢锡美："风险投资进入民办教育的现状、问题及对策"，《复旦教育论坛》，2011 年第 3 期。

3. 教育公私合作的问题及存在风险

我国教育公私合作取得一定成效，上述模式在各地也都有所运用。但是，在发展过程中仍然存在着一定问题和风险，限制了合作模式作用的发挥。

（1）民间投资环境不公平

民办学校与公办学校相比，很难具有同等的法律地位。例如，由于不属于事业编制，民办学校的教师在业务培训、职称评审、表彰奖励、科研立项、教龄和工龄计算、档案管理、社会活动等方面都受到歧视。现行的教师保障体系实行的是双轨制，即公办教师纳入事业单位保障体系，民办教师入企业保险。在这种情况下，退休以后公办教师与民办教师的养老保险存在明显的差距。按照《民办教育促进法实施条例》第 27 条规定，民办学校可以自主确定招生的范围、标准与方式。但是，在实际操作中，地方政府从区域、时间、范围、方式上对民办学校的招生进行诸多限制，例如，未经批准不得跨区域招生、异地招生准入准出、超出计划摇号录取等。

（2）缺乏政府财政的支持

我国财政性教育经费基本上以行政划拨的形式直接流向公办学校，其他办学形式的学校却很少得到或者没有得到财政经费支持。《民办教育促进法》虽然规定各级政府可以设立民办教育发展基金，但由于受“民办”有别于“公办”的理念束缚，对民办教育的财政资助制度一直难以建立。由于民办学校缺乏政府财政资助，使得学校生存所需经费仅靠学费的收取。有些学校假借转制之名，提高学费收取，造成高收费学校，不但违背了学校转制的初衷，也增加了公众的负担。同时，国家对义务教育阶段实行全免政策，并加大了对公办学校的投入，但这一政策并没有惠及民办学校，这些学校承担了义务教育的任务，但却没有得到相应的政府补贴，这也导致了教育不公平。

（3）产权归属尚不明晰

《民办教育促进法》第35条、第36条规定，“民办学校对举办者投入民办学校的资产、国有资产、受赠的财产以及办学积累，享有法人财产权”，“民办学校存在期间，所有资产由民办学校依法管理和使用，任何组织和个人不得侵占”。虽然政府部门在法律法规层面对学校的产权进行了一定的说明，但是，并没有清晰地指出学校的所有权性质，私人投资者在学校的财产权没有明确界定。第51条中规定：“民办学校在扣除办学成本、预留发展基金以及按照国家有关规定提取必需的费用后，出资人可以从办学结余中取得合理回报。”但是，投资人能够获取多少回报却没有明确说明。这造成了收益分配困难，也导致了投资主体对预期收益的不确定性，从而影响了他们的投资动力和信心。

（4）民间主体面临融资难题

融资困难、经费紧缺已经成为制约和影响民办学校正常运行和健康发展的瓶颈因素。受相关法规限制，目前的金融信贷政策使得民办学校很难取得银行贷款。《中华人民共和国担保法》明确规定：“学校、幼儿园、医院等以公益为目的的事业单位、社会团体不得为保证人”，“下列财产不得抵押：学校、幼儿园、医院等以公益为目的的事业单位、社会团体的教育设施、医疗卫生设施和其他公益设施”。虽然最高法院的司法解释提出，“学校、幼儿园、医院等以公益为目的的事业单位、社会团体，以其教育设施、医疗卫生设施和其他社会公益设施以外的财产为自身债务设定抵押的，人民法院可以认定抵押有效。”但是，在现实中，这一条未能得到有效执行，民办学校银行融资依然十分困难。

4. 完善教育公私合作的建议

（1）选择合理的投融资模式

既可以实行学校的资产属国家所有，按民办高校的运行机制进行管理的国有民办模式，也可以通过政策、财政和师资的支持，吸收社会资金，发展民办公助教育；既可以在明晰公私之间股权关系和组织方式的前提下，发展教育股份制模式，也可以在利用公办学校的品牌优势和私人投资者的资金优势的情况下，实现公办学校转制发展；既可以依靠政府采购和服务外包，促进民办学校的发展，也可以通过特许经营的方式，推进学校基础设施的建设；既可以根据民办学校承担公共服务的情况，对其发放财政补贴，也可以由政府向特定消费者群体发放教育券，实现教育市场公平和效率提升。

（2）明晰合作各方的职责

明确界定政府部门和民间投资者双方的职责，明确双方的业务范围、优先事项和预期结果。政府的购买和供应角色必须分离，这是创设良好的教育公私合作模式环境的重要条件。政府的主要职责在于确定教育服务的标准、合作者的准入条件以及结果评估和认定方式。除此之外，政府应该适度退出和放权，发挥私人部门在资源配置和管理上的效率和灵活性的优势。政府部门可以尽可能放手让私人合作方自行决定实现目标和完成指标的具体组织方式和最佳途径，保证私人合作方拥有管理、人事和预算分配等运作上必要的灵活性和自主权。

（3）完善政府的扶持政策

各级政府应尽快设立民办教育专项资金，并保障年度安排的教育经费增量，按一定比例增加安排民办教育发展专项基金，用于补充民办学校教师社会保险经费，补贴民办学校教师收益，建立民办教育公共服务体系以及支持民办学校开展科研等。各级教育行政部门在招生计划安排上，应保证民办学校的招生指标。针对民办教师的事业编制问题，政府应采取灵活办法或变通措施予以解决，确保民办学校师资力量的提高。在收费管理上，应改行政审批制为政府指导价制度，放开民办学校学费限制，保障民办学校收益。

（4）拓展多种融资渠道

随着民办教育的发展壮大和融资问题的突出，应适当允许民办学校通过抵押自有资产获得贷款。允许民办学校用教职工和学生宿舍、食堂、生活服务场所、校办企业等非教学资产做抵押。允许民办学校的举办者、出资者将在学校名下属于自己的产权或股权作质押。允许民办学校用学费收缴权作质押。允许办学信誉好的民办学校以信誉担保贷款。提倡由政府主导、民间参与成立非营利性教育担保公司，为民办学校提供贷款担保。除了探索银行融资外，民办学校还应通过债券、风险投资、融资租赁、信托等方式获得融资。

（5）推进学校分类管理

民办学校作为一种教育组织机构，具有公益性，同时，学校经营节余的存在又使其无法回避营利的现实。民办学校最终成为何种机构决定于办学者的价值选择。转制后学校应该可以自主决定办学方向，自由选择作为营利性机构还是非营利性机构。营利性学校不享受国家的各种优惠，可以在履行纳税义务后取得回报。非营利性学校可以享受国家关于土地使用、公益捐赠和税收等方面的各种优惠。制定两类学校的分类标准、营利性民办学校的监管办法、优惠政策、税收制度等，然后有选择地开展试点工作。

(6) 加强监管和风险预警

切实加强民办学校办学过程管理。进一步落实民办学校法人财产权，完善民办学校教学评估及年度检查制度，督促民办学校将学费收入的主要部分用于教学投入，保障教学质量。完善民办学校重组与退出机制。建立健全民办学校举办者变更管理制度，引导和促进民办教育资源的优化配置，鼓励部分办学条件不达标或实际运转有困难的民办学校，通过横向联合、关停并转等形式，实现要素重组或转型发展。建立健全风险预警与危机干预机制。建立事前危机预警机制、风险保证金制度，提前做好在校生转学安置预案。

四、养老服务的公私合作

1. 国际经验

(1) 美国

美国老年服务设施分为两大类：一是家庭护理等传统的护理院。要有政府颁发的执照，由政府管理并要达到一定标准，能得到医疗保险机构和公共医疗补助制度的补偿。主要服务那些有严重行为障碍，生活不能自理的老人。二是由各州和当地政府监管的长期关怀老年护理中心，可以有不同的标准。这些机构有不同的名称，已知的协助生活机构有 26 种，例如，住区护理、家庭保健、临终关怀组织等。这类协助生活机构，完全自费，是市场需求的结果。美国协助生活机构近年来快速发展，数量约 65000 家，入住人员超过 100 万人，约占需要长期照料人口的 15%。

政府职责明确是美国养老服务业发展的重要保证。美国政府的老年管理有两个特点，一是综合协调管理，二是目标责任分解到位。美国 1965 年通过的《美国老年人法》明确规定设立老人署，规定了署长在老年人保障和事务方面的目标、责任、权利和经费，并由署长协调其他部门和社会参与成立老龄委员会。1972 年通过的《美国老年人营养方案》规定了老人署署长在此方面的目标、责任、权利和经费[①]。同时，因为老龄工作涉及面较广，法律也明确规定了其他部门的责任。

社会化服务是美国老年人获得养老服务的主要形式。在美国，养老服务领域起主导作用的既不是政府，也不是家庭，而是社会。目前，美国的养老服务机构主要有三类：即营利性的服务机构、非营利性服务机构、政府公立的服务机构。美国营利性的私立服务机构占到66%，非营利机构占27%，其余7%为政府举办的服务机构。

美国政府鼓励举办非营利性质的养老机构，政府也参与投入。非营利养老机构自主运营，政府向其购买服务，并采取税收优惠、经费补贴政策予以扶持。政府承担服务的老人，其居住、培训、就餐、文化活动、家务等，政府指定不同的社会服务机构承担。美国非营利组织已经有百年以上的发展历史，拥有庞大的社会资产，其法律权属和经营管理上也十分成熟。非营利机构和组织资产的发展是私人和政府的双重投入的结果，但政府和私人都无权挪用，由选举产生的义务董事局管理，每年由专业会计审核，资产只能用于提供相关服务。在养老服务方面，社会公益资产发展越来越大，基础越来越好，成为养老服务的重要资源和政府依赖的服务主体。

(2) 日本

在日本，政府、企业和非营利组织均可建设养老设施。政府主要提供基本福利范围内的养老设施，而企业和非营利组织则根据老年人不同群体、不同需求建设相应的商业或公益性养老设施。根据 1963 年颁布的《老人福祉法》，日本政府将养老设施分为多种类型，包括短期居住型、长期居住型、疗养型、健康恢复型等，其中政府在全国建设了约 3100 处健康恢复型养老设施和 3700 处老年疗养医

---

① 吴洪彪："美国和加拿大养老服务业考察报告"，《中国民政》，2010 年第 7 期。

疗设施，65 岁以上老人在需要时，可使用社会医疗保险入住这些设施。

在政府大力建设养老设施的同时，由于中等收入阶层的老年人对于生活质量的要求，以及认知障碍等特殊群体的个别需求，也有不少企业建设个性化的商业养老院。例如，看护型养老院，主要供身体不便和患病老人入住，由养老院下属团队为入住者提供看护服务。此类养老院通常与医疗机构有固定协作关系；住宅型养老院，供身体状况正常的老人居住，当老人需要看护服务时，院方寻找上门看护，企业提供临时看护服务；健康型养老院，类似面向老年人入住的宾馆，院方负责打理老年人的日常家务，但不负责照顾入住者的日常起居。

日本房地产业重视养老房市场，其产品主要分为两种类型：一类是休闲疗养型养老房产，多依托日本特有的温泉、海滨和森林风貌，利用日本一些地区人口减少、空余土地较多的特点，以低廉价格供应房屋。如在东部的千叶、神奈川和静冈等县名胜地有不少养老房产项目，仅需人民币数十万元，即可购买一套数百平方米、带有菜地和花园的现房别墅，开发商还会辅以相应的医疗、生活和娱乐设施。另一类是充分考虑医疗看护功能的房产项目。其中涉及房间装修、家具家电、看护设备的预留位置和接口、室内无障碍设计，以及安防和报警装置等。一些开发商抓住这一商机，或是为逐渐步入高龄的用户提供全套房屋改装服务，或是将此类设计融合于带有养老特色的房产项目出售。

(3) 欧盟

欧盟各成员国为了应对人口的迅速老年化，调动各方面的力量，将大量商品和劳务投入老龄人口养护。其具体做法为，政府动用税收收入为老龄人口办理强制老龄养护保险，并给予老年人各种生活补贴。许多成员国政府规定，拥有老龄人口的家庭只要提供相应配套资金，就能享受公共项目提供的养老护理支持。与此同时，政府又通过老龄养护保险金支付、赡养和护理补贴、退休金等渠道对需要养老护理配套资金的家庭进行补偿。其中，退休金不仅是政府对老龄人口进行货币转移支付的最重要形式，而且也是老年人用以支付养老费用的主要资源。

长期以来，欧盟国家老龄人口居家养护出现了明显的市场化趋势。主要体现为，原先由地方当局提供的服务转为通过外包方式提供，以实物形式提供的服务改为货币补贴，从而使家庭能从市场购买服务。在养老服务外包方面，英国做得最早。1992 年，英国范围内几乎所有的老年家庭养护服务均由来自公共部门的雇员提供，但在 1998 年，大约一半的服务来自非营利公司和私人公司，绝大多数分包商为营利公司。

在意大利，非营利组织（绝大部分为社会合作机构）已经能够提供老年人口家庭养护服务的绝大部分。在西班牙，老年家庭养护绝大部分由营利机构提供。在希腊则主要由宗教组织提供。为了减少长期失业和限制非正规老年护理劳动市场的发展，法国政府规定，老年家庭养护补贴的受益人既可将补贴用于购买护理劳务，也可用补贴金购买处于失业状态的家庭成员提供的服务。

为达到通过竞争提高效率的目的，瑞典各地方政府开始把越来越多为老人们提供的服务项目承包给私营公司经营。20 世纪 90 年代，瑞典对社会福利制度进行改革。1992 年，政府提出合理利用各种老年社会服务资源，提高老年社会服务实际效果，强调给老年人更多个人选择机会。当年瑞典建立了 270 个私营老年护理机构，占瑞典全国老年护理机构的 1/3，71 个地方政府和 6 个郡政府就老年和儿童照顾与私营机构签定了协议。

在多数地中海沿岸国家，老年人养护主要由家庭提供，因为公共部门为老年人口养护提供的资金非常有限。在意大利，公共资金主要以捆绑补贴和非捆绑补贴等两种方式直接补偿老年家庭养护服务的提供者。发放给严重残疾的受赡养人口的伺候补贴为非捆绑补贴，它既不与收入挂钩，也不以受益人的家庭结构为发放前提。养护补贴则与收入挂钩，由地方当局直接发放给老年人。养护补贴通常数量较少，发放的范围也远较伺候补贴狭窄。一般而言，地中海沿岸国家的每位老年人口每月至少可得到约 450 欧元的养老金。

（4）澳大利亚

澳大利亚也同样经历了一个养老服务“从政府统管到下放给民间”的过程。政府以前曾直接投资兴办过一些养老院和护理院，但由于政府举办的服务机构普遍存在忽视老年人需要、质量不高和效率低下的弊端，加上财政紧缩，因此，最近 20 多年以来，澳洲政府决定全面退出此领域，鼓励私人公司、慈善机构、非政府组织等机构积极介入和投资该领域，政府则在各个方面提供支持和服务。非政府组织和私营机构是澳大利亚老年服务和照料的主要提供者，分为营利性和非营利性两种，以非营利性居多。一般情况下，营利性公司主要举办一些高成本的护理院，而非营利性主要是宗教、慈善和社区组织举办老年公寓和部分社区服务机构，同时也举办一些护理院。

社区照料是绝大部分澳洲老人采取的养老方式。著名的哈克项目是其中最成功的案例。哈克项目每年签订约 25 亿澳元的服务合同。目的是尽量用以家庭为中心的强化服务代替护理院和老年公寓的机构服务，改进在家生活的脆弱老年人照料服务范围和质量、提高老年人的生活质量、控制服务费用的增长①。服务的提供者一般是社区服务中心。项目资金由联邦政府和州政府共同筹集，联邦政府承担资金 60%，州和领地政府承担资金 40%，地方政府负责缺口资金的筹集。目前有约 30 万澳大利亚人接受资项目提供的服务，80 岁以上的老年人占了 48%。

澳洲养老机构的建设及运营管理。由于澳大利亚的“全民高福利”性质，澳洲养老机构的运营费用和盈利点主要来自于“政府购买服务”。老年公寓和老年护理院约 30% 的运营费用由联邦政府和州政府的项目支付，其他费用通过另外的渠道筹集，如社会捐献、机构投资收入、其他项目补贴、地方政府补贴等。个人有一定收入的也要根据其经济情况向老年服务机构交付一部分。老年人个人出资部分，如无收入来源的养老金领取者，因为资产低于政府所设置的需要支付住宿费的门槛，因此他不需要支付除了日常基本护理以外的费用。但如果老年人个人的资产超过政府所设置的最低限制，他在支付日常护理费用时还要支付住宿费用。

正因为养老机构的服务是以“政府买单”的形式为主，所以政府会严格控制两件事：第一，评估谁最需要进入养老机构？澳大利亚对养老服务有完善的评价体系和评价制度，对于接受服务的老年人，首先由专家组进行评价，确定其适宜的养老场所或社区。专家评价组成员包括医学专家、护理专家、协调人等；第

① 乌丹星：“澳大利亚养老机构运营管理及服务经验分享”，中房网，2012 年 6 月 7 日。

二，评估政府应该为老人花多少钱？为此政府成立了专门的评估机构，对老年人的收入水平进行评估。评估包括各种房产收入、股票、银行利息、退休金等，由此来决定每人应该获得的老年津贴。同时还有专门的评估机构来对个人的健康状况作出评估，以确定其应该享受的照料级别，照料级别系统一共有 8 个。根据不同的照料级别，老年人被送往老年公寓或护理院接受不同级别的服务和照料，机构获得相应的收入。

澳大利亚政府利用市场竞争机制，促使老年服务提供者之间竞争。通过竞争，既提高了服务质量，同时又降低的运营成本，从而减少了政府的开支。政府通过购买服务的方式对服务机构进行拨款，服务机构通过竞标得到政府的项目，项目越多，得到的拨款越多。所以各个服务机构都会竭尽全力提高服务质量，增加服务项目，以得到更多的政府拨款。

2. 国内经验

近年来，我国的养老院、老年公寓和老年社区有了一定的发展，目前，养老院、老年公寓和社区主要有以下的投资和建设类型。

（1）养老院和老年公寓

①基本模式。

我国的养老院和老年公寓的投资与建设模式分为以下几种。

第一种，政府提供公有土地甚至部分资金，邀民间机构投资共建养老院，并且共同招标和委托专业民间机构经营管理。一般称该模式为“公”“民”共建或者“公”“民”合资。

第二种，政府投资，在公用土地上建成老人服务机构，招标并委托民间机构经营管理。一般称该模式为公建民营。主管部门将公办养老服务设施，采取所有权和经营权分离的方式，在不改变产权性质的基础上改变经营方式，实行管理引进。

第三种，政府将已经建成的养老院委托给民间机构或者个人承包管理。可以采取民间整体承包模式，即政府负责设立养老院，以出租或无偿借用等方式提供用地及基本设施，民间机构定期向政府缴交承包费。也可以采取民间个别事项契约外包模式，即民间机构为养老设施提供特定事务、设备、人员等方面的服务，并取得相应的服务报酬。例如提供营养午餐、设施安保、清洁工作、设施维修等服务。

第四种，民间组织或者机构，包括企业或者非营利组织如公益基金会等自行购买土地，自建或者自行租用房产，自我经营养老服务机构，政府给予一定的补助。一般称该模式为民办公助。在此模式中，往往由企业、社会组织或个人以及外资出资兴建，通过政府规划、扶持，优惠出让土地使用权，建设各档老年公寓、功能完备的老年人社区。

第五种，政府将规定的老人服务项目以特许经营或购买服务的方式委托给民间机构或者个人运营管理。它是由政府机构与一些团体、企业及包括老年工作者、家庭成员、社区负责人在内的个人签订契约、互相承诺的一种形式。政府赋予特许养老设施法律上独占的地位，政府根据特许养老设施的收养人数拨付相当于其他公立设施的经费，养老设施必须在契约规定期限内保证达成双方认可的经营目标。

第六种，政府在自建自管的养老福利机构中创建民建民营部分，在资产形成过程中政府给予诸多优惠，在民建民营的功能区域，人事、收费等主要制度都按照民营方式操作。一般称该模式为“一院两制”①。

在上述模式中，又以公建（办）民营和民办公助为两种主要形式。

②典型案例。

一是公建民营养老院。在公建民营养老机构中，公共部门是产权方，私人部门是合作方，前者在保证公有资产安全的前提下，通过租赁、承包、股权转让等形式将养老机构的使用权转让给私人部门，私人部门负责养老机构的具体经营事务。公建民营养老机构虽然会协助公共部门为低收入老人提供一定的福利性养老

---

① 杨团：“公办民营与民办公助——加速老年人服务机构建设的政策分析”，《人文杂志》，2011 年第 6 期。

服务，但是这种服务仅限于在合同规定的范围内，其提供的福利性床位在总床位中所占的比重不会太大；同时，公建民营养老机构虽然追求营利性，但是却不具备民办民营养老机构的资金实力，因此很难提供能够满足富裕老人要求的休闲型养老服务。

2008 年，厦门市集美区政府准备建立一个 150 张床位的养老院，实行公建民营的模式，可以免费使用十年。张玉虾通过公开招标获得经营权，跟政府签订了 20 年的合同。到了 2012 年，张玉虾收回了前期投入的成本，慢慢地实现微利经营。2012 年张玉虾又承包了集美区社会福利中心，建立起集美区爱欣老年公寓。政府免费将大楼租给他们使用十年。作为政府免费提供大楼的条件，爱欣老年公寓优先让辖区内的“五保户”和“三无”人员入住，政府通过购买服务的方式来进行补贴，每个人每月 2300 元左右，比市场的平均价格相对低一些。

在厦门，另外一家公建民营养老院海沧区敬善养老院，可以免费供养辖区内的“五保户”、“三无”人员以及家庭困难的残疾人员，对于这些人，政府每人每月给养老院补贴 800 元。养老院的剩余床位则交由经营者自己自负盈亏，用于弥补公益性部分的亏损。由于剩余的床位成为承包者收入的来源，于是，和集美区爱欣老年公寓针对普通老人不同，敬善养老院则选择定位于高端人群，提供高端服务，本地的工薪阶层难以入住。

在南京市公办的 100 多所养老院中，有的是运营情况差而交给民间机构的，有的则是按照规划建成后就直接委托给民间机构运营。还有的甚至是政府租房给民办机构使用。例如，南京市鼓楼区以地方政府名义租赁了 4 处合计 11500 多平方米的房屋，租期为 10～12 年，通过公开的招投标程序确定了受托的民办机构。各个区的公办民营政策不同，有的区政府不要租金免费提供房屋，如鼓楼区，也有的政府机构要求受托方缴纳低于市场价格的租金。同时，收取房租的政府机构还会给民办老人院提供床位补贴。

2013 年起，湖北、江苏、成都、北京等国内许多省市都已经开始了养老院“公建民营”模式试点。但是，公建民营养老院必须保证部分公益性的特征，政府也必须出台相应的约束机制来保障其公益性，让更多的中低收入群体以及普通的工薪阶层住得起。将这一部分人群服务好之后，也可以定位于高端人群，但价格一定要透明，财政补贴方面也需要适度。

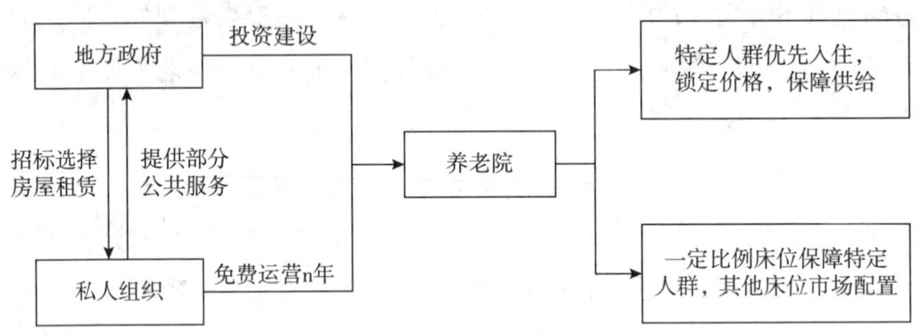

图 5-17 公办民营模式

二是民办公助养老院。民办公助养老机构是由私人部门投资、私人部门经营、公共部门适时提供帮助的养老机构。民办公助养老机构能够获得的帮助主要包括三类：一是政策优惠，比如减免企业所得税、营业税的征收；二是资金、实物帮助和人员支持；三是向其购买床位，就是由政府向私营养老机构购买床位，提供给申请入住养老院的老人。民办公助养老机构通常是非营利的，追求一种低价养老服务的提供，因此容易从公共部门及社会各界获得广泛的帮助。

在老人服务机构中，民办机构占了绝大部分。而且，公建民营或者公办民营的资金主要依靠政府，而民办机构政府支持则不同，出少量资金，就能够调动更多的社会资源投入民办机构。以南京市为例。“十一五”期间，南京市兴办了76家民办机构6231张床位，享受市政府对于新增养老床位的资助共1305.9万元，直接拉动社会力量对老年人社会福利机构投资17199.5万元。市财政每投资一元钱，拉动社会力量投资13.3元。

上海采取“在家托老，政府买单”模式，把政府的优惠由暗补提升为明补，促进了社会办养老机构事业的发展。2004年，上海浦东新区出台了《浦东新区社会办养老机构资金补贴暂行办法》，在上海浦东新区注册的非营利性社会办养老机构，将得到资金补贴，其补贴主要用于开办经费和运营经费。开办经费根据社会办养老机构的规模给予补贴，最高限额为20万元，运营经费根据收养的老人数给予补贴，每收养一位户籍在浦东新区的老人，每月补贴100元。

天津市和平区通过政策引导、财政补贴，支持民营企业创建了“中环颐和”、“龙福宫”、“华美”等3家养老院，设置床位280多张。对社会办养老机构的政策支持有：一次性建设补贴。对社会办养老机构新增床位，给予每张床位2000元的一次性建设补贴，区县财力与市配比不少于1∶1。床位运营补贴。对已开业的社会力量办养老机构和公建民营养老机构，按实际入住老人数，给予每年每张床位600元补贴。税费优惠。养老机构减免营业税和所得税；养老机构所用水和煤气，执行民用价格；用电按最优惠价格收费。

河北省保定市北市区民政局补助资金40万元，区政府支持资金100万元，自筹资金1260万元，建设了保定市益寿园敬老院。内蒙古自治区海拉尔区民办公助的养老福利机构为海拉尔区民族颐养园，投资470万元，有床位126张，入住老人116人，几年来得到政府的资助10余万元。江西省南昌市东湖区对民办养老护理院、日间照料中心、全托服务中心等养老机构，按其规模给予一次性资金补助。九江市浔阳区对民办养老机构给予每张床位500元的资金补助。抚州市临川区对以服务老人为主的非营利性社会化投资项目给予总投资10%左右的扶持等。

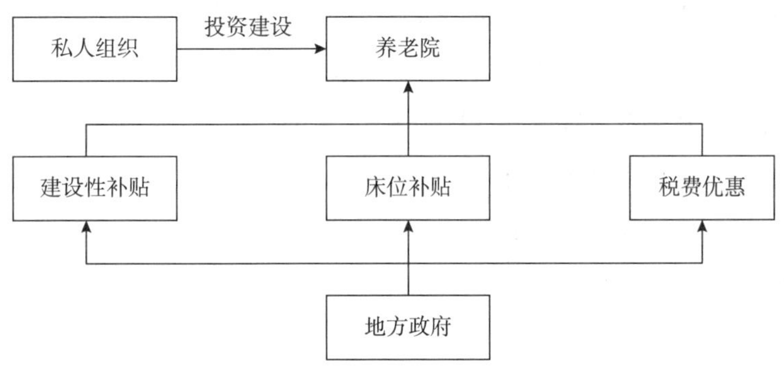

图5-18　民办公助模式

（2）养老社区

①北京太阳城租售组合养老社区。

北京太阳城采取的是租售组合型养老社区模式。北京太阳城坐落在北京市昌平区小汤山疗养区，整个养老社区分为两大养老板块：居住区和配套设施。居住区包括居家养老住宅、租住老年公寓和旅游度假公寓，医院、超市、餐厅、温泉养生、文化娱乐等配套设施齐全，可以满足老年人自理、介助、介护、医疗、康复和度假等养老服务需求。北京太阳城30%的面积用于建养老服务配套设施，70%的面积进行养老地产开发，其中养老公寓用于出租，养老住宅和养老别墅按商品房销售，全部采用无障碍设计，三层楼都有医护式电梯，适合居家养老。

太阳城从开发养老地产，出售房屋产权或使用权，作为回笼第一笔资金的重要途径。由于养老地产和普通房地产在配套服务上的差异，使得养老地产的房价高于周边地区的商品房。对外出租的"银龄公寓"经过多年的运营，已步入良性循环，主要针对中高端老年人群，如果是半自理和无自理老人，还要交纳不同级别的护理费和伙食费等。此后，太阳城又通过餐饮、商业、医疗护理、管理服务、物业增值等配套设施的持有和经营，作为第二次盈利的主要来源，目前，太阳城在这方面盈亏不一。

这种模式通常构建了"住宅销售+养老公寓出租+养老配套持有经营"的综合性的项目盈利体系。通过住宅销售获得一次性投资收益，而通过养老公寓出租和配套持有经营获得长期稳定的收益。而收益的比例则因项目定位中产品配比不同而不同，一般销售与持有部分比例为8∶2。该种模式通过养老住宅销售与养老公寓出租及养老配套设施持有运营相结合，实现土地效益和养老产业均衡发展的目的。项目中的养老公寓及配套设施由开发商运营。这种模式不仅解决了全部出售对养老产业发展不利的问题，还解决了全持有经营资金占压大、市场难以消化的问题。

租售组合型综合社区模式的最大优点，不仅是资金回笼较快，收益多元化，关键是在土地方面可采取灵活策略，在用地性质上，可以是居住用地、医疗用地、商业用地、公建用地等多种用地性质搭配的综合性开发。相对而言，其最大的缺点是资金投入较大，总成本投入比单纯的住宅开发高得多，建设周期相对较长；持有部分后期需要持续的经营管理和投入，投资回收期较长，通常在15~20年。

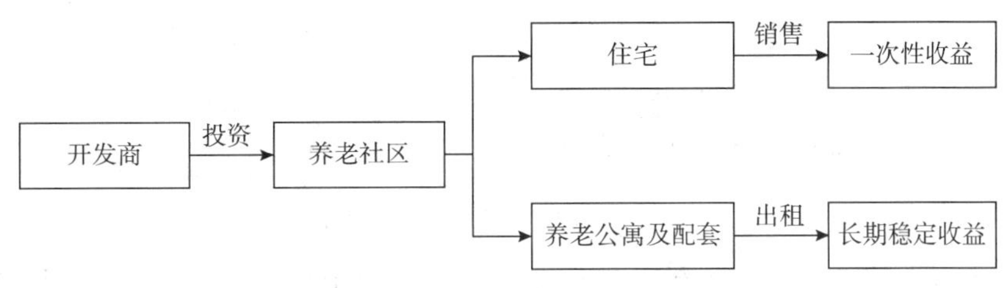

图 5－19　租售组合型养老社区

②上海亲和源会员制老年社区。

亲和源会员制老年社区总投资近 6 亿元人民币，由上海康桥公共事业投资有限公司、上海日扬房地产有限公司、上海亲和源投资有限公司合资组建亲和源股份有限公司，出资 2 亿元人民币启动项目。同时市政府给予政策扶持，将土地作价 40 万/亩（实际价值 200 万/亩），共 5000 万土地出让金，作为政府出资折抵亲和源老年社区 20% 股份，并全部减免项目建设的城市建设配套费。在此基础上，争取银行贷款资金支持，完成了项目投资建设①。

亲和源会员制老年社区的运营分公寓套房、医疗颐养院、健康会所三个组成部分。按 A 卡会员、B 卡会员、年租卡会员、产权房会员等四种模式收费运营。在以上四种模式中，均需缴纳会费和综合服务费，会费（含租、售）主要用于投资成本的回收，综合服务费主要用于社区的基本运营服务保障。社区内设有三甲级医院，对老年人实施常见老年病的诊治，会员老人可享受健康会所的娱乐、健身、保健等服务，根据不同项目，享有免费、会员优惠等待遇。

民营企业办老年公寓项目，必须与政府主办的传统老年公寓有明确的市场划分。政府主办的福利型老年公寓，主要是解决弱势、贫困老人的晚年照料需求。随着人口老龄化的发展，更多的富裕家庭也将面临社会养老问题。社会力量兴办老年公寓事业，应针对富裕家庭的养老需求，投资兴建中高档次的老年公寓，引领“健康、快乐、有尊严的老年新生活”。亲和源将市场客户目标定位在家庭储蓄在 70 万以上（含房产），年收入 7 万元以上的老人家庭，适合于上海市中层以上干部及白领阶层的消费承受能力。

---

① 山东泰山房地产有限公司：“上海亲和源会员制老年社区考察报告”，2010 年 4 月 7 日。

合理有效的投资运营模式，是民办老年公寓持久运营的关键。亲和源老年社区的投资主体是亲和源股份有限公司，同时他们还经过民政部门批准登记注册了一个民办非企业单位，负责老年社区的日常运营管理，承担着社会养老服务责任，同时享受政府给予的公益性事业的优惠政策。亲和源老年社区采取会员制收费，其中入会费主要用于偿还亲和源股份有限公司的建设投资，综合服务费主要用于民办非企业单位的服务管理，相对缓解了项目投资的回收压力。亲和源老年社区对使用权、产权转让有严格的限制，保证了为老年人服务的性质长久不变，使老年社区的公益性社会功能永续存在。

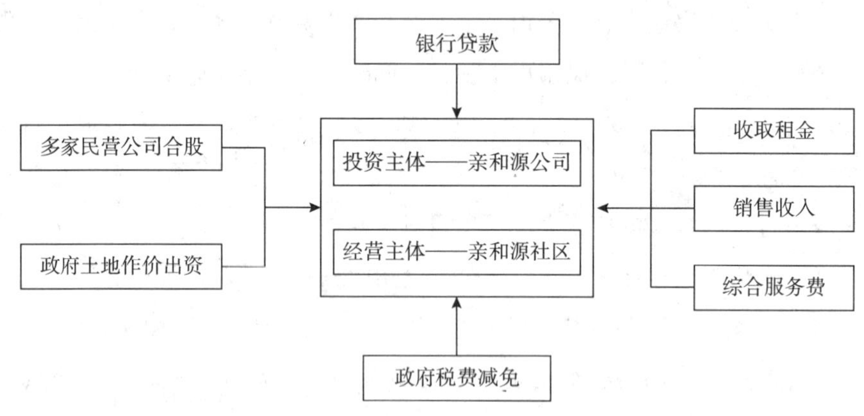

图 5 - 20　会员制养老社区投融资模式

②泰康保险类养老社区。

2011 年以来，泰康人寿连续投入 150 亿元，在北京昌平、上海松江、广州萝岗、海南三亚共拿地 70 万平方米。上海申园总投资 42 亿元，总建筑面积 22 万平方米，可提供 2400 户养老单元，预计 2016 年底可以入住。泰康人寿将这一社区养老计划称为“幸福有约”，泰康人寿同养老社区挂钩的这款保险名为“泰康 e 爱家养老无忧终身年金保险（分红型）”，投保人在购买这款分红险后可选择入住养老社区或获取投资收益，每份保单的保费在 200 万元以上，投保人可选择趸交和 10 年期、15 年期等期缴方式。未来 5 ~ 8 年，泰康人寿计划将分期投资 1000 亿元建设 15 ~ 20 家连锁养老社区，构建拥有超过 5 万客户的连锁养老网络，长期将达到 20 万客户规模。

一般的房地产开发商对投资的回报率和回收期都有比较高的要求，而保险公司却可以利用自身的优势，一方面降低养老社区的建设和维护成本，另一方面提高居民的养老金收入，从而减少居民养老金收入与养老社区价格之间的差距，以达到普及养老社区的效果。

首先，保险公司有着自己的固定客户群和稳定的现金流。从国际各国养老社区的经验来看，养老社区并不是一个孤立的产业。它应该是整个社会保障和养老保险的一部分，应该是整个保险运营系统中不可缺少的一个零件。国外许多保险机构都把建设自己的养老社区看作是为客户展业的一种产品。一方面保险公司可以减少广告和展业所带来的额外费用，另一方面保险公司可以充分了解入住养老社区居民的健康和理赔历史，避免逆向选择带来的风险。不仅如此，保险公司具有长期稳定的保险资金，可以为养老社区的建设和服务提供资金；反过来，养老社区的收入现金流又可提高保险公司的偿付能力，可以保证在保险公司运营下的养老社区的稳定、持续发展。

其次，保险公司在医疗费用和护理赔付等方面具有丰富的经验。保险公司介入养老社区可以更好地发挥保险公司在医疗护理保障方面的经验和优势，进一步完善整个保险产业链，增加附加值服务。保险公司可以将养老社区的居住资格和所需费用与固有保险客户的投保情况进行挂钩，从而大大降低未来医疗和护理费用的风险。保险公司对客户更完善、更细致的服务也会在某种程度上影响客户对保险公司忠诚度。保险公司医疗费用风险的降低和客户忠诚度的提高则可以降低保险公司运营养老社区的成本，从而缓解养老社区的昂贵费用带来的压力。这对于保险公司和那些即将面临养老问题的老人们可谓是一个双赢的局面。

再次，保险资金可运用的中长期资金与养老地产的投资回收周期具有良好的匹配性。养老地产建设、运营的投资规模巨大，投资回收周期可长达 10 ~ 15 年，经济实力不强或没有外部金融工具支持的投资者很难进入这一领域。而保险公司不仅具有大量可运用资金，而且保险资金中约有 80% 以上为寿险资金，寿险资金中约 48% 是 20 年以上的长期资金，25% 为 0 ~ 5 年的中期资金，与养老地产的投资回收周期十分匹配。保险公司运用中长期资金投资养老地产可以在一定程度上缓解资金来源和运用的不匹配问题，提高保险资金运用效果。

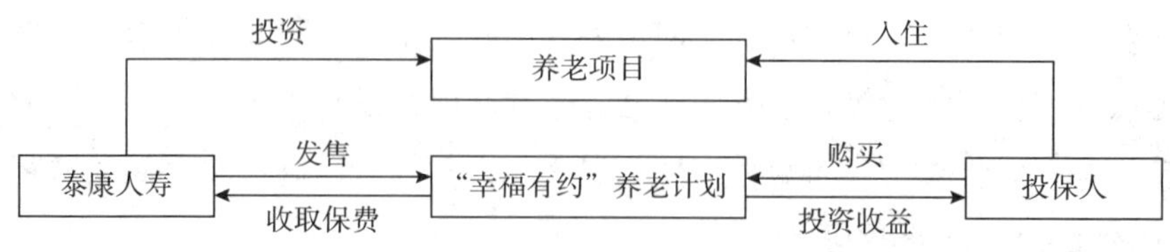

图 5－21 保险类养老社区投融资模式

3. 养老服务公私合作的问题

（1）公建民营养老服务设施过度追逐经济利益，难以满足公共需求

公建民营养老服务设施主要瞄准的是市区老人，是收入较高且稳定可靠的老人，导致部分公建民营养老服务机构背离福利性质、单纯追求营利、忽视困难老人需求的不良倾向。由于缺少法律法规的强制约束和评估标准的规范操作程序，加之政府资源配置的不足或缺失，众多养老服务机构在收住老年人时更多运用市场法则和市场定位，使得我国的养老服务出现了一种与社会公益法则悖行的现象。基层政府普遍抱有"甩包袱"的消极心态，以致因财政支持不足而迫使社会经营者开辟"增收"渠道。同时，因责任不明确而大大削弱了政府实施有效监管的能力。

（2）民办养老服务设施运行无序，发展困难重重

许多民办养老服务设施规模小、档次低，多数是自由运行的"小作坊"。这些养老设施除了给老人提供电视、扑克牌等外，无其他文化可言。老年人到这里就是等死，仅仅能达到定时有饭吃、死了有人报的最基本需要。有的小型养老设施开张多年，没有营业执照，不符合条件，处于无部门管理的自然状态，形成了很多意外事故。场所和资金短缺是民办养老服务机构发展的瓶颈问题。养老设施都属于民办非企业单位，没有对应发展的系列法律法规，市场融资和担保都被法律所禁止，养老和医疗等社会保障政策对民营养老设施也有歧视，从而对民间资本进入养老服务领域造成了明显的障碍。

（3）开发商过度追求项目的短期回报，养老社区建设成为变相的圈地运动

现有养老社区只重硬件、不重软件，只做高端、不做中低端，只做出售、不做持有。建设和运营模式与商品房项目没有太大的差别，都是想方设法满足少数高收入群体的特殊需求，都是通过各类营销手段尽快将房子卖出去，都是不愿或没有能力开发市场最需要的衍生养老服务。一些保险企业高调宣传养老社区概念，顺利地以优惠价格购买到所需要的土地，之后的养老社区建设却往往是雷声大雨点小。在已经宣布养老社区建设计划的保险企业中，除了少数与养老项目实现对接之外，其他保险企业对于养老社区要建成什么样，并未有过明晰的规划。

（4）政府落实发展养老服务设施政策乏力，缺位、错位、越位现象严重

政府缺位主要表现为政府在制定规划、出台政策、落实政策等方面没有行动或力度不够，财政对养老服务投入较少，水电暖等收费难以执行居民价格，部分床位补贴成空头支票，政府优惠政策难以落实。错位主要表现为政府该管的没管，不该管的倒去管了。如近几年一些地方政府出巨资兴建豪华养老设施，入住的都是高收入退休领导等特殊群体，床位收费相对低，普通老年人排队难进，使政府资源又变相成为这些特殊老年群体的二次福利。越位主要表现为政府越俎代庖，自己搭台自己唱戏。政府不重视扶持社会力量发展养老服务设施，而是自己直接组建养老服务设施，导致养老服务社会化没人管或管理不够。

4. 完善养老服务公私合作的建议

（1）积极发展公建（办）民营模式

公建民营可以有效降低民间资本的成本和风险，也有助于政府公共服务职能的实现。已有公办养老院应逐步转由民间资本运营，地方政府新建养老机构全部用民营方式运营。兴办护理院更多考虑公建民营形式，养老院、老人中心等更多吸引社会力量和民间资金参与，以公建民营中的租赁经营和民办民营为主。有条

件的社区和居委会，探索尝试引导民营企业发展“社区＋服务”的模式，由地方政府出资建设服务平台，依托社区或街道的养老服务中心，委托民营服务实体进行公益化和市场化的运营，引入社会力量提供专业化服务。

（2）进一步加大政策支持力度

一是完善财政补贴政策，提高对民资养老服务机构运营补贴力度，补贴对象和补贴标准对公办机构和民办机构一视同仁。二是扩大政府购买服务范围，创新政府购买服务方式，逐步扩大政府购买服务的承接范围，酌情采取多种购买方式。三是在税费减免方面给予政策优惠，对于养老机构免征营业税、企业所得税、房产税和城镇土地使用税，民资养老机构享受水、电、气、热等与居民用户同价待遇。四是实施特殊的土地供给政策，中央政府应对包括养老社区在内的养老设施的土地指标实行计划单列。地方政府在土地出让时，应根据养老社区整体规划及其公益性满足程度综合确定土地价格。

（3）规范公私合作的发展过程

对拟实施公建民营模式的公办养老服务机构，要由有资质的中介机构进行资产评估，并将评估结果报国有资产管理部门确认。实行招投标制度，进行公开竞争，由市场来选择社会经营者。明确养老服务机构承担的福利养老责任，保证国有资产保值增值的责任，保障委托对象的合法权益。实施更为严格的政府监管，建立信息披露机制以及建立有效的养老服务机构惩戒和退出机制等手段加以强化。规范民办公助的对象和范围、资助条件、资助方式、资助标准及用途，强化民政部门对资助金的使用的监督。

（4）促进养老社区的可持续发展

为了快速回笼资金、实现盈利，养老项目的民间投资者多采取“卖房制”、会员卡制等方式，真正能提供后续专业养老服务的长期投资者并不算多。应鼓励“销售＋持有运营”模式发展，低价出售部分产权，尽快收回投资；同时，通过持有物业，提供长期养老服务，获得稳定收益。地方政府应对养老社区中开发商自有物业和公共服务内容做出具体的比例要求，避免开发商只是拿养老的地卖房，推动开发商从卖房子向卖服务转变，政府依据开发商提供养老延伸服务的情况，对养老社区提供地价优惠、财政补贴和税收减免。

(5) 提高养老机构的服务水平

其一，建立监管体系。尽快形成细化的养老社区服务规范、业务流程和技术标准，并引入更为客观和公正的第三方，对硬件设施以及软件服务的质量进行专业的评价。其二，实行准入制度。尽快出台老年服务的相关法规，规范服务市场，严格就业门槛，实行资格考试，逐步建立起养老机构服务人员的资格认证、职称评定体系。其三，引进专业机构。养老社区应与专业老年服务机构、餐饮服务公司、医院、老年大学等合作，将现代服务业融入传统养老业，使社区服务与管理产生质的飞跃。

第六章

地方政府融资平台

地方政府融资平台不是一个孤立的现象，国外许多国家都有类似的经验，它也是现阶段我国地方政府投融资体系的重要环节。地方政府融资平台在我国经济发展中发挥了重要作用，一些地方政府融资平台曾经取得了良好的经济和社会效益。但是，在我国城市化快速发展的过程中，地方政府融资平台的风险也在不断累积，引起了社会各界的广泛关注和忧虑。在政策变动的大环境下，除部分融资平台可能经清理而消失外，鉴于融资平台已经积累的大量公共资源和基础，大多数融资平台仍然具备继续存在的条件和意义，但是，未来必然面临发展模式的转型。

在我国，大多数的地方政府投融资活动并不是也不可能由地方政府自己完成，为此，地方政府创新出了一套适合经济发展以及城市化需要的融资模式和制度框架，而地方政府融资平台在其中发挥着核心性的作用。

一、融资平台的内涵

国务院于2010年6月10日颁布的《关于加强地方政府融资平台公司管理有关问题的通知》（国发〔2010〕19号）中，对地方政府投融资平台定义为：由地方政府及其部门和机构等通过财政拨款或注入土地、股权等资产设立，承担政府投资项目融资功能，并拥有独立法人资格的经济实体。

国家财政部对地方政府投融资平台的界定更为详细一些，指由地方政府及其部门和机构、所属事业单位等通过财政拨款或注入土地、股权等资产设立，具有政府公益性项目投融资功能，并拥有独立企业法人资格的经济实体，包括各类综合性投资公司以及行业性投资公司。

中国人民银行对地方政府投融资平台的定义为由各级政府出资设立，通过划拨土地、股权、规费、国债等资产或者以财政补贴、政府担保作为还款承诺，包装起来的一个资产和现金流均可达到融资标准的，政府实际控制的企事业、机关法人。

中国银监会对地方政府投融资平台定义为由地方政府出资设立，授权进行公共基础设施类项目的建设开发、经营管理和对外融资活动，主要以经营收入、公共设施收费和财政资金等为还款来源的企事业法人机构。

我们认为，所谓地方政府融资平台，就是指地方政府通过划拨土地、注入优质资产、国企股权等方式出资设立，资产规模和财务状况达到融资标准的政府性投资公司，公司以地方财政对公司的注资受益权、补贴、偿债基金等作为保证，甚至由地方政府提供隐性担保，通过向银行贷款或发行企业债券等方式融入资金，并重点投向基础设施、公用事业等公益性或准公益性项目。融资平台名称各异，通常有城建投资公司、资产经营管理公司、基础设施投资公司等。政府融资平台具有以下特征：一是地方政府主导或绝对控股；二是主要职能是融入建设资金；三是由地方财政直接或间接承担偿债责任或提供担保；四是所筹资金主要用于地方基础设施或公共服务项目建设。

二、融资平台的地位和作用

地方政府融资平台不是一个孤立的现象，它是现阶段我国地方政府投融资体系的重要一环。因此，分析融资平台对我国经济发展的推动作用，就需要将其放到地方政府融资体系和模式中进行综合评价。1990 年代中后期以来，我国已经形成了较为完备的地方政府融资模式，这一模式可以概括为：土地财政＋融资平台＋政策性银行打捆贷款的组合。

1. 基本模式

在基本模式下，地方政府组建各式各样的政府性投资公司，并以财政性资金注入、国有资产注资、土地收益、财政拨款以及赋予特许经营权等方式进行扶持，代替政府行使投融资职能，成为融资平台和载体，承担政府项目投资、融资和建设任务。国家开发银行及国有商业银行对地方政府进行大额授信，发放打捆贷款，在地方政府承诺、地方人大同意纳入地方财政预算确保还本付息的前提下，建立银行与政府的金融合作关系。国家开发银行还协助地方政府完善信用体系，为融资平台的项目提供具有资本金性质的软贷款。从而形成一个地方政府、融资平台与商业银行间相互依存、紧密相联的基本融资模式的环形图（见图6－1）。

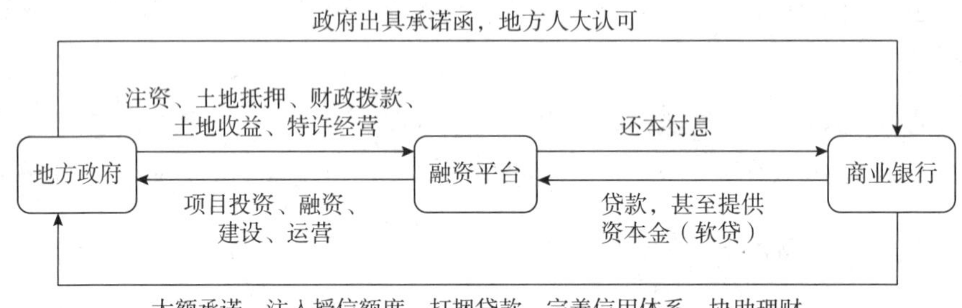

图6－1 基本融资模式环形图

在上述模式中，融资平台发挥着枢纽作用。其融资渠道包括：一是与国家开发银行的合作，在政府与国家开发银行签订的开发性金融合作协议的基础上，获得中长期贷款额度。二是与工行、建行、农行、中行等商业银行进行信贷合作，策划适应金融信贷政策的贷款项目和融资方案，在商业银行贷款规模上取得突破。三是利用国内债券市场筹集建设资金，发行城投债券。四是运用国际金融组织贷款，同时利用国外财团和基金投资基础设施。五是盘活存量，结合国企改制和公用事业改革，对可经营性的资产进行重组和整合，通过资产出售、股权转让、经营权转让等方式，引进外资和社会资本。六是发挥上市公司功能和资源优势，通过资本市场筹措建设资金。七是引进战略投资伙伴。八是尝试新的金融工具，探索基础设施资产证券化。

土地财政成为基本融资模式运作的引擎。在地方可支配财力有限的情况下，没有土地收益，这一基本融资模式就失去了存在的基础。地方政府在自有财力不能满足建设需求的情况下，对部分公益性、准公益性重大建设项目实行与土地等资源捆绑运作的办法，以土地等城市资源开发利用为重点，通过政策支持，在现有国家政策法规框架内，建立城投公司参与城市土地经营开发的工作机制，为重点项目建设提供资金保障。土地增值收益为城市建设提供了资金保障，实现了土地开发和市政基础设施建设的互动。例如，部分城市将土地储备作为城投公司筹集建设资金的重要来源，围绕土地储备、项目建设积极开展多项工作，土地一方面有储备抵押和贷款融资的功能；另一方面，土地的深度开发是土地资产增值的主要渠道。

政府背景贷款是基本融资模式得以发展的源泉。商业银行的政府信用贷款主要有以下几种贷款模式：一是财政直接补贴还款。政府以财政收入建立还款基金或直接补贴借款人，用于归还政策性贷款。这种贷款模式一般用于自身不能产生经营活动现金流，或经营活动现金流不足以归还银行贷款本息的基础性或公益性政府投资项目。二是财政垫付还款。建设项目自身可创造足以归还贷款本息的经营活动现金流，但什么时候、产生多少现金流不确定，难以按照约定的贷款期限归还贷款本息。对此类项目贷款，银行要求政府以财政收入根据合同约定的期限和金额代为清偿贷款本息。三是政府特许经营收费还款。对自身能够在约定的还款期内创造足够还款现金流的项目，政府不直接承担还款责任，但通过正式文件、会议纪要等形式，明确借款人对建设项目享有规定年限的经营权，以经营收费或收益作为还款来源。四是政府回购。政府明确非经营性项目为其对平台公司的负债，签订项目回购协议，约定政府回购时间和金额，以资产回购资金作为还款来源。

2. 功能与作用

(1) 满足了各个主体的利益需求

基本融资模式的形成是适应现有财税、金融体制以及经济发展阶段性要求的必然选择，充分满足了中央政府、地方政府、商业银行各方利益诉求。地方政府肩负着提供地方公共服务和基础设施的重任，有着强烈的融资需求，但是，由于过去长期以来的法律限制，地方政府不得发债或直接向银行借款；中央政府为了避免地方财政风险，防止经济的大起大落，不允许地方政府发行债券，也不允许地方政府采取显性担保获得融资；而对于面临流动性过剩的银行来讲，基础设施建设固有的政府背景及其稳定收益非常具有吸引力。基本融资模式恰好满足了上述三方的利益需求。对于中央政府而言，调动了地方政府的积极性，推进了城镇化进程，一定规模的市政建设实际上成为宏观经济持续稳定增长的重要因素；对于地方政府而言，信贷资金支持了市政建设，满足了地方经济发展的需求；对于银行而言，只要政府的现金流不出现问题，政府背景贷款相对来说还是有一定的安全性和收益性。融资平台是三方利益的结合点，是三方利益得以实现的载体。

(2) 增强了地方政府的融资能力

在基本融资模式中，地方政府对融资平台有着直接的财政投入，与此同时，对今后的财政投入有一个承诺，即承诺对未来无偿还能力的项目进行拨款。这样就容易获得商业银行，特别是国家开发银行的认可和支持。由于直接投入和未来承诺都是以土地财政为基础的，随着土地收益的不断增加，注入融资平台的资本金规模也不断扩大，这从根本上增加了融资平台的资本实力，即使杠杆率不提高，也会扩大银行资金的投入规模。融资平台和单个项目相比，抗风险能力大很多。其一，有些基础设施行业只有公益性，没有财务收益，如农村公路的修建没有收费补偿；但也有一些行业收益比较稳定，如燃气、水、高速公路等。这两类行业整合在同一个平台上，可以以丰补歉，使两者都能顺利融资。其二，同一个行业的项目周期不同，有的已经归还完了贷款，还在不断收费；有的则刚开始筹建，可能缺少资本金而难以立项。但是，如果放在同一平台上整合，拟建项目未必就不能融资。

（3）形成了一定的风险防控效应

基本融资模式在地方政府和国家开发银行等商业银行之间构建起了风险控制机制。融资平台建设之初，地方政府通过对平台注入各种资源、投资补助、项目回购、赋予经营权等多种手段，提升平台的经济实力、信用能力和还款能力。国开行则积极推动融资平台加强治理结构建设、法人建设、现金流建设和信用建设。通过支持地方资源整合和信用能力整合，形成借款以政府信用和企业信用为依托、资金运用以市场规则为基准的运作模式。国开行对地方政府财政实力的评价较为严格，具有针对性和可操作性。国开行给地方政府的贷款都要有明确的还款来源和抵押物。尽管采取统一授信的形式，但是，国开行仍需开展具体项目的核准手续的审查、项目自身收益分析和还款机制设计。在申请每一笔国开行贷款之前，地方政府也要认真考虑还款来源，明确具体的抵押物，融资方案经过市政府反复研究后，还要报市人大审批。显而易见，国开行和地方政府双方都十分珍惜业已形成的合作关系，从而建立了相互捆绑、相对稳定的风险防控体系。

（4）提高了地方政府的投融资效率

以融资平台为主体实现基础设施建设的投融资，有利于加强对政府投资的有效监督和管理，提高了政府的投资效率。以往地方政府的财政性建设支出基本上由政府各主管部门分别安排和管理，发改委和行业主管部门确定项目，财政负责安排资金，往往缺乏项目投资建设上的统筹安排，更缺少资金使用过程中的有效监督和跟踪管理。这样的资金管理体制造成了政府财政性资金使用分散、建设不配套、政府投资浪费。通过组建负责政府性融资平台，将政府安排的财政性建设支出统管起来，由投资公司进行专职的经营和管理，原则上有助于消除现实中存在的财政资金分散安排、市政建设部门分割、政府投资缺乏有效跟踪管理的弊端，提高了政府投资的效果和效率。另外，根据政府投资和国有资产管理体制改革的总体需要，地方政府组建起相应的基础设施建设投资公司，是整个国有资产经营管理体系的一个重要组成部分和环节。建立政策性融资平台有利于完善地方政府投资与国有资产经营管理体系，实现国有资产保值增值。

三、国外政府融资平台发展情况

在市场经济国家，政府的建设性职能明显偏弱，但是，在公益性或准公益性领域，政府仍是重要的投融资主体。以往，政府下属的公营企业主导公共项目投资与建设；现在，政府项目投资、融资和运营的责任并不是由公营企业独立完成的，而是通过公私合作的方式，由混合所有制企业完成。

1. 日本道路公团

为提高高速公路建设进度，日本政府相继成立了日本道路公团、首都高速道路公团、阪神高速道路公团以及本州四国联络桥公团等四家特殊法人，负责国家和城市高速公路网建设和运营。道路公团的成立，极大地促进了日本国家高速公路网的发展[①]。

日本道路公团成立于 1956 年 4 月。公团的主管官厅是建设省，职责是负责日本高速公路发展计划的实施，具体包括高速公路的建设和管理。公团的建设资金绝大部分来源于政府投融资资金的贷款，小部分来自政府财政出资。政府利用邮政储蓄和养老金等负债期限较长的国家储备资金，作为对道路公团的财政投资贷款（FIL），道路公团再利用收取的道路通行费进行偿还。除财政投资贷款外，道路公团还通过发行政府担保债券，以及引入部分商业贷款的方式筹集资金用于

① 贺竹蘑：“日本道路公团改革对我国高速公路管理模式的启示”，中国高速公路运营管理网，2012 年 3 月 30 日。

收费公路建设。政府对公团提供补贴，主要用于利息水平较高时期贴补公团的利息负担。在公团实施改革之前，政府每年投入公团的财政资金大体上在3000亿日元左右。

到1990年初，日本的泡沫经济破灭之后，道路公团的财务状况随之逐渐恶化，长期公路建设积累的债务负担居高不下，利用通行费收入难以按计划偿还高额债务。除此之外，道路公团的一些弊端也引起社会的强烈不满。首先，经营决策受利益集团左右，无法保证经济上的合理性，高速公路建设规划一再扩大，许多新建路线因利用率低而无法实现收支平衡。其次，子公司及关联企业垄断高速公路相关业务，形成特殊的内部分配机制，增加了招标成本。最后，经营效率低下及暗箱操作。由于上述的原因，公团在经营上无视经济上的合理性，不断借入财政投融资资金建设新的线路。同时，公团财务管理没有遵循企业的财务管理原则，导致缺乏成本意识，公团已经到了按照企业正常经营的标准难以存续下去的地步①。

2004年6月2日，日本国会通过了道路公团民营化法。根据该法规定，日本道路公团于2005年10月1日实现分割民营化，拆分为东日本、中日本和西日本三个高速公路股份有限公司。另外，首都高速、阪神高速、本州四国联络桥等三家公团分别改组为同名的股份有限公司。各公司的最高负责人均从民间经济界聘请。公团的原有资产和债务由与新公司同时设立的独立行政法人“日本高速公路保有·债务偿还机构”继承。至此，一直成为日本社会关注热点的道路公团改革终于尘埃落定。

在日本道路公团民营化改革中，最大的特点是设立了独立法人，持有高速公路资产，并负责偿还债务，而高速公路运营管理则由高速公路企业负责，实现了高速公路资产管理和运营管理相分离。道路公团民营化改革以前，运作效率低下，缺乏成本控制意识，为偿还贷款，通行费标准定得过高，受到社会的质疑。道路公团改革后，收费年限由原来的30年延长到45年，从而降低了公众的出行

---

① 林家彬：“日本的特殊法人改革——日本道路公团的案例解析”，《经济社会体制比较》，2008年第3期。

负担，保证了债务的及时偿付。与此同时，企业的成本意识增强，经营效率有所提高。

启示：第一，社会对于公共产品的需求快速扩张，客观上要求公共部门职能强化，从而担负起必要的职责。但是，公共部门的扩张不是刚性的和无节制的，政府在提供公共产品上需要量力而行。范围过宽、标准过高的公共产品提供，不仅会降低整个国家的经济活力，而且必然导致财政赤字的快速累积，不利于保持公共政策的持续性。

第二，基础设施部门的公营企业更容易出现经营责任的不明确、事业运营的低效与不透明、机构与人员的自我膨胀性、经营缺乏自律机制等问题。目前，日本高速公路企业的经营还有一定的行政色彩，改革的目标是否完全达到，是否需要进一步改革至今仍然存在争议。但是，对政府投融资平台进行体制机制的改革是一个必然的过程。

第三，改革后，公路管理主体成为企业，参与市场竞争，企业的经营目标除了完成国家政策规定的公益性任务外，盈利是其重要的目标，企业的经营活动在符合特许经营协议的约束下，具有一定的自主权。这时，需要政府的政策支持，包括建立专项税收用于公路建设，实行公路收费政策支持高等级公路发展。

2. 美国田纳西流域管理局

田纳西河流域管理局（TVA）管理的地区，包括整个田纳西河流域，即田纳西、弗吉尼亚、北卡罗来纳、佐治亚、亚拉巴马、肯塔基和宾夕法尼亚的 4 万平方英里土地。它是一种地区性综合治理和全面发展规划，是美国历史上第一次巧妙地安排整个流域及其居民命运的有组织尝试。

实施整个田纳西河流域综合治理与全面发展的计划，牵涉到 7 个州，要求所有有关州、县、市、镇当局及各种各样机构协调合作，国家是实施这一计划的最适宜机构。根据《田纳西河流域管理局法》的规定，该局应向美国财政部上缴纯收益，并向亚拉巴马与田纳西两州缴纳部分出售电力收入。该局的主要任务是改变田纳西河流域的贫穷落后面貌，消除阻遏整个美国进一步发展的障碍；降低全国电价，普及电力使用，以促进生产发展与改善人民生活。这是私营公司不愿干的。所以该法规定田纳西河流域管理局是一个超党派的国家机构。它的三位正、副局长在参议院的同意下，由总统任命。他们在任职期间不能从事任何其他事务，也不能与公用事业公司、肥料制造公司以及任何其他与该局经营电力与肥料发生利害冲突的企业发生财务关系。

但是，为了避免国家机构可能产生的官僚主义，TVA 又采用了具有灵活性的经营方式。它是个像私营公司一样的公司，通过自己的经营活动，偿还国家投资，并将其利润投入到进一步的开发工作。TVA 逐年的经费筹措与管理既不依靠州议会，也不依靠国会。从所有制来看，这是一种新型的国家所有制。国有的田纳西河流域管理局，既创造保证资本主义发展的外部条件，如防洪、发展航运、教育农民、改造落后地区以促进全国发展，使国家发挥上层建筑的作用；又大规模地经营电力、肥料等，并致力于降低电价，打破私营电业垄断，扩大电力使用，促进经济发展，使国家具有经济基础的属性和组织经济生活的职能。

TVA 的内设机构由董事会自主设置，这些内设机构曾根据业务需要进行过多次调整。如前期根据自然资源综合开发的需要，设置有农业、工程建设、自然资源开发保护等方面的机构，以后根据发展电力的需要，又增设了电力建设和经营等方面的机构。“地区资源管理理事会”是根据《TVA 法》和《联邦咨询委员会法》建立的，目的是促进地方参与流域管理。该理事会可对 TVA 的流域自然资源管理提供咨询性意见。目前，理事会约有 20 名成员，包括流域内 7 个州的州长指派的代表，TVA 电力系统配电商的代表，防洪、航运、游览和环境等受益方的代表，地方社区的代表，理事会成员的构成体现了较广泛的代表性。

TVA 作为具有联邦政府机构权力的经营实体，其经营上的良性循环主要依靠三方面的措施来实现：其一，政府的扶持。联邦政府对 TVA 开发项目给予拨款。在 1960 年前，这种拨款基本上是无偿的，仅交纳少量的资金占用费。1961 年后，经营项目的拨款要求限额偿还。另外，根据联邦税收法，TVA 作为联邦机构，可享有免税待遇，以后改为低税征收。政府的扶持政策对 TVA 的早期发展有很大作用。

其二，开发电力等盈利项目，为发展积累资金。TVA 以开发水电起家，到

50 年代，电力负荷的需求迅速增长，促使 TVA 积极建设火电站，继而建设核电和燃气电站，电力生产逐渐成为 TVA 最大的经营资产。据 2001 年资料，TVA 已拥有 48 座各类电站，近 3000 万千瓦保证容量，是美国最大的公共电力企业。电力赢利为流域自然资源管理提供了资金支持。

其三，发行债券，面向社会筹措资金。1960 年，TVA 开始在国内发行债券，为发展电力筹措资金。1995 年，TVA 在国际市场发行债券。TVA 对债券的成功运作，促进了其电力生产的发展，也使电力生产经营逐渐成为 TVA 的经济支柱。TVA 从早期的政府扶持到 20 世纪 60 年代发行债券，逐步走上了经营管理良性运行的道路。电力赢利的持续增长，支持了包括水资源在内的流域自然资源综合开发和管理[①]。

美国私营电力工业在 20 年代迅速发展成为实力庞大的垄断资本，它们逃避国家干预，维持垄断价格，谋求超额利润，长期拒绝将电力输往农村。这种情况，引起广大群众的公愤。罗斯福就任总统后不久，就要求国会通过了田纳西河流域管理局法，使得 TVA 有权生产和出售电力，可以建设通往农村的输电线，特别是有权根据该局电力经营，确定电价“标准”，用以衡量私营电价是否合理[②]。TVA 很快成为全国最大的电力生产者。到 40 年代初，田纳西河流域居民交付电费每度只有 2 美分多一点，而全国平均电费则为每度 4 美分多。TVA 战胜私人电力垄断资本和降低全国电价的斗争，是“新政”期间国家垄断资本主义战胜私人垄断资本主义的典型事例。

启示：第一，TVA 定位为既享有政府的权力同时具有私人企业的灵活性和主动性的机构。这种政企合一的管理体制，在当时历史条件下对 TVA 有效行使权力发挥了作用，但是，与现代水管理和流域管理的分权、协商、参与的发展趋势并不一致。然而，对 TVA 的这一管理模式应该放在当时的历史条件下去认识。

第二，田纳西流域管理上值得肯定和借鉴的做法和经验很多。如以立法作为流域管理的依据，政府授权 TVA 对自然资源统一开发管理，有利于对水资源和

---

① 谈国良、万军：“美国田纳西河的流域管理”，《中国水利》，2002 年第 10 期。

② 刘绪贻：“田纳西河流域管理局的性质、成就及其意义”，《美国经济》，1991 年第 4 期。

土地资源的协调开发和管理。TVA 发行债券，筹集资金的成功做法，已被一些国家在水资源开发项目中借鉴利用。TVA 设置“地区资源管理理事会”，这种理事会虽然只起咨询作用，然而，也开创了公众参与和交流的先河。

3. 荷兰市政公有股份公司

荷兰供水行业采取的是公用事业股份公司模式，综合了公有控股和商业运营两方面。荷兰供水行业在相当长时间内都是三种组织架构模式并存的状态，包括：完全私有、完全市政府公有以及公有水务公司。1997 年，荷兰政府发布的文件再次明确供水特许经营权只能授予国有企业，特许经营权享有者在该特许权相应的区域内垄断供水水务，但工业供水必须引入竞争机制。与此同时，政府制定关于成本效率（价格）的法规。20 世纪末，荷兰共有 25 家供水公司。到 2005 年，荷兰供水公司的数量减少为 6 家。公司数量的下降意味着公司规模的扩大①。

荷兰水务公用事业遵循公司法组建有限公司，股权所有者是地方政府、省政府，少数情况下还有代表中央政府的机构。其本质是利用公司法作为缓冲，使水务运营避免繁复的公法领域规章制度的负担。

公有水务公司中有四个参与方：总经理、董事会、股东以及工会。另外，财务监管职责由董事会承担，但在实际操作中往往由外部审计公司来负责。总经理负责公有有限公司的日常管理，对公司的运营负全责。董事会负责对公司政策和管理的监管，所做决策以公司利益为导向而不是政治利益为导向。股东为公司服务区域内的各个市政府，通常根据各城市居民人口比例进行股东名额分配。工会拥有被告知任何信息的广泛权利，同时对各种事务也有着实质性的建议权。

公有水务公司具有四个管理方面的特征：①非正式参与者的参与：饮用水的消费者通过对政府民主选举的方式实现了间接参与；其他的利益相关者，包括其他供水机构、工会、专业协会、报社、环保组织等对供水设施管理也有着特有的重大影响力。②在荷兰，市长一般通过任命产生而非选举产生，保持较长的董事

① 根据环境商会 2008 年 11 月 21 日资料编写。

职务，从而能够在一定程度上维持其决策的连续性，避免短期政策的出现。③董事会成员来自持有股权的城市及其所在省的市长们，与公司管理层相比，在技术方面处于弱势。因此解决方案是在董事会引入专家，目前这种专业化的进程正在许多董事会中悄悄进行。另外，根据荷兰法律规定，董事会的市长们大多会退回在董事会领到的酬金，不会从董事职务中获取经济利益。④公有水务公司的股东们都自愿限制他们自身的权利。股东们只有认可或否决年度账目的权利，以及接受或否决公司章程修改案的权力。

在饮用水行业采取公有有限公司的组织结构有不少好处。企业化的运营模式通过其自身的商业管理原则和商业操作方式提高了该行业的效率，且开启了直接从金融市场获取长期和短期投资的大门。公司的股份是公众持有的，可以避免其垄断地位职权的滥用，因为公众股东对市场回报率的需求远比私人股东小得多。财务的透明度和会计责任制可以通过外部审计系统保证。公有有限公司的组织架构保证了股东、总经理和董事会等主要参与方之间的制约和平衡，任何一方都不会占有过大的权力。

启示：荷兰供水行业采取公有股份有限公司运营模式，完全实现公司化运作，效率和服务质量均保持在很好的水平上。第一，总体而言，这种模式可以成功地利用公司法的保护来避免政治干预，公有水务公司的总经理比公用事业单位或法人化的公用事业单位的同行们享有更多实质性的自主权。

第二，公有水务公司的成本回收和运营方式明显优于完全公有事业单位。最后，公有水务公司虽然坚持全成本回收，但并不以利益最大化为目的。

第三，荷兰的实践证明，即便是国有企业，如果以真正的政企分开为基础，完全企业化运作，在有力的民主监管体系和水价体系的支撑下，也能够达到所期望的效率目标。

4. 新加坡地铁公司

新加坡地铁公司（SMRT）成立于1987年，当时是新加坡政府淡马锡控股公司的全资子公司，其任务是负责新加坡的东西线和南北线的运营。1998年，

SMRT 以 12 亿新元向新加坡陆路交通管理局购买轨道交通运营资产，而轨道、站台等资产仍然归陆路交通管理局所有；1997 年，设立全资子公司新加坡轻轨公司，负责轻轨的运营；2000 年 7 月，SMRT 在新加坡证券交易所上市，淡马锡控股从筹集到的资金中收回了部分投资；2001 年收购了以公共汽车、出租车为主营业务的新加坡八达控股公司。目前，SMRT 已经形成以地铁、轻轨、公共汽车、出租车为主营业务，同时还涉及广告、物业租赁、咨询、海外地铁运营管理等业务①。

SMRT 与新加坡交通部陆路交通管理局在 1987 年签订了为期 10 年的地铁经营许可与运营协议，之后延期到 1998 年 3 月 31 日；1998 年 4 月 1 日，重新签订了为期 30 年的协议。该协议具有如下特点：SMRT 的垄断性得到保障，在指定的线路上 SMRT 是唯一的运营商，并有续约的优先权。地铁公司按票务总额的 1% 缴纳许可证年费，轨道及站台资产的所有权归政府，使用权归地铁公司。所缴纳的许可证年费相当于租赁费，地铁公司负责该资产的维护保养。地铁公司不需要承担地铁基础设施的建设费用，其主要的职责是在保证为顾客提供优质服务的前提下，降低运营成本、提高运营效率、满足协议规定的运营指标，这就为公司股东取得合理的投资报酬提供了制度性保障。在协议中规定了地铁公司需要达到的运营指标，如车辆到达和离开的准时率、服务水准、顾客受伤率等。如果地铁公司未能达到规定的运营指标，将被罚款甚至取消经营许可权。

SMRT 选择了与城市轨道交通关系最为密切的公共汽车和出租车，以及可以利用其自身资源的广告和商铺出租业务。其发展的途径是收购与自身发展相结合。2001 年收购了 TIBS 控股公司（八达控股），八达控股当时是新加坡 2 家拥有公共汽车营运执照的公司之一，拥有 74 条公交线路，800 辆公共汽车，2000 辆出租车。收购后，业务发展平稳。在商铺出租业务上，SMRT 则充分利用地铁站的空间。现已在 51 个地铁站、13 个轻轨站开发了 2.7 万平方米的商铺。由于地铁的客流量很高，受到租户的欢迎，出租率到达 98.1%。SMRT 利用自身的资源，提供地铁车厢、出租车和公共汽车的车身广告，同时还提供在上述地方提供流动电视广告。由于地铁的客流量大，公众的关注度高等优势，吸引了大量知名

① 钟峻青："新加坡地铁公司经营管理体制及其启示"，《城市轨道交通研究》，2010 年第 11 期。

品牌的广告。

SMRT 的治理结构包括董事会和经营团队。董事会的职责是制定公司的策略及经营方向，此外还包括遴选经营管理团队、监督经营方向的执行、审批财务报表和预算、落实为实现公司目标需要的财务和人力资源、评估高级管理人员的表现等，并决定执行董事和高级管理人员的薪酬。董事会下设审计委员会、提名委员会和薪酬委员会，其成员均由非执行董事和独立董事组成。公司日常的运作由总裁负责，并成立了管理委员会协助总裁工作。管理委员会的职责是使董事会的策略、政策更好地贯彻到相应的部门，同时也对现有的项目、主要的政策、公司的策略等进行评估。

启示：第一，公共交通一体化运营。公共交通是一个整体，地铁、轻轨、公共汽车、出租车等各种出行工具需要有机衔接。新加坡地铁公司统一管理这些业务，有利于相关设施的统一布局，各业务之间能够发挥协同效益。为了避免垄断，新加坡捷运公司也拥有地铁、公共汽车、出租车等业务，两家公司形成既竞争又合作的关系。

第二，SMRT 利用地铁站的商铺和广告位，取得了很好的经营效果。新加坡地铁公司的主营业务的盈利能力，在很大程度上取决于票价的高低。作为具有垄断性和公益性的企业，其盈利能力并不能由企业自身决定。但是，商铺的出租和广告业务就比较大程度上取决于自身的能力。二者相互配合有利于保持公司业务盈利的稳定性。

小结：①从国外经验看，承载政府投融资功能的投资公司或融资平台从未离开过人们的视线。无论是中央（联邦）政府，还是地方政府，都需要发挥政府融资平台在基础设施和公共服务领域投资、融资、运营的作用。

②从国外经验看，地方政府都是把融资平台作为一个真正的企业看待，无论是公营企业，还是混合所有制企业，融资平台都是一个企业。政府不能对企业行为进行行政干预，要实现政企分开和企业的自主决策和自负盈亏。

③从国外经验看，政府融资平台离不开政府政策的扶持。融资平台从事的多是公益性较强的项目投资、建设和运营，项目缺少现金流是基本的特征，必须通过财政补助、盈利性资产注入等方式，实现融资平台的可持续发展。

四、我国政府融资平台的发展状况

1. 上海地方政府融资平台

上海是我国最早成立政府融资平台公司的地方。1986 年，上海久事公司成立，负责“九四专项”所需资金的统一筹措、安排和综合放款。久事公司成立后，第一批融到 32 亿美元的外资。其中，14 亿美元用于城市基础设施建设，先后建设了南浦大桥、地铁一号线、虹桥机场改造、20 万门城控电话、河流污水治理等 5 个项目；13 亿美元用于工业，一共建设了 256 个项目（如引进新型设备）；5 亿美元用于其他贸易，比如建设了一批旅游宾馆。上海的城市面貌得以改善。久事公司开创了政府借助平台公司实施市场化融资之先河，为上海城市建设投融资积累了丰富的经验。

1992 年，上海城市建设投资开发总公司成立。作为上海的第二家投融资平台公司，城投公司比久事公司成立晚 5 年。但在某些方面，城投的理念又比久事公司先进了一步。城投公司在城建资金的筹措上，除了城建规费、财政资金、银行借款、市场债券股票之外，还有重要一项，那就是土地收入——土地有偿使用和批租收入用于城市建设部分。1988 年 8 月 8 日，上海推出了首个土地批租项目，1992 年起，土地批租大规模展开，资金源源不断注入几大投融资平台。到 2000 年底，上海通过土地批租共筹措资金 1000 多亿元，大大加快了上海城市建设步伐，尤其是上海的旧区改造。

上海申办世博成功后，城市建设进入新一轮密集建设期。2000 年 4 月，上海久事公司携手上海城投，投资组建申通地铁集团，负责上海的轨道交通建设融资。同年，上海市政资产经营发展有限公司、上海水务资产经营发展有限公司和上海交通投资集团有限公司成立，它们与上海城投共同构成城建资金筹措与管理的“1+3”架构，进一步强化了城建资产的市场化运作。与此同时，自20世纪90年代以来，为了推动浦东开发，上海市政府成立了陆家嘴集团、金桥集团、外高桥集团、张江集团等四大开发公司。截至“十五”期末，这四大开发公司承担了浦东新区80%以上的招商引资任务，共筹集开发建设资金500多亿元。为了推动虹桥商务区建设，2006年，上海又成立了申虹公司，三大股东分别为上海机场集团、上海久事和上海市土地储备中心（上海地产集团有限公司），其职责是对虹桥枢纽规划范围区域实施专项土地储备，负责征地动迁和基础性开发。2007年，国盛（集团）有限公司成立，其定位是上海国资重大产业投资平台、资产运营平台和市场化融资平台。

除了城市基础设施建设，在应用资本手段在区域甚至全国形成产业带动效应方面，上海亦走在全国前列。上海创投、上海金融发展投资基金均定位于此。上海创投成立于1999年，公司采取“基金的基金”模式，组建基金（投资）公司17个、基金管理公司逾20个，募集和管理的创业资本达30亿元。上海创投通过专业的基金管理公司对17个基金（投资）公司进行专业化管理。2004年起，连续三年受上海市政府“科教兴市”推进办公室委托，负责管理上海重大产业科技攻关项目资金，每期资金达10亿元。而上海金融发展投资基金则由上海国际集团和中国国际金融有限公司于2009年7月共同发起成立，是经国务院同意、国家发展改革委批准试点的国内首家以金融产业为主要投资对象的产业基金。上海金融发展投资基金面向全国，积极参与金融和其他优势产业的投资、重组、改制及上市，投资领域包括银行、证券、保险、信托、金融服务等金融行业，以及新能源、矿产资源、优势制造业、消费品和现代农业等领域，其中金融业投资比重不低于50%。

上海不仅是我国地方政府投融资平台建设的发源之地，也是各种创新型融资模式的引领之地。其突出特点在于以政府为主导，以城市的阶段性建设发展为目标，通过内部资金循环实现整体可持续发展。无论是久事、城投、申通，还是四大区域开发公司、上海创投，各类平台公司都依据城市建设需求而成立，充分体现了政府的城市建设、产业结构调整意图。同时，在政府的系统规划下，各家公司通过各类别项目在不同平台公司之间的调配协调，得以平衡资金投入数量和节奏，防控债务风险[①]。上海在创新型融资方式的大胆尝试亦走在全国前列。除了城建规费、财政资金、银行借款、市场债券股票之外，土地收入的利用、社会化资本引进、以上市公司为重点的资产重组和资本运作的推进等各类创新性融资方式，都是上海率先推出。此外，从1998开始，上海便对政府投资领域逐步进行分类界定，明确政府投资主要集中于非竞争性的公益性项目，退出一般竞争性领域，并确定将有赢利的基础设施项目逐步推向市场，进行公开招商，实现社会化融资；对于逐渐退出融资功能的平台公司，积极培育造血能力，适时转型，保障平台公司的持续发展。

2. 重庆地方政府融资平台

从2002年末开始，重庆整合了各类分散的政府资源，组建并壮大了水务控股、城投公司、高发公司、交旅集团、地产集团、渝富公司、开投公司、水投公司这八大政府建设性投资集团。八大投资集团由政府拥有，授权经营，通过市场化方式运作，成为重庆基础设施、城市建设等公共领域重大项目的投融资平台。重庆“八大投”的做法曾引发全国关注，被称为地方融资平台的“重庆模式”。随后，很多各地方政府效法重庆做法，搭建类似的投融资平台。世界银行官员也曾对“重庆模式”给予高度肯定，认为重庆的做法具有创新性。近十年，重庆“八大投”承建了2000公里铁路、3000公里高速公路和1万公里高等级公路，以及大量水利、环境、桥梁隧道和地铁轨道工程，累计投资6000多亿元。其中，国债、各类专项资金筹集了一部分，通过土地管理和开发平衡了2000多亿元。截至2013年底，“八大投”债务不到3000亿元。目前，“八大投”还有20万亩国有储备土地，还能通过污水处理、自来水供应和高速公路收费等平衡债务，整体信用良好。

重庆地方政府融资平台的基本融资方式包括：第一，多种渠道充实资本金。重庆主要通过五种方式向“八大投”注入资本金：①国债注入。把分散到各区

---

① 王道军、赵边沁：“上海投融资平台20年运营脉络图”，http：//www. sina. com. cn。

县的几百个国债项目的资金统一收上来，按项目性质归口注入相应的融资平台。②规费注入。将路桥费、养路费、部分城维费等财政性专项资金分别归口注入融资平台。③土地储备收益权注入。赋予部分投资集团土地储备职能，将土地增值部分作为对融资平台公司的资本金注入。④存量经营性资产注入。将过去几十年形成的上百亿元存量资产，比如路桥、隧道、水厂等，划拨给有关融资平台，成为其固定资产和收入来源。⑤税收返还。通过对基础设施、公共设施投资项目实施施工营业税等方面的优惠或减免，作为资本金返还给投资集团。通过上述方式，为各融资平台公司累计注入700多亿元资本金。

重庆市政府非常重视融资平台的风险控制。提出构建防范系统性风险的“三个不”的防火墙：①财政不得为融资平台作担保。虽然政府及各有关部门都要支持投资集团发展，但政企之间必须保持严格的界限，防止财政债务危机。②融资平台之间不能相互担保，从而切割各融资平台的债务风险，避免造成大面积金融风险。③各投资集团的专项资金不能交叉使用。财政拨付的专项资金虽然放在投资集团，但使用范围受财政掌控，必须专款专用，不准交叉使用、互相挪用。在风险管理方面，重庆市还确立了“三大平衡”的原则：①净资产与负债的平衡，即把资产负债率控制在50%左右。各投资集团的贷款额度保持在授信额度的1/3左右，随着资本金逐步增加再相应地扩大债务规模，始终维持净资产与负债1∶1左右的水平。②现金流的平衡。搞好融资平台的现金调度，保证现金需求和供给的基本平衡，实现现金流良性周转，保证融资平台的正常运转。③投入与产出的平衡。各融资平台公司在接受政府部门下达的具体投资建设任务时，为避免出现融资困难或信用危机，坚持经济规律、价值规律和市场原则，接受能够胜任的任务，必须要有相应的资金注入或者通过特定的盈利模式回收投资。

3. 天津地方政府融资平台

2003年以前，天津市政府投资建设项目的资金投入主要依赖财政性资金，银行贷款较少。随着天津滨海新区开发开放纳入国家发展战略，天津市的基础设施建设大规模铺开，也由此产生了对政府投资资金的巨大需求和政府投资资金之外的巨大融资需求。为解决基础设施建设资金紧缺的问题，天津市提出经营城市的理念，为实践经营城市的理念，天津市相继成立多家政府投融资平台公司，分别承担天津市的地铁、公路、海河综合开发、城市环境综合治理及京津城际轨道交通等重大项目的投资、融资与建设任务。为促进融资平台规范发展，天津市政府将融资平台类公司统一归类为“特定目的公司”，即以政府出资和公共资源为基础，以市场化方式运作，承担城乡和经济功能区基础设施开发建设任务的公司。包括土地整理中心、投资公司、建设开发公司、项目管理公司、各经济功能区基础设施投资建设开发公司。

2002 年 3 月，国家开发银行天津市分行和天津市有关委、局用一年多的时间，调研用土地收益做抵押发放城市基础设施贷款的可行性问题，设计了“将城市基础设施建设与加强土地管理有机结合，以土地出让收益来偿还银行贷款本息和进行城市基础设施建设”的融资模式。这种模式是将开发性金融原理引入城市基础设施建设，改变了传统的信贷模式，利用基础设施改善带来的土地增值和相关收益作为还贷基础，封闭运作，形成了信贷资金在“借、用、管、还”各个环节一整套运行模式。双方确定，用天津市外环线以内可转让的土地未来 15 年的出让政府收益作质押，国家开发银行给予 500 亿元城市基础设施建设项目贷款授信额度，专项用于海河综合开发、城市快速路系统建设、地铁建设和城市环境绿化等基础设施项目①。

形成“借、用、管、还”运行模式。主要包括以下三个方面：首先，通过贷款，提前改造和建设高效的、现代化设施，从根本上改善城市载体功能，改善投资环境，提升土地价值，取得增值收益，来偿还建设贷款，形成城市基础设施建设的良性循环。其次，创新城建贷款担保方式，打通大额融资瓶颈。充分利用土地的一般商品属性，以政府未来土地出让收益权质押，而不是以宗地抵押，妥善解决了贷款担保问题。第三，成立天津城投公司和土地整理中心两个投融资平台，按照“政府调控、市场化运作、企业化管理、专业化人才、多元化融资、特许经营”的原则，建立起公益性基础设施投资管理与市场化投资风险控制模式相

---

① 马白玉：“创新思路因地制宜推进天津城市建设发展”，人民网经济频道，2007 年 7 月 23 日。

结合的经营管理机制。

建立大额贷款还款保障机制。天津市为确保大额贷款的偿还，采取一系列措施，通过市场化手段，以制度建设和政府的组织优势为保障，确保大额贷款偿还。2003 年 6 月，天津市政府出台了《天津市经营性土地有偿使用办法》，实行建设用地计划收购和供应制度，通过实施有计划的政府主动收购和“招、拍、挂”方式公开出让的有计划供应土地制度，合理调控建设用地的供给规模，充分发挥计划对土地市场的调控和引导作用，保证了土地市场公开、健康、平稳运行；明确土地整理中心作为全市土地收购、储备、整理和委托出让的唯一机构，成立土地交易中心，全市土地交易均需通过其办理。同时，成立了“天津市土地资源管理委员会”，研究决策全市土地管理中的重大事项，并建立起以土地出让政府净收益偿还贷款的资金管理制度。

建立全程监管和监督机制。①建立了管理、协调机制。天津市政府成立了由市主要领导任组长的贷款资金使用监督小组，对重大事项研究决策；建立了国家开发银行高层与市领导的沟通协调机制，国开行与政府有关部门联席会议制度。②资金封闭运作，加强现场跟踪与服务。天津城投公司、土地整理中心、承建方、施工方均在国开行开设账户，国开行全程监控资金的运行。天津城投公司建立了资金财务“一把手”、“一支笔”负责制，建立了项目招投标和工程监理制度，强化项目投资管理。同时，国开行派一名董事进入天津城投公司董事会，并向天津城投派驻了管理人员，加强贷款资金的现场管理，提出加强经营管理的建议，监督资金支付，保证了贷款及还贷资金安全。③引入审计与监察部门，建立国开行与天津市政府的联合执法机制，全程跟踪监督天津市审计局对大额贷款项目全程跟踪，定期检查，提出整改措施和建议，并跟踪整改情况。国开行天津市分行与天津市监察局建立大额贷款联合执法监察小组，加强对贷款管理使用情况的监督检查。

4. 银川地方政府融资平台

银川市城市建设投资控股有限公司成立于 2001 年，是银川市政府指定的投融资平台，出资人为银川市国有资产监督管理委员会，出资比例占公司注册资本的100%。截至2013年底，公司注册资本3.9亿元，资产总额194.7亿元，负债总额59亿元，所有者权益135.7亿元，资产负债率为30.3%。2013年实现营业收入9.9亿元。公司作为国有独资公司不设股东会，由市国资委行使股东会职权。公司实行规范的企业法人治理结构，按照决策权、执行权、监督权相互独立、相互制衡、相互协调的原则，设立董事会、监事会、经理层，各司其职。

截至2013年底，公司纳入合并报表的控股公司共7家，其中全资子公司6家，包括公共交通公司、煤气供热总公司、市政综合开发有限公司和银川污水处理有限公司等。银川城投主要负责银川市城市基础设施项目的建设，以及建设资金的筹集、融通、管理、使用和对授权的国有资产进行经营、资本运作。现已形成以城市基础设施建设、公共交通和燃气供应为业务主体，污水处理、租赁管理、咨询等业务为补充的多元化经营业务体系，主导着银川市城市基础设施建设、公用事业运营等多个领域，承接了大量关系到银川市经济社会发展的重大项目，在城市基础设施项目投资、建设和运营管理等方面积累了丰富的经验，为银川市的城市发展和经济繁荣做出了贡献。

银川城投发展的基本思路是，通过土地注入、资产划拨、特许经营、现金注入等方式，在较短时间内实现城投公司资本超常规增长，打造一个具有相当规模和实力的城市建设投融资平台。通过平台将土地、房产、股权、特许经营权等多种地方政府资源充分调动起来，广开融资渠道，集中财力多办事、办大事，为银川市的跨越式发展提供强有力的资金支持。一是通过国有土地作价注资的方式，为城投公司注入城市核心区的储备土地800亩，资产价值10亿元，扩大了融资平台的资本金规模，夯实了筹资运作的基础；二是建立了市本级预算内专项资金注入机制，即政府每年将财政预算内安排的建设资金随项目进展及城投公司融资资金到位情况逐步注入城投公司，从而将财政性资金转化为城投公司的“外部现金流”，有效提升了融资平台的资信等级；三是将市文化艺术中心、会展中心、文化城及市委、政府迁入行政中心后的闲置房产等近10亿元的政府房产注入城投公司，并授权城投公司对其中的可经营性房产进行经营运作，为培育融资平台自身的经营能力和造血机能奠定了基础；四是将城投公司历年投资城市基础设施建设形成的资产全部划入城投公司，理顺了产权关系，做大了融资平台的资产规模。

为理顺城投公司的运行体制，建立扶持城投公司发展的长效机制，市政府提出了“五个坚持”的原则，即：坚持“四项注入”，增强融资平台资本实力。一是市本级预算内专项资金注入；二是政府授权城投公司经营广告、停车场、闲置房产、国有股权等所得收益注入；三是城投公司在经营运作中发生的各种地方性税费支出，政府予以协调减免或按年度先征后返，作为资本金注入；四是今后政府性资金投资形成的经营性资产和准经营性资产，能进入城投集团的全部划入城投公司。坚持“两不政策”，构筑城投公司防火墙。一是政府不能盲目上项目；二是未经市政府批准，城投公司不得对外进行担保。坚持“两项控制”，防范城投公司经营风险。一是控制城投公司的经营性资产（含准经营性）和非经营性资产的比例，始终保持经营性资产占企业总资产的45%以上；二是控制城投公司的资产负债率，始终保持企业资产负债率不得高于70%。坚持“两个主体”，保障城投公司作为投资人的权益。一是建设单位主体。凡是以城投公司融资作为项目建设资金主要来源的，城投公司即为该项目的建设单位，相关立项批复、投资计划、配套资本金的划拨及形成资产的移交均以城投公司为主体；二是投资主体。凡是以城投公司融资作为项目建设资金主要来源的，城投公司即为该项目的投资主体，按照相关规定履行“投资主体”的职责。坚持“一项取费”，扶持城投公司自我发展。允许城投公司按照年度融资额提取一定比率的管理费用，用于企业内部职工绩效奖励考核及企业发展。

5. 武汉地方政府融资平台

武汉市城市投资开发总公司成立于1997年5月。2002年7月，为深化城建投融资体制改革，拓宽融资渠道，加快城市建设，市委、市政府决定重组城建资产，通过合并和资产注入，对城投公司进行重组。武汉城投的业务主要分为五大板块，即水务板块、燃气板块、基建板块、置业板块和城市资源开发板块。2012

年底，城投公司总资产达1529亿元，在全国城投公司中排名第三。作为城市基础设施建设的投融资主体和市政府城建投融资运作平台，城投公司主要承担武汉城市基础设施项目融资、投资和建设任务，负责城市基础设施资产的营运及开发和国有资产的保值增值。业务覆盖城市道路桥梁、给排水、污水处理、燃气热力、新区开发、火车站市政配套、支铁建设、信息管网、公共停车场等基础设施建设以及市属公房管理、城市路桥收费和房地产经营开发等。

2004年，武汉市委、市政府作出了开发建设武汉新区的战略决策，武汉城投公司向市政府提出建议：把新区的基础设施建设与土地资源开发利用结合起来，利用土地资源筹融资，利用土地收益弥补项目投资缺口，实现投资平衡。城投集团公司和武汉地产集团合资组建了武汉新区建设开发投资公司，作为新区开发的投融资主体，负责新区的基础设施和功能性、公益性项目建设。经市政府同意，组建了武汉市土地整理储备中心武汉新区分中心，作为新区的土地储备主体，负责新区土地的征转用、收购、拆迁和储备工作。公司和土地分中心两块牌子，一套班子，实行一体化运作，主要负责四新片区的开发建设，面积17.4平方公里。几年中，新区公司和分中心累计完成投资额40多亿元，取得融资额度约100亿元，先后启动了基础设施及配套建设近20项。

通过土地收益平衡重大项目投资的运作模式是：由城投公司根据项目情况，拟定用土地平衡投资的资金平衡方案，报经市政府审批同意后，市政府划定特定区域土地，将基础设施项目与相应土地结合，在推进基础设施建设同时，开展土地整理储备工作。生地变成熟地后，进入土地市场实行招拍挂，土地供应收入全额上缴市财政，市财政在核拨土地成本、计提各项政策性资金和支出后，将剩余的土地净收益拨付给城投公司，用于重大基础设施建设项目投资，推进项目滚动开发，实现项目总体资金平衡。资金运作方式是：城投公司以启动资金为基础，申请项目贷款和土地储备贷款，启动项目建设和土地储备。同时，开辟信托、委托贷款、土地债券、证券化等多种融资渠道，多方筹措资金。土地出让后，实现的土地供应收入直接缴入市财政设立的专户，公司核算土地成本，市财政部门直接将成本核拨给公司的项目专户，用于土地储备还款和再投资。土地运作方式是：政府授予城投公司土地一级开发权。公司根据全市土地状况和年度建设和资金计划，拟订年度土地储备、供应和资金计划，上报市国土资源局和市财政局。按照市政府批准的年度计划，公司申办各项行政审批手续，筹措土地储备资金，负责划定区域内的土地储备工作，组织开展土地的收购、征用、拆迁、还建等工作，负责土地的“七通一平”等配套开发建设。土地储备工作完成后，委托市土地交易中心统一公开出让。

6. 融资平台发展经验

从上述地方政府融资平台的发展中可以归纳出如下特点。

第一，得到政府充分授权和财力保障。大多数地方政府都授权融资平台负责筹措和管理建设资金，对基础设施和公共服务实行有偿投入、使用和服务，并可通过地产和房产的综合开发建设以及城市建设相关项目投资的经营活动为政府项目建设积累资金。融资平台的注册资本、总资产、净资产数额可观，融资数额不断扩大，为城市建设和经济社会发展起到了巨大作用。在城市建设中，政府对融资平台大量注入资金，包括财政性资金、专项收费、土地有偿使用和批租收入。凡有偿还能力的项目由融资平台签订合同和回收本息，对无偿还能力的项目政府进行拨款。政府还通过特许经营的方式保障了融资平台独享城市建设和运营收益，并将这些收益进一步用于城市建设。

第二，充分发挥公共资源的融资功能。在财政投入不能满足建设需求的情况下，融资平台对公益性、准公益性重大建设项目实行了与土地等资源捆绑运作的办法，以土地等城市资源开发利用为重点，为重点项目建设提供资金保障，同时促进了基础设施建设。在政府主导下，成立土地储备中心，通过土地和项目的封闭运行，土地增值收益为城市建设提供了资金保障。融资平台还将地方政府所拥有的众多资产进行整合，通过资产证券化，通过抵押、质押、发债和出售资产等手段来融通项目建设所需资金。地方政府授权融资平台整合城市资源，健全造血机能，实现资源资产化、资产资本化的市场化运作，扩大了城市经济总量。

第三，不断转变政府的投融资方式。融资平台的出现从根本上改变了政府资金的投入方式。所有的政府建设项目，都以项目公司的方式实行市场化运作，改变了过去计划经济体制下财政直接投资的模式。越来越多的地方政府通过融资平台发行城投债的方式，为政府项目建设融资。融资平台还通过项目直接吸引民间资本的参与。这种运作机制把政府组织协调优势和负责城市建设的融资平台的市场化融资优势结合起来，通过财政杠杆作用吸引银行和社会资金广泛参与政府投资项目，通过融资平台的管理和运营，在一定程度上实现了政府资金和资源的市场化运作，增强了融资平台的市场实力和信用等级，解决了城市基础设施建设融资难题。

五、我国融资平台的问题及趋势

1. 融资平台的问题及其成因

地方政府融资平台在我国经济发展中发挥了重要作用，一些地方政府融资平台也取得了较好的业绩。但是，在我国城市化快速发展的过程中，地方政府融资平台的风险也在不断累积，并引起了社会各界的广泛关注和忧虑。

(1) 公益性职能过多，经营状况趋于恶化

融资平台承担了过多的公益性项目投资责任，例如城市道路、水利设施、文化教育等项目建设，无法产生更多的现金流，更无法弥补投资和经营的亏损。多数平台公司没有建立起还款约束机制和还款保障机制，难以形成自借、自用、自还于一体，负债经营、自我平衡的债务融资体系。这样，经过一段时间的高强度投入，融资平台的资产负债率提高很快，能够用于产生现金流的优质资产越来越少，企业造血机能逐步丧失。先期成立的一些融资平台已经丧失了基本融资功能，地方政府不得不再成立新的融资平台，以适应不断增长的融资需要。

(2) 行政干预较多，公司治理结构不完善

融资平台是具有政府背景的投资公司，在我国体制转轨时期，很难摆脱政府的行政干预。长期以来，在融资平台的运作过程中，项目投资、融资和经营的决策权并不在公司及其经理人手中，地方政府官员实际上是融资平台的决策者和管理者，平台公司仅仅担当着“执行者”的角色。在很多情况下，融资平台董事会和经理层成员往往兼有行政官员的身份，官员往往需要接受来自行政系统的任务，企业的经营决策往往被地方政府所左右，丧失了自身的独立法人意志。融资平台公司既是政府的职能部门，又是市场中的法人主体，这种双重角色显得不伦不类。

(3) 企业过度负债，偿还存在较大不确定性

融资平台债务是地方政府的或有债务，其债务的监管是一本糊涂账。各地举债融资方式不一，且多头举债、举债程序不透明。不仅商业银行难以全面掌握，而且地方政府对不同层次融资平台公司的负债和担保状况也未必完全清楚。由于很难及时掌握各级政府总体负债规模，银行无法准确评估地方政府偿债能力。由于地方政府没有把政府债务，特别是平台债务的偿还纳入年度预算，及早安排偿债资金，一旦进入偿债高峰期，并且偿债额巨大，就可能出现债务危机。地方政府借款很少顾及债务结构和实际偿债能力，盲目对融资平台公司提供担保，导致债务规模超过地方财力的承受能力。

(4) 融资行为不规范，运营缺乏监管

为实现地方政府的增长目标，近年来，融资平台采取了许多违规的做法。例如，监管部门明确规定不得以 BT 方式举借政府性债务。然而，在融资额满足不了投资需求时，融资平台仍普遍性地采用 BT 模式弥补不足。一些地方政府继续违规向融资平台公司注资或提供担保。在融资平台公司从信托、基金公司等影子银行融资时，地方政府提供担保函现象也大量存在。监管部门明确要求地方各级政府不得授权融资平台公司承担土地储备职能和进行土地储备融资。但不少地方

仍将土地储备中心挂在城投公司名下，有的还是两块牌子一套班子运作。

(5) 对土地的依赖性较强，债务风险加大

根据国家审计署的统计，2012 年底，4 个省本级、17 个省会城市本级承诺以土地出让收入为偿债来源的债务余额 7746.9 亿元，占这些地区政府负有偿还责任债务余额的 54.6%。这些地区 2012 年以土地出让收入为偿债来源的债务需偿还本息 2315.7 亿元；而扣除成本性支出和按国家规定提取的各项收入后的可支配土地出让收入减少 179.5 亿元，降低 8.8%。债务本息为当年可支配土地出让收入的 1.25 倍。由于经济下行风险加大，以及国家严厉调控房价措施，房地产市场低迷，土地出让规模和价格都有所下降，在很大程度上影响到地方政府土地收益的稳定性，由此造成地方政府土地融资风险增加。

2. 政府融资平台的未来发展

为有效防范财政金融风险，加强对地方政府融资平台公司管理，防范潜在的金融风险和财政风险，保持经济持续健康发展和社会稳定，2010 年 6 月，国务院发出《关于加强地方政府融资平台公司管理有关问题的通知》（国发 19 号文），明确要求抓紧清理核实并妥善处理融资平台公司债务，并按照分类管理、区别对待的原则，妥善处理债务偿还和在建项目后续融资问题。2012 年 12 月，财政部等四部委发布了《关于制止地方政府违法违规融资行为的通知》，明确要求对地方各级政府及所属机关事业单位、社会团体、融资平台公司违法违规融资或担保承诺行为进行清理整改。2011 ~ 2013 年，银监会连续三年下发文件规范地方政府融资平台贷款。

2014 年 9 月，国务院发布了《国务院关于加强地方政府性债务管理的意见》（国发 43 号文），提出赋予地方政府依法适度举债权限，明确划清政府与企业界限，政府债务只能通过政府及部门举借，不得通过企事业单位等举借。地方政府举债采取政府债券方式。没有收益的公益性事业发展确需政府举借一般债务的，由地方政府发行一般债券融资，主要以一般公共预算收入偿还。有一定收益的公

益性事业发展确需政府举借专项债务的，由地方政府通过发行专项债券融资，以对应的政府性基金或专项收入偿还。鼓励社会资本通过特许经营等方式，参与城市基础设施等有一定收益的公益性事业投资和运营。投资者按照市场化原则出资，按约定规则独自或与政府共同成立特别目的公司建设和运营合作项目（见图6－2）。

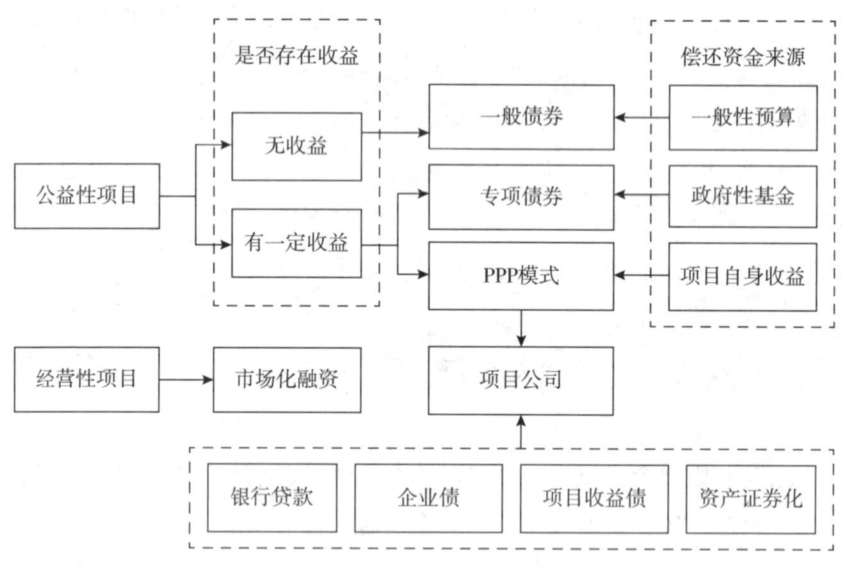

图6－2　43号文之后的地方政府融资机制

根据43号文的设计，未来公益性项目将由政府发行债券融资，准公益性项目将推广PPP模式，融资平台则在实现市场化的同时，作为社会资本出资方参与政府项目运作。但问题是：第一，公益性项目全部由政府发债融资，不能采取其他融资方式，能否便捷、高效地满足3000多个市县政府项目融资需要？第二，政府一般债券和专项债券融资项目性质较为复杂，涉及资金体量庞大，全部由地方政府部门自己承担投融资职能是否现实，是否仍然需要专门的操作和实施机构？第三，融资平台转变为市场化公司后，失去了政府背景，国家开发银行、商业银行以及社会资本还会把钱借给这些公司，让其从事政府项目投资吗？第四，并非所有的项目都适用于PPP，那么，不适宜或根本无法采用PPP的准公益项目融资怎么办？

恢复部分政府融资平台。未来我国仍将保持中高速发展，地方政府职能仍然具有服务型和建设型的双重特征，仍然需要通过大量的外部融资来履行其事权和支出责任，因此，也更需要具有政府背景的投融资主体帮助其完成投资与建设的任务。鉴于融资平台已经积累的大量资源，已经具备了较为完善的组织架构和运营能力，未来仍然具备继续存在的意义。建议恢复一部分政府融资平台功能，允许平台公司继续依托政府信用融资。与此同时，限制融资平台数量的任意膨胀，例如，每个地级以上城市政府允许设立一个融资平台，县级政府则依托地市级融资平台进行融资，省级政府可以保留 2 ~ 3 个融资平台，这样，全国的政府融资平台将控制在 300 ~ 400 个。一方面，可以为地方政府提供更为方便的融资手段；另一方面，中央政府对地方政府债务风险的控制也较为容易。

实现准确定位。地方政府融资平台应该定位为：以政府出资和公共资源为依托，以市场化方式运作，承担特定基础设施与公共服务融资和建设任务的"特定目的公司"。融资平台的性质应当是非营利性机构，或具有政策性功能、完全按市场规则运作的公司。融资平台主要承担准公益性项目的投融资责任，由项目自身收益偿还债务，必要时政府给予适当财政补贴。部分纯公益性、准公益性和经营的项目也可以由平台公司进行"肥瘦搭配"的"打包"融资，如城市道路、河道整治与商业、商务等开发项目打包。这并不是回归原来平台的打包贷款业务，而是在地域、功能、资产等方面具有关联性的两个及以上项目的组合融资①。主要的公益性项目，则应该依靠财政投入，通过发行政府债券从公开市场融资，并以地方政府财政收入进行偿还。

健全治理结构。融资平台要逐步改变政企不分的格局，减少地方政府对融资平台的行政干预，使之成为合格的市场主体。即使是需要财政补贴的融资主体，在具体事务上，地方政府也不应干预。要加快建立健全法人治理结构，变行政性治理为公司制治理。推动平台公司融资行为的市场化，降低平台公司对地方财政的依赖性。引导融资平台完善内控制度，健全风险管理架构，塑造负责任的主体形象。完善适应现代企业制度要求的选人用人机制，公开向社会招聘管理人员，

① 吴亚平：《投融资体制改革与融资平台规范发展研究》，国家发展改革委投资研究所课题报告。

政府官员不再负责融资平台的具体经营管理。重点培育融资平台的市场功能和企业信用，逐步弱化政府信用，强化公司信用，突出单个项目经营信用，强化直接融资功能。完善投融资决策机制、运营机制和内控机制，坚持市场化运作的方向，在项目建设、资本运作、资产管理上遵循市场经济规律，按市场要求办事。

促进转型发展。积极吸纳民营资本进入地方政府融资平台，促进融资平台股权多元化。在港口、通信、高速公路等收益稳定的准公益性建设领域，地方政府的融资平台可以直接转变为社会力量举办的经营主体，地方政府注入融资平台的资本金可以完全置换为民间资本或法人资本，形成经营性质的融资平台与完全市场化的融资模式。在轨道交通、污水处理等外部性较强的准公益性建设领域，政府部门可以把现行融资平台转型为公私合作的组织形式，政府部门对公私合作组织举办的融资平台提供必要的财政补贴、贴息等财政支持，从而发挥政府与社会力量各自的优势，形成市场化融资加财政资助的合作型融资模式。建立有效的制度提高公私合作方式的运行效率，保障参与者的利益，包括完善价格机制、质量稽核制度和风险防控机制。

第七章

土地财政融资模式

土地财政是地方政府融资体系的重要引擎，土地财政拓展了地方政府融资制度和政策空间。从国外的情况看，政府或以土地所有者的身份，或以公共管理者的身份，通过各种方式或名义获取土地收益从来就没有停止过。但是，国外地方政府更重视公共利益的保护，重视城市的可持续发展。我国的土地财政也产生了许多风险和问题，反映出现有体制与政策的不可持续性。我国地方政府融资模式需要不断调整与优化，政府要更多利用土地资源，吸引社会资本进入基础设施和公共服务领域，避免政府过度参与投资与建设，减轻债务负担，同时，轻松得到所需要的公共设施。

一、土地财政及其可持续性的内涵

1. 土地财政

土地财政作为现阶段中国经济社会的一种特殊现象，学术界对它尚无严格的定义，专家、学者普遍从土地财政收入的来源对它进行定性描述。

邵绘春（2007）认为，土地财政通常是指地方政府的财政收入主要依靠土地的运作来增加收益，或者表述为把土地作为增加财政收入的重要来源。土地财政包括政府通过土地税收、土地使用权出让、土地融资、土地金融等方式获得收益来直接或间接增加财政支出能力的行为。

董再平（2008）指出，“土地财政”是学术界对以地生财的地方政府财政收入结构的称呼，通常指地方政府的财政收入主要依靠土地运作来增加。一般来说，地方政府以地生财的基本途径有三，一是通过出让土地获取土地出让金，二是通过发展建筑业和房地产业带来相关税费收入的增加，三是以土地为抵押获取债务收入。

陈志勇（2010）给出了“土地财政”的定义，认为“土地财政”是指地方政府的可支配财力高度倚重土地及其相关产业税费收入的一种财政模式。

刘尚希（2010）则提出，土地财政是指地方政府从土地开发及其相关领域所获得的税收收入和公共产权收入，并且在近几年房价高涨的情况下，这两块收入占地方财政收入的比重不断提高的一种现实情况。

本文认为，土地财政不止涉及土地财政问题，还有土地金融问题，不只是财政收入渠道，更是投资建设模式。我国的土地财政是指地方政府的可支配财力及其融资活动高度依赖土地的运作的一种财政发展模式，是以政府为主体、围绕土地所进行的财政收支和政府投融资活动，是土地制度、财政制度、金融制度有机结合和共同作用的结果。可以说，中国土地财政的真正目的并不是为了简单的收支，而是旨在融资和投资，实现地方经济和城镇建设的滚动发展。

2. 土地财政可持续性

土地财政是地方政府惯常的财政收支和融资模式，地方政府利用自己土地所有者和公共管理者的身份获取土地收益，并用于维持日常运转和建设需要，古今中外概莫如此。地方政府依赖土地财政并没有错，所谓要“摆脱土地财政束缚”的想法既没必要，也不可能。但是，在转轨时期，我国土地财政的运行过程中，由于体制与政策的不完善、不健全，产生了一些不利于经济、社会、金融、财政稳定发展的因素。对土地财政可持续性问题的研究，有助于化解风险，促进这一地方政府融资模式健康发展。

土地财政的可持续性则是指地方政府在利用土地进行融资活动时，要权衡需要与可能、当代与后代、短期与长期、局部与整体、经济与社会的关系，要充分考虑到土地资源的稀缺性和有限性，为未来发展留有足够发展的空间；要通过土地资源开发利用满足公共利益的最大化，而不是追求土地财政收益的最大化；要顾及土地制度和政策对失地农民利益及城市居民承受能力的影响，防止可能出现的社会稳定问题和房价不断上涨局面；要将土地财政收益切实用于最紧迫的民生领域，真正做到取之于民用之于民；要实现土地债务融资规模与地方政府可支付财力相匹配，有效防范可能出现的债务风险。

二、土地租金和税收理论

1. 土地租金理论

地租是指土地所有者向土地使用者让渡土地使用权所获得的收入，是土地所有者凭借土地所有权获得的收入，是土地所有权借以实现的经济形式。

早在 17 世纪后期，威廉·配第在《赋税论》中首次提出，地租是劳动产品扣除生产投入维持劳动者生活必须后的余额，其实质是剩余劳动的产物和剩余价值的真正形态[①]。亚当·斯密在《国富论》中明确指出“一国土地，一旦完全成为私有财产，有土地的地主，象一切其他人一样，都想不劳而获，甚至对土地的自然生产物，也要求地租”。大卫·李嘉图比他的前人更加细致而系统地考察了资本主义级差地租两种形态。他认为“使用土地支付地租，只是因为土地的数量并非无限，质量也不是相同的，并且因为在人口的增长过程中，质量和位置较差的土地也投入耕种了。在社会发展过程中，当次等肥力的土地投入耕种时，头等土地马上就开始有了地租，而地租额取决于这两份土地在质量的差别”。这就是说，地租的“差额等于这两份土地用一定量资本和劳动所生产的产品的差额[②]”。

① 威廉·配第：《赋税论》，商务印书馆 1963 年版，第 49 页，第 50 页，第 95 页。
② 李嘉图：《政治经济学及赋税原理》，商务印书馆 1962 年版，第 51 页，第 58 页，第 61 页。

马克思按照地租产生的原因和条件的不同，明确将地租分为级差地租和绝对地租。绝对地租是指由于土地私有权的存在，租种任何土地都必须缴纳的地租，绝对地租产生的原因在于土地所有权垄断本身。马克思对绝对地租的研究，是以劣等地为出发点的。在资本主义社会，由于存在土地所有权垄断，包括劣等地在内的全部土地都必须向土地所有者缴纳地租。既然劣等地也要缴纳地租，那么，农产品的市场价格就不能由它的生产价格来调节，而应该在生产价格以上再加上一个可以用来缴纳地租的余额。也就是说，经营劣等地不仅要提供平均利润，而且要在平均利润以上提供一个超额利润，以便转化为地租。所以，马克思说："土地所有权本身已经产生地租。[①]" 马克思把这种包括劣等地在内的全部土地都绝对地要缴纳的地租叫作绝对地租。

级差地租是指租佃较好土地的农业资本家向该土地所有者缴纳的超额利润。由于形成的条件不同又分为级差地租Ⅰ和级差地租Ⅱ。级差地租Ⅰ的形成条件：一是不同地块的土地肥力程度的差别。具有不同肥力的土地，在同等投资的情况下，其产量和收益也会出现差异，肥力较高的土地因其具有较高的劳动生产率而获得超额利润。二是不同地块的地理位置的差别，即使土地肥力相同、产量相同的地块，由于距市场远近不同，其运费和收益也会出现差异。级差地租Ⅱ的形成条件是：在同一块土地上连续追加投资，每次投资的劳动生产率必然会有差异，只要高于劣等地的生产率水平，就会产生超额利润。这种由于在同一块土地上，各个连续投资劳动生产率的差异而产生的超额利润化为地租，即为级差地租Ⅱ。

城市地租是城市土地经济的基本范畴，是土地所有权的重要体现，是城市土地价格形成的基本依据，其来源于土地使用者的超额利润。在城乡范围内，同样存在绝对地租和级差地租。由于城市土地的稀缺性，形成土地所有权的垄断，排斥资本自由流入，使相关部门的利润不参加社会上利润率的平均化，并使有可能产生的超额利润长期稳定地保留，并转化为绝对地租。即使城市土地国家所有，仍然存在土地所有权及其垄断，因此，必定还存在城市绝对地租。城市级差地租是土地市场化的结果，是土地所有者和土地使用者之间竞争与博弈的结果。土地

① 马克思：《资本论》第3卷，人民出版社1975年版，第851页。

区位是级差地租Ⅰ产生的主要原因，地铁改变交通条件，从而使附近建筑地块升值，带来级差地租。土地使用者追加开发投资改善环境和基础设施的结果，客观上不仅使被开发的土地增值，引起级差地租Ⅱ的增加，而且对周边地块产生“辐射”效应，引起级差地租Ⅱ的增加。

那么，谁更应该从土地获得收入，这涉及土地公有制还是私有制的问题。1990 年 11 月，包括诺贝尔经济学奖得主布坎南、莫迪利亚尼和索洛在内的 30 名美国经济学家批评了苏联的土地私有化现象，提出在向市场经济转轨时，苏联应从土地获得收入①。这些经济学家写道：“重要的是，地租应作为政府收入的一个来源应由政府保留。实行市场经济的一些发达国家政府虽然以税收的形式收取了一些地租，但他们实际征收的要比能够征收的地租少得多，因此，他们大量收取本可不必收取的、阻碍经济发展的税——对收入、销售和资本价值征税。……土地价值的一部分来自于社会增长和公共服务供应的增加，这部分价值是最为合理的、可为公共服务融资的收入来源；而公共服务又会增加周边土地的租赁价值。”

Terry Dwyer&Dirk Loehrl 也认为，就公共物品融资而言，西方国家并不是值得中国仿效的好蓝本。在历史上，中国曾有独特的机遇建立一个截然不同的财政体系。中国可以回顾本国历史，走自己的路。而西方国家可能会重新向中国学习——而不是相反②。俄罗斯私有化公有资产的经验说明，若一国不能保证自然资源（如土地和地租）被国家占有，从社会主义转向资本主义就会造成不良的社会和经济后果。如果按市场价格将公共资产租给企业家，而不是卖掉或直接送掉，社会主义市场经济——具有税收竞争力的社会主义市场经济——就能良好地运行，并且会比完全私有化的资本主义经济运行得更有效率。

张薰华教授为我国土地批租提供了理论依据。1984 年，他的论文《论社会主义经济中地租的必然性》，阐释了地租在改革开放中城市建设领域的理论基础和现实可行性。《再论社会主义商品经济中地租的必然性》一文指出，“土地的有偿使用关系到土地的合理使用和土地的公有权问题。级差地租应该为国家的财源之一，港澳的租地办法可以采用。”张薰华是国内较早提出“土地批租”问题

---

①② Terry Dwyer & Dirk Loehrl：“土地租税理论述评”，《经济资料译丛》，2014 年第 1 期。

的学者①。他提出，土地是自然环境的要素，也是重要资源。土地国有化不仅排除了土地私有制，而且排除了土地集体所有制。因为集体单位使用土地带来级差超额利润，也是社会转移来的价值，不是他们劳动创造的价值。

2. 土地税收理论

就土地税收而论，其发展历史也可以溯源到威廉·配第，在《赋税论》中，他提出了土地税收的基本思想。配第对土地税收理论的贡献主要有四个方面。第一，他指出当时政府课征土地税的主要理论依据是为政府筹措财政收入。土地是财富之母，劳动是财富之父，人民应当从其劳动收入和土地收入中缴纳一部分充作公用，其中出自土地的部分即土地税收。第二，他正确地指出了土地税收的最终来源是人类剩余劳动。第三，关于土地税的计税依据，配第最早提出地价的实质是地租的资本化，并建议以地价取代地租作为土地税的计税依据。第四，配第指出了房屋具有二重性，即房屋既是支出的媒介又是一种收益的手段，这等于说房屋既是一种消费品又是一种资本品。这就为正确理解房屋税的二重性提供了理论基础。

在新古典经济学家当中，马歇尔对土地税收研究的贡献最为突出。马歇尔在《经济学原理》中指出地产价值等于建筑物价值与地基价值之和，即现代意义上的建筑物资本价值与地价之和。这就为确定土地税计税依据并正确地分析土地税收效应和土地税负归宿奠定了基础。马歇尔认为，若土地交易双方均已知土地课税制度，地基价值税由土地所有者负担；若事先不知课税，则由地基承租者负担。这里有一个隐含的假定，即纳税义务人设计为地基当前的占有者。因城市土地改良而向住户课税，对于住户而言是无偿税，应当在房租中扣除才公平，因为城市土地改良的最终受益者是地主。此处，马歇尔假设房租中包含了地租和建筑物租金。马歇尔在这个问题上的贡献是，他考虑了政府公共投资导致地价升值，因而受益者，即地主应当为此付税。

很难想象会有不增加土地价值的公共物品供给，建设基础设施，在附近建立

① 汪仲启："张薰华：中国土地批租制度的理论奠基人"，《社会科学报》，第1373期，第5版。

学校、大学或医院都会使土地的生产力提高或价值增加。强大的私营部门获得了大部分利益，而缺乏组织的群体却承担了大部分成本。因此，与地租私有化相伴而生的是土地投资者的损失——拥有土地的人获得了投资土地的人的成果，即土地所有者享受到了公共投资的好处，但为此买单的却是使用者和纳税人。大城市的中心区域永远是租金最高的地区，但是，这是由土地所有者创造的吗？显然，这并非源自某个土地所有者的个人努力，而是源自公众整体共同的努力。因为这些公共的、共同的努力，消费者必须支付高地租——但他只向私人房东支付地租，而不是向公众支付地租。这显然是不公平的，需要土地税收的调节。

美国的亨利·乔治是倡导土地税的人中观点最明确和行动最积极的一个[①]。1879 年，亨利·乔治出版了《进步与贫困》一书，提出基于全部土地价值的单一税收不仅可以改善社会状况，而且可以支付所有公共开支。他建议采取收税的方法，把不是私人劳动创造的土地价值以税收的形式收回。这种土地价值税可以避免私人土地所有者不公平地受益于由于自然资源、城市位置和公共服务设施等原因而产生的土地价值（及其增值），避免让他们不劳而获，解决社会收入不公平问题。乔治还认为，土地税可以迫使土地所有者以更理性的方式利用土地，即遵循土地利用的最高和最好原则，或是将土地出卖或出租给愿意以理性方式利用和开发土地的人。他认为，虽然土地税收入无法支付复杂经济中的所有公共支出，但这笔收入仍能够负担公共基础设施投资所需的主要资金。在这点上，征收土地税将减轻地方政府（特别是财政紧张的地方政府）的财政压力。

三、土地财政产生的背景

土地财政在我国快速发展，并成为地方政府主要融资模式，有其深刻的形成背景与原因。

---

① 美国林肯土地政策研究院：《土地利用与税收——实践亨利·乔治的理论》，中国大地出版社 2004 年。

1. 财力与事权的不对称导致地方政府可支配财力不足

财力与事权不对称体现在中央政府财力上收和事权下放两个方面。实行分税制后，地方财政收入占全国的比例迅速降到45%～50%，而地方财政支出占全国的比例则提高到70%～85%（见图7－1）。中央政府的资金多得分不完、用不完，年终通常需要突击花钱。与此同时，中央政府与地方政府、各地方政府之间事权没有明确的、正式的分工，导致支出责任层层下放。地方政府担负着较多的社会管理、兴办公用事业、保证社会福利和促进经济发展职能。这就造成地方政府收入能力与日益增加的支出责任表现出极大的不适应，地方政府在保运转的基本前提下，很难再为自己直接投资的项目提供资金。建设性资金的严重不足，加之其他融资渠道缺乏，使得地方政府都将眼光投向了手中能够掌握的土地资源，通过土地生财，解决建设性资金不足的问题。

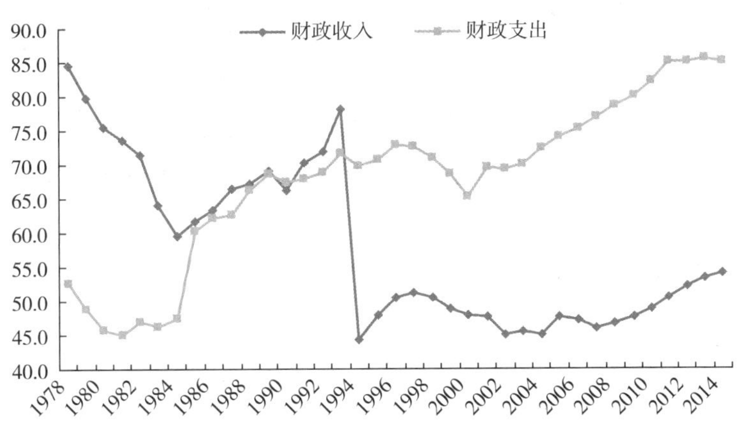

图7－1　地方财政收支分别占全国财政收支的比例（%）

资料来源：《中国统计年鉴2014年》、《关于2014年预算执行情况2015年预算草案的报告》。

2. 我国的土地征用制度为土地财政的产生创造了条件

独家垄断的土地征用制度给政府带来了实实在在的好处。首先，在法律的支持下，政府可以源源不断地获得廉价的土地资源。由于集体土地所有权很难落实，集体经济组织又往往听命于上级官员的指令，难以真正代表被征地农民的利益，因此，即使有反对的声音也很弱，征地的阻力也明显地减少了。与国外相比，我国的征地效率极高，使得政府可以在很短的时间里就能根据城市拓展和产业发展的需要征用到大量的土地。其次，征地补偿长期依据几十年前的标准，也就是按照土地的原用途给予补偿，导致农村集体土地所有权永久丧失的价格远远低于政府在市场上公开出让土地的价格。快捷、廉价征用的土地无论是市场出让还是银行抵押都为地方政府城市建设提供了重要资金来源。

3. 快速城镇化及其住房市场化为土地财政拓展了空间

2011 年，我国城镇化率首次突破 50%，达到 51.3%。1981 ~ 2011 年，我国城区人口增加了 2 亿人，每年增加 720 多万人。快速城镇化带来的新增人口需求、住房改善性需求以及拆迁重建的需求，推动城镇房地产市场持续繁荣。1998 年，我国住房体制发生了根本性的变革，结束了长期的住房福利制，建立起了住房分配货币化、住房供给商品化的新体制，也使得城镇居民住房需求迅速释放。2000 ~ 2010 年，我国城镇累计商品房销售面积 95.1 亿平方米，住宅竣工套数 6519 万套。旺盛的住房需求对城镇建设用地产生了巨大的需求，也不断推高了地价，使得城市政府能够通过出让房地产等经营性用地获得丰厚的收益。

4. 地方政府的土地经营策略推动了土地收益的不断增长

为实现土地收益的最大化，政府通过对土地供给的有计划的适度饥饿控制，推动建设用地价格保持单边持续上扬。作为土地一级市场的垄断者，政府始终不愿意向市场大规模地供应土地，导致土地市场长时间处于“一地难求”的状态。长期以来，房地产开发商对土地始终处于饥渴的状态，只能抢着拿地。如此供地、拿地、用地、管地，最终导致地价的不断飙升。北京等特大城市土地拍卖屡屡出现天价，正是这种“饥饿供应法”的直接结果。由于地方政府普遍采取了

“饥饿型”的供地方式，导致城市土地价格不断攀升，土地出让收入迅速增加，成为政府投资的重要资金来源。

四、土地财政的规模与结构

土地财政包含财政与金融的双重内涵，其涉及范围较广，表现形式多样，可以大致归为以下三个方面的内容：与土地相关的税收收入、土地出让金收入以及土地贷款收入。

1. 土地税收收入

土地税收是由于地方政府的公共投资及其他行为带来了土地价值及其增值，而以“土地价值溢价回收”为目的的土地征税。目前的财税体制涉及土地课税的税种有十几种，最主要的有耕地占用税、城镇土地使用税、土地增值税、契税和房产税。

《中华人民共和国城镇土地使用税暂行条例》（国务院令〔1988〕第17号）规定，在城市、县城、建制镇、工矿区范围内使用土地的单位和个人，为城镇土地使用税的纳税义务人，土地使用税以纳税人实际占用的土地面积为计税依据，依照规定税额计算征收。

《中华人民共和国土地增值税暂行条例》（国务院令〔1993〕第138号）规定，转让国有土地使用权、地上的建筑物及其附着物并取得收入的单位和个人，为土地增值税的纳税义务人，按照纳税人转让房地产所取得的增值额和规定的税率计算征收。

《中华人民共和国耕地占用税暂行条例》（国务院令〔2007〕第511号）规定，耕地占用税的纳税人是占用耕地建房或者从事非农业建设的单位或者个人，以纳税人实际占用的耕地面积为计税依据，按照规定的适用税额一次性征收。

《中华人民共和国契税暂行条例》（国务院令〔1997〕第224号）规定，契税的纳税义务人是在我国境内转移土地、房屋权属，承受的单位和个人。征税对象包括：国有土地使用权出让、转让，房屋买卖、赠与、交换。

《中华人民共和国房产税暂行条例》（国发〔1986〕90号）规定，房产税是按照房产的计税价值或房产租金收入向房产所有人或经营管理人征收的一种税，目的是运用税收杠杆加强对房产管理，控制固定资产投资规模，合理调节房产所有人和经营管理人的收入，其税源稳定，易于控制管理，是地方财政收入重要的税源之一。

2001～2014年，我国城镇土地使用税由66亿元提高到1993亿元，年均增长30%；土地增值税由10.3亿元提高到3914亿元，年均增长57.9%；耕地占用税由38亿元提高到2059亿元，年均增长35.8%；契税由157亿元提高到4000.7亿元，年均增长28.3%；房产税由228.6亿元提高到1851.6亿元，年均增长17.4%（见图7-2）。

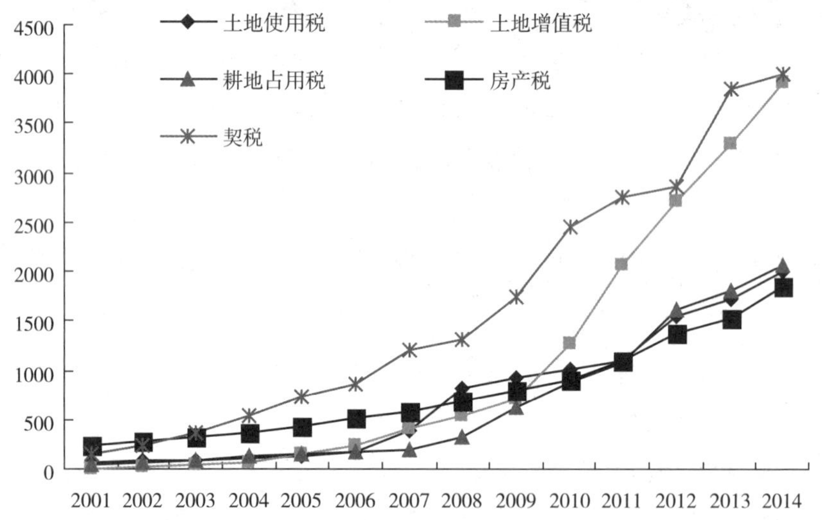

图7-2　2001～2014年我国各类土地税收（亿元）

资料来源：国家税务总局网站。

土地税收总额由2001年的500亿元提高到2014年的13818.6亿元，年均增长29%。土地税收占地方税收的比例由2001年的7.2%提高到2014年的23%；土地税收占地方财政收入的比例由6.4%提高到18.2%（见图7-3）。可见，随着我国城市建设和房地产市场的发展，土地税收明显超前于全部地方税收和财政收入的增长。

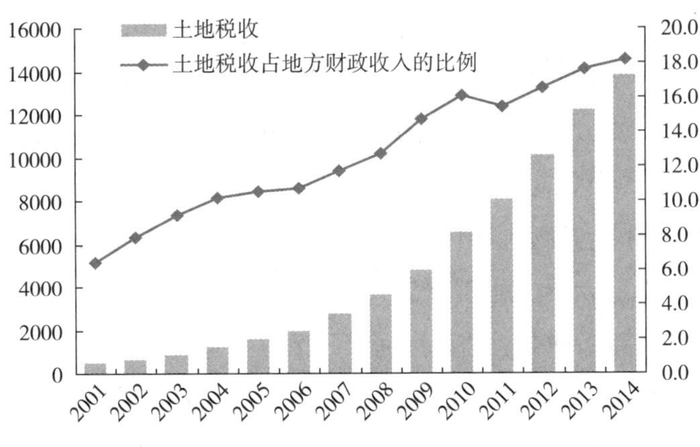

图7－3　土地税收及其占地方财政收入的比例（%）

资料来源：国家税务总局网站，各年中国统计年鉴。

改革开放以来，在全国财政一般预算支出中，经济建设支出的比重趋于下降，而在全社会固定资产投资中，预算内资金所占比重也呈现明显下降。这说明在一般预算盘子中，用于建设性支出的相对规模缩小。地方的情况也是如此，地方政府投资更加依赖基金预算收入和未纳入预算管理的收入。上述土地税收均属于一般预算收入，在地方预算盘子中混合使用，也主要用于地方的经常性财政支出。

2. 土地出让金收入

我国实行土地社会主义公有制，国家所有土地的所有权由国务院代表国家行使。土地出让收入存在的基础是土地所有权与使用权相分离，是土地所有权在经济上的体现。土地出让收入是我国市县人民政府依据土地管理法、城市房地产管理法等有关法律法规和国家有关政策规定，以土地所有者身份出让国有土地使用权所取得的收入，主要是以招标、拍卖、挂牌和协议方式出让土地取得的收入，也包括向改变土地使用条件的土地使用者依法收取的收入，划拨土地时依法收取的拆迁安置等成本性的收入，依法出租土地的租金收入，等等。

随着我国城市化进程的加快，在以政府为主导的经济发展模式下，土地出让收入成为地方政府财政收入的主要来源，对城市的发展起到了重要作用。2001～2014年，全国地方财政基金收入中的土地出让收入由1296亿元上升到40480亿元，年均增长 30.3%。

从土地出让环节看，在扣除征地拆迁和土地开发后的土地净收益才是地方政府的可支配财力。2007 年以前，统计中没有土地成本的数据。根据全国财政预算执行情况报告，2008 年，土地出让收入 10772 亿元，扣除土地成本 3778 亿元，土地净收益为 6394 亿元；到 2014 年，土地出让收入上升到 40480 亿元，土地成本也提高到 32222 亿元，土地净收益只有 8258 亿元。在土地出让总收入中，土地成本增长较快，导致净收益增长远远滞后于总收入的增长。

2008 年和 2009 年的土地净收益占土地出让收入的比例维持在 63%，而 2010～2014 年则分别下降到 54%、28.1%、20.4%、21.7% 和 21.8%。可见，近两年征地拆迁等成本迅速增加，地方政府从土地出让环节得到的收益明显缩减。我们对2001～2007 年土地成本占土地出让收入的比例进行估算，即由 70% 下降到 64%，并依此推算出相关年份的土地净收益。结果表明，土地净收益占地方财政收入的比例波动较大，由 2001 年的 5% 提高到 2003 年的 17.7%，又下降到 2005 年的 12.4%，之后逐步提高到 2010 年的 38.7%，2014 年迅速下降到 11.8%（见图 7－4）。

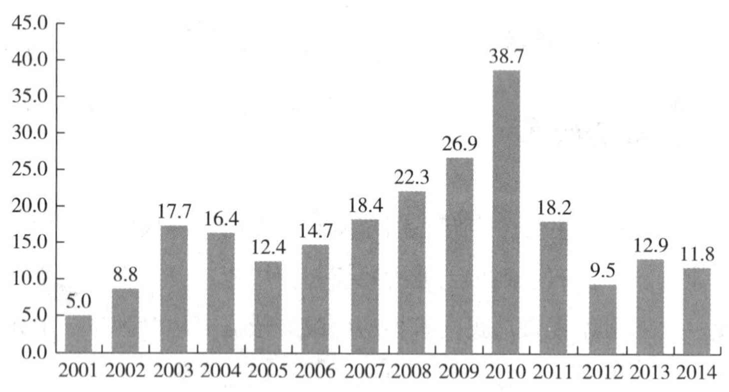

图 7－4　土地净收益占地方财政收入的比例（%）

资料来源：国家税务总局网站，各年中国统计年鉴。

3. 土地贷款收入

政府的土地收入还包括通过土地资产抵押获得的贷款收入。土地抵押贷款收入是将政府未来的土地出让收入“贴现”，政府提前支配这部分收入。根据国土部发布的《中国国土资源公报》，截至 2012 年底，全国 84 个重点城市处于抵押状态的土地面积为 34.8 万公顷，抵押贷款总额 5.9 万亿元。在土地抵押贷款中，住宅用地、商服用地、储备用地和工矿仓储用地分别占 40%、28%、17% 和 12%。依上述比例计算，政府土地储备贷款总余额只有 10115 亿元，这显然与事实不符。在商业银行的统计中，一些地方土地储备贷款被归入融资平台的项目贷款，而另一些地方政府贷款又被划入公司信贷。由此看来，政府土地抵押贷款占全部抵押贷款的实际比例要高得多。

根据国家审计署的报告，截至 2010 年底，全国地方政府性债务余额 10.7 万亿元。2010 年底，地方政府负有偿还责任的债务余额中，承诺用土地出让收入作为偿债来源的债务余额为 25473.5 亿元，占当年全部地方政府债务的 24%。1997 年以来，我国地方政府性债务规模随着经济社会发展逐年增长。根据报告中提供的分阶段债务平均增长率，可以计算 2001 ~ 2010 年地方政府债务规模，并根据 2010 年与土地相关债务占全部债务的比例计算出各年与土地相关债务量，到 2010 年，与土地相关政府债务达到 2.5 万亿元。再根据国家审计署 2013 年底的审计结果，2011 ~ 2013 年，地方政府债务分别约为 13 万亿元、15.9 万亿元和 17.9 万亿元，则与土地相关的政府债务分别达到 3.1 万亿元、3.8 万亿元和 4.3 万亿元（见图 7 – 5）。

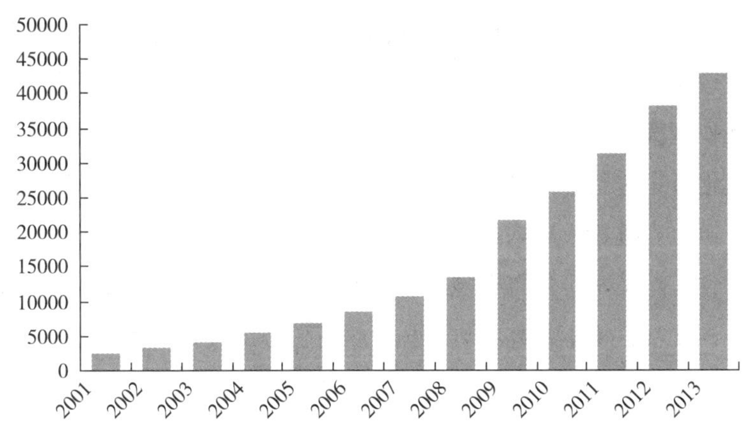

图 7 – 5　地方政府与土地相关债务余额（亿元）

资料来源：根据国家审计署报告计算。

五、土地财政的作用及问题

1. 土地财政的作用及其效应

土地财政是我国经济快速增长的主要动因。人口红利、改革红利、开放红利是推动中国经济长期快速增长的主要因素。不过，不容忽略的是，土地红利也是助推中国经济增长的动因之一，其效果甚至不亚于其他因素。我们也可以把土地红利算作一种制度红利，因为如果没有我国特有的土地制度的支撑，土地财政就不会有这样大的能量，成为推动中国城镇化跨越发展的主要力量。原因在于：第一，在征地和出让环节上的独家垄断，使得地方政府能够以相对廉价的方式征收大量的建设用地，并通过出让积累起大量的建设资金。第二，地方政府先征地、后整理、再出让的方式运作土地，使级差地租的主要部分留在了政府手中，可以用于满足道路、学校、图书馆等公共投资的需要。第三，普遍通过城镇化和工业化用地价格的双轨制，即用房地产用地高价出让补贴工业用地低价出让，促进了各类产业园区的发展，使得中国产品在国际上保持了竞争力。

土地财政是地方政府融资体系的重要引擎。政府通常会把政府资产尤其是土地使用权无偿划拨给融资平台，由融资平台向商业银行进行抵押贷款，并运用贷款资金和其他资金进行土地开发或项目建设，获得项目和土地增值收益，并归还贷款。由于政府直接投入和未来还款承诺都是以土地为基础的，随着土地收益的不断增加，注入融资平台的资金规模也不断扩大，这从根本上增加了融资平台的资本实力，即使杠杆率不提高，也会扩大银行资金的投入规模。土地收益为城市建设提供了资金保障和融资便利，实现了土地开发、银行信贷和城市建设的互动。

土地财政拓展了地方政府融资制度和政策空间。现有法律法规对地方政府融资有着许多的限制，以土地财政为核心的地方政府基本融资模式是被逼无奈和夹缝中求发展的结果。土地财政实现了土地资源向资本、资产和资金的转变，为融资平台的债务融资及其还本付息创造了条件，城市建设融资渠道由窄变宽，融资工具由少变多，融资方式由旧变新，融资空间由小变大。土地财政成功绕开了现行体制与政策的障碍，实现了政府的融资、投资和建设的目标。

从重庆土地生财的过程中可以清楚看到我国土地财政的发展成效①。2002 年以前，重庆市政府手中的储备土地几乎为零，政府要用地，要向开发商买地。2002 年，重庆市建立了土地整治储备中心，对全市土地市场进行宏观调控。2003 年 2 月，重庆市政府又在土地储备中心的基础上成立重庆市地产集团。该集团是重庆市政府注资的专事土地储备和开发整理的运作载体。

随后几年，重庆市城投公司、重庆市水利投资公司、渝富资产经营管理公司、重庆市开发投资公司、重庆市高等级公路投资公司等重庆市政府旗下的投融资平台，亦被授予土地储备职能，介入了土地一级市场。

重庆市通过推行土地储备体系，将土地一级市场的经营权上收，并通过政府特许经营的方式，由重庆地产集团等经营，在征收土地后，投入资金进行拆迁安置或置换搬迁，并投入资金搞土地整治，完成“七通一平”后，将可以直接使用的“熟地”移交给当地土地出让中心挂牌。

重庆在土地一级市场中获利颇丰。2001 年，重庆市全年的卖地收入仅约 2 亿元，2002 年推出土地储备政策后，当年土地出让金就增加到 11 亿元，2012 年，这个数字更是飙升至 897.5 亿元，在全国 300 个城市中位居第三。

土地储备制度运行后，以土地为核心，滚动开发筹集建设资金的操作，为重庆城市建设带来巨额资金。重庆市市长黄奇帆认为，土地储备功能已在重庆国有投资集团内部形成两个循环，第一个循环：从储备到融资到搞项目的循环，比如重庆城投公司有 1 万亩地，规划上让城投公司储备了，它拿出部分资金，完成规划红线内的土地征地动迁、产权过户，从而成为信用资产，可以在银行抵押贷款用于基础设施建设。

---

① 邓全伦：“重庆土地生意”，《时代周报》，2013 年 3 月 22 日。

第二个循环：土地储备后，要投入、开发，然后通过市场转让给房地产商。这是一个土地升值的过程，也许 50 万元一亩的地，转让时 200 万元一亩，部分出让金要转交区县政府和市政府，部分则用来抵扣基础设施中的各种投资——很多基础设施是政府的公共支出，它已由投资集团在银行融资前先期投入了，最终要还银行。第一个循环是跟银行借钱，第二个循环是把银行的钱还了，从而形成良性循环。

重庆近年来在轻轨、铁路、高速公路等基础设施上实现了巨额投入，十年支出了 6000 亿元。怎么能做到债务率不高呢？奥妙就是土地储备。黄奇帆在 2013 年“两会”上算了一笔账：我 2002 年刚到重庆储备了 40 多万亩地，这十年用了 20 万亩，每亩地赚 200 万元，这就 4000 亿元，扣掉征地本身的成本，有两三千亿元的额外收入。黄奇帆称，两三千亿元抵销重庆城市建设的大部分开支，“如果没有土地储备的额外收入，我们地方债务不是现在的 2600 亿元，得是 5600 亿元。目前，重庆政府的债务占 GDP 的 23%，低于全国平均水平。

土地储备并非全部用于房地产开发，地方政府运作土地的根本目标还是要为公共利益服务。在重庆的 40 多万亩土地储备中，大体上有 50% 用于公共服务，50% 用于商业开发，出让的收入回过头来再用于公共事业。在重庆已经使用的 20 万亩储备土地中，近 10 万亩是公共服务、公益事业用地，如公租房、大学城、铁路、机场等。其他 10 万亩用于房地产开发，将其收益用于整个 20 万亩的征地动迁成本，以及一些基础设施开发建设。

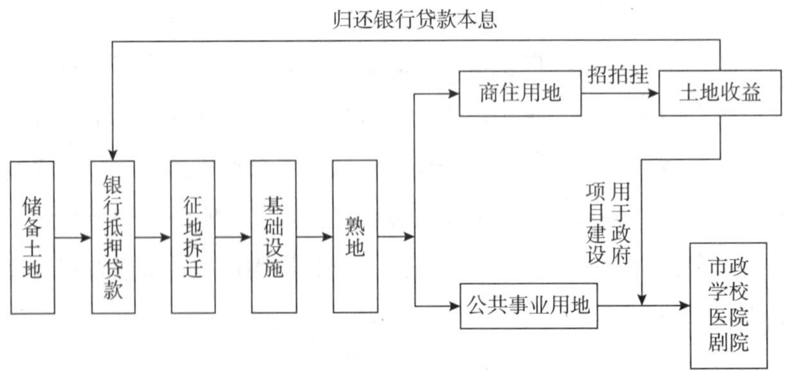

图 7－6 土地财政的流程

国内其他城市的情况与重庆大同小异。必须充分肯定土地财政对于加速推进我国城市化和工业化的积极作用。这一制度安排大大减少了其他国家由于土地私有化以及地方政府在土地开发中的弱势地位带来的扯皮和效率低下问题，使得我国的城镇化和工业化可以更高效、有序地向前推进，地方政府有条件、有手段大规模、一揽子地推进城镇建设，使城镇面貌不断发生着变化。当前以及未来相当长阶段，土地财政仍然是我国经济保持平稳、快速增长的重要依托。土地财政利大于弊，应当坚持和完善，应当发挥其优势，而不应当彻底否定。

2. 土地财政的不可持续问题

土地财政在推动经济与社会发展的同时，也带来了许多风险问题，表现出现有体制与政策的不可持续性。

（1）土地财政推高了城市房价，在很大程度上降低了居民的消费能力和幸福指数

国家统计局的数据表明，2010 年，70 个大中城市房屋销售价格是 1998 年的 1.81 倍，而 2010 年土地交易价格是 1998 年的 2.28 倍，地价上涨速度明显快于房价上涨速度（见图 7－7）。以广东省经营性土地价格为例，2012 年，平均楼面地价为 3279 元/m^2，是 2004 年 690 元/m^2 的 4.8 倍。而 2012 年广东商品住宅成交均价为 7668 元/m^2，是 2004 年的 2.5 倍。地价在过去 8 年远远跑赢房价，带来的直接影响是：商品房的开发成本进一步攀升。全国市场中土地成本占商品房开发成本的比例约为 30%～40%，未来这一比例将提高至 50%～60%。在一线城市中，土地成本未来将占开发成本的 70% 以上①。由于在土地一级市场上，地方政府居于独家垄断地位，以计划经济的低价征地，又按市场经济的高价出让，地方政府能够在这种“低吸高抛”中赚取价差。因此，地方政府普遍存在着推动土地价格尽快上涨的主观动力。另外，房地产开发和交易环节的税费比例也较

① 赵燕华：“地价跑赢房价　土地要限购?”，《羊城晚报》，2013 年 5 月 27 日。

高，地方政府可以从土地财政中获得丰厚收益。高地价和税费作用于房价，形成房地产市场价格持续上涨，超出了大多数城市居民的承受能力，农民工市民化的门槛显著提高；由此带来的高房贷使得购房者的生活负担加重，抑制了内需的增长，居民幸福指数下降。

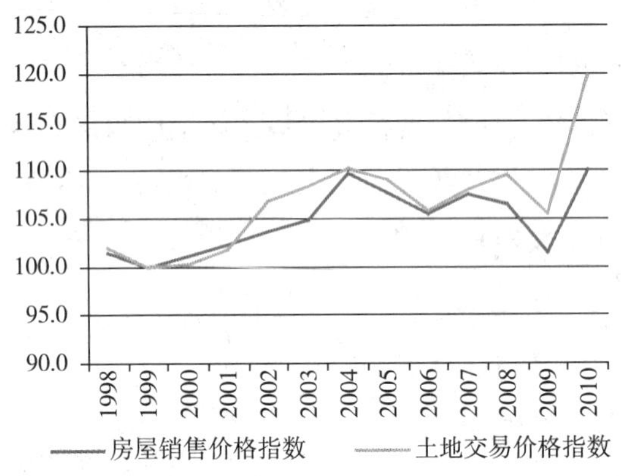

图 7-7 70 个大中城市房价和地价指数（%）

资料来源：国家统计局。

（2）土地财政加速了城镇规模扩张步伐，造成了土地资源的浪费性开发

在中国城镇化过程中，一个突出特点是，城镇建成区快速增长，而集聚的人口则明显滞后。按国际公认标准，衡量土地城镇化和人口城镇化关系的城镇用地增长弹性系数，其合理区间在 1～1.12 之间。而 2000～2010 年，我国土地城镇化速率是人口城镇化速率的 1.85 倍，远超过国际标准。如果再考虑人在城市，但是没有城市户籍的人口，不能充分享用城镇用地的情况，实际上土地城镇化的速度还应该更快一些。2000 年，我国城镇人口密度每平方公里为 8500 人，2011 年降至 7700 人，全国城镇化呈现低密度化和分散化倾向。而根据国土资源部的测算，按照现在土地城镇化的速度，如果让人口城镇化的速度跟上来的话，2010 年城镇化率应该达到 59%。即人口城镇化率与土地容量相比，大概慢了 10 个百分点①。可见，由于地方政府需要不断增加的财政收入来支撑当地的城市建设，

① “土地城镇化快于人口城镇化难持续　转轨思路显现”，财新网－新世纪，2012 年 4 月 16 日。

而财政收入的增加又依赖于土地出让收益，促使地方政府无节制地扩张城市用地规模，造成大量征用的农地闲置，或者即便是城市已经建起来了，但是，缺乏足够的人气，形成“空城”或“死城”，导致土地资源的严重浪费。

（3）征地补偿方式和收益分配不合理，造成了农民利益受损和民怨增加

政府往往以支付较低的补偿费获得土地，再以很高的土地使用权出让金转入市场，由此所形成的增值是巨大的。但是，失地的集体组织和农民却不能从增值中获利。法定的征地补偿远远不足以解决被征地农民的长远生计。由于城市繁荣带来土地出让收益大幅度增加，与征地补偿费用的差距逐步扩大，引起了失地农民的强烈不满。目前，农民上访中涉及土地问题的比例约占40%①。即便是将更多的土地收益留给被征地的农民，但是，给农民补偿多少合适，以及采取什么样的安置方式，仍然是一个十分复杂，甚至是无解的难题。这其中既牵扯到公益性与非公益性用途难以区分，补偿标准难以确定的问题；也牵扯到政府可能会利用公权和信息优势，故意压低补偿标准，造成更多社会矛盾的问题；还牵扯到土地增值收益的分配比例是主导城市化的政府得的多，还是丧失土地的农户得的多，远离城市的农民是否也要分享这一收益等理论分歧。可见，在补偿标准上下功夫无法从根本上改变农民在征地过程中的弱势地位，无法有效约束地方政府的行为，仍然会源源不断地产生各种问题，是治标不治本的办法。

（4）土地出让收入使用方向不能完全反映民意，成为地方政府官员竞争攀比的工具

土地财政收益是否真正用于社会和公众最需要的领域也是值得思考的问题。土地财政收入俨然已经成为地方政府可以随意支配的资金，无论是中央政府还是当地民众，对土地财政收入的使用都缺乏有效的监督与制约。近年来，地方政府土地收益迅速增加，政绩工程和形象工程也越搞越多，城市建设相互攀比，求新求洋求大。对于普通民众而言，他们并没有明显感受到巨额土地财政增加带来的

① “中央农村工作小组：农民上访四成与土地问题有关”，《新京报》，2011年3月25日。

公共福利提升，看到的却是各地政府办公大楼的拔地而起。地方政府官员在城市建设过程中，只重地面以上建筑的光鲜靓丽，而忽视地下基础设施的建设和功能完善。这些年，一些城市因为一场暴雨造成城区大面积积水、交通瘫痪的情况屡有发生，说明城市排水管线系统普遍发展滞后。以广州为例，城内排水管网6000多公里，但是，80%的管网只能达一年一遇排水标准（即可抵御50毫米/小时的短时强降雨），达两年一遇标准的管网不足一成。长期以来，城市保障性住房供应严重不足。到2006年底，全国保障性住房户数只占城镇家庭户数的3%。可见，城市政府每年获得的土地收益并未用在城市最急需的地方。

六、国外土地财政模式及启示

从国外的情况看，政府或以土地所有者的身份，或以公共管理者的身份，通过各种方式或名义获取土地收益从来就没有停止过。土地财政是财政收支的重要组成部分，也是支撑城市建设的重要工具。

1. 出售和出租一直是土地财政的重要方式

在美国、加拿大等国家，各级政府都有自己的土地财产，可以出售土地所有权给其他层级政府或私人部门，获取地价收益。如美国独立后，政府就有计划地把国有土地卖给私人。联邦政府及其支持的事业由此获得相当可观的经济收入，整个国家的经济也由此得到突飞猛进的发展。1862年，美国国会通过《莫尼尔授地法案》（Morrill Land Grant Act），向每个州拨付了30000英亩的联邦土地给州政府，要求其用出售这些土地所得的钱至少建立一个学院，今天美国的很多州立大学都是“授地学院”。美国19世纪快速发展的铁路网也得益于给铁路公司的联邦土地补助，到1873年，联邦政府一共划拨或赠与铁路建设大约16亿英亩

(25 万平方公里) 土地①。

专栏 7-1　美国的授地学院

1787 年，美国颁布土地法，主要涉及俄亥俄河以北的西北地区土地的处理，所以又称《西北部法令》(Northwest ordinance)，明确规定拨供公立高等学校使用的土地，这是美国高等教育史上第一部高等学校赠地法令。到 1857 年，联邦政府已经向 15 个州赠予 400 万英亩土地作为大学用地。1853 年纽约州通过建立农业学院法案，1855 年密歇根州立农学院（Michigan State Agricultural College）建立，这是美国建立最早的农学院。

内战后，美国农业在广度和深度上都获得巨大发展，再加上工业革命的不断深入，使得美国对各种人才的需求日益迫切。为使高等教育满足经济发展的需求，1862 年 7 月，美国总统林肯颁布了由佛蒙特州众议员莫里尔（Justin Morrill）提出的旨在促进美国农业技术教育发展的《莫里尔法案》（Morrill Act)，又称“土地赠予法案”(Land-Granted Act)，或“第一个莫里尔法案”。“莫里尔法案”规定，各州可以把这些赠地所得的收益作为教育经费，开办一所新型大学“农工学院”，通称“赠地学院”(The Land-Granted College)。

严格来讲，《莫里尔法案》并不主要是一份教育立法文件，而是一份重要的经济政策文件，因为它加速了从出卖到捐赠土地的转变，以保证联邦政府的收益。法令颁布后，政府共授地 1300 万英亩，各州都建立了农业院校。到 1916 年，美国全国因接受赠地而建立起来的高等农业院校已有 68 所。通过赠地学院的建立，美国高等农业教育得到迅速发展。美国的许多名校，如加利福尼亚大学、明尼苏达大学、麻省理工学院、康奈尔大学、威斯康星州立大学等都是在赠地学院的农工教育基础上发展起来的。

资料来源：刘志民、张松、倪浩：“美国高等农业教育发展追路与模式探索”，《比较教育研究》，2005 年第 5 期。

① 约翰·M. 利维：《现代城市规划》，中国人民大学出版社 2003 年版，第 310~311 页。

出租土地使用权也是发达国家获取土地收益的最常见方式。在新加坡，法律明确规定不准出卖国有土地所有权，但可以出租土地使用权，并获取租金收益。在澳大利亚，政府向企业、单位及个人提供土地的一个重要方式也是出租土地。在以色列，作为集中管理国有土地唯一机构的以色列土地管理局一般不出售土地，只能通过出租形式获取租金收益，而且一般只出租已规划用地供租用者开发建设。在发达国家，政府按照土地的用途，对公有土地的出租分别采取无限期、长期及短期三种方式，但是，租期一般相当长，长的达到200年，即便是短租，期限也能长达30年。

专栏7-2　发达国家政府出租土地获取收益

出租土地使用权是发达国家获取土地收益的最常见方式。在美国，公有土地出租很普遍，私人也常出租土地获取租金。在夏威夷、桔子县、加利福尼亚以及一些高密度中心城区，土地并不是不能买卖，然而地主出于税收方面的考虑也愿意出租土地；租地者也认为租赁使用土地若干年的费用可能比购买价低，而且通过承租土地，可将生产物、改良物所有权与土地所有权分离，可以实现生产物、改良物的单独销售而不承担土地的资本利得税，交易涉及的资金额度也小。在英国，大的土地持有机构如皇室政府、机构投资者以及以土地资产为主的财团，并不经常出售手中的土地所有权，而是将土地出租给开发商，由开发商进行地产开发后再投入房地产投资市场，采用大地产、小房产的运作方式。因为此举不仅让其保持土地所有者的地位，能直接控制土地开发、使用，有效调控房地产交易的价格和租金，还能获取最大的土地收益和其他收益，租期届满还能无偿收回土地及地上建筑物重新出租或作他用。

出租土地可以约定期限，并且可长可短。美国大中城市许多有价值的地段多采用长期租赁方式，大规模商业用地期限最少65~75年，最长99年，住宅用地出租期限通常是99年，期满可续办用地手续。英国的土地租赁期限十分灵活，历史上曾经盛行999年的期限，19世纪和20世纪初广泛使用99

年的期限，20世纪60年代以后迎合机构投资者的需要将商业、办公用地的期限确定为125年，90年代以后又延至150年，对其他非机构投资者或用地者的期限则各不相同。在以色列，土地管理局出租土地租期为49年，到期可以延长49年。在新加坡，娱乐场所用地为15～30年，文化教学用地为30年，工业用地一般为30～60年，住宅用地通常为99年，期满可续租。出租土地也可不约定租期。在澳大利亚昆士兰州，公有土地出租不限期者占16%（主要是政府机关和政府兴办的事业用地），出租尚未规划或正在重新规划的土地也可不约定期限。

资料来源：朱青、罗志红，“中外城市土地收益制度比较与借鉴”，《资源·产业》，2004年4月。

2. 政府征地体现公益且大多按照市场价格

土地所有权作为公私权利在各国或地区都是受到重点保护的，对土地征用权都有严格明确的法律规定，一般是通过立法明确规定土地征用的主体、对象、目的、程序、审批权限、补偿标准和补偿措施、申诉与仲裁等。政府只有是为了公共利益的需要才能使用征地权，这是各国在规定土地征用的具体目的时的一致表述。当然，各国公共利益的具体范围是不一样的。为了确保土地征用公开、公平、公正，最大限度地保护土地所有者的权利，大多数国家或地区对土地征用程序都有严格的规定。城市化发展较早的国家，土地市场机制比较健全，征用农民土地一般按市场价格对失地农民进行补偿，农民基本上都能得到较为满意的补偿。不仅补偿土地现有价值，而且考虑补偿土地可预期、可预见的未来价值，还必须考虑补偿因征用而导致邻近土地所有者经营上的损失。

专栏7－3　美国严格的土地征用制度

美国宪法规定土地征用必须具备三个要件，即正当的法律程序、合理补偿、公共使用。专门的土地法《美国联邦土地政策管理法》规定，政府有权通过买卖、交换、捐赠或征用的方式获得各种土地或土地权益。

①正当的法律程序。美国是一个以土地私有制为主体的国家，其土地征用权分属联邦、州、县政府管理，从事公益事业建设或经营的机构经批准也可实施征地行为。联邦宪法规定只有通过公正的法律程序后，土地才能被征用。征用土地政府需要出公告；没有出示公告时，要召开听证会，采取司法或类似司法的程序。程序如下：由具有资格的正式审核员审查；审核员在征得土地所有者同意后，实地调查、汇总并提交审核报告给负责征地的机构；高级监督员进一步研究是否同意审核员提交的审核报告中的补偿价格；征地机构向土地所有者或与之有利害关系的人报价。

②合理的补偿。美国在成立初期，征用土地是没有补偿的。现在，土地则被完全商品化。如果政府或个人需要使用不是自己的土地，就必须通过购买或租赁来取得。联邦政府对州政府或地方政府的土地没有平调或处置权，即联邦政府要使用州政府或地方政府土地、私有土地时，也要通过交换或购买等途径。根据美国财产法，合理补偿是指赔偿所有者财产的公平市场价格，包括财产的现有价值和财产未来盈利的折扣价格。美国土地征用补偿根据征用前的市场价格计算标准，充分考虑到土地所有者的利益，不仅补偿被征土地现有的价值，而且考虑补偿土地可预期、可预见的未来价值。在土地征用补偿时，必须考虑补偿因征用而导致邻近土地所有者经营上的损失。政府还对土地被征用者给予一定的税收优惠，而出售土地者会被课以高额的税收，愿意土地被征用的人比打算在市场上出售土地的人多。

③公共目的。美国联邦法律规定，政府拥有的土地只能用于政府办公用房、公立大学、公办实验农场、公园、道路、车站、军事设施等。政府拥有的土地不允许长期闲置，也不允许政府储备土地，进而与土地私有者进行市场竞争，闲置土地只能通过拍卖等方式出售。

资料来源："征地制度的国际比较与改革借鉴"，国研网，2009-10-9。

3. 经历了出售（出租）为主向税收为主转变

发达国家土地财政收益由出售（出租）收入为主转为税收为主，是由于土地的私有化进程逐步完成。以美国为例，独立之初，美国财政入不敷出，为迅速增加联邦及州政府的财政收入，通过一系列土地法案将西部土地收归国有，再通过出售和赠予等手段将这些土地转为私有，从而获得土地出售收益。1785 年和 1787 年，美国先后出台法令，将约占美国本土面积近 90% 的国有土地投入市场。美国建国初期进行的土地私有化，出售国有土地带给美国政府一大笔非税收性质的土地财政收入。20 世纪初以后，美国土地出售收益基本消失。因为，这一时期国有土地比例尽管还高达 40%，但主要用于资源环境的保护与公益服务；用于经济建设的土地则基本属于私有土地。此时，地方政府与土地相关的税收收入迅速提高。在美国和澳大利亚，当公共土地已经售完后，类似的情况出现了——政府一劳永逸地卖掉了土地，损失了作为公共收入的租金，它们只得开征税款，将一劳永逸卖地而损失的租金弥补回来。

专栏 7－4　美国土地财政收入发展演化

美国土地财政收入发展演化可以分为如下几个阶段：第一阶段为 1776～1861 年，是土地财政收入以土地出售为主的时期；第二阶段为内战开始至 1900 年，是财产税开始在各州普遍征收的时期；第三阶段为 1900～1942 年，是土地财政收入向地方政府转移的时期；第四阶段为 20 世纪 40 年代中期至今，是地方政府土地财政收入主要以财产税为主的时期。

1. 土地财政收入以土地出售收益为主的时期

内战前的美国土地财政收入主要以国有土地出售收入为主。当时的联邦公共土地财政政策是以解决国家财政困难为主要出发点，土地出售的特点是出售速度快，每笔土地交易额较大，交易成本较低。1841 年美国颁布了《优先购买权法》，不仅赋予移民自行占有国有土地的权利，同时也使得移民免受土地投机者的摆弄，直接从政府手中购得土地。

杰斐逊总统时期，土地政策开始出现变化，即由大块的出售转为小块土地的零售。19世纪60年代，出售国有土地的政策宣布告一段落，土地财政政策出现转变，即联邦政府从以销售为主转向以无偿赠予为主。在此阶段，与土地出售收益并行的土地财政收入还包括财产税。

2. 财产税开始普遍征收时期

1863年林肯颁布新的《宅地法》，法律允许所有美国人有权得到西部的土地，使得美国土地公平的私有化成为可能。同一时期，在美国工业化过程中，较多的农用地转为工业建设用地，工业化使得地方经济获得了较快的发展，政府的财政收入也随着经济的发展而增加很多。

在此阶段，土地出售收益基本消失殆尽，取而代之的是财产税。当时50个州的税制尽管各不相同，但绝大多数州都有财产税，且财产税是州及以下政府，尤其是郡、镇级政府重要的财政收入来源。一般而言，财产税由州财产税、郡（市）财产税和镇财产税组成，征收对象为不动产（主要是房地产），也有商业用动产、家庭动产等。

3. 土地财政转移时期

在此期间，财产税一直是地方财政的重要组成部分，土地出售收益基本消失。1900～1940年，财产税收入占州政府总收入的比重稳步下降。在20世纪初，各州开始设立并征收新税，开始时针对汽车和汽油，之后针对销售和所得收入。

在州政府与地方政府各自征收的财产税占本级政府总财政收入和总税收收入的比例中，州财产税占总收入的比重由1902年的52%降至1942年的不到10%，财产税已经开始由州政府逐步转移给地方政府，财产税占地方政府财政收入的比重始终维持在较高的水平，约占地方政府财政收入的40%以上，财产税占地方政府总税收收入的比重更是高达80%。

4. 以财产税收入为主的时期

在这一时期，美国的土地财政收入主要包括如下几种：财产税、遗产和赠与税、房屋与社区发展收入、环境资源收入和不动产出售收益。

资料来源：王克强、刘红梅："美国土地财政收入发展演化规律研究"，《财政研究》，2011年第2期。

4. 土地税收成为地方政府的稳定财源

房产税是各国地方财政稳定而重要的来源。1994 年，在经济合作与发展组织（OECD）国家中，加拿大的财产税占地方税的比重为 85. 3%，澳大利亚为 99. 6%，英国和爱尔兰为 100%，新西兰为 90. 2%，荷兰为 66. 9%，意大利为 42. 1%①。而在地方财政收入中，财产税的地位更加重要。1942 年，美国财产税占地方财政收入的比例高达 92. 2%，到 1977 年下降到 80%，再到 2007 年下降到 72%。虽然比例呈现下降趋势，但是，财产税仍然是美国地方财政的最主体的税源。在发达国家，全部税收收入中有约 10% ~20% 用于了资本性支出，由于税收是混合使用的，我们不知道房产税中有多大比例用于投资与建设，但是，可以肯定，房产税也是地方政府资本支出的重要来源。除此以外，地方政府还征收某些与土地开发与建设有关的专项税，为资本性支出融资。例如，在美国加州圣何塞市就征收建设和转让税（Construction and Conveyance Tax）、建设消费税（Construction Excise Tax）和建筑物和构筑物建设税（Building and Structure Construction Tax）等税种。

5. 额外收费也可视为土地财政来源

在一些国家，有多种针对不动产征收的额外收费，用来支付当地基础设施建设，包括公共用地贡献和建筑密度优惠。

在一些国家的法律中规定，开发商进行土地开发或建设时，如建工厂、商店或住宅，必须按规划将一部分土地用于公共设施建设，如用于修建道路、上下水、绿地、经济适用房等。土地开发者按规划要求建好后，必须将一定比例的公共设施用地无偿交给政府，由政府所有并进行管理。这种方式没有商量的余地。如在加拿大的安大略省，土地开发商开发土地的 5% 需留作公共用地，开发完成

① 财政部财科所：“房地产税费制度对房地产价格变动的影响”，2010 年研究报告。

后，必须无偿归政府所有。在加拿大阿尔伯塔省，开发商贡献出来的小区面积占到新开发土地面积的10%。在不列颠哥伦比亚省，开发商贡献的土地必须用于小学和中学的建设。

地方政府也可能提供建筑密度等方面的优惠，促使开发商能够建设保障房、托儿所、修复历史建筑及提供其他服务项目。在美国，也有“红利”或“激励”分区的做法，即如果开发商愿意容纳一些单元，专门标明提供给中低收入的租房户，那么，政府将同意增加居民区的密度。例如，法律规定在某一特定地带只允许每英亩建筑8个单元，如果保留15%给中低收入的租房户，那么，就可以同意他在每英亩上兴建10个单元。开发商从开发密度上获取规模经济，社区也能在满足中低收入住房方面向预期目标靠近。这种方式有谈判和商量的余地。

6. 政府与土地相关的债务融资很少

对于美国、德国、英国等国来讲，由于土地私有化进程已经完成，地方政府能够用于出让的土地很少，甚至几乎没有，政府能够用于抵押的土地也就很少，所以，政府与土地相关的债务很少；而像新加坡、香港这样的国家（地区），尽管土地所有权属于或大部分属于政府，主要采取批租的形式出让，但是，政府很少参与土地开发，而是由企业进行土地一级和二级开发，所以，地方政府运用土地进行债务融资的情况也很少。

七、我国土地财政的前景

无论是现在还是将来，土地财政都将是地方政府的重要融资模式，但是，由土地财政暴露出的现实和潜在的风险，地方政府融资模式又需要不断调整与优化，探索一条可持续的土地生财道路。

1. 土地财政的发展趋势

(1) 土地供应不会对土地财政产生明显约束

从土地财政的未来发展看，我国土地供应量的约束并不大。由于我国城市化以及在这个过程中人均用地的节约，由于我国还有较大规模的未利用土地可以加以利用，因此，城市建设用地的供给应该是有保障的。根据我们的计算，在城镇化过程中，由于人均建设用地的节约，将能够多出 1.8 万平方公里的建设用地。另外，我国还有 40 多亿亩的未利用土地，其中包括 5.6 亿亩盐碱地，几千万亩滩涂地，完全可以改造出来更多的建设用地。根据对浙江和广东等省的调研情况，各级地方政府手中普遍掌握着大量依法征用的土地。以浙江省为例，截至 2009 年底，14 个县（市、区）累计预征土地面积 79861 亩，部分县市预征土地的数量占政府现有存量土地总数的 2 倍以上[①]。广东省的县镇中，1993 年开发区热时征用的土地仍然有大量的预留。

因此，如果城市建设用地仍然由地方政府统一征收，并通过招拍挂形式进行出让，则地方政府仍将可以获得大量的土地出让收益。2001 ~ 2013 年，我国国有建设用地实际供应量由 17.8 万公顷增加到 70.5 万公顷，国有建设用地出让（招标、拍卖、挂牌）面积由 9 万公顷增加到 36.7 万公顷（见图 7 - 8），有五年的市场出让比例超过了 67%。土地出让价款也由 2001 年的 1296 亿元提高到 2013 年的 4 万亿元，年均增长 33%。根据《全国土地利用总体规划纲要（2006 - 2020 年）》，2011 ~ 2020 年，国有建设用地实际供应量可以达到 350 万公顷。我们以市场出让比例占 65% 计算，得到未来各年能够出让的国有建设用地面积；再以 7%（预期经济增速）作为未来土地价格的增长率，计算到 2020 年各年的土地价格；最后，得出未来各年土地出让价款，10 年合计为 32 万亿元。这意味着每年地方政府仍能获得 3 万多亿元的土地出让收入。

---

① 杜良文、吴海洋：“地方政府土地经营存在的问题及风险分析”，浙江省审计厅网站，2012 年 2 月 13 日。

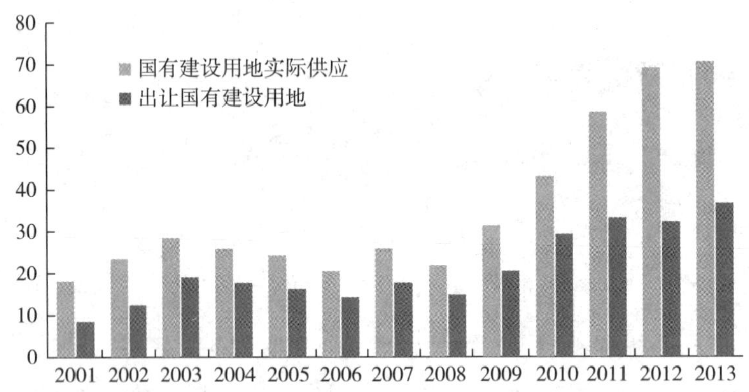

图 7－8　国有建设用地实际供应量和出让建设用地量（万公顷）

资料来源：各年《中国国土资源公报》。

（2）征地制度改革将削弱地方政府土地财政能力

土地征用是政府为了公共目的而强制取得非国有或非公有土地并给予补偿的一种行为。在许多国家，政府进行城市基础设施和公用事业建设时，可通过一定的法律形式和法律程序对所需的私有土地进行征用，但均明确提出只能为了公共利益的需要。从征用补偿来看，各国也都是站在保障被征地者利益的角度，对由于征地造成的当前和将来的、直接和间接的利益损失进行相当于被征用土地市场价格的赔偿。例如，英国的法律规定征地机构可以依据法律原则强制执行征地，但是，实际上他们的征地过程很少采用这种方式，更多的是采用同土地所有者协商，根据市场价格购买的方式。可见，成熟市场经济国家的征地是在土地产权明晰的基础上进行的，政府的公权受到严格的约束，土地价格由市场决定。

近年来，由于中央政府提高了对失地农民利益的保障水平的要求，地方政府征地拆迁成本已经大幅度增加，土地财政的边际收益显著下降。未来的改革更加不利于地方政府轻松获得土地及其收益。这些改革可能包括，第一，打破土地制度二元结构的现状，实行农村集体土地和城市建设用地的“同地、同价、同权”；第二，严格界定公益性和经营性建设用地，限制政府行政性征地的范围；第三，非公益性的用地需求通过农村集体建设用地直接进入市场加以解决，而不必经过地方政府的征地环节；第四，对公共目的用地，按市场价进行赔偿。这些改革措施的推进，将使得地方政府很难再通过“低吸高抛”的方式赚取价差，土地出让收入下降局面将会出现。地方政府的土地出让可能变得越来越无利可图。

专栏 7－5　深圳农村集体土地入市第一拍落槌

2013 年 12 月 20 日下午 3 点，深圳市土地房产交易大楼里人声鼎沸，随着拍卖槌一落，深圳历史上第一块原农村集体用地成功上市，这是继 1987 年深圳首创国有土地拍卖后的又一次历史性改革破冰之举。

这次农村集体土地竞拍由深圳市方格精密器件有限公司以底价 1.16 亿元竞得，土地收益的 70% 归政府，30% 归村集体凤凰社区股份有限公司所有。

方格公司竞得的地块位于宝安区福永街道凤凰社区，占地面积 1.45 万平方米，规划用途为工业用地（新型产业用地），土地使用期 30 年，准入产业类别为新一代信息技术通信终端设备制造业。

根据该宗地的出让要求，竞得人须在成交后即时签订《成交确认书》，并与凤凰股份公司和深圳市宝安区人民政府有关部门签订用地发展协议书，然后与凤凰股份公司共同作为受让方与规划国土部门签订《出让合同》，并自签订《出让合同》之日起 5 个工作日内付清全部成交价款。

成交后，本宗地由竞得人负责出资建设。此外，合同还约定，项目建成后，该项目总建筑面积的 20% 由竞得人无偿移交凤凰股份合作公司。该部分物业限共同整体转让，不得分割转让。其余属竞得人所有的物业，限共同整体转让，不得分割转让。

首宗农村集体用地拍卖具有标志性改革意义，以往，农村集体土地想要入市，必须先经过征地补偿后收归国有，只有国有土地可以走“招拍挂”的出让流程。而今后，农村集体工业用地不需要再经过国有化，便可直接到深圳土地交易中心出让，且土地收益直接按比例由政府和村股份公司分成。

对于村集体土地出让收益，政府提供了两种分配方式，一种是由政府和村集体各分 50%，另一种则是政府分 70%、村集体分 30%，另外，村里再持有 20% 的物业面积，而凤凰社区选择的就是第二种。

资料来源：《华夏时报》，2013 年 12 月 21 日。

（3）土地税收及收费在资本性支出中的作用将会提高

在上述改革背景下，土地财政将逐步由出让收入为主向出让收入和税收收入兼备转型①。2001～2013 年，我国土地税收占地方财政收入的比例最高也只有 17.7%，全部土地税收占 GDP 的比例平均只有 1.1%。与发达国家相比，还有较大的上升空间。房产税更是欧美等国县、市以下政府的主要财政来源，与之相比，我国市县政府的税收结构也有较大的调整余地。在我国现有的住房中，有 60% 的房子在房产税征收范围之内②。2011 年，全国城镇有 200 亿 m^2 的住宅可以征房产税③，平均房价是 6237 元/m^2，房产税税率是 1.2%，那么住宅部分的房产税可以达到 14900 亿元，加上商业地产已经征收的房产税 1500 亿元，整个房产税规模大体上是 16400 亿元，远高于同期土地出让净收益。未来随着住宅面积和房价的稳步增加，房产税有可能逐渐成为地方稳定的主体税种。

从上海、重庆两地房产税征收试点情况看，效果并不明显。2011 年，重庆涉及征收房产税的住宅只有 9400 套，个人住房房产税不足 1 亿元，与该市 2900 亿元的财政收入相比，可以忽略不计。上海应缴纳个人住房房产税的住房接近 2 万套，具体征税金额没有公布，但是，数额也不会太大。在目前减税呼声很大的情况下，将房产税定位于增加地方政府财政收入容易在社会上产生厌恶感，造成政策推动上的难度。更重要的是，目前，房产税的立法程序有争议，征税目标不清晰，制度框架不明确，使得这项政策不可能大范围迅速实施，只能通过渐进的方式推进，时间也将比较漫长。

长期以来，我国地方政府常以本级财政收入难以满足经常性支出需要为名，把建设性支出责任推给上级政府甚至中央政府。如果我们通过法律形式明确了房产税、与土地相关的专项税以及针对房产（财产）的特别收费作为地方政府的主体财源，地方政府就拥有了相对稳定的财源用于城市的建设与运营，这对于地

---

① 土地出让收入的性质是土地使用权的价格，即政府凭借土地所有者身份对使用权受让人收取的地租；而土地税收是政府作为社会管理者在土地保有、交易等环节强制征收的，二者一个是“租”、一个是“税”，不存在相互替代的问题。

② 根据中国人民大学安体富教授的方法进行计算。

③ 艾经纬：“房市大衰退：中国到底有多少房子”，中国新闻网，2014 年 11 月 14 日。

方政府依赖土地出让收入具有较好的替代效应；这种变化也有利于明确地方政府的支出责任，既中央政府可以要求地方政府在一般预算收入中拿出一定比例资金必须用于投资与建设，而不是像目前这样一般预算收入基本都用于了经常性支出(即所谓的吃饭财政)。

成熟市场经济国家通过特殊收费的形式解决公共基础设施和服务的建设资金问题，实际上是政府利用土地管理和规划手段，谋取公共利益的最大化。我们同样可以运用这一方法，在私人商业开发的同时，一并获得政府所需要的公用设施。即开发商进行某一项目的开发，必须要有所“捐赠”，或者在开发项目内建设公园、学校，配建一定量的中低收入者的房屋单元；或者异地投资建设一条道路或交通枢纽；或者直接向政府廉租房项目进行现金捐助。

(4) 地方政府将趋于选择更为多样化的融资方式

土地出让净收益的减少，以及土地出让收入受经济波动影响较大，将影响政府土地储备中心或融资平台的还贷能力，从而迫使商业银行加强对土地抵押贷款的控制。2010 年，银监会就曾要求商业银行暂停与土地有关的抵押贷款，2012 年，监管部门则进一步强调土地储备贷款不得用于城市建设。尽管未来不可能完全取消土地抵押贷款，但是，商业银行将对此类贷款持谨慎态度。现有征地制度的改革也将限制地方政府通过土地抵押获得银行贷款的能力。因为，如果城郊集体土地能够直接入市交易，政府用农用地随行就市，地方政府将无法获得优质的土地资源和收益。在这种情况下，土地财政将难以持续，地方政府也将被迫从依赖土地抵押贷款向运用多元化融资方式转型。

市政债将得到更快的发展。根据公共财政理论，如果赋予地方政府提供本地公共产品的事权，同时也应赋予与之相适应的完整财权，而举债权是规范的分税制下各级政府应有的财权之一。发行市政债有利于转变以土地储备作为抵押支持、以银行信贷为主要资金来源的地方政府融资模式，并将地方政府融资纳入政策与法规的严格监管，增强透明度，构建融资的内在约束机制。发达国家市政债发展与城市化同步。以美国为例，在其城市发展最快的时期，城市建设的大部分资金需要地方自筹，在此背景下，美国市政债券市场得到蓬勃发展，并成为美国州及州以下政府筹集公共性资金的重要渠道。在美国 8 万多个地方政府中大部分有发行市政债券的权力。目前，发展地方债券市场也已成为新兴工业化、新兴市场的转轨国家及其他一些发展中国家的政策重点。我国正在实施的地方政府自主发债，标志着地方政府发债融资正向规范化方向发展。

公私合作方式将进一步拓展。公私合作伙伴实质上就是形成公私联营的项目结构，其基本特征就是公共部门与私营部门通过“项目合约”共担投资风险、共享投资收益，政府部门主要负责规划、监管、提供政策支持，而私营机构则负责具体的项目运营管理，政府部门的社会职责与私人部门的利益诉求在这一合作中各自都实现了效益的最大化。公私合作在城镇化进程中的应用也可以分为基础设施建设、公用事业提供两个方面。对于新建的基础设施，政府可以采用建设—转让—经营（BTO）、建设—经营—转让（BOT）、建设—拥有—经营（BOO）等形式与民营企业合作。对于已有的基础设施，政府可以通过出售、租赁、运营和维护合同承包等形式与民营企业合作。公用事业领域采用公私合作模式与基础设施领域有类似之处，特别是在污水处理、自来水、煤气、电力和热力供应等方面，采用公私合作的项目，一般可通过使用者付费和政府补贴相结合的方式使投资者能够收回投资并得到合理的投资回报。

城市运营商模式将得到推广。城市运营商在充分把握地方政府战略意图的前提下，充分运用市场化方式和手段，通过开发成片大面积土地，带动城市和区域经济的发展，既以自身经济利益为导向，又注意兼顾长远的社会效益。城市运营商着重于“城”的建设，对社会的参与越来越广泛，除了传统的地产开发与建设外，还涉足物业管理、社区教育、社区文化等领域，是综合考虑城市历史和文化的多样性，公用空间和自然环境整体协调性的开发模式。从这个层面来讲，优秀的城市运营商，已经担当起一个城区“执行官”的重任，直接协助市长们管理、经营一座城市，是城市的组织者和城市文明的有力推动者。推广城市运营商模式，可以打通土地一级和二级市场，在房地产开发的同时，由城市运营商同步完成市政设施建设，从而免去了土地一级开发的成本和招拍挂的复杂程序。从湖南、贵州等地的实践来看，城市运营商减轻了地方政府的债务负担，避免了政府过度参与投资与建设，政府轻松得到了所需要的基础设施。

2. 土地财政可持续发展的保障措施

既然土地财政是不可或缺的，因此要正确看待其地位与作用，同时，针对存在的问题，要进一步完善制度建设，促进其未来的可持续发展。

第一，促进城市化的健康发展。由于城市土地扩张能够在土地出让金、税收和GDP等方面满足地方政府的需要，因此，土地城市化成为我国当今发展的主流。但是，如果仅仅是土地的扩张，到处都是空城或死城，以及昂贵的房价，人口、服务业和工业都难从城市化中获得收益，则城市将会衰败。要加快人口城市化，提高城市的集聚效应，将土地收益更多用于基础设施和保障性住房的开发上，降低生活成本，吸引人口的聚集。

第二，实现民众安居乐业和福祉增加。只有基层民众能够通过“用手投票”的方式决定官员的命运，地方政府的行为才会真正收敛到符合当地民众利益和愿望的轨道上来，即政府出让土地时，会把安居乐业和增加福祉作为优先考虑的发展目标，努力实现城市的长远和可持续增长，而将地价和房价控制在平稳合理的范围内，将房地产税费控制在能够容忍的范围内。从而使土地收益限制在可以基本满足辖区内居民的基础设施和公共服务建设的需要的范围内，而不是越多越好。

第三，明确政府间事权与财力的划分，由宪法或法律明确规定和具体划分中央政府的职能及投资范围、地方政府的职能及投资范围，以及中央与地方政府共同承担的职能及投资范围。促进财力与事权相匹配。应适当“上移”部分地方政府基本公共服务事权。凡属中央和省政府承担的财政支出，中央和省级财政应切实加大财力保障力度，不得转嫁给下级财政。完善财政转移支付制度。提高一般性转移支付规模和比例，规范专项转移支付，建立横向转移支付制度。

第四，严格约束地方政府的投资行为。有人认为，进一步拓宽地方政府融资渠道就可以减少对土地财政的依赖。但是，实际上，面对地方政府日益膨胀的投资需求，再多的融资渠道、再大的资金供给都难以满足。因此，必须严格约束地方政府的投资行为，控制政府投资需求的过快增长。要严格界定政府的投资边界，把政府投资限定在市场失灵的领域。建立符合科学发展观的政绩考核体系，降低经济增长和投资扩张的目标要求。

第五，加大对土地财政资金使用的监督。巨额的土地收益和不透明的支出机制，是土地财政制度的最大弊病，它使得政府官员能够轻而易举地将土地财政资金用于“政绩工程”，用于自己及小集团可以从中获得更多油水的公共工程。要将土地财政资金纳入地方预算管理，定期向全社会公开资金收入和使用的细目。建立投资项目决策听证制度，充分了解社会群体对土地财政资金使用的态度及诉求，使得土地财政资金能够真正用在与民众密切相关的公共服务领域。

第八章

融资工具与产品创新

发展适宜地方政府需要的融资工具和产品是实现地方政府投融资可持续性发展的重要方面。从国内外经验看，没有地方政府单纯将内源收入作为长期建设性资金来源，通过金融市场的工具和产品创新，拓展融资渠道成为普遍的做法。金融体系改革与融资工具创新是相辅相成的。金融体系改革是融资工具创新的基础和条件，融资工具创新则是金融体系改革的重要组成部分和成果。要推进市政债的发行，促进股权融资发展，积极发展信托投资和融资租赁，推进保险资金投资地方政府项目建设。

一、基本融资工具分类与概念

1. 融资工具分类

融资即资金融通，是指在经济运行过程中，资金供求双方运用各种金融工具调节资金盈余的活动，是所有金融交易活动的总称。融资工具是指在融资过程中产生的证明债权债务关系的凭证，融资是通过融资工具或产品来进行的。一般认为，融资工具具有以下特征：第一，偿还期，是指借款人拿到借款开始，到借款全部偿还清为止所经历的时间。各种融资工具在发行时一般都具有不同的偿还期。从长期来说，有 10 年、20 年、50 年等。第二，风险性，是指投资于融资工具的本金是否会遭受损失的风险。风险可分为两类，一类是债务人不履行债务的风险，另一类是市场的风险，这是金融资产的市场价格随市场利率的上升而跌落的风险。第三，收益性，是指融资工具能定期或不定期给持有人带来收益的特性。融资工具收益性的大小，是通过收益率来衡量的。

融资工具可以按不同标准进行分类：第一，按发行者的性质可划分为直接融资工具与间接融资工具。直接融资工具是指由工商企业、政府或个人所发行或签署的股票、债券等凭证，间接融资工具是由金融中介机构所发放的各类贷款。第二，按照融资过程中企业与投资者所形成的不同的产权关系，可以把融资工具分为股权融资工具与债权融资工具。股权融资工具主要是发行股票，而债权融资又有两种形式，即银行信贷和发行债券。

由于融资工具不断创新，其内涵出现交叉与融合，有时很难按照上述标准进行划分，因此，也有学者根据资金渠道、金融市场等因素的不同对融资工具进行分类。可以分为以下四大类。第一，通过证券市场进行融资，包括股票融资、创业板上市、公司债、可转债和可交换债券等；第二，通过银行间债券市场进行融资，包括企业债、中期票据、集合债券和短期融资券等；第三，通过银行获得融资，包括不动产质押、股权质押、商业汇票融资、知识产权融资、联保贷款、仓单融资、货币互换和碳排放权融资等多种形式；第四，通过其他方式获得融资，包括信托融资、融资租赁、基金、私募股权、融资委托贷款和民间借贷等（见表 8－1）。

表 8－1　　　　各类融资工具

类别	名称	简要说明	适用企业
通过证券市场融资	股票融资	通过在股票市场公开发行股票的方式融资	（拟）上市公司
	创业板上市	科技含量比较高的成长型中小企业，在创业板 IPO	创新型企业
	公司债	发行的一年以上期还本付息的有价证券	上市公司
	可转债	上市公司发行的在一定条件下可转换为股票的债券	
	可交换债券	上市公司法人股东将其持有的股票抵押之后发行债券，债券持有人未来有权以持有的债券换取该股东抵押的股票	上市公司法人股东
	企业债	企业发行的期限通常在 5 年以上的还本付息的有价证券。债券信用等级等同于政府债券	大型非上市企业（一般有政府背景）

续表

类别	名称	简要说明	适用企业
通过银行间债券市场融资	短期融资券	企业在银行间债券市场发行和交易，并约定在一定期限内还本付息的有价证券。时间通常在一年以内	大型企业
	超级短期融资券	期限在270天以内的短期融资券，属于货币市场工具范畴	
	中期票据	企业在银行间债券市场发行的3~5年债券	
	集合债券	多家中小企业统一组织、申请、冠名，在银行间债券市场发行的债券，各家企业分别负债，统一担保、评级	中小企业
	非公开定向债务融资工具	在银行间市场以非公开定向发行方式发行的债务融资工具，属于私募债券	不能对外做完全信息披露的企业
通过银行获得融资	不动产抵押	企业以其房产、土地、固定资产等作为抵押，向银行融资	各类拥有不动产循环贷款的企业
	股权质押	有限责任公司和股份有限公司的股东，以自己持有的并拥有处置权的股权作抵押，以获得资金	以上市公司股东为主
	银行承兑汇票	企业将商业票据向银行申请承兑、贴现、转贴现	大中型企业
	知识产权融资	企业以版权、专利、商标等知识产权，向银行抵押贷款	缺少不动产的企业
	联保贷款	多家企业结成联合体，向银行贷款，彼此之间相互提供担保	
	仓单质押	企业将持有的仓单（凭仓单可直接提取货物）质押，从银行获得一定比例资金	以贸易、流通业务为主企业
	碳排放权融资	企业通过出售项目减排后减少的碳排放量获得资金。或将减排收益权抵押给银行，获得贷款开发项目	投资环保领域企业
通过其他方式获得融资	融资租赁	企业向金融租赁公司支付租金租用设备等，一段时期后资产归企业所有	有大型设备需求的企业
	信托融资	以信托制度为本源，融合其他融资模式的优势为融资者提供综合性的金融服务的创新模式	满足不同类型融资企业的融资需求

续表

类别	名称	简要说明	适用企业
通过其他方式获得融资	私募股权投资	企业向 VC、PE 出让自己的股权，以获得资金	IPO 之前的企业
	委托贷款	企业将自有资金委托银行贷给另一家企业	各种企业
	民间借贷	民营企业相互之间的有偿借贷，利率通常高于银行	中小民营企业

资料来源：朱锐："融资工具大全"，《经理人》，2008 年第 11 期。

2. 融资工具概念和特征

（1）证券市场融资工具

证券市场融资工具是指企业以书面形式发行和流通、借以保证债权人或投资人权利的凭证，是资金供应者和需求者之间进行资金融通时，用来证明股权或债权的各种合法凭证。证券市场融资工具主要包括股票融资、创业板上市、可转换债券、企业债券等。

股票融资。股票融资就是通过股票市场向公众投资者发行企业的股票来募集资金，包括企业的上市、上市企业的增发和配股都是利用公开市场进行股票融资的具体形式。与其他融资方式相比，企业通过上市来募集资金有突出的优点，第一，筹资风险小。由于普通股票没有固定的到期日，不用支付固定的利息，不存在不能还本付息的风险。第二，可以提高企业信用度。普通股本和留存收益构成公司借入一切债务的基础。有了较多的股本，就可为债权人提供较大的损失保障。第三，所筹资金具有永久性，无到期日，不需归还。在公司持续经营期间可长期使用，能充分保证公司生产经营的资金需求。第四，有利于帮助企业建立规范的现代企业制度。股票融资缺点在于：资本成本较高。对筹资来讲，普通股股利从税后利润中支付，不具有抵税作用。另外，普通股的发行费用也较高。股票融资上市时间跨度长，竞争激烈，无法满足企业紧迫的融资需求。容易分散控制权。当企业发行新股时，出售新股票，引进新股东，会导致公司控制权的分散。

创业板上市。指交易所主板市场以外的另一个证券市场，其主要目的是为新兴公司提供集资途径，助其发展和扩展业务。在创业板市场上市的公司大多从事高科技业务，具有较高的成长性，但往往成立时间较短，规模较小，业绩较好。创业板公司首次公开发行的股票申请在深交所上市应当符合下列条件：股票已公开发行；公司股本总额不少于3000万元；公开发行的股份达到公司股份总数的25%以上；公司股本总额超过4亿元的，公开发行股份的比例为10%以上；公司股东人数不少于200人；公司最近三年无重大违法行为，财务会计报告无虚假记载。创业板是培育和推动成长型中小企业成长，支持国家自主创新核心战略的重要平台。第一，创业板市场满足了自主创新的融资需要，可以缓解高科技企业的融资瓶颈，引导风险投资的投向，形成适应高新技术企业发展的投融资体系。第二，创业板市场为自主创新提供了激励机制。资本市场通过提供股权和期权计划，可以激发科技人员更加努力地将科技创新收益变成实际收益，解决创新型企业有效激励缺位的问题。第三，创业板市场为自主创新建立了优胜劣汰机制，能够提高社会整体的创新效率。

可转债。可转债全称为可转换公司债券，是指在一定条件下可以被转换成公司股票的债券。可转债具有债权和期权的双重属性，其持有人可以选择持有债券到期，获取公司还本付息；也可以选择在约定的时间内转换成股票，享受股利分配或资本增值。所以，可转债对投资者而言是保证本金的股票。当可转债失去转换意义，就作为一种低息债券，它依然有固定的利息收入。如果实现转换，投资者则会获得出售普通股的收入或获得股息收入。可转债具备了股票和债券两者的属性，结合了股票的长期增长潜力和债券所具有的安全和收益固定的优势。此外，可转债比股票还有优先偿还的要求权。可转债的风险主要有：股价波动的风险，可转债的投资者要承担股价波动的风险；利息损失风险，当股价下跌到转换价格以下时，可转债投资者被迫转为债券投资者。因可转债利率一般低于同等级的普通债券利率，所以会给投资者带来利息损失；提前赎回的风险，许多可转债都规定了发行者可以在发行一段时间之后，以某一价格赎回债券。提前赎回限定了投资者的最高收益率。

企业债。企业债是指从事生产、贸易、运输等经济活动的企业发行的债券。在发达国家，由于只有股份公司才能发行企业债券，所以，企业债券即公司债券。在我国，企业债券泛指各种所有制企业发行的债券。根据1987年国务院发布的《企业债券管理暂行条例》，企业发行债券的总面额不得大于该企业的自有资产净值；企业为固定资产投资发行债券，其投资项目必须经有关部门审查批准，纳入国家控制的固定资产投资规模；债券的票面利率不得高于银行相同期限居民定期存款利率的40%。企业债券按不同标准可以分为很多种类。最常见的分类有以下几种：按照期限划分，有短期企业债券、中期企业债券和长期企业债券。按是否记名划分，企业债券可分为记名企业债券和不记名企业债券。按债券有无担保划分，可分为信用债券和担保债券。按债券可否提前赎回划分，可分为可提前赎回债券和不可提前赎回债券。

（2）非金融企业债务融资工具

非金融企业债务融资工具是指具有法人资格的非金融企业在银行间债券市场发行的、约定在一定期限内还本付息的有价证券。非金融企业债务融资工具目前主要包括短期融资券（短融）、中期票据（中票）、中小企业集合票据和超级短期融资券（超短融）等类型。

短期融资券。短期融资券是由企业发行的无担保短期本票。在我国，短期融资券是指企业依照《银行间债券市场非金融企业债务融资工具管理办法》的条件和程序在银行间债券市场发行和交易并约定在一定期限内还本付息的有价证券，是企业筹措短期（1年以内）资金的直接融资方式。短期融资券的特征是：发行人为非金融企业；它是一种短期债券品种，期限不超过365天；发行利率（价格）由发行人和承销商协商确定；发行对象为银行间债券市场的机构投资者，不向社会公众发行；实行余额管理，待偿还融资券余额不超过企业净资产的40%；可以在全国银行间债券市场机构投资人之间流通转让。按发行方式分类，可将短期融资券分为经纪人代销的融资券和直接销售的融资券。按发行人的不同分类，可将短期融资券分为金融企业的融资券和非金融企业的融资券。按融资券的发行和流通范围分类，可将短期融资券分为国内融资券和国际融资券。一般来讲，只有实力雄厚、资信程度很高的大企业才有资格发行短期融资券。

中期票据。中期票据是指期限在5～10年之间的票据。公司发行中期票据，通常会透过承办经理安排一种灵活的发行机制，透过单一发行计划，可以多次发行期限不同的票据，这样更能切合公司的融资需求。它的最大特点在于，第一，发行规模极其灵活。中期票据通常采取的是多次、小额的发行，具体发行时间和每次发行的规模依据当时市场的情况而定。第二，发行条款极其灵活。不仅同一次注册下的中期票据可以有不同的期限和定价，而且，中期票据的本金和/或利息支付可以盯住其他金融资产、非金融资产的价格或者价格指数。第三，发行方式极其灵活。早期主要是靠投资银行尽力推销，或者发行人自行销售。目前，有些中期票据的发行也开始采取承销方式。从筹资者的角度看，可以根据市场行情适时选择中期票据发行的期限、利率和规模，从而不仅节省了财务成本，而且也极大地便利了资产负债表的管理。如果说公司债券主要是针对大型、优质企业，那么，中期票据则更加适合中型企业。

中小企业集合债券。中小企业集合债券是指通过牵头人组织，以多个中小企业所构成的集合为发债主体，发行企业各自确定发行额度分别负债，使用统一的债券名称，统收统付，向投资人发行的约定到期还本付息的一种企业债券形式。它是以银行或证券机构作为承销商，由担保机构担保，评级机构、会计师事务所、律师事务所等中介机构参与，并对发债企业进行筛选和辅导以满足发债条件的企业债券形式。这种“捆绑发债”的方式，打破了只有大企业才能发债的惯例，开创了中小企业新的融资模式。中小企业集合债券的特点是：统一组织，中小企业集合债券一般由某个政府部门作为牵头人，在债券的发行工作中，负责统一组织协调；统一冠名，中小企业集合债券使用统一的债券名称，形成总的发行规模，而不以单一发行企业为债券冠名；统一担保，中小企业集合债券将由资质卓越的第三方为债券提供统一担保，从而实现债券信用增级，提高债券的市场认可度。分别负债、集合发行，中小企业集合债券由多家中小企业构成的联合发行人作为债券发行主体，各发行企业作为独立负债主体，在各自的发行额度内承担按期还本付息的义务，并按照相应比例承担发行费用。

超短期融资券。超短期融资券是指具有法人资格、信用评级较高的非金融企业在银行间债券市场发行的，期限在270天以内的短期融资券。作为企业短期直接债务融资产品，超短期融资券属于货币市场工具范畴，产品性质与国外短期商业票据相似。在美国等成熟资本市场国家，短期商业票据作为常规货币市场产品，是央行货币政策操作的重要工具和企业主要直接融资产品。相对于其他债务融资产品，超短期融资券具有以下特点：首先，信息披露简洁。超短期融资券发行企业信用资质较高，在公开市场有持续债务融资行为，信息披露充分，投资者认可度高。其次，注册效率高。超短期融资券采取一次注册分期发行的方式，且后续发行不需要提前备案，进一步缩短了注册备案时间。第三，发行方式高效。发行公告时间由原来的 5 天或 3 天缩短为 1 天，缩短了公告时间，使发行人可根据市场情况和资金使用需求，灵活安排资金到账时间。第四，资金使用灵活。在符合国家法律法规及政策要求的前提下，超短期融资券募集资金可用于各种企业流动性资金需求。

非公开定向债务融资工具。非公开定向债务融资工具（PPN，private placement note），是指具有法人资格的非金融企业，以非公开定向发行方式，向银行间市场特定机构投资人发行的，并在特定机构投资人范围内流通转让的债务融资工具。其发行方式具有灵活性强、发行相对便利、信息披露要求相对简化、适合投资者个性化需求、有限度流通等特点。与公开募集方式相比，非公开定向发行在注册文件、信息披露和承销发行方面更加灵活和简便。首先，对注册文件的要求简化，实行要件注册。其次，对信息披露的具体要求在《定向发行协议》中约定，可繁可简。在承销发行阶段，发行人在定向投资人范围内进行推介，实现一对一定价和协商，精确定位投资者，大大提高发行效率。非公开定向发行可以很好地满足大型机构对一次性大额配置和特定发行体集中配置的需求，凸显规模效应，提高市场销量。对于特殊风险偏好的机构，非公开定向发行方式可以提供有针对性的投资标的，如中小企业债券等。此外，在具体条款设计上，非公开定向发行更具有灵活性，可以更好地满足投资者对于期限、选择权、付息方式等各方面的个性化需求。

(3) 通过银行的融资工具

银行融资就是以银行为中介的融通资金活动，是融资活动的主要形式。利用银行的金融中介作用产生的融资工具较多，主要包括抵押贷款、委托贷款、银行承兑汇票、仓单融资等。

抵押贷款。抵押贷款指借款者以一定的抵押品作为物品保证向银行取得的贷款。它是商业银行的一种常见的放款形式。抵押品通常包括有价证券、国债券、各种股票、房地产以及货物的提单、栈单或其他各种证明物品所有权的单据。贷款到期，借款者必须如数归还，否则银行有权处理抵押品，作为一种补偿。在我国，目前实行的抵押贷款，根据抵押品的范围，大致可以分为六类：①存货抵押，又称商品抵押，指用工商业掌握的各种货物，包括商品、原材料，在制品和制成品抵押，向银行申请贷款。②客账抵押，是客户把应收账款作为担保取得短期贷款。③证券抵押，以各种有价证券，如股票、汇票、期票、存单、债券等作为抵押，取得短期贷款。④设备抵押，以机械设备、车辆、船舶等作为担保向银行取得定期贷款。⑤不动产抵押，即借款人提供如土地、房屋等不动产抵押，取得贷款。⑥人寿保险单抵押，是指在保险金请求权上设立抵押权，它以人寿保险合同的退保金为限额，以保险单为抵押，对被保险人发放贷款。

委托贷款。委托贷款是指由委托人提供合法来源的资金，委托业务银行根据委托人确定的贷款对象、金额、用途、期限、利率等代为发放、监督使用并协助收回的贷款业务。委托贷款的优势在于：一是为借款企业解决融资难问题。委托贷款业务能避免比较繁琐的银行贷款审批程序，降低贷款门槛，加快资金筹借效率；与银行相结合，通过办理正规的委托贷款手续，避免非法集资的嫌疑。二是筑牢资金安全“防火墙”。通过委托贷款方式，可以收到高于存款利率数倍的收益；通过银行监督，可以提高借款企业财务透明度，减少投资的盲目性；可以通过集中办理借款企业担保手续，降低资金出借风险。三是规避银行信贷风险，提高信贷服务质量。委托贷款风险由委托人承担，银行发放委托贷款避免贷款损失风险；委托贷款的发放，降低银行的负债水平，减少利息支出成本；通过收取一定比例服务费用，增加经营收益，以更好地发挥其信贷服务功能。

银行承兑汇票。银行承兑汇票是商业汇票的一种形式。是由在承兑银行开立存款账户的存款人出票，向开户银行申请并经银行审查同意承兑的，保证在指定日期无条件支付确定金额给收款人或持票人的票据。票据一经贴现，便归贴现银行所有，贴现银行到期可凭票直接向承兑银行收取票款。在我国，商业票据主要是指银行承兑汇票和商业承兑汇票。票据贴现融资方式的好处之一是银行不按照企业的资产规模来放款，而是依据市场情况（销售合同）来贷款。企业收到票据至票据到期兑现之日，往往是少则几十天，多则300天，资金在这段时间处于闲置状态。企业如果能充分利用票据贴现融资，远比申请贷款手续简便，而且融资成本很低。票据贴现的另外一个优势就是利率低。票据贴现能为票据持有人快速变现手中未到期的商业票据，手续方便、融资成本低，是受广大中小企业欢迎的一项银行业务。贴现利率在人民银行规定的范围内，由中小企业和贴现银行协商确定。

仓单质押。仓单质押融资是指申请人将其拥有完全所有权的货物存放在商业银行指定的仓储公司，并以仓储方出具的仓单在银行进行质押，作为融资担保，银行依据质押仓单向申请人提供用于经营与仓单货物同类商品的专项贸易的短期融资业务。仓单融资适用于流通性较高的大宗货物，特别是具有一定国际市场规模的初级产品，如有色金属及原料、黑色金属及原料、煤炭、焦炭、橡胶、纸浆以及大豆、玉米等农产品。仓单融资的主要特点是：第一，仓单融资与特定的生产贸易活动相联系，是一种自偿性贷款。一般而言，贷款随货物的销售实现而收回，与具有固定期限的流动资金贷款、抵押贷款相比，周期短、安全性高、流动性强。第二，适用范围广。仓单融资不但适用于商品流通企业，而且适用于各种生产企业，能够有效地解决企业融资担保难的问题。第三，质押物受限制程度低。与固定资产抵押贷款不同，质押仓单项下货物受限制程度较低，货物允许周转，对企业经营的影响也较小。

（4）其他融资工具

还有些融资工具难以将其归入上述分类，但是，却在社会融资中发挥着重要作用，是银行金融体系和证券市场体系的重要补充，主要包括融资租赁、信托融资、私募股权投资、民间借贷等。

融资租赁。融资租赁是指出租人根据承租人对租赁物件的特定要求和对供货人的选择，出资向供货人购买租赁物件，并租给承租人使用，承租人则分期向出租人支付租金，在租赁期内租赁物件的所有权属于出租人所有，承租人拥有租赁物件的使用权。租期届满，租金支付完毕并且承租人根据融资租赁合同的规定履行完全部义务后，租赁物件所有权即转归承租人所有。融资租赁对承租人有很多作用，首先是融通资金，通过融资租赁方式可以发挥与银行借贷一样的作用，有效地解决承租方经营过程中固定资产购置所遇到的资金短缺困难；其次是减少资金占用，承租方只需要按照合同约定支付租赁费用就可以获得租赁物的使用权，获得同购买一样的生产运营能力；再次是提高资产流动性，承租人可以通过售后回租方式，盘活固定资产，增强承租企业的资产流动性，优化资产结构。对于企业来说，融资租赁无疑是盘活资产、融通资金的最好选择。

信托融资。信托融资的主要形式是信托公司以发行债权型收益权证的方式接受投资者的委托，汇集各类受托资金，集合运用，以项目融资贷款的方式对项目提供支持。由于在信托法律关系中进行融资，所以信托融资具有与其他融资方式不同的特点。首先，与银行贷款相比，信托融资降低了公司整体的融资成本，节约了财务费用；融资的期限一般较长，有利于融资者的持续发展。其次，信托的隔离功能把用于偿付的未来现金流进行隔离，形成脱离融资企业整体信用的局部信用保证。信托公司为企业融资主要有三种方式：信托贷款、股权信托（增资、收购、新设等）、租赁信托（融资租赁与经营租赁）。目前信托公司一般对中型企业融资较多，因为中型企业发展已经稳定，有足够的资产抵押、质押等，只是扩大再生产面临资金短缺；而小型企业由于经营尚不稳定，可抵押资产较少，信托公司顾虑较多。信托公司比较倾向具有垄断特征的行业，因为这些领域中的企业经营活动产生的现金流量较稳定，避免了因为市场竞争而出现的波动。

私募股权投资。私募股权投资基金（Private Equity，PE）是指通过非公开方式募集资金，对企业进行权益性投资，并提供经营管理、财务管理等增值服务，使所投资企业价值增值，然后通过股权转让获得回报的专业投资机构。根据主要投资对象所处发展阶段的不同，私募股权投资基金主要可分为创业基金（Venture Capital，VC）和非创业型股权投资基金。私募股权投资的主要特点是：对非上市公司的股权投资，因流动性差被视为长期投资，所以投资者会要求高于公开市场的回报；没有上市交易，投资者和需要投资的企业必须依靠个人关系、行业协会或中介机构来寻找对方；资金来源广泛，如富有的个人、风险基金、杠杆收购基金、战略投资者、养老基金、保险公司等；投资回报方式主要有三种：公开发行上市、售出或购并、公司资本结构重组；在资金募集上，主要通过非公开方式面向少数机构投资者或个人募集。另外，在投资方式上也是以私募形式进行，绝少涉及公开市场的操作。

民间借贷。民间借贷是指公民之间、公民与法人之间、公民与其他组织之间借贷。只要双方当事人意见表示真实即可认定有效，因借贷产生的抵押相应有效，但利率不得超过人民银行规定的相关利率。民间借贷是一种直接融资渠道，银行借贷则是一种间接融资渠道。民间借贷是民间资本的一种投资渠道，是民间金融的一种形式。根据《合同法》第 211 条规定："自然人之间的借款合同约定支付利息的，借款的利率不得违反国家有关限制借款利率的规定。"同时根据最高人民法院《关于人民法院审理借贷案件的若干意见》的有关规定："民间借贷的利率可以适当高于银行的利率，但最高不得超过银行同类贷款利率的四倍。"狭义的民间借贷是指公民之间依照约定进行货币或其他有价证券借贷的一种民事法律行为。广义的民间借贷除上述内容外，还包括公民与法人之间以及公民与其他组织之间的货币或有价证券的借贷。现实生活中通常指的是狭义上的民间借贷。

二、现有融资工具的发展状况

1. 证券市场融资工具

我国实施改革开放政策以来，证券市场稳步发展，证券市场广度和深度不断提升，市场功能日趋深化，融资工具逐步完善，为金融市场体系创新和优化资源配置发挥了重要作用。

股票融资功能不断增强。1993 年，我国境内股票筹资额只有 314 亿元，到

2000年增加到1541亿元，到2010年增加到9587亿元，2011～2013年，股票筹资额有所下降，分别达到5073亿元、3127亿元和3457亿元。1993～2013年，股票筹资额占银行贷款增加额的比例波动较大，高的时候曾达到2000年的11.5%、2007年的21.2%和2010年的11.2%，低的时候则降到2003年的3%和2005年的2%（见图8－1）。1993年，股票市值只有1048亿元，到2010年，上升到26.5万亿元，截至2014年末，我国资本市场2592家上市公司A股市值总规模达到37.1万亿元，股票市值占GDP的比例由1993年的3.9%提高到2014年的58.3%。但是，总体来讲，我国股票市场的新兴和转轨的基本特征没有改变，结构性、体制性的矛盾依然突出，市场资本约束和价格约束机制不健全，缺乏内在的稳定机制，市场基础薄弱；同时，上市公司治理中的一些老问题，如关联交易问题、独立性问题、选择性信息披露问题、大股东行为不规范等，不断以新的形式表现出来。

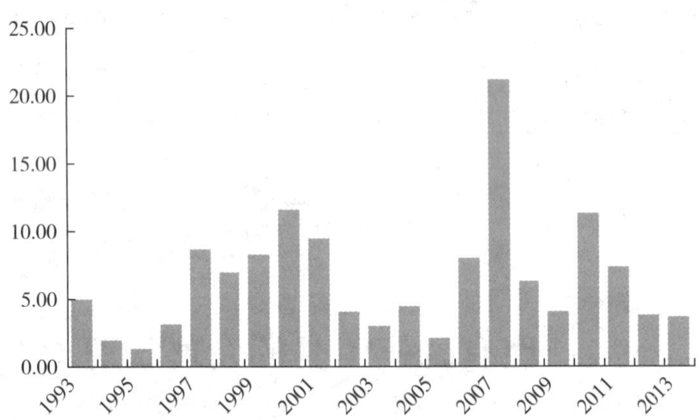

图8－1　1993～2013年股票筹资额占银行贷款增加额的比例（%）

资料来源：《中国金融稳定报告2014年》，中国人民银行。

创业板市场快速发展。2009年10月30日，随着首批28只创业板新股上市，我国证券市场构建多层次资本市场从构想向实践迈出了重要一步。借助这个平台，越来越多的中小型公司登上了创业板的平台。截至2013年底，创业板的上市公司总数量达到了355家，上市公司总市值达到了1.5万亿元，占深市总市值的16%左右。四年时间，创业板公司总数增长了11倍，市值扩大了9倍。在创业板推出之初，深交所对创业板给出了“两高六新”的功能定位，即“高成长、高科技、新经济、新服务、新农业、新材料、新能源和新商业模式”。在创业板企业中，有相当一部分企业属于高新技术企业，并且来自战略性新兴产业的企业占据相当高的比例，为经济结构转型和产业升级发挥了重要作用，涌现了诸如乐视网等一批市值增长近10倍的小巨人，其在A股市场中的分量逐渐上升。目前，创业板上市公司要分布在机械设备、计算机、医药生物、电子、化工、电气设备、通信、传媒、公用事业、农林牧渔等行业。

可转债成为重要融资品种。我国可转换债券的发行始于1992年，1997年3月，原国务院证券委出台《可转换公司债券管理暂行办法》，对可转换公司债券的发行、承销及相关条件作出明确规定。之后，南宁化工、虹桥机场等企业发行了可转换债券。2001年4月，中国证监会发布《上市公司发行可转换公司债券实施办法》，我国可转换公司债券进入全面发展阶段，发债规模迅速扩大。到2008年止，有62只普通可转债在沪深两市上市，发行规模达到715.9亿元。2010~2011年，我国可转债发行规模比过去12年发行总和还多。2013年，我国可转债市场上以人民币计价的发行金额高达903亿元，接近2010年1042亿元的历史最高纪录。其中，2010年，中国工商银行和中石化的可转债发行金额超过230亿元；中国民生银行于2012年末发行了超过190亿元的可转债；2013年底，平安集团发行了高达260亿元的可转债。从发达国家的经验来看，可转债一直是资本市场上的一个重要融资品种。我国的可转债市场发展则相对滞后，呈现出个券数量少，规模占资本市场的比例偏低的特点。对比国外成熟市场的发展路径，未来我国可转债市场具有较大的扩容空间。

企业债近年来发展迅速。1993年，我国企业债发行额只有236亿元，2004年以前，企业债发行长期徘徊，每年均在350亿元以下，2000年则仅有80亿元。2005年以后，企业债加速扩张。2008年国际金融危机以后，企业债规模成倍增加，2009年提高到1.2万亿元，2011年进一步增加到1.3万亿元，2012年和2013年则进一步增加到2.2万亿元和1.8万亿元。企业债券占国内非金融机构部门融资总量的比例由2001年的0.9%提高到2005年的6.5%，再提高到2008年的10%，到2012年达到18.3%，2013年的比例也达到14.6%（见图8-2）。但是，我国企业债相对规模总体来讲仍然偏小，企业债券融资比例远远落后于美国和日本。2007 年，日本企业债券融资占到企业融资总额的 22%；2008 年，美国企业债券融资占到企业融资总额 49%。相比之下，我国企业债券融资比重偏低。

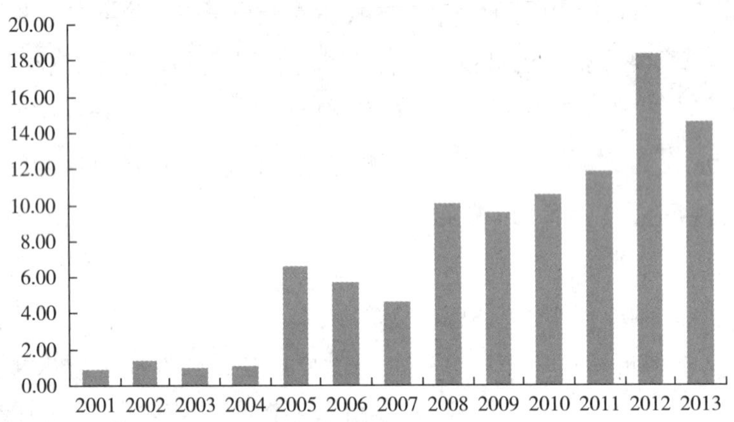

图 8－2 企业债券占国内非金融机构部门融资总量的比例（%）

资料来源：各年《中国货币政策执行报告》，中国人民银行货币政策分析小组。

2. 非金融企业债务融资工具

非金融企业债务融资工具市场自 2005 年建立以来，保持了持续、快速、健康的发展态势。2008 年 4 月，《银行间债券市场非金融企业债务融资工具管理办法》出台，显示了管理层进一步放松市场管制、拓宽直接融资渠道的强烈愿望。《管理办法》的颁布实施推动了我国非金融企业债务融资工具市场的快速发展，为企业利用直接融资改善融资结构，促进国民经济平稳较快发展作出贡献。2011 年，中国银行间市场交易商协会发布《银行间市场非金融企业债务融资工具发行规范指引》，对非金融企业在银行间市场以招标方式、簿记建档方式及非公开定向方式发行债务融资工具进行约束。2011 年 4 月，中国银行间市场交易商协会发布了《银行间债券市场非金融企业债务融资工具非公开定向发行规则》，标志着非金融企业债务融资工具市场再添新成员。

2005～2010年，我国银行间市场债务融资工具发行量从1392亿元增长到12966亿元，市场存量规模从1380亿元扩大到21464亿元。2011年，在全国公司信用类债券融资中，超短期融资券发行了2240亿元，短期融资券发行8029亿元，中期票据7270亿元，中小企业集合债券52亿元，非公开定向债务融资工具899亿元。截至2013年6月底，我国银行间市场债务融资工具累计发行量达9.89万亿元，占企业直接债务融资规模的80.5%。债务融资工具存量规模过5万亿元，约占企业直接债务融资产品存量的60%。目前，债务融资工具市场已经成为我国非金融企业直接债务融资的主板市场。

短期融资券应用范围广泛。自2005年5月26日国家开发投资公司发行首期企业短期融资券以来，2005～2009年，短期融资券发行量由1424亿元上升到4612亿元，规模不断扩大。2012年，我国短期融资券的发行量超过了8000亿元，2013～2014年则分别达到8325亿元和10521亿元（见表8－2）。作为市场化程度最高的债券品种，短期融资券的发行主体从期初单一的大型国企逐步扩大到中外合资企业和民营企业，同时，发行企业的行业分布也十分广泛，包括大型综合类、设备制造、电力、通信服务、交通运输和金属冶炼类企业，这些行业集中了我国主要的大型国企集团，实力雄厚且信用等级高。

表8－2　　短期融资券发行情况

	2010年	2011年	2012年	2013年	2014年
发行期数（期）	438	608	808	860	1072
发行规模（亿元）	5917.3	7478.3	8159.4	8324.8	10521.5
发行家数（家）	334	453	614	663	782
平均单笔发行规模（亿元）	13.51	12.3	10.1	9.68	9.81

资料来源：《2014年度短期融资券市场分析报告》，和讯债券。

超短期融资券满足了多样化融资需求。2010年12月，中国银行间市场交易商协会正式开始接受企业在银行间债券市场发行超短期融资券的注册。与其他债务融资产品相比，超短期融资券市场化程度高、适用性广，给予发行人和中介服务机构的选择空间较大，具有信息披露简洁、注册效率高、发行便利等特点。超短期融资券产品的推出进一步拓宽了大型企业直接债务融资渠道，推动企业提高流动性管理水平，丰富货币市场投资品种，满足投资者多元化需求，促进实体经济进一步增强利率政策敏感性，为进一步提高宏观调控有效性夯实基础。2010年，超短期融资券只发行2只，金额合计150亿元，2012年，超短期融资券发行了48家，发行规模迅速达到5822亿元，到2014年，超短期融资券发行了141家，规模则高达10996亿元（见表8－3）。

表8－3　　超短期融资券发行情况

	2010年	2011年	2012年	2013年	2014年
发行期数（期）	2	20	125	216	443
发行规模（亿元）	150	1440	5822	7535	10996
发行家数（家）	1	6	48	66	141
平均单笔发行规模（亿元）	75	72	46.5	34.8	24.8

资料来源：《2014年度短期融资券市场分析报告》，和讯债券。

中期票据规模扩张迅速。中期票据是央行主导的银行间债券市场一项创新性债务融资工具。首批中期票据于2008年4月22日正式面世。第一期7家注册机构包括铁道部、中国电信、中化集团、中国五矿、中国核工业、中粮集团和中国交通建设，合计获批发行额度达1190亿元，共发行392亿元。2010年，中期票据发行规模达到4924亿元，2011年为7270亿元，2012年为8453亿元，2013年为6716亿元。2014年，共有551家发行人发行中票711期，发行规模共计9368.4亿元（见表8－4）。中票发行期数、发行规模和发行家数较2013年均大幅增加，增幅均在30%以上。

表8－4　　中期票据发行情况

	2010年	2011年	2012年	2013年	2014年
发行期数（期）	221	407	562	508	711
发行规模（亿元）	4814	7079.7	8123.3	6746.2	9368.4
发行家数（家）	167	314	447	413	551

资料来源：《2014年度中期票据市场及利差研究报告》，和讯债券。

中小企业集合债券探索发展途径。为了稳步发展中小企业集合债券，早在2007年，我国就开始进行了中小企业集合债券的试点工作。2007年11月14日，经国务院批准，深圳20家企业联合发行总额为10亿元的“2007年深圳市中小企业集合债券”。这是全国第一只中小企业集合债券。该集合债券打破了以往只有大企业才能发债的惯例，实现了中小企业发行债券的历史性突破。中关村高新技术中小企业集合债券于2007年12月25日发行，债券总额为人民币3亿元。此次债券的发行，为北京乃至全国的中小企业提供了一个新的融资样本。总体来讲，中小企业集合债券发行规模较小，2010~2013年分别只有46.6亿元、52亿元、100亿元和66.1亿元。

非公开定向债务融资工具创新性强。2011年5月4日，中国银行间债券市场首批非公开定向债务融资工具推出。发行主体包括三家企业，发行规模达130亿元。其中，中国光大银行作为四家主承销商之一，独家承销的中国国电集团公司首批发行规模为50亿元，与中国银行联合承销的中国五矿集团公司首批发行规模为30亿元，合计发行规模占据半壁江山。2011年，共有29家大型企业发行了这一具有私募性质的债务融资工具，其中包括铁道部、大唐集团、中国铝业、首都机场等。2011~2013年，非公开定向债务融资工具分别发行899亿元、3759亿元和5668亿元。

3. 通过银行的融资工具

根据央行调查统计司对社会融资总量内涵和结构的定义，人民币和外币贷款合并为“银行表内贷款”，委托贷款、信托贷款和银行承兑汇票合并为“银行表外贷款”，而将银行表内和表外贷款统称为间接融资。在银行表内融资中，人民币贷款由2002年的1.79万亿元增加到2013年的8.89万亿元，外币贷款由722亿元增加到5848亿元。银行表外业务增长较快。2003年只有2636亿元，到2013年，已经增加到5.17万亿元。在银行表外融资中，委托贷款由175亿元猛增到2.55万亿元，信托贷款增加到1.84万亿元，银行承兑汇票增加到7751亿元（见表8-5）。

表 8－5 银行融资工具规模

单位：亿元

	2002	2003	2004	2005	2006	2007	2008	2009	2010	2011	2012	2013
人民币贷款	17963.9	27727.9	22577.8	23500.3	31800.1	36300.0	49149.1	95995.8	77450.8	74700.0	82038.0	88914.0
外币贷款	722.5	2293.5	1375.3	1059.1	1002.5	2901.6	618.7	9303.6	4039.7	5712.0	9163.0	5848.0
委托贷款	175.7	616.2	3180.4	973.2	1884.7	3375.4	4261.9	6766.2	11004.7	13000.0	12838.0	25465.0
信托贷款	0.0	0.0	0.0	0.0	842.1	1717.3	3162.0	4369.9	3761.1	2013.0	12848.0	18448.0
银行承兑汇票	－683.4	2019.7	－286.5	28.6	1523.8	6691.5	1099.8	4651.8	22705.9	10300.0	10499.0	7751.0
间接融资	18178.7	32657.3	26846.9	25561.2	37053.3	50985.8	58291.5	121087.2	118962.2	105725.0	127386.0	146426.0
银行表内融资	18686.4	30021.5	23953.1	24559.4	32802.6	39201.7	49767.8	105299.4	81490.5	80412.0	91201.0	94762.0
银行表外融资	－507.7	2635.9	2893.9	1001.8	4250.7	11784.2	8523.8	15787.9	37471.7	25313.0	36185.0	51664.0

资料来源：各年《中国货币政策执行报告》，中国人民银行货币政策分析小组。

银行票据贴现增长迅速。2000 年 11 月 9 日，我国第一家专业性票据经营机构——中国工商银行票据营业部在上海成立。它的建立标志着我国商业银行票据经营步入一个专业化、规范化和规模化的发展阶段。2000 ~ 2006 年，票据贴现占全国商业银行信贷资产总量的比例逐年上升。2008 年，为应对国际金融危机带来的冲击，央行实施适度宽松的货币政策，票据市场资金面趋于正常，票据贴现占贷款的比例再度上升。伴随我国经济健康、持续地发展，商业银行短期票据贴现业务呈现出逐年翻番的形势。到 2010 年，票据融资规模达到 2. 27 万亿元，2011 ~ 2012 年均超过 1 万亿元。占社会融资总量的比例由 2003 年的 5. 9% 提高到 2013 年的 16. 3% 。票据融资已经成为信贷大幅增长的主力。

委托贷款存在一定扩张风险。委托贷款占社会融资总量的比例由 2002 年的不到 1% ，提高到 2013 年的 14. 7% 。根据现行的《贷款通则》，企业之间直接拆借资金被严格禁止。不过企业可以委托银行向指定借款人发放贷款，受到法律保护的最高利率可为基准利率的 4 倍。从 2010 年下半年开始的货币紧缩导致社会资金紧缺，市场实际借贷利率大幅攀升。利率双轨制下，对于部分具有融资便利性的企业而言，依然能够较为容易地获得银行贷款，或者通过增发股份等其他方式获得各类资金。这些资金再以委托贷款放出，“一买”和“一卖”之间，获取的是高额利差，而银行则依正常的贷款利息和委托贷款手续费收入，与放贷企业各得其所。当然，这种企业竞相放贷存在的各种隐患也是显而易见的，增加了信贷与信用风险。

仓单质押有利于解决中小企业融资问题。造成中小企业从商业银行贷款融资难的根本原因在于金融信用问题，即履行还款承诺的愿望、能力和行动。对于有仓单质押贷款申请条件、发展潜力且品质良好的中小企业，通过仓单质押可以改善其与银行之间的信息结构，有效解决金融信用问题，从而在一定程度上解决目前中小企业融资难的问题。2000 年，交通银行推出了仓单质押贷款业务，2002 年，建设银行在上海推出标准仓单质押贷款业务。近几年，广发银行、光大银行、招商银行等均推出了此项业务。中国物资储运总公司早已开始了“仓单质押”业务的尝试，设在全国的 60 多家仓库有一半在做此项业务，为 400 多家企业提供质押融资监管服务，质押融资规模已达到将近 100 亿元，仅 2012 年上半年就有20亿元。四大国有商业银行以及中信实业银行、广发银行、广大银行、华夏银行、交通银行、浦发银行、招商银行、深圳发展银行等十几家金融机构都与中储建立了合作关系。

碳金融发展前景广阔，已经成为银行信贷和投资的新的增长点。中国银行业参与的碳金融业务主要集中在低碳信贷、CDM融资及中介服务。2007年9月，中国工商银行倡导“绿色信贷”并付诸实施，同年10月，招商银行宣布加入联合国环境规划署金融行动，并制定了全方位的绿色金融行动计划。自2006年5月在国内率先推出能效融资产品到2014年12月末，兴业银行已累计为上千家企业提供了绿色金融融资5558亿元，绿色金融融资余额达2960亿元。2009年，浦发银行成功实施了国内银行业第一单国际碳交易即CDM财务顾问业务、第一单国际碳资产抵押业务和第一单国际碳交易离岸资金托管业务，为中国首个海上风电项目上海东海大桥10万千瓦海上风电项目牵头银团融资；2011年，该行成功完成联合国EB注册的、装机容量第一的水电项目CDM保理融资，并在国内银行业率先推出并成功实施支持节能服务产业的合同能源管理买断型保理融资和合同能源管理未来收益权质押融资。

4. 其他融资工具

融资租赁业务范围不断拓展。自2007年银监会修订《金融租赁公司管理办法》，允许金融机构入股金融租赁公司以来，我国融资租赁业进入了高速发展期，无论从融资租赁公司的数量、融资租赁业务总量或是从融资租赁的业务范围来说，都取得了长足的发展。截至2013年底，全国在册运营的各类融资租赁公司共1006家，增长70.6%。其中，金融租赁23家，内资租赁123家，外商租赁约880家；全国融资租赁合同余额约为21000亿元，增长35.5%。其中，金融租赁合同余额约8600亿元，增长30.3%，业务总量约占全行业的40.9%；内资租赁合同余额约6900亿元，增长27.8%，业务总量占32.9%；外资租赁合同余额约5500亿元，增长57.1%，业务总量占26.2%。到2014年6月底，全国在册运营的各类融资租赁公司共约1350家，融资租赁合同余额约2.6万亿元。近年来，我国融资租赁业所涉的业务范围逐步拓展，已从工程机械、医疗、印刷、IT 等行业和领域逐步扩展到航空、航运、城市基础设施、电信、环保、能源、传媒和娱乐等行业和领域，融资租赁业务范围向深度和广度延伸。融资租赁的标的物已从飞机、船舶、工程机械设备、医疗设备、印刷设备等扩展至高速公路、发电、供电、轨道交通等城市基础设施和工业厂房等。

信托融资成为企业融资的重要途径。我国信托业自 1979 年恢复至今已有 30 多年的发展历史。由于立法滞后、功能错位，信托公司一度沦落为银行规避信贷规模管制的通道，一些部委及地方政府进行固定资产和基本建设投资的“钱袋子”，多次受到清理整顿。到 1998 年，全国有 244 家信托投资公司，资产达 6183 亿元。但是，官商性质的信托公司发展不健康，中国人民银行对其进行多次整顿。直到 2001 年《信托法》的颁布才奠定了信托业发展的法律基础，信托公司业务才得以回归本源。2007 年，中国银监会颁布实施新的《信托公司管理办法》和《信托公司集合资金信托计划管理办法》（简称“新办法”），明确了信托公司作为财富管理机构的功能定位，为信托业实现彻底改造和科学发展奠定了制度基础。近几年，信托公司管理的信托财产规模不断增加，2007 年底为 9621 亿元，2010 年突破 3 万亿元，2012 年达到 7.5 万亿元，到 2014 年底，信托行业管理的信托资产规模为 13.9 万亿元，信托业实现经营收入 954.9 亿元。

私募股权投资发展活跃。近年来，我国私募股权投资行业的募资规模、投资金额、投资案例数逐年增长，2008 年达到了发展的高峰。金融危机之后，国内外股市低迷，我国私募股权投资发展也受到一定的不利影响。近年来，我国私募投资开始全面复苏。2010 年，共有 82 只可投资于中国大陆市场的 PE 投资基金成功募集到位 276.2 亿美元，基金数量与募集规模分别为 2009 年水平的 2.73 倍与 2.13 倍。2011 年，全国共有 617 只私募股权基金完成募集，募资金额达 670.6 亿美元。2012 年，369 只基金完成募集，募集 253.1 亿美元。2013 年，349 只基金完成募集，募资 345 亿美元。2014 年，423 支基金完成募集，募资 631 亿美元。目前，私募股权投资行业发展呈现新的特点：一是金融机构开始涉足私募股权投资基金，二是合格境外有限合伙人（QFLP）试点政策相继出台，三是股权投资机构探索多元化投资策略，参与企业定向增发案例逐步增加。

民间融资规模基本可控。我国在经济体制转轨过程中，民营部门发展迅速而金融体制改革明显滞后，造成我国民间非正规金融的规模尤为庞大。根据2011年6月中国人民银行对6300多家民间融资的资金融入方（企业）和资金融出方（民间融资中介机构）的专项调查，截至2011年5月末，全国的民间融资总量约3.38万亿，占当时贷款余额仅6.7%，占企业贷款余额比重为10.2%。其中，30%资金来源于内部职工和企业相关产权单位，19.9%来自于其他企业，19.6%来源于合法的民间融资中介机构，只有3%来自于未经政府任何批准，自设的从事借贷业务的机构。我国的民间、非正规金融有许多种类和发展形态，从组织形态上，可大体分为“无组织”、“有组织”两种民间金融类型。无组织的民间金融主要是没有民间金融机构作为中介的民间借贷，借贷双方直接发生一对一的金融交易关系，资金供应者要直接承担资金使用者违约风险和项目失败风险。一般来说，这类金融活动都是无组织且分散的，缺乏连续性，规模也较小。组织化的民间金融主要有合会、私人钱庄、农村合作基金会、当铺、民间集资、民间票据机构等形式。

三、地方政府融资工具运用

在我国地方政府融资过程中，无论是以直接的还是间接的方式，上述基本融资工具都有着不同程度的运用。地方政府是融资工具的创新主体，庞大的建设资金需求，迫使地方政府不断寻求新的融资工具。而特殊的背景与地位，又使得地方政府的融资工具创新更容易为市场所接受。

1. 政府背景贷款

在全部银行贷款中，有一些是由地方政府部门、事业单位或者下属平台公司借去，用于政府投资项目建设，这部分贷款就是政府背景贷款。根据国家审计署的审计结果，到2013年6月底，在我国地方政府负有偿还责任的债务中，银行贷款达到5万亿元，占全部债务的74.8%，在地方政府或有债务中，银行贷款达到4万亿元，占86%。可见，银行贷款是地方政府的主要融资工具。

基础设施是地方政府的主要投资领域，基础设施信贷规模变化可以反映出地方政府间接融资状况。2006年，我国中长期贷款新增1.73万亿元，主要投向基础设施行业（交通运输、电力、水利、环境和公共设施）的中长期贷款增加了1.1万亿元，占63.6%；2007年，中长期贷款新增2.4万亿元，主要投向基础设施行业的中长期贷款增加了0.79万亿元，占33.2%；2008年3季度以后，国际金融危机对我国的不利影响明显加重，中央政府迅速推出两年4万亿元投资扩张计划。银行普遍把新一轮积极财政政策看作是重大机遇，向政府投资项目大量放款。2008年，主要投向基础设施行业的中长期贷款增加了1.1万亿元，占48.2%，比重比上年提高了15个百分点；2009年，我国中长期贷款新增5.15万亿元，主要投向基础设施行业的中长期贷款增加了2.5万亿元，占全部新增中长期贷款的50%①。

银监会的数据表明，到2009年6月末，全国各省、自治区、直辖市及其以下各级政府设立的平台公司合计达8221家，其中县级政府平台公司4907家，银行对这些地方政府融资平台授信总额达8.8万亿元，贷款余额超过5.56万亿元，几乎相当于中央政府的国债余额②。根据有关统计，2009年2~3月，国家开发银行先后与湖南、河北、浙江等13个省级政府签署开发性金融合作协议，以1.2万亿元的贷款额度支持上述地方实施扩大内需战略③。2009年4月，中国建设银行与陕西省政府签订了战略合作备忘录，今后三年，该行将向陕西省重点建设项目提供1200亿元信贷支持④。根据工行湖北省分行的统计，2009年1月，省工行累计新发放人民币贷款78.7亿元，其中中长期贷款45.8亿元。在中长期贷款

① 根据《2006-2009年第四季度中国货币政策执行报告》统计，中国人民银行网站。

② “地方融资欠债或超7万亿　危机隐现银监会清查”，《南方日报》，2010年5月11日。

③ 朱安明：“银政合作助力积极财政政策”，《中国财经报》，2009年3月12日。

④ “地方政府债务率远超风险警戒线，或陷破产困境”，《经济参考报》，2009年7月14日。

中，由中央政府投资项目拉动的为3.1亿元，由地方政府投资项目拉动的为35.7亿元，政府项目贷款占中长期贷款的85%①。据2009年三大行公布的年报，工行投向地方政府融资平台的贷款余额为7200亿元，中行为4243亿元，建行为6463亿元②。

2. 城投债

城投债又称“准市政债”，是地方政府投融资平台作为发行主体公开发行的企业债券，多用于地方基础设施建设或公益性项目。截至2014年底，全国存量的城投债券达2657只，存量债券规模达32386亿元。近年来，我国城投债发行规模呈跳跃式增长态势。2005年，城投债发行28只，发行总规模386亿元，分别是上年的9.3倍和8.7倍；2009年，国际金融危机以后，当年城投债发行191只，发行总规模3158亿元，分别是上年的2.9倍和3.1倍；2012年，城投债再次大幅增长，当年发行757只，发行总规模8909亿元，分别是上年的2.5倍和2.4倍。2014年，城投债发行1224只，发行规模高达13927亿元，均同比大幅增加。城投债的平均发行票面利率趋于上升，由2000年的3.9%提升到2013年的6.2%，大部分时期保持在5%左右。城投债的平均发行期限则有所下降，2002年曾经达到11.7年，到2013年，期限只有4.6%（见表8-6）。

表8-6　我国城投债发行情况

	发行只数（只）	发行总规模（亿元）	平均发行票面利率（%）	平均单支规模（亿元）	平均发行期限（年）	发行规模占GDP比例（%）
2000	3	16	3.9	5.3	4.3	0.0
2001	0	0	—	—	—	—
2002	3	45	4.4	15.0	11.7	—
2003	4	83	4.4	20.8	11.3	0.1
2004	3	44	5.6	14.7	9.0	0.0

① 参阅国家发展改革委宏观院重点课题《地方政府融资研究》。

② “省市贷款债务率超100%　中央欲规范融资遭抵制”，《中国经济周刊》，2010年4月6日。

续表

	发行只数（只）	发行总规模（亿元）	平均发行票面利率（%）	平均单支规模（亿元）	平均发行期限（年）	发行规模占GDP比例（%）
2005	28	386	4.1	13.8	6.5	0.2
2006	37	446	3.9	12.1	6.2	0.2
2007	68	781	4.8	11.5	6.4	0.3
2008	66	1007	5.5	15.3	3.5	0.3
2009	191	3158	5.0	16.5	5.6	0.9
2010	224	2978	5.0	13.3	5.1	0.7
2011	295	3668	6.4	12.4	4.9	0.8
2012	757	8909	6.4	11.8	5.2	1.7
2013	806	9471	6.2	11.8	4.6	1.7
2014	1224	13927	—	11.4	—	2.1

资料来源：wind，光大证券研究报告，《2014年全国城投债券发行情况分析》。

城投债发行的基本条件是：企业经济效益良好，近三个会计年度连续盈利；现金流状况良好，具有较强的到期偿债能力；累计债券余额不超过企业净资产的40%，用于固定资产投资项目的，累计发行额不得超过该项目总投资的20%；最近三年可分配利润（净利润）足以支付企业债券一年的利息。城投债募集资金主要用于城市给排水管网设施、道路、桥梁、燃气、热力、垃圾和污水处理等市政基础设施、江河湖泊治理、保障房建设和棚户区改造、产业园区基础设施、城市轨道交通、城市文化和体育设施等领域。从2014年新发行债券来看，城投债券募集资金仍主要用于市政道路等基础设施、保障房、补充营运资金和偿还银行贷款。从2011年开始，国家还控制了融资平台公司发债的范围，只有列入全国财政收入百强县的县级及县级以上政府投融资平台公司，才能申请发行城投债。为了将城投债的发行与地方政府性债务风险的控制相结合，国家还规定，如果一个地方的累计政府性债务占财政总收入的比例超过100%，就不得再通过发行城投债新增政府性债务。

近年来，我国城投债呈现如下特征：信用评级总体降低。城投债发行主体的信用评级一般不高，AAA级发债主体较少，AA及AA级以下的占大多数，主要原因在于一般城投类公司的收入结构比较单一，政府财政补贴是公司利润的主要来源，盈利能力较差。二级城市以下主体明显增多。2002～2010年，城投债发行主体多为二级城市，其次是省及直辖市，而县级主体发城投债只有1例。2011年以来，发行主体行政级别呈下降趋势，二级城市较以往大幅上升。省及直辖市、省会城市均下降较多，县级主体发行城投债的数量较以往有相当大的突破。企业债为主，7年期居多。按照城投债的发债类型分类，主要分为企业债、中期票据和短期融资券。城投债主要的发债类型为企业债，企业债占据绝大部分的城投债市场。从期限分布来看，大部分的城投债都为中长期债券，其中7年期的城投债最多，其次是10年期城投债，最后是5年期的城投债。

3. 地方债

20世纪80年代末至90年代初，我国许多地方政府为了筹集资金修路建桥，都曾经发行过地方债券。有的甚至是无息的，以支援国家建设的名义摊派给各单位，更有甚者就直接充当部分工资。但是，到1993年，这一行为被国务院制止了，原因是中央政府对地方政府的财政兑付能力有所怀疑。此后颁布的《中华人民共和国预算法》第28条，明确规定“除法律和国务院另有规定外，地方政府不得发行地方政府债券”。1998～2003年实施积极财政政策，中央政府代地方政府举债，并转贷地方用于国家确定项目的建设。1999年、2000年和2001年中央国债再转贷的数额分别达到300亿元、500亿元和400亿元。由于国债转贷地方是中央发债，地方使用，不列中央赤字，因此，转贷资金既不在中央预算反映，也不在地方预算反映，只在往来科目列示，不利于监督。同时，由于举借债务与资金使用主体脱节，责权不清，增加了中央财政负担和风险。

2008年国际金融危机冲击我国，为解决在新增中央投资公益性项目的地方政府配套资金困难，国务院同意地方发行2000亿元债券，由财政部代理发行，列入省级预算管理，期限为3年。2010年和2011年中央每年代理发行地方政府债券规模均为2000亿元，期限分3年和5年。2011年，地方政府自行发债试点开启，将上海市、浙江省、广东省和深圳市列入试点范围，四个试点地区的政府债券还本付息仍由财政部代办。2012～2013 年地方政府债发行总额增加到了 2500 亿元和 3500 亿元。2014 年继续发行地方政府债券 4000 亿元，并在 10 个地区顺利开展了地方政府债券自发自还试点。地方政府发债由中央“代理”到“自行”，有利于地方政府逐步建立稳定和规范的发债渠道。

按照《新预算法》的规定，将赋予地方政府依法适度举债融资权限，建立以政府债券为主体的地方政府举债融资机制。《关于 2014 年中央和地方预算执行情况与 2015 年中央和地方预算草案的报告》提出，2015 年，地方财政赤字 5000 亿元，比 2014 年增加 1000 亿元，国务院同意发行地方政府一般债券弥补。未来将建立一般债务和专项债务相结合的规范的地方政府债务举借机制。中央对地方政府一般债务和专项债务指标的分配，主要根据财力等客观因素测算确定。健全地方政府债券市场化定价机制，强化对地方政府举债的市场化约束，维护投资者权益和市场信心。建立和完善债务管理机制。对地方政府举债实行限额管理，地方政府举债不得突破批准的限额。将地方政府债务分类纳入一般公共预算和政府性基金预算管理。对甄别后纳入预算管理的地方存量债务允许逐步置换，以降低利息负担，优化期限结构，腾出更多资金用于重点项目建设。

4. 信托融资

随着监管部门对融资平台贷款的严格控制，2009 年开始，信托公司就与地方融资平台进行了大量合作，以信托为主导的非信贷类融资总量呈现快速增长态势。2010 年，信托公司信政合作业务余额达到 3563 亿元，占全部业务规模的 11.7%。由于国家政策逐渐加强对地方政府融资的管制，2010 年以后，不少信托公司曾暂停了信政合作的增量业务。2011 年，信政合作规模 2536.8 亿元，比 2010 年下降了 28.8%。但 2012 年起，信政合作重新抬头，余额达到 5015.5 亿元，占比达全部业务的 6.7%。2013 年，信政合作余额增加到 9607 亿元，占比提高到 8.8%。从信托资金的投向看，2010～2013 年，基础设施信托资金余额分别达到 9945.9 亿元、10155.2 亿元、16501.8 亿元和 26028.5 亿元，占比分别达到34.4%、21.9%、23.6%和25.7%[①]。截至2013年底，信托对政府主导的基础产业配置比例为26%，即在10.9万亿元信托资产规模中占据了2.8万亿元。

从信托介入业务模式看，主要有：一是银行发行理财产品募集资金，与信托公司签订单一资金信托计划，将理财资金交由信托公司给平台融资；二是银行与信托公司签订单一资金信托计划，将自有资金交由信托公司给平台融资；三是信托公司根据平台融资需求，设计非标准化债权类——信托资产收益权，由多家银行参与资金交易，包括发起行、交易行、回购行等；四是由信托公司发行集合信托计划募集资金给平台融资。由于集合信托计划受募集人数、出资人标准等限制，募集资金规模较前三种相比，相对较小，所以目前信托介入业务模式主要以前三种为主导，特别是第三种模式。从业务开展地域看，主要是异地信托机构给本地平台融资。从融资期限看，主要集中在2～3年期间，最长期限为5年，融资成本集中在基准利率上浮30%～50%区间内。从资金投向看，主要集中在土地储备、轨道交通、棚户区改造、园区开发、公路交通、水电气暖等领域。

5. 股权投资基金

股权投资基金是指一种对未上市企业进行股权投资和提供经营管理服务的利益共享、风险共担的集合投资制度，即通过向多数投资者发行基金份额设立基金公司，由基金公司自任基金管理人或另行委托基金管理人管理基金资产，委托基金托管人托管基金资产，从事创业投资、企业重组投资和基础设施投资等实业投资。股权投资基金与政府融资平台是互动和互利的关系。一方面，投资基金通过公募和私募的形式向工商企业、银行、社保基金、保险公司等机构投资者募集资金，用于产业和企业的投资，从这个意义上讲，投资基金本身就是引导社会资金投向实体经济的融资平台。另一方面，从现有由国家发展改革委审批的投资基金看，主要是紧紧围绕中央和地方政府的产业和区域发展战略进行投资，因此，投资基金也是政府融资平台的重要资金来源，对于地方政府融资平台从事的基础设

---

① 中国信托业协会统计资料。

施和公共服务项目建设，投资基金能够提供稳定、可靠的资金支撑。再一方面，政府融资平台可以与产业基金共同经营基础设施，政府保证基金有一定的盈利空间。基金公司还可以租赁融资平台还贷项目，由基金先对其进行改、扩、建，然后租赁经营。基金公司还可以对融资平台不同收益水平的项目打包经营，获取项目组合整体收益。

表 8 –7　　我国已获批的主要产业投资基金

基金名称	批准时间	投资行业	计划募集规模（亿元）	基金类型
渤海基金	2006. 12	高新技术、现代冶金、空港物流、海洋及循环经济、海港物流、化学工业和休闲旅游	200	契约、私募
中新高科	2007. 8	为高科技产业和创新型企业提供金融支持	100	契约、私募
山西能源	2007. 9	煤层气开发利用，煤炭产业规模化与产业整合，焦化产业的整合，煤电、煤铝联产项目的联合改造，交通物流项目建设	100	契约、公募
广东核电及新能源	2007. 12	对全国范围核电和新能源公司提供金融支持	100	契约、公募
天津船舶	2008. 7	对远洋船舶，包括大型散货船、油轮和各种特种船，以及对船舶航运产业链上的企业进行股权投资	200	有限合伙制
华禹水务	2008. 7	西部地区的城市水务系统，面向重大水环境污染治理项目和水源建设项目	300	有限合伙制
东北装备工业	2008. 7	装备制造业	100	有限合伙制
城市基础设施	2008. 7	投资中国城市基础设施等相关行业	100	有限合伙制
上海金融	2008. 7	银行、证券、保险、信托、金融服务，新能源、矿产资源、优势制造业	200	契约、私募
绵阳科技城	2008. 12	新技术产业、军转民产业、环保产业	90	契约、私募

续表

基金名称	批准时间	投资行业	计划募集规模（亿元）	基金类型
蓝色经济区产业	2010. 10	以国家海洋战略和产业政策为导向，积极参与海洋产业、新兴产业和有准入门槛行业的重组、改制、上市和并购	300	有限合伙制
黄河三角洲产业	2011. 7	以黄河三角洲高效生态经济区为重点，对新技术、新能源、节能减排、高效生态农业、高端装备制造等产业进行战略投资	200	有限合伙制
河北沿海产业	2014. 8	河北沿海地区重大基础设施项目、产业并购整合项目及新兴产业进行投资	200	有限合伙制
兰州新区产业	2014. 10	石化、高端装备、新能源新材料等七大产业，以及城市绿地系统建设，基础设施建设等	100	有限合伙制

以城市开发建设为主要方向的城市开发基金也是地方政府重要融资工具创新。城市开发基金的雏形是2010 年 3 月在北京成立的国开曹妃甸投资有限责任公司，由国开金融、唐山曹妃甸基础设施建设投资集团有限公司等四家企业共同出资。这是国开金融与地方政府合资成立的第一家投资公司形式的城市开发平台，被认为是地方融资平台的“升级版本”。在这一模式下，通过国开金融和地方政府的“基金 + 公司”新模式，给实力不足的平台公司注资，双方合作投资开发项目，主要从事土地一、二级开发，城市经营性资产运营，产业投资以及 PE 投资等业务。还款顺序则是优先偿还国开行，最后偿还地方政府。2012 年 3 月，襄阳市政府、国开金融有限责任公司、襄阳市建设投资经营有限公司和国家开发银行湖北分行共同签订《国开襄阳城市发展基金平台合作框架协议》。“襄阳国开城市发展基金”采取投资区域内“土地收益封闭运作”的原则，主要投资于襄阳市主城区范围内的土地片区开发，土地一、二级联动开发以及与城市发展相关的项目。基金首期拟投资 08 基地区域开发项目，中、后期视项目成熟度和投资规模、效益等因素，逐步投资于东津新城、汉江沿岸棚户区改造、庞公片

区等项目。目前，国开金融的城市发展基金模式已在陕西、河北、广西、吉林、四川、湖南、湖北等地区试点，分别着眼于地方特色开展了不同的城建开发模式。这些城市发展基金选择当地优质项目进行股权投资，国开行也能提供相应的贷款支持。如四川成都龙泉驿成立的中国首只城乡统筹基金、西安曲江开元城市开发基金、湖南长株潭开元“两型”城市发展基金等，总规模均在百亿元以上。

6. 保险资金

为推进保险资金集中化、专业化投资于地方重点基础设施建设，分享经济社会快速发展的成果，更好地提高保险资金的使用效率，2005 年 12 月，国务院正式批准保险资金可以间接投资基础设施项目。中国保监会于 2006 年 3 月 21 日发布《保险资金间接投资基础设施项目试点管理办法》，对保险资金进行基础设施投资的运作和管理进行详细规定。随后，保监会陆续出台了《保险资金间接投资基础设施债权计划管理指引（试行）》《基础设施债权投资计划产品设立指引》等部门规章，推动了债权计划投资试点的顺利实施。2012 年 10 月 12 日，中国保监会再次出台《基础设施债权投资计划管理暂行规定》，并同时废止《保险资金间接投资基础设施债权投资计划管理指引（试行）》《基础设施债权投资计划产品设立指引》，该政策的出台从各方面放松了投资计划的设立条件，再次为企业运用保险资金拓宽融资渠道提供了有利的机会。截至 2013 年末，12 家保险资产管理机构累计发起设立 184 项基础设施和不动产债权投资计划，注册（备案）规模 5818. 6 亿元。资金广泛投资于能源、交通、市政等基础设施行业，发挥了保险资金在经济建设中的支持和促进作用，同时也丰富了保险资金投资品种，扩大了资产管理公司的投资管理范围。

2007 年以来，保险机构基础设施投资计划相继设立，泰康、华泰、中国人寿、太平洋、人保等保险机构通过设立基础设施投资计划，涉及公路、铁路、隧道、桥梁、能源、税务、市政等领域，除了引人注目的京沪高铁项目，这些投资计划还包括“泰康—上海水务债权计划”定向募集 20 亿元资金，投资于上海城投公司实施的上海新水源地—青草沙原水工程；华泰资产设立“华泰国开—沪通支持投资产品"，募集资金24亿元，投向上海久事轨道交通项目；中国人寿资产设立"2007国寿资产—申通集团债权投资计划"，该投资计划规模25亿元，用于投资上海轨道交通基础设施建设；太平洋资产管理公司设立"中国2010年上海世博会"项目债权投资计划，总投资金额为30亿元，投资期限为10年，主要用于世博园基础设施建设。

2011年3月9日，中国太保公租房债权计划正式通过了保监会备案，这也是保险资金首次涉足保障房领域。由太保资产牵头，阳光财险、天平车险等四家险企参与的公租房债权计划，共募资40亿元，参与投资上海地产建设的50万平方米公共租赁住房项目。太保资产的保障房预期收益率约在5%以上。2011年12月26日，平安资产管理公司以债权计划方式投资华能澜沧江水电有限公司项目通过了保监会备案。该项目金额50亿元，用于华能澜沧江水电有限公司在云南投资的小湾水电站建设。2013年6月14日，中国石油与泰康资产管理有限责任公司、北京国联能源产业投资基金签订合同，将合资设立中石油管道联合有限公司，注册资本400亿元。新成立的合资公司将主要负责运营甘肃兰州以西的原油、成品油管道和宁夏中卫以西的西气东输一线和二线的管道，同时对新疆境内进入西部管道的原油和进口哈萨克原油进行统购统销。

四、金融体系完善及其对融资工具创新的影响

1. 我国金融体系发展现状

从一般性意义上看，金融体系是一个经济体中资金流动的基本框架，它是资金流动的工具（金融资产）、市场参与者（金融机构）和交易方式（金融市场）等金融要素构成的综合体。经过改革开放30多年的发展，我国的金融体系框架已经基本建立起来，但是，由于正处于体制转轨时期，金融体系及其结构也存在

着明显缺陷，需要逐步加以完善。

①银行资产占比较大，非银行金融机构资产比例较低。截至2013年末，中国银行业、证券业、基金、保险行业总资产已达192.9万亿元。其中，银行业金融机构资产就达到151.3万亿元，占金融资产总额的78.4%，而证券业、基金、保险等行业加起来9.8万亿元，仅占金融资产总额的5%，占银行业金融资产的6.4%（见表8－8）。而在金融市场发达的美国，非银行金融机构在总金融资产中占比为3/4左右，虽然金融危机之后有所下降，但依然保持着较高的比例。再从1990～2009年的平均值计算，我国银行业资产与股票市场市值之比达到2.9，高于美、英等市场主导型国家，在金砖国家中也是最高的，仅次于德国，表现出明显的“银行主导型”发展模式。

表8－8　　　　2013年金融业资产简表

	金额（万亿元）	比例（%）
金融业资产	192.9	100
中央银行	31.7	16.4
银行业金融机构	151.3	78.4
证券业金融机构	1.5	0.8
保险业金融机构	8.3	4.3

数据来源：《中国金融稳定报告2014年》，中国人民银行。

②直接融资比例不断上升，间接融资所占比重依然较大。2002～2013年，我国银行贷款和票据等间接融资规模由1.8万亿元提高到14.6万亿元，年均增长20.9%，股票和债券等直接融资规模由1308亿元提高到2.6万亿元，年均增长31.4%。间接融资占社会融资规模的比例由93.1%下降到84.7%，而直接融资比例则由6.7%提高到15.3%。近10年间，直接融资比例每年上升1个多百分点（见图8－3），我国融资结构有所改善。但是，我国间接融资的比例平均达87.8%，而直接融资比例平均只有12.2%。我国直接融资比例不仅远低于市场主导型的美国的73%和英国的62%，也低于银行主导型的德国的39%和日本的44%①。我国直接融资比重仍然偏低，银行系统承接了较多的融资风险。

① 郭树清：“金融调结构　经济有出路”，人民网，2012年7月2日。

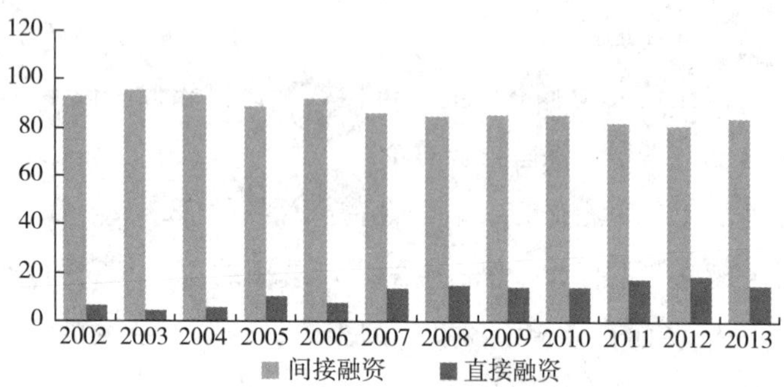

图 8-3　2002～2013 年直接融资和间接融资比例（%）

资料来源：各年《中国货币政策执行报告》，中国人民银行货币政策分析小组。

③银行业内部竞争性增强，国有商业银行仍居垄断地位。我国银行业经过 20 多年的发展，从结构上看，已经逐渐形成了以四大国有银行占主体，股份制商业银行等其他各种银行参与竞争的寡头垄断格局。2005 年，我国银行业金融机构总资产为 37.4 万亿元，其中，大型国有商业银行、股份制商业银行、城市商业银行和其他类金融机构资产占银行业总资产的比例分别为 52.5%、15.5%、5.4%和 26.6%。而到 2011 年末，银行业金融机构总资产达到 111.5 万亿元，上述金融机构资产比例分别调整为 46.6%、16.4%、9%和 28%。到 2013 年末，银行业金融机构总资产达到 151.4 万亿元，金融机构资产比例调整为 43.3%、17.8%、10%和 28.8%（见表 8-9）。国有商业银行资产比例下降，股份制商业银行、城市商业银行、其他金融机构占比有不同程度的上升。整个银行业的行业内部竞争性有所增强，但是，国有商业银行仍占绝对优势地位。

表 8-9　金融机构资产结构　　单位：万亿元/%

	2005 年		2011 年		2013 年	
	资产额	占比	资产额	占比	资产额	占比
国有商业银行	19.6	52.5	52	46.6	65.6	43.3
股份制商业银行	5.9	15.5	18.3	16.4	26.9	17.8
城市商业银行	2.1	5.4	9.98	9.0	15.2	10.0
其他类金融机构	9.9	26.6	31.2	28.0	43.6	28.8
资产总额	37.5	100.0	111.48	100.0	151.4	100.0

资料来源：根据《中国金融年鉴》整理。

④股票发行和市场规模较大，企业债券发展仍相对不足。2005 年以前，我国企业债券融资额与股票融资额的比例较低，基本在 0.5 以下，最低的 2000 年曾经只有 0.05。2005 年之后，这一比例有所上升。2005 年曾经达到 6，之后又下降到 2～3 左右，2011 年以后又回升到 4～7。1993～2013 年，我国企业债券融资额与股票融资额的比例平均只有 2。而 2000～2008 年，美国企业债券融资额一直为股票融资额的 3 倍以上，2006 年、2007 年分别达到 7.15 倍和 7.13 倍；日本在这期间也在 2 倍以上，2008 年还达到了 6.76 倍。我国债券市场的发展也相对滞后，2000 年，我国股票市值约为企业债余额的 55.8 倍，到 2005 年下降到 13 倍，2013 年，股票市值为企业债余额的 2.5 倍，而大部分成熟市场中，企业债的规模往往大于股票市值（见图 8－4）。

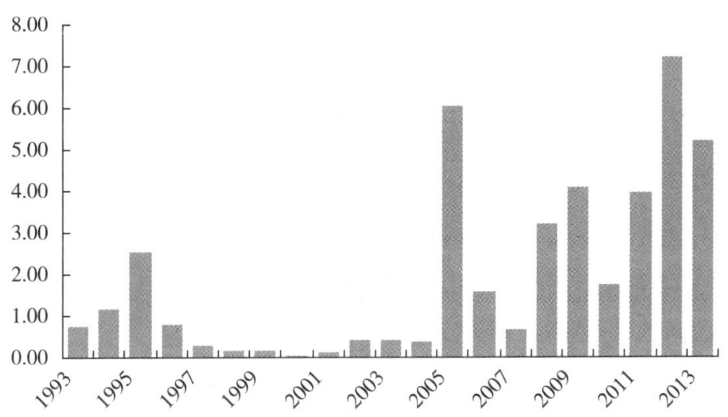

图 8－4　企业债券融资额与股票融资额的比例

资料来源：各年《中国货币政策执行报告》，中国人民银行货币政策分析小组。

⑤资本市场正在迈向多层次，但市场结构仍然不合理。目前，我国的资本市场总体上可分为三个层次，即上海证券交易所和深圳证券交易所的全国市场、深圳证券交易所小型股市场和场外市场（OTC 市场）。第一层次由上交所和深交所的全国市场构成，主要是为比较成熟的、优秀的大型和中型企业提供股权融资的全国性市场。第二层次是由深圳证券交易所小型股市场构成，主要是为那些具有成长潜力但尚处于产业化初期的企业提供融资服务的全国性市场。随着 2009 年创业板的推出，这一层次的资本市场也终于落地。第三层次场外市场（OTC 市

场）也开始建立。目前，新三板的“胚胎”——非上市公司股份报价转让试点仅限于中关村科技园区，随着监管层多次表态要进一步完善代办股份转让系统，试点范围将扩大到其他具备条件的高新技术园区。但是，与此同时，我国市场的主板、中小板、创业板和代办转让系统正好呈现“倒金字塔”形，结构明显不合理。截至2013年底，我国主板公司共1433家，中小板701家，创业板355家，新三板351家。而美国有纽交所、纳斯达克、场外报价市场和粉单市场、灰色市场等几个层次，大致呈金字塔状。纽交所有2311家上市公司，纳斯达克2717家，场外电子柜台交易市场（OTCBB）2386家，粉单市场6199家，灰色市场6万多家，大致呈金字塔状，结构相对稳定合理①。

2. 我国金融体系改革方向

结构失衡是我国金融体系的主要缺陷所在，也是未来金融改革需要努力的方向。金融体系改革要有利于提供多样化的融资需求，有利于防范金融风险，有利于弥补内部结构缺陷，有利于促进市场竞争，有利于实现体制机制创新。

①构建“互补型”金融体系。从各国的经验看，银行主导型金融体系和市场主导型金融体系在促进经济发展方面都获得过成功，同时，也都存在着局限性。改革以来，我国经济一直快速发展，银行在金融体系中始终发挥着举足轻重的作用。在这次全球金融危机中，我国的银行主导型金融体系充分发挥了其分担风险的功能。但这并不说明资本市场没有发展的必要。资本市场作为重要的资源配置场所，理应发挥其独特的作用，而且，资本市场正是我国发展中的薄弱环节。但是，总体来讲，市场主导的金融体系有其发展的特殊性要求——包括有效的保护中小投资者的政策、政府在经济管理中的作用、开放的市场环境等。在我国，信息不对称程度高，法律制度不健全，对中小投资者的权益保护不力，合同执行效率不高等问题使得我国在现阶段无法选择市场主导型金融体系。我国未来的金融体系应该是将两种传统模式的优点集于一体的更高级的、具有更强竞争力

---

① 祁斌：“加快多层次资本市场建设　化解中小企业困局”，《人民日报》，2012年2月27日。

的金融体系——“互补型”金融体系。

②提高直接融资的比例。目前，我国间接融资主导的融资结构弊端日益显现出来。第一，长期低于市场均衡价格的信贷资金运营必然带来资金低效使用，不利于经济的健康发展；第二，企业生存发展主要来源于银行信贷资金，不仅造成企业沉重债务负担，而且也使风险过度集中于银行。“十一五”以来，我国融资结构有所改善，但直接融资比重仍然偏低。因此，要改变过度依赖银行体系的脆弱性融资结构，提高直接融资占比，推动融资结构的多样化，提升融资结构的灵活性。要完善证券发行上市核准制度，提高上市公司质量。妥善解决股权分置问题。加大上市公司信息披露的监督。改变部分上市公司重融资、轻回报的状况，使投资者能够分享经济发展的成果。完善市场退出机制，在实现上市公司优胜劣汰的同时，尽快建立和完善投资者保护基金，保护投资者的利益。

③鼓励发展中小金融机构。中小金融机构是金融体系的重要组成部分，发展中小金融机构是完善金融体系、提高金融体系竞争力的必要环节。首先，中小金融机构的市场定位应为为中小企业服务。由于中小企业发展所处的阶段和商业银行的贷款原则，很难从国有商业银行获得融资，中小金融机构成为中小企业最合适的融资来源。中小金融机构大部分为区域性机构，在获取当地企业信息，吸收当地机构和居民的资金方面具有优势。其次，为中小金融机构的发展创造公平的市场环境和宽松的政策环境。政府应取消对中小金融机构的歧视性政策，避免用强制性的行政手段对中小金融机构的经营发展进行干预。监管机构可以适当放宽中小金融机构的业务经营范围审批和地域服务范围的审批，对于经营状况较好，具备条件的中小金融机构开展再贴现、再贷款等业务。再次，防范中小金融机构风险。中小金融机构要完善内部经营管理体制，解决自身在经营管理中存在的问题，合法经营，强化内控机制建设，形成合理的内部监督机制。同时，国家应完善中小金融机构的退出机制，尽快建立存款保险制度。

④大力发展各类债券市场。通过 20 多年的高速发展，我国债券市场达到一定的规模。从发展趋势来看，未来债券市场的规模将继续扩大，但增速有所放缓，直到政策或产品创新带来新的突破。从债券品种上来看，目前，债券市场健康发展的动力源自企业债和公司债等市场主导型债券，同时，短期融资券、中期

票据等银行间债券市场规模扩张迅速。从市场层次上来看，银行间市场参与者的研究分析能力整体上高于交易所市场的参与者，因此，银行间市场可以比交易所市场更快走向成熟。另外，要积极推动以债券为基础的固定收益类和结构化金融产品创新。稳步推进资产证券化，研究发行市政债券。继续推动非金融企业特别是中小企业债务融资工具创新。研究推出资产支持票据等新的债务融资工具，尝试发展中小企业高收益债券。研究推出债券期权。试点发展信用风险管理工具。完善市场价格发现机制，充分发挥市场功能。

⑤推进资本市场多层次发展。在资本市场上，不同的投资者与融资者存在着对资本市场金融服务的不同需求，决定了资本市场应该是一个多层次的市场体系。多层次的资本市场能够对不同风险特征的筹资者和不同风险偏好的投资者进行分层分类管理，并最大限度地提高市场效率与风险控制能力。正是由于纳斯达克市场的建立，才使得美国一些名不见经传的小企业获得巨大的成长机会。如果没有纳斯达克市场，也就不会有微软和苹果。近年来随着中小板和创业板的开启，资本市场在推动我国科技创新型企业的发展中发挥越来越重要的作用。要积极发展场外交易市场。借鉴成熟市场经验，充分考虑我国特殊国情，研究和探索建立统一监管下的场外交易市场，扩大资本市场为中小企业的服务范围，拓展中小企业融资渠道。壮大和发展中小板和创业板市场。根据中小企业的特点不断完善新股发行机制、再融资制度、退市制度和并购机制，推动上市公司做大做强；完善治理机制，增强市场透明度。规范发展创业投资和私募股权投资基金。完善相关政策法规和社会信用体系建设，制定规范性指引，保护投资者权益，建立和完善监管体系，推动行业规范发展。

3. 地方政府融资工具创新

（1）推进市政债的发行

在美国，将市政债券分为一般责任债券（General Obligation Bonds）和收益债券（Revenue Bonds）。一般责任债券是以地方政府的税收收入作为偿债资金来源的市政债券；收益债券是以特定项目的收入作为偿债资金来源的市政债券，包括收益债券和混合债券。国际经验表明，市政债券已成为发达国家、新兴市场国家和一些发展中国家城市化建设的重要融资工具，在满足城市化融资需求方面发挥着重要作用。2002 年以来，美国市政债券发行量持续走高，每年的发行额维持在 3500 亿～4000 亿美元之间。目前，市政债券的余额占美国整个债券市场余额的比重在 8.5% 左右，占 GDP 的比重基本上保持在 15%～20% 之间。全美共有约 55000 个市政债券发行者，绝大多数是小规模的发债者，而大规模发债者多为较大的地方政府及其授权机构，如加利福尼亚州政府、洛杉矶运输局、长岛公用电力局、纽约/新泽西港务局等。

借鉴成熟市场经济国家的经验，我国市政债券的发展应根据城市基础设施投融资改革需要，主要发展市政收益债券。由于市政收益债券与特定项目相联系，其还本付息来自于项目自身的收益，所以市政收益债券的发行主体应当界定为地方政府的公用事业建设机构，或其他由地方政府授权的市场化机构；地方政府行政管理机构不能发行，也不得担保。由于市政收益债券筹集到的资金直接用于城市建设，并且由于省级政府与市级政府之间会存在信息不对称，省级政府并不能完全把握各级市政府的发展建设状况，在指导市级政府资金运用中难免出现遗漏，在这种情况下，市级政府很可能并不把资金用于最需要的建设项目，造成资金的间接浪费。所以，我们认为市政收益债券的发行应尽量限于市级政府，允许省级政府给予监督和指导。

由于我国地方政府融资存在软约束，因此要控制市政债券发行规模。从发达国家债券市场初期和发展中国家市政债券的经验来看，如果地方政府的债务规模得不到有效控制，极易造成未来财政信用危机隐患。应规定当年发行市政收益债券额度与 GDP 的比例，例如，在试点发行市政债券期间，财政赤字不能超过本地 GDP 的 3%，地方债务余额占 GDP 的比重不能超过 40%，债务依存度不能超过 15%。建立专项信息披露规则。以维护投资人的正当权益为出发点，由监管部门或市场自律组织建立市政债券的专项信息披露规则，对市政债券信息披露的原则、发行和存续期间的信息披露、虚假信息披露的责任等方面做出详细和具体的规定。建立信用评级制度。在地方政府发债过程中引入市场化的评级机构，充分发挥信用评级的风险预警功能和债券定价指示作用，减少地方政府对债券发行定价的干预。

完善的市场体系是市政债券持续稳定发展的基础。目前，地方债券主要在银行间债券市场发行，商业银行是主要的机构投资者，未来可以借鉴美国的经验，建立多元化的投资者层次，包括商业银行、保险公司、基金、证券公司、社保基金、养老金、个人投资者等，为市政债券的发展奠定市场基础。此外，如果二级市场交易不够活跃，也是制约市政债发展的一个重要因素。应建立发达的二级市场，最大限度地利用目前的交易所平台和银行间市场进行二级市场交易，最终建立起有利于买卖双方进行沟通的交易系统和机制，以及准确及时的债券清算系统，吸引更多的投资者群体参与。市政债还应享受地方债和国债的税收减免优惠，税收减免可刺激机构及私人投资者对投资市政债的积极性，进一步增强二级市场的流动性。

（2）促进股权融资发展

拓展地方政府融资平台股权融资是增加地方政府建设资金来源的重要渠道。现在地方政府融资平台大都采用负债融资手段，导致融资平台的资产负债率相当高，每年负担的财务费用数额庞大，加大了企业的财务风险，为地方政府融资平台的良好运作和长远发展埋下了隐患。为改善地方政府投融资企业的融资结构，需要对融资工具进行创新，促进股权融资包括上市融资和非上市股权融资。股权融资即促进符合条件的融资平台进行股份制改造，允许其他所有制经济成分参股甚至控股融资平台；上市融资即以融资平台整体上市或控股、参股企业上市等方式到境内外股票市场融资，从而扩大股权融资规模，逐步提高权益融资的比例。

积极推动市场型融资平台建设，可以由市场运作的国企和民企筹集资金，投资于地方政府各类项目，政府通过投资补助和优惠政策等形式给予支持。目前股权上市融资在国内比较常见，一些以水务、交通等为基础的交通投资公司、城投公司都通过股票上市进行融资，如上海城投控股（原水股份）就是以城市水务和污水处理基础设施建设融资的典型。为实现融资平台的可持续发展，未来应探索对其进行股份制改造，重新构架管理及业务模式，然后在国内证券市场进行IPO，用募集资金进行后续设施开发建设，并获得长期稳定的权益性资金，化解地方政府长期建设中债务风险。可以先以上述政府平台公司为主发起人组建股份公司，在改制过程中进行股权融资并引入社会资本，公司主营业务为基础设施建设、房地产开发等。经过三年左右的规范运作，如果公司各项财务指标及其他条件达到上市要求，则在主板进行IPO，募集资金投向为地方政府开发与建设的相关产业。

表8-10　国内基础设施开发类上市公司情况

公司名称	投股股东	主营业务	经营区域
张江高科	上海张江集团有限公司	基础设施开发	上海张江高科技园区
浦东建设	上海浦东发展有限公司	市政路桥建设	上海、江浙
津滨发展	天津泰达建设集团公司	基础设施建设	天津滨海新区
苏州高新	苏州高新区经济发展公司	市政基础设施	苏州高新区
南京高科	南京新港开发总公司	市政基础设施	南京高新技术开发区
空港股份	北京天竺空港开发公司	土地开发、建设施工	北京空港工业园
大港股份	镇江新区大港开发公司	园区综合开发经营	镇江新区
交大博通	西安经发集团公司	基础设施、产业投资	西安经济技术开发区

（3）积极发展融资租赁

对于地方政府融资机构来说，融资租赁无疑是盘活资产、融通资金的最好选择，能够发挥项目风险多方共担的优势，是政府平台贷款重要的替代方式。第一，运用融资租赁解决基础设施建设中独立、耐用、可移动设备的资金缺口，这是融资租赁最典型的服务方式。在独立耐用可移动类设备领域，与其找手续繁琐、审批缓慢的银行信贷，不如直接由决策灵活快捷的融资租赁来替代融资。第二，既有良好稳定的未来现金流，又有政府信用保障的基础设施，也可纳入融资租赁范畴。例如，高速公路、城市基础设施（污水处理等）等在租赁期内能产生稳定现金流的地方融资平台项目，可以通过售后回租方式盘活资产。第三，有可靠业务与收入来源的事业单位的设备，如检疫、防疫、检验设备、电子政务与办公设备等，以融资租赁代替银行信贷，解决了担保抵押障碍。第四，列入财政预算（特别是中央财政转移支付）的项目建设。比如公立医院、学校的整体搬迁建设，特别是教育信息化建设，灾后重建项目、政策性搬迁等项目，有融资租赁支持，按照总体交钥匙工程建设，可加快建设进度，提前实施功能覆盖。

（4）促进保险资金进入

保险资金进入政府投资领域具有十分重要的意义，要继续完善保险资金投资股权政策，促进保险公司产品创新。鼓励保险公司发起设立适合保险资金风险收益特征的股权投资计划产品，允许保险资产管理公司发行类优先股等创新型的投资工具。目前，保险资金直接股权投资仅限于保险类企业、非保险类金融企业、能源企业、资源企业和与保险业务相关的养老、医疗、汽车服务、现代农业、新型商贸流通等企业的股权。为推动保险机构加强资产负债管理，可以逐渐放宽财务性直接投资的行业限制，允许保险资金投资到政府鼓励发展的行业领域，有利于保险资金在更广泛的行业中选择行业前景良好、收益稳定、回报优异的投资机会，也有利于保险资金更好地利用从 PE 基金投资中获得的共同投资机会。加快建立地方政府投资项目资金需求与保险资金的常态化对接机制，搭建保险资金投资项目库和项目推介服务平台，完善财政贴息和奖励政策，围绕交通、能源、城市基础设施、棚户区改造等重点投资领域，进一步加大引进保险资金的力度。积极引导保险资金投资产业投资基金和资产证券化产品。推进保险机构设立基金公司等专业资产管理机构。

（5）推进资产证券化（ABS）融资

资产证券化是指以项目所属的资产为基础，以该项目资产所能带来的预期收益为保证，通过在资本市场发行证券来筹集资金的一种项目融资方式。ABS 能够保留原始权益人的所有权和运营权、降低建设融资成本、分散投资风险、改进资产负债管理等，从而更适合于某些不宜转让所有权或运营权但盈利能力又比较理想的关系国计民生的重要项目，如铁路客运专线、水网电网以及城市污水处理等基础设施项目。同时，对于投资者而言，ABS 通过分层级安排，能提供不同种类的投资品，满足不同投资者对不同风险和期限的偏好。2012 年 3 月，南京城建集团全资子公司南京公用控股有限责任公司经证监会核准，中信证券担任专项计划管理人，成功发行 13.3 亿元、期限 5 年的“污水处理收费收益权专项资产管理计划受益凭证”。选择 ABS 为地方政府的融资模式的过程是：政府先将需要融资的项目委托给投资公司或其他政府特设项目经营机构，然后把待证券化资产“真实出售”给 SPV，SPV 经过资产组合和信用增级，发行资产支持证券融得资金。项目经营机构将现金流存入受托管理银行，由受托银行作为现金偿付转给投资者。证券全部被偿付完毕后，资产证券化交易的全部过程结束。

第九章

债务风险、危机及其处置

近年来，我国地方政府债务规模迅速扩张，地方政府负债率迅速上升。但是，相对主要发达国家，我国地方政府负债率还处于较低水平。与发达国家的经济增长和财税增长能力相比，我国地方政府债务的可持续性较强。我国地方政府债务管理与发达国家有明显区别，在债务管理的法律、程度以及具体操作上都存在差异，因此也产生了一系列的问题。作为单一制的中央集权国家，我国中央政府对地方政府债务风险或危机承担着更大的责任和义务，因此，必须有效约束地方政府投融资行为。政府破产机制是防范地方政府过度举债和化解地方政府债务危机的有效手段，我国需要建立完善的地方政府财政重建机制。

地方政府的建设性资本支出一般通过自有资金、上级政府拨款和举债三种方式融通资金，举债是非常重要的融资形式。近年来，我国地方政府建设性债务规模迅速扩大，一些地方甚至超出了当地财力可承受的范围，由此产生了债务风险和债务危机问题。

一、债务风险

1. 债务规模

(1) 历史情况

我国地方政府债务（包括建设性债务）有多少是一个很难讲清楚的问题。

这一方面是由于现有法律规定地方政府不允许发债或向银行借款，只能通过一些变通的、非正规渠道和方式融资，在地方政府预算中反映不出来，使人们无法客观、真实地了解地方政府债务规模；另一方面是由于地方政府自身不愿意上级政府或公众了解相关债务情况，财政信息不公开、不透明，使人们很难获得准确、可靠的背景资料。

2003 年，国务院发展研究中心对我国各级地方政府债务进行测算，估计债务至少在 1 万亿元以上。其中，地方政府出面担保或提供变相担保的债务 2000 亿元，绕开预算法成立国有公司，向银行贷款形成的债务 1000 亿元，拖欠工程款 1000 亿元，也就是说到 2003 年为止，与地方政府建设性支出相关的债务共 4000 亿元①。财政部经济建设司的报告也显示，按照平均数推测，2004 年，全国地级及以上城市的负债总额为 10800 亿～12000 亿元，如果按建设性债务占债务总规模的 60% 计算，建设性债务规模在 5480 亿～7200 亿元之间。根据财政部科研所的估计，2008 年，地方债务总余额在 4 万亿元以上，约相当于当年 GDP 的 16.5%，财政收入的 80.2%，地方财政收入的 174.6%，其中，直接债务超过 3 万亿元，约相当于 GDP 的 12.9%，财政收入的 62.7%，地方财政收入的 136.4%②。如果也按建设性债务占比 60% 计算，2008 年，我国地方政府建设性债务规模在 2.4 万亿元左右，与财政部 2004 年的数据相比，年均增长 36%，明显高于同期地方财政收入 24% 的年均增幅。据此，2008 年，地方政府建设性债务规模占 GDP 的 8%，比 2004 年提高了 3.7 个百分点。地方政府建设性债务占地方本级收入的 84%。地方政府建设资本支出对债务的依赖性大幅度提高。

从主要债务来源也可以对地方政府债务情况进行判断。国家开发银行是地方政府贷款的主力行，根据国开行的报告，2008 年底，该行“两基一支”贷款余额为 27803 亿元，其中，与地方政府有关的贷款主要包括：公路 5687 亿元，农林水利 571 亿元，公共基础设施 8082 亿元，“三农”和新农村建设 3225 亿元，环保节能 988 亿元。根据我们对相关行业中央和地方投资比例关系，可以估算地

---

① “万亿债务成经济完全头号杀手”，《21 世纪经济报道》，2004 年 2 月 26 日。

② “聚焦地方政府‘债务风险’”，《半月谈》，2009 年 4 月 8 日。

方政府在相关行业中的贷款余额。相加结果是：2008 年，国开行的地方政府背景贷款共计 1.3 万亿元。以国开行地方政府背景贷款占全国的 40% 计，则全国地方政府贷款余额为 3.2 万亿元。再从城投债来看，2008 年，全国企业债余额为 5000 亿元左右，如果以城投债占企业债 20% 计算，城投债余额为 1000 亿元。这样，2008 年，我国地方政府建设性债务余额合计约为 3.3 万亿元，负债率（债务余额占当年 GDP 的比例）为 11%，债务率（债务余额占本级财政收入的比例）为 115%。如果以当年还本付息额占债务余额的 10% 计算，偿债率（还本付息额占本级财政收入的比例）为 11.5%。

从各地政府建设性债务情况看，负担或风险则各不相同。以湖北荆州市为例，为了加快城市基础设施建设步伐，支持城市公用事业发展，该市采取多渠道方式筹集建设资金，其中一个重要渠道就是政府举债①。2007 年底，市直政府债务总额达 30.6 亿元，相当于市直财政一般预算收入的 7 倍，而全国同期只有 1.05 倍。而这些债务又主要以建设性债务为主，包括外国政府贷款 6.3 亿元，世界银行贷款 4.1 亿元，国债转贷 5.2 亿元，国家开发银行贷款城投公司项目 14.5 亿元，农业综合开发项目 1190 万元。2007 年，荆州市当年到期的各项政府债务达 2 亿元，占市直财政一般预算收入的 50%，政府债务的还款压力已严重影响国库资金调度，影响财政预算支付和财政正常运转。再以全国百强县之一的浙江东阳市为例②。截至 2006 年底，该市政府性负债达到了 24.1 亿元，其中，市本级负债 21.6 亿元，10.7 亿元 1 年期的短期贷款，拖欠工程款 4 亿元，拖欠农民土地征用补偿款 2638 万元等，债务率达 310%。中部地区的河南省 2007 年底债务总额为 2171 亿元，占 GDP 的 14.5%，其中直接债务 1805 亿元，占债务总额的 83%，担保债务 158.2 亿元，占债务总额的 7.3%，政策性挂账 208 亿元，占债务总额的 9.6%③。可见，有些地区的地方政府面临着较为严峻的债务负担和财政风险问题。

2008 年 3 季度以后，国际金融危机对我国的不利影响明显加重，中央政府迅

---

① 袁友田：“从荆州看地方政府债务的生成机理及化解路径”，荆州市政府网。
② “地方政府债务率升高当以法制约束”，《中华工商时报》，2009 年 7 月 20 日。
③ “聚焦地方政府‘债务风险’”，《半月谈》，2009 年 4 月 8 日。

速推出两年4万亿元投资扩张计划。之后，地方政府争先恐后地向上申请项目，公布的投资计划总额高达18万亿元。即使在4万亿元投资中，也有1.2万亿元需要地方政府配套，每年资金需求6000亿元。如果按照地方的投资计划估算，其资金需求将更大。2009年，西安市政府安排了571亿元的重点项目投资计划，比2008年猛增了206亿元，增幅超过50%。但是，西安市2008年地方财政一般预算收入只有145亿元，高峰时的政府土地出让毛收入只有90多亿元①。2009年，西安高新区计划完成的基础设施投资达到200多亿元。其中财政直接投资约60亿元。而在2008年，这一数字只有不到20亿元，管委会的全部财政收入也只有约27亿元。由于经济周期下行，地方财力中可用于建设的资金并没有明显增长，地方配套能力下降，对银行信贷更加依赖。2009年3月，国家开发银行与湖南省人民政府签署开发性金融合作协议，融资1100亿元支持中部崛起。而在此前的一个多月，国开行先后与河北、青海、浙江、江苏、河南、黑龙江、湖北、陕西等12个省级政府签署开发性金融合作协议，以1.1万亿元的贷款额度支持上述地方实施扩大内需战略②。

其他国有商业银行也普遍把新一轮积极财政政策看作是重大机遇。2009年4月，建行与陕西省人民政府签订了战略合作备忘录，今后三年，该行将向陕西省交通、能源、装备制造、城市基础设施等重点建设项目提供1200亿元信贷支持③。2008年前3季度，工行对西安市的贷款新增投放仅增20多亿元。但在2008年11月中旬以后的50天，新增贷款飙升到91亿元。据陕西省金融办的资料，2009年，工行、建行对陕西的计划新增贷款投放可能达到600多亿元，绝大多数都落在了政府项目上。根据工行湖北省分行的统计，2009年1月，省工行累计新发放人民币贷款78.7亿元，其中中长期贷款45.8亿元。在中长期贷款中，由中央政府投资项目拉动的为3.1亿元，由地方政府投资项目拉动的高达35.7亿元，与企业自主投资相关的为6.6亿元，地方政府项目贷款占中长期贷款的78%。

---

① 韦黎兵："贷款背后：地方政府与商业银行的利益博弈"，《南方周末》，2009年2月12日。

② 朱安明："银政合作助力积极财政政策"，《中国财经报》，2009年3月12日。

③ "地方政府债务率远超风险警戒线，或陷破产困境"，《经济参考报》，2009年7月14日。

(2) 审计结果

国家审计署分别在2011年和2013年对地方政府债务进行了两次大规模的审计。根据这两次审计结果，我们对地方政府债务变动情况进行一个分析。

地方政府债务规模不断膨胀。1996年，我国地方政府债务为2404亿元，到2013的上半年，地方政府债务规模已经扩张到17.9万亿元。地方政府债务余额从1996年的2000多亿元到2001年的上万亿元，用了5年时间；从2001年的万亿元到2008年的5万亿元，用了8年时间；而从2008年的5万亿元到2010年的近10万亿元只用了2年时间；从2010年的10万亿元到2012年的近16万亿元，也只用了2年时间（见图9-1）。1996~2012年，地方政府债务余额年均增速达到29.3%，明显高于同期全社会投资19.3%和地方财政收入19.2%的年均增速。

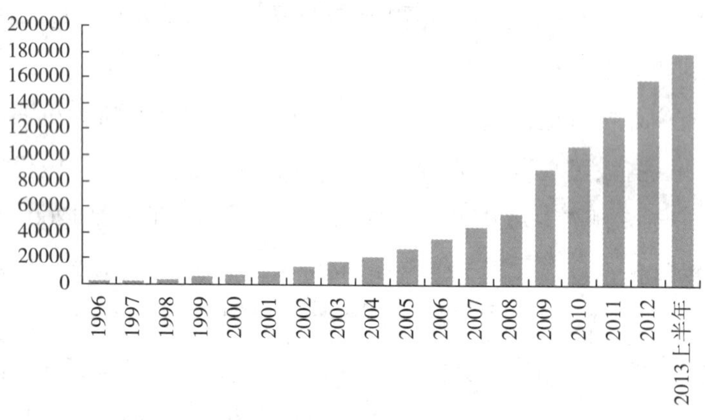

图9-1 地方政府债务余额（亿元）

资料来源：国家审计署2011年和2013年全国地方政府性债务审计结果。

地方政府债务结构出现变化。截至2013年6月底，我国地方政府负有偿还责任的债务10.9亿元，负有担保责任的债务2.7万亿元，可能承担一定救助责任的债务4.3万亿元，合计17.9万亿元。三类债务分别年均增长了19.8%、3.2%和50.3%，可能承担一定救助责任的债务增长明显较快。2010年底，三类债务占全部债务的比例分别为62.6%、21.8%和15.6%，而到2013年6月，上述比例变为60.8%、14.9%和24.3%。

从政府层级看，到2013年6月底，省级、市级、县级、乡镇政府债务分别为5.2万亿元、7.2万亿元、5万亿元和3647亿元，省、市、县级政府分别比2010年增长61.7%、56.3%和77.3%，县级政府债务增长更快。从举借主体看，融资平台公司、政府部门和机构、经费补助事业单位、国有独资或控股企业是政府债务的主要举借主体，分别举借6.9万亿元、4万亿元、1.7万亿元和3.1万亿元，融资平台公司、政府部门和机构、经费补助事业单位债务余额分别比2010年底增长40.2%、62.6%和39.3%。

从债务资金来源看，银行贷款、BT、发行债券、信托是政府债务的主要来源，分别为1万亿元、1.4万亿元和1.8万亿元和1.4万亿元，占全部债务余额的比例分别达到56.6%、8.3%、10.3%和8%（见表9-1）。另外，应付未付款和其他单位和个人借款也是地方政府债务的重要资金来源。与2010年底相比，银行贷款比例大幅下降了22.4个百分点，其他单位借款比例下降了5个百分点。与此同时，债券比例提高了2.7个百分点，信托、金融机构融资、融资租赁等新型融资方式成为地方政府债务的重要依托。

表9-1　　2013年6月底地方政府性债务资金来源情况表

	债务余额（亿元）	比例（%）
银行贷款	101187.4	56.6
BT	14763.5	8.3
发行债券	18456.9	10.3
其中：地方政府债券	6636.0	3.7
企业债券	8827.4	4.9
中期票据	1940.1	1.1
短期融资券	355.3	0.2
应付未付款项	8574.8	4.8
信托融资	14252.3	8.0
其他单位和个人借款	8391.6	4.7
垫资施工、延期付款	3758.6	2.1
证券、保险业和其他金融机构融资	3366.1	1.9

续表

	债务余额（亿元）	比例（%）
国债、外债等财政转贷	3033.7	1.7
融资租赁	2318.9	1.3
集资	804.8	0.4
合计	178908.7	100.0

资料来源：同图9-1。

从债务资金投向看，主要用于基础设施建设和公益性项目，不仅较好地保障了地方经济社会发展的资金需要，推动了民生改善和社会事业发展，而且形成了大量优质资产。在2013年6月底的债务余额中，用于市政建设的占34.6%，用于土地收储的占11.2%，用于交通运输设施建设的占24.4%，用于保障性住房的占6.5%，用于教科文卫的占5.8%（见表9-2）。其中，用于土地收储债务形成大量土地储备资产，审计抽查的34个重点城市本级截至2013年6月底储备土地16万公顷；用于城市轨道交通、水热电气等市政建设和高速公路、铁路、机场等交通运输设施建设的债务，大多有经营性收入；用于公租房、廉租房、经济适用房等保障性住房的债务，也有相应的资产、租金和售房收入。

表9-2　　2013年6月底地方政府性债务余额支出投向情况

	合计（亿元）	比例（%）
市政建设	58030.6	34.6
土地收储	18792.0	11.2
交通运输设施建设	40927.3	24.4
保障性住房	10947.8	6.5
教科文卫	9725.5	5.8
农林水利建设	5434.3	3.2
生态建设和环境保护	4539.9	2.7
工业和能源	2292.5	1.4
其他	16818.1	10.0
合计	167508.4	100.0

资料来源：同图9-1。

2. 债务风险评价

（1）风险评价指标

对于地方政府债务风险和债务控制管理，国际上一般采用的是负债率、债务率、债务依存度、新增债务率、偿债率、利息支出率等几个指标。

负债率主要反映地方经济总规模对政府债务的承载能力及地方政府的风险程度，或地方经济增长对政府举债的依赖程度。指标值越大，说明风险越高；反之亦然。对一国政府的外债，国际公认的负债率警戒线为20%，高于此值就被认为进入了风险区。但对地方政府举借的内债，各国基于其特定的国情，指标口径不同，警戒线数值迥异。如美国规定负债率（州政府债务余额/州内生产总值）警戒线在13%～16%之间；加拿大规定负债率不得超过25%。

债务率反映地方政府通过动用当期财政收入满足偿债需求的能力，该指标是对地方政府债务总余额的控制。目前国际上对各国地方政府债务率没有统一标准，但从各国实践看，该指标大多在100%左右。如美国规定债务率（州或地方政府债务余额/州或地方政府年度总收入）为90%～120%；新西兰要求地方政府债务率小于150%；巴西规定借款额不得超过资本性预算的规模，州政府债务率（债务余额/州政府净收入）小于200%，市政府债务率（债务余额/市政府净收入）小于120%；俄罗斯规定地方政府借款额不得超过“俄联邦体制下各自预算体系的收入总额”；哥伦比亚规定债务率（债务余额/经常性收入）按要求不得超过80%。

新增债务率反映地方政府当期财政收入增量对新增债务的保障能力，这是对地方政府债务增量的控制指标。巴西规定新增债务率（新增债务额/政府净收入）小于18%；日本规定新增债务率不得超过9%，同时，对当年地方税的征收比率不足90%或赛马收入较多的地方政府，限制发债。

担保债务比重反映地方政府的担保风险。哥伦比亚规定地方政府用作借款担保的收入额占担保借款总额的比例为150%；巴西规定担保债务比重（政府担保余额/经常性净收入）必须低于22%。

偿债率反映地方政府当期财政收入中用于偿还债务本息的比重；利息支出率反映地方政府通过动用当期财政收入支付债务利息的程度。将地方政府借款需求同偿债能力挂钩，可以有效遏制其扩大债务规模的冲动。美国马萨诸塞州规定，州政府一般责任债券的还本付息支出不得超过其财政支出的10%；新西兰规定利息支出率1（净利息支出/财政收入）要小于15%和利息支出率2（净利息支出/地方税收收入）要小于20%；哥伦比亚规定利息支出率（债务利息支出/经常性盈余）在40%以内，同时债务率在80%以内，政府方可举债；韩国地方政府规定偿债率（前4年平均还本付息额/前4年平均财政收入）必须低于20%；波兰规定年度偿债额加担保债务额不得超过当年税收收入的15%。

资产负债率反映地方政府的资产负债结构及其总体风险状况。该指标有两个影响因素：地方政府债务余额和地方政府的资产总额。但从目前各国的实际情况看，受政府会计核算体系制约，相当一部分国家真实、完整地核算地方政府资产额还有较大困难，只有实行了权责发生制的国家控制地方政府债务规模时选用这一指标。如美国北卡罗莱那州的法律规定，该州地方政府的资产负债率不得高于8%；新西兰规定资产负债率不得超过10%。

债务依存度反映当年地方政府财政支出对借款的依赖程度。日本规定债务依存度（公债/一般财政支出）在20%以上的地方政府，不得发行基础设施建设债券，20%～30%之间的地方政府不得发行一般事业债券；俄罗斯规定该项指标（年地方借款/预算支出）不得高于15%。

表9－3 主要的地方政府债务风险预警指标

指标名称	计算公式	说明	国际公认或一些国家规定的警戒线
负债率	政府债务余额/当年GDP	反映地方经济总规模对政府债务的承载能力及风险程度	美国州：<13%～16% 加拿大：<25%
债务率	年末政府债务余额/当年财政收入	反映地方政府通过动用当期财政收入满足偿债需求的能力	美国州：<90%～120% 新西兰：<150%

续表

指标名称	计算公式	说明	国际公认或一些国家规定的警戒线
资产负债率	债务余额/当年可动用资产价值	反映地方政府资产的偿债能力	美国州：<8% 新西兰：<10%
债务依存度	当年举债额/当年全部财政支出	度量财政支出对债务的依赖程度	日本：<20% 俄罗斯：<15%
新增债务率	当年新增债务额/当年财政收入增量	反映地方政府当期财政收入增量对新增债务的保障能力	日本：<9% 巴西：<18%
偿债率	当年债务还本付息额/当年财政收入	反映财政收入的应债能力	美国：<10% 韩国：<20%
利息支出率	当年利息支出额/当年财政收入	反映地方政府通过动用当期财政收入支付债务利息的能力	美国：<10% 新西兰：<15%
担保债务比重	年末担保债务余额/当年财政收入	反映地方政府的担保风险	巴西：<22%

资料来源：财政部预算司："国外地方政府债务的规模控制与风险预警"，《经济研究参考》，2008 年第 22 期。

（2）我国地方政府债务风险

我们以负债率、债务率、利息支出率三个指标对目前中国地方政府的债务风险进行分析。

①负债率。

负债率为政府债务余额/当年 GDP，反映地方经济总规模对政府债务的承载能力及风险程度。从地方政府负债率看，1996 年仅为 3.4%，2000 为 8%，之后趋于上升，到 2008 年上升到 17.7%。2009 年，地方政府负债率迅速上升为 26.5%，一年就提高了近 10 个百分点。2012 年，地方政府负债率达到 30.6%（见图 9－2）。

在 2012 年底的地方政府债务余额中，包括政府负有偿还责任的债务、政府负有担保责任的债务以及政府可能承担一定救助责任的债务。审计结果显示，2007 年以来，各年度全国政府负有担保责任的债务和可能承担一定救助责任的债务当年偿还本金中，由财政资金实际偿还的比率最高分别为 19.1% 和 14.6%。将后两项做适当扣除，真正需要政府偿还的部分只有 10.6 万亿元，因此，地方政府的真实负债率只有 20.4%。

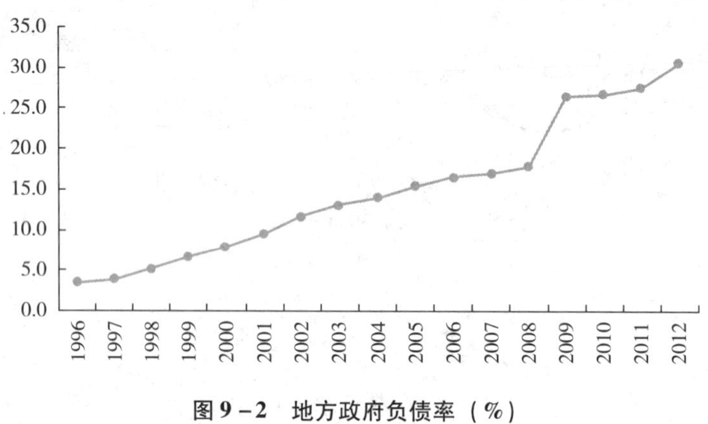

图 9－2 地方政府负债率（%）

资料来源：根据国家审计署 2011 年和 2013 年全国地方政府性债务审计结果计算。

相对主要发达国家，中国目前地方政府总体的负债率还处于较低水平。1996 财年，英国地方政府负债率为 43%，2001 财年末降到 30%，为近年来的低谷，2006 财年末回升至 37%。2007 年，德国地方政府债务近 1 万亿美元，负债率为 30%；日本为 1.69 万亿美元，负债率为 39%。2010 年，日本地方政府负债率已达 42%。而中国最高负债率也只有 30.6%，真实负债率只有 20% 左右。与发达国家较低的经济增长和财税增长相比，中国地方政府债务的可持续性较强。

②债务率。

债务率为年末政府债务余额/当年财政收入，反映地方政府通过动用当期财政收入满足偿债需求的能力。从各国实践看，大多都将该指标标准设定为 100% 左右。如果仅从地方政府债务余额与地方财政收入总量（包括地方本级收入与中央对地方转移支付收入）之比计算的债务率 I 来看，近年来中国地方政府的债务率连续超过 100%，2009 年以来均超过了 140%，2012 年更达到 149.2%。考虑到地方政府存在大量隐性收入，实际地方政府的综合财政实力要大于地方财政收入总量。如果考虑有统计的地方预算外收入和土地收入，则由地方政府债务余额与地方综合财力计算的债务率 II 则要明显低于债务率 I，到 2010 年还未超过 100%。但是，2011 年和 2012 年债务率 II 趋于上升，达到 105.5% 和 119.3%（见表 9－4）。

表 9－4　　2006 年以来中国地方政府债务率变化

	地方政府债务余额（亿元）	地方财政收入（亿元）	债务率 I（%）	地方预算外收入（亿元）	土地出让收入（亿元）	债务率 II（%）
2006	35724	31805	112.3	5941	7000	79.8
2007	45119	41710	108.2	6290	12900	74.1
2008	55722	51641	107.9	6125	9700	82.6
2009	90215	61166	147.5	6063	14239	110.7
2010	107175	72963	146.9	6000	29397	98.9
2011	130432	92468	141	—	31140	105.5
2012	158858	106440	149.2	—	26652	119.3

③利息支出率。

利息支出率为当年利息支出额/当年财政收入，反映地方政府通过动用当期财政收入支付债务利息的能力。根据 2010 年底地方政府债务的借款来源结构推算 2009 年底地方政府债务的借款来源。假设：银行贷款全部为中长期，以 2009 年时的五年期以上贷款基准利率 5.94% 计算；上级财政借款不用付息；发行债券的平均利率为 6%；向其他单位和个人的借款的平均利率为 6.5%，则以 2009 年地方政府债务余额计算的 2010 年利息支出额约为 5200 亿元。以 2010 年地方财政收入总量（72963 亿元）计算的利息支出率为 7.1%，以 2010 年地方综合财力（108360 亿元）计算的利息支出率为 4.8%，两种方式计算的利息支出率都较低，明显低于一些国家规定的风险警戒线（美国低于 10%，新西兰低于 20%）[①]。

① 冯进路、刘勇："当前及'十二五'时期我国地方政府债务风险问题分析"，《金融理论与实践》，2012 年第 2 期。

3. 国外地方政府债务管理比较

(1) 举债的形式

根据财政部预算司的统计，世界53个主要国家中，有37个允许地方政府举债。各国地方政府举债方式主要有两种：一是发行地方政府债券，二是向金融机构借款①。

美国州及州以下地方政府融资几乎全部采用发行市政债券方式，市政债券分为一般责任债券和收益债券两类：一般责任债券主要以地方税收收入作担保，安全性较高；收益债券主要以融资项目收益偿还，依赖的基础是项目的盈利能力。近年来，美国收益债券占市政债券的比重高达60%左右。但由于收益债券通常不计入地方政府债务规模，除非有较为严格的市场约束，发行收益债券不利于总体控制地方政府债务风险。

1982年政治体制改革以前，法国地方政府举债主要形式是银行借款，只有在中央政府特许的情况下，才允许发行政府债券；1982年后，地方政府自主权扩大，省级政府不需中央政府批准即可自主决策发行地方政府债券。法国地方政府在对外举债时，一般都以政府资产作为抵押或担保。其中，向银行借款，通常以市镇政府财产作为质押，借款期限约为10～15年，利率与市场利率相同；发行地方债券，通常以地方政府财政作担保，利率水平高于国债利率，但低于企业债券利率。

加拿大地方政府更倾向于直接向银行借款，尽管银行借款成本可能高于发行债券，但程序较为简单，同时对信息披露要求也不如发行债券严格，便于政府相机抉择，因而，省及地方政府既发行地方政府债券，也向银行直接借款。

英国地方政府融资主要来自公共工程贷款委员会和商业银行的贷款。截至2006财年末，英国地方政府债务余额达486亿英镑，其中，78%为公共工程贷款

---

① 财政部预算司："地方政府债务规模控制与风险预警国际研讨会会议"，《经济研究参考》，2008年第62期。

委员会贷款，20% 来自银行和其他长期融资渠道，2% 为短期借款。公共工程贷款委员会成立于 1817 年，其主要职责是将来自国债资金中的国家贷款基金转贷给地方政府，在贷款发放以后负责收回本金，并且规定所有地方政府借款只能用于资本性项目。

日本地方政府采取借款和发行债券的方式融资。借款来源主要为中央政府资金、公营企业金融公库、银行和其他来源。债券发行根据募集对象的数量和是否公开招投标选择公募或私募方式发行。实力较强的地方政府通常有能力以公募方式融资，公募债券的发行条件随行就市，以 10 年期为主。

德国州政府主要用发债方式融资，市政府主要通过银行贷款融资，银行贷款占其债务余额的比重超过 90%。

印度邦政府（印度地方政府为 28 个邦与 6 个联合属地）市政债券占邦政府债务余额的比例逾 50%；地方政府只要得到邦政府许可，无论邦政府是否提供担保，均可发行债券，但市政债券要经过信用评级，确定法律责任及是否免税。

（2）举债的管理

日本对地方政府债务发行实行计划管理①。日本中央政府（主要由大藏省和自治省）每年都编制地方政府债务计划，主要内容包括地方政府债务发行总额、用途、各种发行方式的发债额。地方政府债务计划只作为参考资料提交国会，不属于国会审决议对象，因而没有法律依据，无强制执行的效力。审批具体程序为：地方政府要求发行债券时，要事先向自治省申报，提出所要发展的建设项目、资金来源和需要发债的额度。自治省审查后，将各地的发债计划进行汇总，在同大藏省协商后，统一下达分地区的发债额度。自治大臣与大藏大臣审批地方政府借债的重点是确定当年不批准发债或限制发债的地方政府名单。

英国在地方政府债务管理方面起步较早②。在英国，有征税权的政府具有举债权，中央政府、苏格兰、威尔士和英格兰等有征税权的地方政府可以举债；北

① 吕伟等："日本的地方政府债务管理"，《经济研究参考》，2008 年第 22 期。

② 财政部国际司："英国公共财政管理"，国家财政部网站。

爱尔兰政府因其权力有限，不借款，无负债。为加强对地方政府举债管理，1998年，英国财政部正式成立专门的债务管理局。2000年4月，债务管理局接替英格兰银行，开始全面履行中央国库现金管理的各项职能。2004年4月，英国开始构建地方政府资本融资的谨慎性监管框架。要求地方政府必须遵守专业化的谨慎性准则，同时，根据特许公共财政与会计协会确立的谨慎性指标，将地方政府债务规模控制在财政允许又能满足资本投资需要的范围内。当地方政府违法或其借款计划超出承受能力时，中央政府将保留对地方政府谨慎性约束的权力。

法国的政府债务完全纳入了公共预算管理，地方政府负债的形成、偿还和变更等事项必须遵守预算编制程序与原则①。中央政府对各级地方政府的负债和财政运行情况的监控，主要有以下三方面：第一，议会的监控。议会通过对财政预算草案的审查批准进行法律性和事前性的监控。预算法案通过后，议会的专门委员会和议会委托的审计法院对政府部门和事业单位的支出进行审计监督。第二，审计法院严格的司法监督。审计法院的司法监督使得各级地方政府部门在对外举债决策时均比较慎重，很少出现对外负债失控和滥发债券的情况。第三，财政部的严格监控和管理。隶属于国库司的“债务管理中心”的主要职责是对各级政府的资产和负债情况进行日常监督和管理，提出和实施政府债券具体运作的政策和措施等。第四，财政部派驻各省、市镇的财政监督机构的监控。

澳大利亚联邦政府设有借款委员会，其成员包括联邦、州和自治区的财政部长共九人，联邦财政部长担任主席。该委员会负责协调、监督和管理公共部门（包括地方政府）债务②。借款委员会为限制地方政府债务规模，采取了以下措施：首先，规定各地呈报借款申请。借款申请必须包括一般政府、非金融公共部门的现金赤字（盈余）、为政策目的进行的金融资产投资净现金流量等内容。其次，设立规模控制线。由借款委员会分配的借款额度与预算报告中的借款额度之间的差额，以及本年度借款实际发生额与预算报告中的借款额之间的差额，均不得超过本级政府非金融公共部门收入的2%，若突破此限制，地方政府需向借款

① 财政部课题组：“法国的地方政府债务管理”，《经济研究参考》，2008年第22期。

② 张志华等：“澳大利亚的地方政府债务管理选择”，《中国财政》，2008年第11期。

委员会作出必要解释，并将其公开。

（3）债务风险控制

①信息披露制度。

新西兰建立了较为完整的地方政府债务报告制度，保证了地方政府举债的透明性，有效控制了地方政府债务风险。政府预算平衡表、政府综合财务报表（包括资产负债表、利润表和现金流量表）、年度计划报告、财政状况报告及融资效果报告都从不同角度反映地方政府债务情况。新西兰地方政府债务在政府财政状况报告中的债务项目包括：应付账款、地方政府借款、对政府养老基金的支付等。其中，现金赤字是反映新西兰地方政府债务的主要指标，这一指标会在上述几个报告中得到详细报告和说明。

澳大利亚建立了较为完整的地方政府债务报告制度，地方政府必须将借款委员会批准的借款分配及其调整情况真实、完整地反映在地方政府预算报告中。澳大利亚州政府要求地方政府除了报告直接债务外，还需要披露或有负债。各州政府还需定期向借款委员会提交筹资战略与平衡规划，并由借款委员会进行审查和综合平衡，如果需要进行调整，州政府将与借款委员会进行谈判协调，在取得原则一致的基础上，并在各方可接受的限度内，允许各州拥有一定的灵活性。

②偿债准备金制度。

设立偿债准备金的目的是当地方政府不能偿还到期债务时，可先行从偿债准备金中支付，以减少债务风险对地方正常财政运行的冲击。偿债准备金制度为缓解地方政府偿债压力，防止债券违约，避免地方政府偿债资金不足的问题。

美国政府规定，偿债准备金数额可以为还本付息总额的100%～120%，也可以是发行价值的10%。偿债准备金来源有以下几种：发行溢价收入，发债人提供的资本贡献以及投资项目；收益或信用证收益。偿债准备金仅限于投资低风险的联邦政府支持债券，投资债券期限不能长于剩余偿债期限。

英国中央政府规定地方政府偿债准备金为债务本金4%的水平。在2007～2008财年，英国偿债准备金制度更为灵活，地方政府不再设定统一的偿债准备金数额，而是根据不同的债务项目、性质和组成作出不同的规定，以帮助地方政府针对自身项目特点并结合谨慎性制度确定债务偿还计划。

印度 14 个邦政府建立了统一的偿债基金，中央银行是该基金的管理人，基金筹集方案根据中央政府和印度储备银行的计划制定。通过投资，该基金余额从 2004 年的不足 10 亿美元上升到 2008 年 3 月的 40 亿美元。

③风险预警制度。

从各国的实践看，在风险预警方面，美国俄亥俄州模式和哥伦比亚的“红绿灯”预警系统比较典型[①]。

俄亥俄州模式是指通过地方财政监测系统改善对地方财政安全状况的监测，以防止债务危机的发生。州审计局负责实施财政监测计划，并对地方政府是否接近财政紧急状态作出判断，然后向地方政府提交关于财政监测状况的书面通报。如果进入财政监测计划后，地方政府的财政状况还在继续恶化，那就可能进入财政紧急状态。如果某个地方政府被宣布处于紧急状态，俄亥俄州将建立一个“财务筹划与监督委员会”来接管地方当局的财政管理权。在该委员会举行第 1 次会议后的 120 天内，地方当局首席执行官将提交一份财务计划，及时化解危机。“财务筹划与监督委员会”要求政府举债行为与上述财务计划一致，并协助市政官员进行债务重组。

哥伦比亚红绿灯预警系统。预警系统对地方政府的借款限制严格，将每个地方政府的债务与其偿付能力挂钩，规定两个限制指标：一是地方政府利息支出率，该指标代表地方政府的资金流动性。二是债务率，该指标用来评估中长期债务的可持续性。如果债务利息支出率小于 40% 且债务率小于 80%，则意味着地方政府处于绿灯区，允许地方政府借款；否则，就意味着地方政府处于红灯区，此时禁止地方政府借债。

4. 我国地方政府债务管理

(1) 债务管理存在的问题

我国地方政府债务管理与发达国家有明显区别，在债务管理的法律、程度以

① 财政部预算司：“国外地方政府债务的规模控制与风险预警”，《经济研究参考》，2008 年第 22 期。

及具体操作上都存在差异，因此也产生了一系列的问题。

法律严格限制政府举债，但政府债务仍现实存在。从上文各国地方政府债务管理情况看，无论是联邦制还是单一制国家，无一例外都允许地方政府举债，并且在宪法等国家法律中对举债的形式、主体、程序、风险控制等都有明确的规定，做到了名正言顺、有法可依，同时，地方政府债务规模和风险控制也较为成功。而我国在2014年以前，《预算法》第26条规定，“地方各级预算按照量入为出、收支平衡的原则编制，不列赤字”；“除法律和国务院另有规定外，地方政府不得发行地方政府债券。”因此，地方政府不享有举债权。中国人民银行发布的《贷款通则》规定，地方政府也不能直接向国内的中资金融机构进行贷款。与此同时，由地方财政对债务提供担保也被禁止。这使得地方政府基本上没有在法律上获得相应的融资权限。但是，与此同时，地方政府的直接或间接债务却在时时刻刻地发生，规模仍在不断扩大。法律法规不但无法禁止地方政府债务的现实存在，而且助长了地方政府通过旁门左道的方式规避中央政府的监管。

偏重风险的即时处理，缺少稳定的制度性设计。我国地方政府债务管理体系不健全，机制不完善，缺少全局性的、制度性的风险防控设计。对于中央政府来讲，只有出现明显债务风险隐患时，才会真正关注这一问题，并出台相应处理办法，但是，危机过去，一切照旧。至今为止，中央政府也没有对地方政府举债的条件、程序、形式、用途、信息披露、债务偿还等作出明确规定，没有对地方政府债务规模的控制标准和方法，没有地方政府债务评估和预警系统。对于地方政府来讲，尽管也有一些地方出台了债务的管理性法规，对债务的规模有所限制，但是，这些法规简单而粗糙，没有约束力。由于对地方政府债务需要缺乏法制化规定，对地方政府的融资行为缺乏有效约束，因此，每一次地方政府债务规模膨胀过后，都会导致金融机构大量呆坏账需要核销，对金融体系造成严重损害。

地方债务透明度很低，潜在风险不容忽视。长期以来，地方政府建设性债务游离于现行财政体系之外，其使用和管理信息透明度严重缺失，利益相关各方都无法准确地掌握政府的所有投融资活动，往往是只有政府部门中的少数几个高层领导了解债务的真实情况。这导致中央政府无法获悉地方政府负债的准确情况，地方人大也没有对这部分债务融资履行监管职能。财政部门没有将这部分融资纳入预算管理，甚至审计部门也没有对这部分融资实施审计监督。由于负债形式除了银行贷款，还有各种资金信托、往来款拖欠等，负债总量难以控制，就连地方财政部门对自身的负债情况也未必完全了解。因而，地方政府债务作为公共投资的重要资金来源却处于公共资金监督体系之外，信息不透明使得债务的风险控制与管理无法深入。

地方举债缺少硬约束，中央政府成为安全网。长期以来，我国在处理地方政府债务风险甚至危机方面，缺少完善的法律制度框架，地方政府产生的所有问题都可以通过“一事一议”的行政化方式处理。就像中央银行成为商业银行的“最后借款人①”一样，中央政府也成为地方政府最后的“财政安全网”。地方政府经常以财权、事权不对等为由，在债务危机问题处理上与中央政府进行讨价还价，又常常以“中央为地方增加转移支付和提供再贷款”作为解决危机的方式。这种体制本身就意味着中央政府为地方政府各种财政活动或非财政活动提供了隐性担保，导致了很坏的示范效应，间接地鼓励了地方政府通过提供担保和过度举债来进行经济建设，容易产生严重的道德风险和逆向选择问题。

（2）债务管理与风险防范

作为单一制的中央集权国家，我国中央政府对地方政府债务风险或危机承担着更大的责任和义务，因此，必须有效约束地方政府投融资行为；与此同时，中央政府也要给地方政府融资留有足够的空间，使其在法律框架下，通过正常的渠道获得发展的机会。

促进地方政府债务的规范化。无论采取什么方式，发达国家地方政府举债的规范化是一个基本的原则，这也使得这些国家的地方政府债务暴露在阳光之下，其债务风险不仅受到中央政府的监管，也受到金融市场上多元主体的监控，避免了单一地区政府债务风险演变为全局性的债务危机。从我国的情况看，现有的法

---

① 最后贷款人制度是要保证银行支付系统的有效运作，避免挤兑波及众多银行并导致银行系统性的危机，以及防止单个银行流动性危机引起不必要的破产。中央银行可以通过直接贷款、设立特别机构和专项基金间接提供财务援助、临时组织大银行集资、宣布由大银行兼并或接管中小银行以及由中央银行出面担保等一系列手段对有问题银行实施抢救行动，帮助有问题的银行应付挤提和清偿的难关。

律制度限制了地方政府公开的债务融资，但是，却限制不了各类隐性和或有债务的膨胀。因此，还不如允许地方政府为建设性资本投资直接到市场上发债甚至向银行直接贷款，更容易通过公开、透明的方式约束地方政府行为以及控制债务规模。2014 年 8 月，《新预算法》颁布实施，规定经国务院批准的省、自治区、直辖市的预算中必需的建设投资的部分资金，可以在国务院确定的限额内，通过发行地方政府债券举借债务的方式筹措。这是地方政府债务规范化发展的重要一步。

强化地方政府债务的硬约束。所谓强化地方政府债务的内部硬约束，一方面，要针对有些地方政府严重资不抵债、不能有效清偿的情况，适时探索建立地方政府财政破产制度，并追究主要领导人的责任。另一方面，要通过立法形式，硬化地方政府的债务约束，避免地方政府过度举债并转嫁下届政府，防止地方政府将其债务风险向上级部门转嫁。再一方面，要将地方政府债务纳入同级预算管理。将各级政府的建设预算和经常性预算分离，各级政府单独编制本级建设项目预算，报同级人大审查和批准。与财政经常性预算中设置付息科目相对应，一个阶段的借债建设规模，受这一阶段财政付息能力的制约。将地方政府债务纳入预算管理的实质是明确地方政府债务对其资产负债状况与风险的影响，据此统筹考虑政府的公共资源配置。

增强地方政府债务的透明度。透明度要求是指地方政府需公开包括债务在内的政府财政状况，对债务进行确认、记录、报告，从而提高政府债务控制能力，防止债务恶性膨胀。提高透明度要求必须对会计制度予以改革，使财政信息能更为真实有效地反映政府各项经济活动，建立一套完善的与债务预算制度相适应的包括政府会计和预算基础、政府资产负债表框架、政府财务报告框架等内容的地方政府债务统计与报告制度。在提高透明度方面，澳大利亚等国的经验很值得借鉴。例如，澳大利亚州政府要求地方政府运用权责发生制原则，除了报告直接债务外，还需要披露或有负债。各州政府还需定期向举债委员会提交筹资战略与平衡规划，并由举债委员会进行审查和综合平衡。此外，各州还要将借款融资及其使用情况，按照举债委员会确定的统一框架要求，严格进行季度报告和年度报告等。

二、债务危机及其处置

1. 我国地方政府债务危机

改革开放以来，我国曾经出现过若干次地方政府债务危机事件，也经历了相应的债务危机处置过程，例如，“普九”债务的处置、农村基金会债务清理以及“广国投”的破产清算。这些债务危机都在中央政府的主导下得到了化解。

(1)“普九”债务的处置

①债务风险的形成原因。

所谓“普九债务”，是指在普及九年制义务教育过程中学校和基层政府欠下的债务。20 世纪 90 年代，我国提出要在 20 世纪末普及九年制义务教育，并制订了从校舍到图书室在内的“普九”验收标准和计划，逐县检查验收。由于长期实行“农村教育农民办”，各级财政对农村义务教育投入很少；加之受上级“普九达标”压力驱使，基层领导和乡村学校不得不举债搞建设，于是形成规模巨大的“普九债务”。

“普九债务”形成的主要原因在于：一是建设资金投入不足。“分级办学、分级管理”的体制将本应由政府、社会共同承担义务教育的义务过多地“下移”到基层，由于县、乡、村等地方自筹配套资金缺少保障，致使为了完成“普九”任务而被迫举债。尤其是在农村税费改革取消农村教育附加和教育集资政策后，新的义务教育经费保障机制并没有完全考虑到偿还债务问题。二是学校布局的调整与撤并。随着集中办学的有序实施，在降低管理成本与提高教学质量的同时，相当多的学校被撤并，部分教学设施闲置，由此也增加了农村义务教育的债务负担。三是债务的长期积压与积累。从“普九”教育开始到全面清理债务，时间跨度很长，乡村学校的债务经过逐年积累和长期积压，就成为历史遗留问题，加之撤乡并校等因素，债务问题更加难以解决。

“普九”债务给农村地区及教育部门带来的负面影响不容忽视。因为学校欠债，开学时，债权人锁校门、威胁（绑架）校长的现象时有发生，严重影响了农村中小学校正常的教育教学秩序。为了偿还“普九”债务，不少学校高息向银行或个人借款，仅利息的支付就压得学校喘不过气来，形成新的债务，造成恶性循环。

②债务处置的做法与成效。

对于数额庞大的农村“普九”债务，最关键的是偿债资金来源。过去，由于担心地方夸大债务规模，中央财政一直未承诺为“普九”债务担责。2007 年底，国务院发布了《关于开展清理化解农村义务教育“普九”债务试点工作的意见》，首次提出了选择 14 个省进行试点，总额达 500 多亿元的义务教育“普九”债务清偿方案。中央财政首次承诺，对已经化解“普九”债务的地方给予补助，重点支持中西部地区，适当兼顾东部地区。未在规定期限内化解相应债务的不予补助。2007 年中央财政安排了专项补助资金 60 亿元，2008 年、2009 年，中央财政又继续增加投入，并根据各地债务化解的进度，对地方政府给予补助。

为了避免各地虚报负债规模，中央财政对地方的补助“根据义务教育阶段学生数、学校数、办学成本和财政困难程度等客观因素分配确定，不与实际发生的债务额挂钩”，也即“债多不多补、债少不少补、早还不少补、晚还不多补”。具体执行中，“中央财政按照农村义务教育阶段在校学生人数、地方财政状况等客观因素，并综合考虑试点省（区）‘普九’债务负担及化债试点完成情况给予适当补助。”这被称为“偿债激励机制”。对于“普九”债务的范围，《意见》指出：“普九”债务是指各地以县为单位推进“普九”工作，至通过省级“普九”验收合格期间发生的债务。主要包括教学及辅助用房、学生生活用房、校园维修建设、教学仪器设备购置等与学校建设直接相关的债务。债务计算时间截止到 2005 年 12 月 31 日。《意见》还详细列出了偿债资金的具体来源。除了中央财政专项补助，一是从“地方一般预算收入、上级财力性转移支付资金”统筹安排；二是城市教育费附加、地方教育附加及其他基金中安排一定比例；三是整合地方现有教育专项资金；四是盘活闲置校产筹集资金；五是统筹有关非税收入筹集资金；六是社会和民间自愿捐资赞助的偿债资金等。

截至2009年底，首批14个省份的“普九”债化解试点已完成。根据国务院农村综合改革工作小组批复各试点省份的函，这14个试点省份“普九”债总计为493.1亿元。各试点省份锁定的“普九”债数额，多数为30亿元左右，其中四川省最高，为80.9亿元；宁夏最少，约为9亿元。在14个省份试点的基础上，国家又将化解农村“普九”债的地域扩大到全国，并将清理化解债务的范围，从“普九”债扩大到全国农村义务教育其他债务。若加上其他17个省份，全国化解农村“普九”债务超过1000亿元。

③几点启示。

第一，“普九”债务是政府直接债务。义务教育具有正的外部性以及再分配效应，实施义务教育所需经费就应该由政府部门来提供。由于政府逃避应承担的责任，将义务教育经费转嫁给学校和社会，由此所产生的债务，只能被视为政府的直接债务，由政府来偿还。

第二，政府是实施义务教育的责任人。1986年颁布的《义务教育法》第12条明确规定：“实施义务教育所需事业费和基本建设投资，由国务院和地方各级人民政府负责筹措，予以保证。”按照当时的分级办学体制，农村义务教育经费主要应有县、乡两级政府负责筹措，并予以保证。那么，各地“普九”的债务应由两级政府来负责偿还。

第三，从国际经验看，在中央集权的单一制国家，义务教育阶段支出的主要责任在高层政府，在法国，教师工资是由中央政府全额负责。在我国，义务教育阶段的经费支出责任大头在县、乡政府，而这一级政府又缺乏稳定的财源，由此形成的债务风险就很难由这一级政府负责。由中央政府牵头处置债务，并相应建立义务教育经费保障机制就是理所当然的事情。

（2）农村基金会债务清理

①债务风险的形成原因。

农村合作基金会是一种农村金融合作组织。它是在乡（镇）、村政府组织参与下兴办起来的，其建立的初衷是为了管好用活农村体制改革过程中无法分割的集体资金，并在基金会内部成员之间相互融通资金，是一种非正规的金融组织。从 80 年代的中期开始，四大国有商业银行从中西部县域地区大规模撤退，导致县域金融组织体系的严重萎缩。为了解决农村金融严重不足，1987 年，根据广东、四川等地创造的经验，国家允许民间资本创建农村合作基金会。农村合作基金会是改革开放历史大潮中所产生的一个客观事物，也是基层政府在投融资体制发生变化的条件下，为推动地方经济建设与社会事业发展所做出的积极探索。然而，由于当时我们对于在市场经济条件下如何推进金融体制改革尚处在探索之中，特别是农村合作基金会在运作过程中出现了很多问题，导致基金会后来越来越严重地偏离了主观上所希望的发展方向。

农村基金会风险形成的原因主要有以下几个方面：一是行政干预严重。地方政府（尤其是乡镇政府）为追求政绩而违背资金营运的基本规律，强行要求合作基金会为修路、办学、建医院等公益事业借款，甚至将资金直接划拨财政，以缓解财政资金短缺的矛盾，这部分资金基本不能偿还，使合作基金会不堪重负。二是内部监督机制缺乏。虽然合作基金会无一例外地成立了会员代表大会，但其作用却名不副实，特别是对合作基金会运行监督作用微乎其微。会员代表大会的流于形式，使合作基金会不能形成内部监督和制衡功能，无法建立有效的自我约束机制。三是管理水平低下。表现为贷款随意性强，相关手续不全，超比例放贷问题始终不能解决；内部审计、稽核制度不健全，资金投放中的违规现象屡禁不绝；对风险损失责任无准确界定，缺乏有效的激励和约束机制。

到中央正式提出整顿关闭之前的 1996 年底，全国已有 2.1 万个乡级和 2.4 万个村级农村合作基金会，融资规模大约为 1500 亿元。由于 1998 年各地普遍出现农村合作基金会的挤兑，四川、河北等地甚至出现了较大规模的挤兑风波，并且酿成了危及农村社会稳定的事件，1999 年 1 月，国务院发布 3 号文件，正式宣布全国统一取缔农村合作基金会。该文件强调，“为有效防范和化解金融风险，保持农村经济和社会的稳定，党中央、国务院决定对农村合作基金会进行全面清理整顿。清理整顿的目标任务是：停止新设农村合作基金会；现有的农村合作基金会一律停止以任何名义吸收存款和办理贷款，同时进行清产核资，冲销实际形成的呆账，对符合条件的并入农村信用社，对资不抵债又不能支付到期债务的予以清盘、关闭”。

②清理整顿的做法与成效。

从各地的实践来看，农村合作基金会清理整顿工作基本上分为清产核资、分类处理、清收欠款和存款兑付几个阶段。清产核资、分类处理阶段，由地方政府组成工作小组对所辖区基金会进行资产债务核算。对资产本身大于负债或本身资不抵债但经过财政注资后资产大于负债的农村合作基金会，并入当地农村信用社；对于资不抵债、地方财政无力注入资金的农村合作基金会，予以清盘关闭，由当地政府处理债权债务。清收欠款阶段，运用法律手段加大对呆滞账的收欠力度；用行政与纪律的手段加大对党员、干部贷款和担保贷款的清收力度；明确基金会是清收贷款的第一责任人，加大对股东贷款的清收力度。存款兑付阶段，各地的做法一般是由地方政府筹措现金首期兑付基金会的农户存款，对于因现实条件制约而不能马上兑付的农户存款，政府承诺在几年内逐步解决。

尽管存在巨大困难和矛盾，但依靠政治压力和以行政手段控制的优势，全国农村合作基金会的清理整顿工作基本上完成了上级的任务。这至少证明在我国的特殊体制下，自上而下的动员机制仍然有效。但是，由于上级以行政命令关闭本来是地方政府控制的基金会，必然造成政府信用丧失，因此带来的资产损失较为严重。在农村合作基金会的清理过程中，地方政府注入了大量资金。如温州市191家农村合作基金会，148家归并农村信用社，43家实施强制清盘关闭或自行清盘关闭。温州有关县（市、区）政府注入资金2.6亿元，存入承诺担保金约1.6亿元，共计4.26亿元，其中向省财政专项贷款3.29亿元。

③几点启示。

对于地方政府来说，农村合作基金会引起的债务属于政府或有隐性负债的范围。主要原因有以下两点。

第一，地方政府行为不规范间接导致了农村合作基金会的经营不善以及破产关闭。农村合作基金会的产生、发展和衰退很大程度上受我国经济转轨过程中体制机制不完善的影响，其债务的形成受地方政府行政干预的影响也比较大，表现为信贷资金的财政化运用。为了维护农村金融市场的稳定，地方政府必须出面解决农村合作基金会面临的各种债务危机。

第二，地方政府为农村合作基金会“买单”很大程度上出于维护社会稳定、农民利益和政府威信的目的。农村合作基金会运营过程中形成的巨额债务隐含着巨大的金融危机，它的清理关闭甚至会引发社会各种不稳定因素，地方政府必须解决这些问题，进而缓解公众对政府逐渐形成的不信任情绪。所以，地方政府在农村合作基金会清理整顿过程中承担了几乎所有的债务偿还任务。

(3)“广国投”的破产清算

①风险形成的原因。

1998 年 10 月，中国广东省国际信托投资公司（以下简称“广国投”）发生债务危机，最终导致公司破产清算。消息传出，立即引起轩然大波，中外瞩目。“广国投”的前身是 1980 年 7 月经广东省人民政府批准成立的“广东信托投资公司”。1983 年 10 月，经中国人民银行批准，成为一家国有非银行的地方金融机构。20 世纪 80 年代末期，“广国投”从单一经营信托业务发展成为以金融和实业投资为主的企业集团，经营规模不断扩大，凭借其“窗口公司信用”在世界范围融资，十多年间通过在国际上发行债券、贷款、担保、参股、投资租赁等方式，举办和支持了一批广东省重点建设项目，为地方的经济和社会发展发挥了积极作用，

但是，地方政府办金融的同时也产生了诸多问题，一旦金融机构成为政府的融资工具，其投融资行为就受到政府的控制与支配。作为广东省对外筹资窗口和投资主体，“广国投”实际上扮演着省政府“小钱柜”的角色，省政府也一直是用行政的方法来管理“广国投”，尤其是当政府的意图与企业本身的利益发生冲突时，后者一定要给前者让步。由于企业的主要负责人是由政府任命，而且多从政府官员里选拔，所以，他们习惯于按照政府的办事程序来处理企业的事务，服从政府的安排，难以切实地维护企业自身的利益。

地方政府对“广国投”经营活动的干预体现在许多方面，最重要的体现在贷款安排上。根据人民银行关闭清算组的清产核资报告，原“广国投”本部截

至 1998 年 10 月 6 日的中长期贷款总额为 59.4 亿元，其中，政府担保部分为 54.8 亿元，占 95.6%。按户数看，159 项政府项目中，仅有 22 户经营正常，约占 14%。从金额算，54.8 亿元政府担保贷款中，仅有 8.7 亿元运转良好，约占 15.8%。其余大部分政府担保贷款，不是半停产，就是情况不明，或是已停产，按金额比例算高达 61.6%。

②破产处置的过程。

大约从 1996 年开始，“广国投”就从表面上的盛极一时逐步走向衰落。为了应付 1998 年这一还债高峰年，“广国投”在 1997 年下半年到 1998 年仍然在海外金融市场奔走，筹划新一轮发债或银团贷款，然而，由于长期经营不善，再加上持续的亚洲金融危机，“广国投”终因无法支付巨额内外债务而于 1998 年 10 月 6 日被实施行政性关闭。

1998 年 10 月 4 日，中国人民银行决定关闭“广国投”，并组织关闭清算组对其进行关闭清算。关闭清算期间，“广国投”的金融业务和相关的债权债务由中国银行托管，“广国投”属下的证券交易营业部由广发证券有限责任公司托管，其业务经营活动照常进行。清算的初步结果是：“广国投”总资产为 214.1 亿元，负债 361.1 亿元，资产负债率 168.1%，资不抵债 146.1 亿元。其中，境外债务高达 159 亿元，涉及境外银行和机构 130 多家。为此，决定由不能支付到期巨额债务、严重资不抵债的“广国投”向法院提出破产申请。

广东省高级人民法院于 1999 年 1 月 16 日裁定，广东国投公司破产还债，指定清算组接管广东国投公司。裁定宣布后，广东国投公司的破产清算工作依法按以下步骤进行：第一，债权的申报、审核和确认。广东省高级人民法院最终确认，广东国投公司破产案的债权人共计 200 家，债权金额总计 202 亿元。第二，破产财产的审核、确认和处理。第三，破产财产分配与终结破产程序。

③几点启示。

对不能清偿债务的“广国投”依法实施破产，这样做的好处如下。

第一，符合国际惯例，有利于与国际接轨。

第二，符合市场经济发展的规律。市场的优胜劣汰是一种规律，对那些严重资不抵债的企业依法实施破产，正是按照市场经济规律办事的体现。

第三，坚持了政企分开的原则。正像时任总理朱镕基所说的那样："广国投"申请破产这件事情是中国金融改革过程中的一个个别事件，中国政府不会为一个金融企业还债，如果这个债务不是由各级政府所担保的话。"

第四，体现了依法办事的原则。《中华人民共和国企业破产法》已经颁布多年，但真正实施起来却困难重重。这次，"广国投"向法院提出破产申请，法院决定立案受理，并严格依照法定程序办理案件，按照法律规定处理破产财产，公平保护各方当事人的利益。这是一大突破，也是我国建设社会主义法治国家的表现。

2. 国外地方政府债务危机处置

地方政府破产机制是防范地方政府过度举债的必要威慑，是化解地方政府债务危机的有效手段。明晰的破产规则有助于投资者进行精确的风险定价和信用评级，使债权人能够准确判断所面临的风险状况。正是基于以上原因，很多国家都确立了一定的地方政府破产机制。

在《美国破产法》中，市政部门可根据第九章的规定申请破产保护。市政部门不仅包括市、县、镇等地方政府，还包括学校校区和公共区域，甚至包括一些由使用者付费维持运营的主体，如桥梁、高速公路等①。自 1937 年以来，美国共有 619 个地方政府机构，大多数是小型公用事业机构或者区域申请破产。金融危机爆发以来，到 2011 年，美国约有 15 个城市申请破产。2012 年，美国加州斯托克顿市等三座城市也相继宣布破产。2013 年 7 月，曾经是全美第五大城市、"汽车之城"底特律向州法院递交了破产保护申请。

阿拉巴马州杰斐逊县破产案是美国最大的县级地方政府破产案件。1996 年，杰斐逊县向区域内河流排放未经处理的污水，联邦最高法院裁定，该县必须重新修建荒废的污水管道系统。1997 年，初次评估后，4.68 亿美元的建设投入已无法从当地局促的公共财政中支付，杰弗逊县只能靠自己发行债券募集经费。初次

① 徐阳光："美国地方政府破产制度及其对中国的启示"，中国清算网，2013 年 4 月 26 日。

募集了5.55亿美元。但是，排水系统的改造升级最终大大超出预算，到2000年，负债已经超过30亿美元。由于项目现金流逐渐耗尽，而县政府与债权人最终也未能达成协议。2011年11月，杰斐逊县政府宣布破产，最终破产规模达到41亿美元①。

美国地方政府破产制度实际是一种“政府重组破产保护”制度，偏重于维护地方政府权利。通过允许无力偿还债务的地方政府申请破产保护程序，在保护破产地方政府的资产基础上制定债务调整计划，提供扭转财政困境和财政恢复重建的时间，使得地方政府可以合法地延期偿债，甚至减免债务，避免债务违约风险进一步扩大而陷入债务恶性循环，最终得以度过危机，政府财政获得健康重生。近70年来，这一保护制度已经挽救了600多个美国地方政府。

在日本，负债过高的市长宣布放弃自力更生再建财政的计划，经过一系列程序，该市就将被置于国家严格管理之下，成为“财政再建团体”。依照《财政再建促进特别措施法》，成为财政重建团体的话，就无法进行自主的地方自治，等于剥夺了地方自治权。地方政府制作预算、紧急预算不得不与国家商量，实施政策时基本没有自主性。国家协助重建的典型案例包括：2006年夏，北海道夕张市由于财政赤字巨大，自主重建困难，于2007年3月6日正式成为财政重建适用团体。

由于国家能源政策转换，夕张市煤炭产业崩溃，市政府出资购买了相关设施，此后又跟随着国家、道厅推进观光事业的发展，利用城市投资公司推行观光产业开发以求地域再生，但是，观光旅游开发给夕张市财政增添了过大的负担。2007年3月6日，夕张市政府破产，接受中央政府与北海道厅的监督，制订了18年返还353亿日元的财政重建计划②。夕张市终止了除最小限度的公共事业以外的一切其他事业，保持全国最低水准的公共服务。并且，市税税率和公共服务费增长，政府向市民增税，并导入新型税。夕张市财政重建计划方案是在北海道道厅的指导下进行的，同时，一切控制支出的措施都贯彻了总务省的基本方针。

---

① 刘胜军：“敢不敢让地方政府破产”，《中国经济报告》，2013年7月19日。

② 孙悦：“地方政府破产与财政重建研究——以日本北海道夕张市为个案”，《公共行政评论》，2011年第1期。

夕张市政府破产后，信用评级降低，融资难度加大，因此，中央政府给予了借贷担保。

在欧盟国家，一旦地方政府发生债务危机，往往需要中央政府采取有效措施，以防危机蔓延与扩大。比如，通过债务重组的方式减轻地方政府的财政困难。为保证地方债务的可持续性，往往还需要地方政府采取适当的财政调整计划，或实施上级政府的行政干预甚至实施政府破产的司法程序等配套措施①。例如，比利时在1996年债务重组计划制定过程中，中央与地方政府对财政调整计划达成一致，即削减地方债务，增加地方税收，降低工薪开支；同时，中央政府对于地方政府新发债务制定了更为严格的规定，并对发生债务危机的地方政府实行托管。此外，比利时中央政府还委托地方政府对部分国有企业进行了私有化改造，将私有化收入用于削减地方债务。

在法国，一旦出现地方政府不能到期偿还、政府运转不灵的情况，则由法国总统的代表——各省省长直接执政，原有的地方政府和地方议会宣告解散，其债务先由中央政府代为偿还，待新的地方议会和政府经选举成立后，通过制定新的增税计划，逐步偿还原有债务和中央政府先行代偿的垫付资金。

在匈牙利，1996年制定了地方政府破产法，在地方政府发生债务危机时，由法院协调债权人、债务人、社会公众以及审计人员，进而决定是否对该地方政府实施破产程序。债权人与债务人就债务偿还条件以及债务重组进行谈判。

3. 建立我国的地方政府破产制度

(1) 建立地方政府破产制度的意义

美国是联邦制国家，除了国防、外交等职能归属中央政府外，中央、州和地方政府各有各的法律、各管各的事、各征各的税、各发各的债。这种情况下，地方政府能否破产是其内部的事情，与中央政府没有太大的关联，中央政府也没有义务为其债务兜底。中国是中央集权型单一制国家，地方政府在中央政权的严格

---

① 马洪范："地方政府债务管理：欧盟成员国的经验与启示"，《西部财会》，2007年第4期。

控制下行使职权，由中央委派官员或由地方选出的官员代表中央管理地方行政事务，税收和发债的权力高度集中于中央政府，省以下政府没有税收的立法权，除法律和国务院另有规定外，地方政府不得发行债券。既然地方政府没有征税的权力，也就不可能要求地方政府为其债务负责；既然长期以来地方政府预算不能列赤字、不能发行债券，也就不承认地方政府真正拥有债务，地方政府也就无所谓破产之说。

企业破产意味着企业清盘与不复存在，而地方政府破产只是财政的破产，不是政府职能的破产，政府破产旨在通过财政平衡、债务重组等方式实现政府公共职能的重建，而不是让政府消失。但尽管如此，政府破产对防范地方政府债务风险仍然具有非常积极的作用。地方政府破产具有风险隔离作用，由于地方政府可以申请破产，地方政府的债务风险是隔离的，一个城市的问题不会带来整个国家的系统性风险；地方政府破产还具有止损作用，可以把债权人的损失控制在一定限度之内，在一定程度上保护了债权人的权益；地方政府破产也具有惩戒作用，破产城市的公共支出将大幅缩减，百姓要承担更高的税负，对破产负有责任的官员，其仕途将受到影响；地方政府破产更具有警示作用，提醒人们反思地方经济和财政发展模式存在的弊端，并及时转变发展方式。相比之下，中国的地方政府不能破产，导致其债务风险是扩散的、不断积累的与不可控的，中央政府成为最后的兜底者，地方官员不需要为借债行为承担责任，借债扩张投资的冲动难以遏制，传统经济与财政发展模式则难以改变。

我国原有政府债务处置方式难以为继。由于地方政府无破产之忧，一旦下级政府出现债务危机情况，中央政府势必要出手相救，在这种情况下，牺牲的是全体纳税人的利益。1999 年，国家成立四大金融资产管理公司，负责收购、管理、处置国有银行剥离的不良资产。1999 ~ 2000 年间，四家资产管理公司先后收购四家国有商业银行不良资产 1.4 万亿元。这些不良资产的产生有些是政府行政干预的结果，有些借款主体本身就是政府下属部门和企业，剥离的不良资产实质上就是无法清偿的中央和地方政府债务。资产管理公司的注册资本由财政部核拨，金融资产管理公司收购不良贷款的资金来源包括划转中国人民银行发放给国有独资商业银行的部分再贷款和发行金融债券，实际上是中央政府通过直接出资、发债以及隐性货币化方式对债务进行了处置，部分风险的最终承担者是全体国民。

2014 年 10 月，《国务院关于加强地方政府性债务管理的意见》提出：要硬化预算约束，防范道德风险，地方政府对其举借的债务负有偿还责任，中央政府实行不救助原则。地方政府出现偿债困难时，要通过控制项目规模、压缩公用经费、处置存量资产等方式，多渠道筹集资金偿还债务。地方政府难以自行偿还债务时，要及时上报，本级和上级政府要启动债务风险应急处置预案和责任追究机制，切实化解债务风险，并追究相关人员责任。这向地方政府和潜在债权人发出了强烈的警示，也向公众和市场发出了警示，地方政府债务失控将被严厉问责，而债权人则要自担风险。但是，中央政府的不救助原则并非彻底的不兜底。因为从其他国家的情况看，中央政府不可能放任地方政府债务危机的发生，即使不采取直接救助措施，也会通过间接方式帮助地方政府实现财政重建。但是，无论采取什么样的方式，都需要建立明确的地方政府破产机制。

(2) 建立规范的地方政府破产制度

根据国际经验，判定是否破产的标准不是资不抵债，而是是否能够偿还到期债务。在德国破产法中，不能清偿到期债务是一般的破产原因。法国破产法以“不能清偿”为破产的标准，而不是以“资不抵债”为标准。日本破产法规定，法人不能以其财产清偿其债务时，可对其宣告破产。这表明即使法人的资产总额大于负债总额，只要其无法清偿到期债务即可破产。按照这一界定，中国的某些市县政府确实已经达到破产的标准，尽管这些地方政府宣称自己有很多优质资产①。应该说，除了《美国破产法》在第九章规定了“市政府债务的调整”，其他国家大多并没有将地方政府破产写入破产法。但是，有关地方政府破产的案例仍然在日本、意大利、法国等单一制国家发生过，只是这些国家不是以破产的名义对地方政府进行处置。可见，单一制国家的政治体制并不是地方政府不能破产的借口或障碍，完全可以建立一种“类破产”的制度框架。我国在增加地方政

---

① 破产的界线不在于资不抵债，而且，即便政府有那么多的资产，能否出售变现也是一个问题。

府的自治权力，规范中央与地方的事权范围，特别是明确地方政府的征税和发债权力的基础上，也是可以实现地方政府破产的。

逐步探索建立适应发展需要的地方政府破产制度。首先，我国的破产法并不包括企业之外的债务人，因此，可先按现有破产法的程序处理，将市、县、镇等地方政府，以及提供公益设施的公共派出机构（例如政府融资平台）纳入申请破产保护范围，并推动破产法的修改完善。其次，中国地方政府债务风险的根本问题在于中央政府的信用背书，因此，中央政府需要明确向地方政府发出不完全救助的信号。同时，由省级政府负责市县政府的债务重组，申请破产的地方政府的财政预算要由省级政府监管，同时，中央政府有条件地给予资助，帮助地方政府偿还原有债务，并在之后的转移支付中扣减。再次，应尽量简化破产程序，要在有利于地方政府摆脱财政危机的同时，兼顾到大多数债权人的利益，破产后果应由地方政府与债权人共同承担。与此同时，重要的是要保证地方政府基本行政职能的正常运作；最后，要健全政府破产的制度环境。建立健全地方政府债务管理的法律体系，修改完善《预算法》《担保法》等相关法律，同时，制订《地方政府债务法》，规范地方政府负债的范围、审核权限、资金投向、偿债责任、危机处理等。

附件：A 市地方政府债务调研报告

2013 年 6 月 17 ~ 21 日，笔者到 A 市对地方政府债务情况进行了调研，走访了市发改委、市财政局、市融资办、市投资集团，还与乡镇政府的有关人员进行了座谈，对 A 市及其县区、乡镇债务情况有了更新的认识。总体上看，我们需要重视地方政府债务的潜在风险，特别是要关注新的风险因素，同时，要在改革与发展中不断化解各级政府债务风险。

1. 地方政府债务短期偿付压力较大

负债率（年末政府债务余额/当年 GDP）反映了地方经济总量对政府债务的承载能力。2010～2012 年，A 市全市地方政府债务余额分别达到 71.1 亿元、80.4 亿元和 94.8 亿元，年均增长 15.4%，增速较快。但是，A 市地方政府负债率一直维持在相对较低水平，且略有下降。2010～2012 年，A 市政府负债率分别为 22.1%、19.9% 和 20.2%，到 2012 年为止，其政府负债率远低于全国平均水平（约 27%）。从各县区的情况看，2012 年的负债率大多保持在 15% 以下，还有两个县区低于 10%，只有一个县的负债率达到 41%，负债率水平偏高。

债务率（年末政府债务余额/当年财政收入）反映了地方政府通过动用当期财政收入满足偿债需求的能力。我国地方财政收入的统计较为复杂，不同口径的财政收入的承债能力也有明显的不同。我们分别用地方政府债务余额与地方公共财政收入、公共财政收入以及可支配财力①相比较，可以得到债务率 1、债务率 2 和债务率 3。从 A 市全市及其各县区的情况看，债务率 1 普遍超过了 300%，债务率 2 普遍超过了 200%，债务率 3 则大多保持在 90% 以下（见表 1）。从国际经验看，美国州的债务率标准要求小于 120%，新西兰的标准要求小于 150%，可见，A 市及其各县区的债务率 1 和债务率 2 都处于较高水平，只有债务率 3 水平较为适度。根据中国国家开发银行对政府债务的评价标准，债务率 3 应低于 70%，依此判断，A 市对债务的清偿负担相对较重。

表 1　　2012 年 A 市及各县区负债率和债务率（%）

	负债率	债务率 1	债务率 2	债务率 3
A 市	20.23	353.88	191.83	84.24
B 区	11.14	470.79	272.30	163.53
C 区	5.88	189.72	122.29	32.32
D 区	14.98	355.56	207.41	65.31

① 地方公共财政收入即一般预算收入，公共财政收入为一般预算收入加上基金收入，可支配财力是指公共财政收入加上上级转移支付。

续表

	负债率	债务率1	债务率2	债务率3
E县	19.41	388.14	218.10	56.68
F县	7.61	180.29	87.33	37.79
G县	41.25	947.04	675.82	184.91
H县	12.36	363.41	204.51	58.46

注：负债率 = 债务余额/GDP；债务率1 = 债务余额/地方公共财政收入，债务率2 = 债务余额/公共财政收入，债务率3 = 债务余额/可支配财力。

在上述指标中，负债率是以经济总量为基础衡量，而债务率则是以财政收支为基础衡量。从经济总量角度考虑，A市债务规模不大，而从财政收支角度分析，其债务规模又显得较大。那么，到底应该依据哪类标准对A市债务规模进行考察呢？笔者认为，对一个地区债务规模的评价，应以其经济基础和经济实力为主要依据，而不应局限于财政收支能力。因为，地方经济基础雄厚以及经济增长强劲，就能够使人相信未来这个地方有能力偿还其债务，它就可以不断通过债务方式进行融资。但是，与此同时，也需要关注债务率的过度膨胀问题，因为，这会造成政府短期债务清偿出现困难。从A市本级城市建设资金预算可以看出，2012年，该市本级城建债务还本付息支出已达6.6亿元，占总支出的比例超过了30%，已经接近了当年土地出让的净收益（见表2）。

表2　　2012年A市本级城市建设资金收支预算

收入			支出		
项目	金额（万元）	比例（%）	项目	金额（万元）	比例（%）
预算内资金	3000	1.13	市政建设支出	71842	33.05
土地出让收入	72594	27.28	城区绿化支出	8197	3.77
城市配套费收入	5701	2.14	水务建设支出	12084	5.56
公积金增值收益	765	0.29	土地类支出	33515	15.42
广告经营收入	294	0.11	债务支出	66471	30.58
灾后重建基金	72989	27.43	其他类支出	25282	11.63
中央、省补助保障性住房资金	4636	1.74	合计	217391	100
新区建设资金	6200	2.33			

续表

收入			支出		
项目	金额（万元）	比例（%）	项目	金额（万元）	比例（%）
管网建设资金	2159	0.81			
融资资金	53000	19.92			
市场化运作	20000	7.52			
地方债券	8007	3.01			
上级补助水务资金	1700	0.64			
合计	266127	100			

2. 融资平台未来可持续发展能力受限

为了更好地集中公共资源，服务于政府的融资需求，A 市政府融资平台采取了集团公司 + 子公司的组织形式，市投资集团公司下辖城市建设投资公司、园区建设投资公司、天然气公司、交通投资公司等子平台公司。按照国发 19 号文件的要求，2010 年，集团公司对实物资产、股权出资和无形资产进行了全面清理，注册资本金从 9 亿元增加到 30 亿元。2011 年，集团公司完成了全市经营性资产的清理和划转。同时，市财政将 6.2 亿元经营性资产注入集团公司，既进一步扩大了资产规模，又增强了集团公司现金流。目前，集团公司注册资本金 30 亿元，资产总额 108 亿元，净资产 52 亿元。

2009～2012 年，集团公司本部分别实现融资 13.8 亿元、2.2 亿元、2.7 亿元和 11 亿元。2012 年，集团公司合并实现融资总额 21.1 亿元，除本部融资外，天然气公司实现融资 0.25 亿元，城投公司实现融资 9.86 亿元。截至 2012 年底，集团公司累计为 A 市经济发展筹集资金 36.1 亿元。其中，项目融资 30 亿元，中小企业担保融资 6.1 亿元。所有贷款均按时还本付息，未发生不良记录。

表3 A 市融资平台部分融资情况

业主	贷款行	项目名称	贷款金额（万元）	贷还款时间	年利率（%）
土储中心	开行	土地储备	25000	2003~2011	7.83
城投公司	开行	湿地公园	3000	2006~2018	7.83
城投公司	开行	滨河路	4200	2007~2019	7.83
城投公司	开行	城市桥梁	3800	2007~2019	7.83
国资委	开行	国企改革	4800	2007~2020	7.2
国投公司	开行	中小企业担保公司注资	2500	2006~2018	7.83
宏明公司	开行	交通应急贷款	5000	2006~2009	7.29
国投公司	开行	经济适用房和廉租房	8800	2008~2019	
国投公司	开行	抗震救灾紧急专项贷款	14350	2008~2023	6.35
国投公司	农发行	万源农村路网建设	50000	2009~2014	6.55
开发区	开行	产业园基础设施	19000	2009~2021	7.05
开发区		开发区基础建设	25000	2012~2024	7.05
国投公司		企业债	80000	2012~2019	7.25

近年来，集团公司先后投资建设了水厂、污水处理厂、市政务服务中心、供水管网修复及改扩建工程、新区开发、棚户区改造等一大批城市基础设施项目、政府公益性项目、城市综合体和城市区域开发项目。同时，集团公司还承担了市本级绝大多数保障性住房建设任务。2009~2012年，集团公司本部及直管子公司分别实施项目11个、13个、19个和32个，全年完成投资4.1亿元、2.1亿元、4.6亿元和8.4亿元。

与国内许多政府融资平台类似，集团公司遇到的主要问题是盈利能力较差，造血功能不强。截至目前，集团公司能实际控制的资产仅有13.7亿元，能进行运营并产生效益的优质资产更少。由于有效资产不足和经营模式不规范，市投资集团现有资产已经不能提供足额的现金流和利润，金融机构所需项目贷款的经营状况和定期监控的经营数据资料只能依靠集团公司临时拼凑，不能实现贷款收益对债务本息“全覆盖”，也无法编制合格的报表，使得债券发行和中期票据发行等创新融资工作难以顺利开展。调研中，地方政府及投资公司的同志普遍反映，由于可用于抵押的政府优质经营性资产越来越少，土地抵押又受到许多中央政策的限制，政府融资平台债务扩张能力明显减弱。

3. 乡镇政府债务出现新的膨胀趋势

从 2004 年起，我国开始推行“乡财县管”体制，乡镇债务得到较好的处置。其中，对资产大于负债的农村基金会，并入信用社成为其正式的分支机构，而对资不抵债的农村基金会则实施清盘，“普九”等教育债务也通过中央转移支付方式得到了偿还。到 2008 年，乡镇债务大多化解完毕。但是，2008 年以后，A 市乡镇债务又出现新一轮的膨胀趋势，债务水平甚至超过了 90 年代。其中，B 区每个乡镇债务均超过了 1000 万元，全区债务达到 10 亿元以上。这些债务通常是以拖欠企业和个人的工程款等形式出现。

乡镇的同志把新形成的乡镇债务归为以下几类。第一，建设性负债，即由于公路、供水、污水处理、环境治理等基础设施建设形成的债务。对于这些公共投资项目，上级政府往往只安排了专项建设资金，却没有安排征地补偿费用、人员和办公经费，其费用只能由实施项目的乡镇政府承担。近年来，为应付中央和省级领导视察，乡镇和农村公路沿线都要进行风貌塑造，但是，却没有相应的资金保障，这些费用也要由乡镇政府承担，由此形成工程欠款。

第二，发展型负债，即由于乡镇政府推进农业产业化项目以及建设产业园区而形成的债务。在推进农业产业化项目时，上级政府也有各种形式的补助，例如提供种苗、种猪，但是，人员成本却通常不在补助范围之内，由此产生的费用自然落到了乡镇政府的头上；现在许多乡镇也建有各类产业园区，园区的征地补偿以及基础设施建设成为乡镇政府的重要任务，由此也会形成一定的债务。

第三，维稳性负债，即控制辖区内居民上访、维护社会稳定产生的债务。由于上级政府过度强调稳定、和谐，又缺乏较为完善的法制保障及约束，给人们造成“小闹小解决，大闹大解决”的印象，相关人员动不动就上访，出现了一批缠访户和专职上访人员，安抚与协调的任务也就成为乡镇政府的一项重要职能，

“花钱买稳定”成为基层政府的主要做法，由此产生的维稳成本巨大，又没有专项的经费保障，形成的债务不断增加。

乡镇债务出现新一轮的增长，有其背后的体制与政策原因。其一，政绩考核存在严重问题。目前的考核制度和评价体系，重在上级表扬和肯定，示范点、提供迎查现场、工作受上级领导批示或表扬实行加分，因工作不力引起上访或受到上级领导批评的实行扣分。这就导致基层官员拼命搞项目、装门面、防上访，又没有相应的预算经费，就只能借债。其二，乡镇政府没有自有财力，但是，却承担了上级下达的建设性任务，当市县财政无法保障的情况下，只能由乡镇政府通过拖欠工程款的形式完成项目建设。“乡财县管”以后，县区政府本有责任对乡镇负债进行严格监督与约束，但是，同样为政绩表现，县区政府也只能默许这种行为的发生。其三，上级官员下来调研，总喜欢给基层群众做出不切实际的表态和许诺，却又不承担相应的责任，往往给乡镇留下一个难以应付的烂摊子，支出责任只能由乡镇政府承担。

4. 防范地方政府债务风险的建议

规范融资平台发展。在未来很长时期内，融资平台仍将是地方政府可以依赖的重要融资模式，要促进融资平台健康发展。融资平台应以政府出资和公共资源为依托，以市场化方式运作，由项目自身收益偿还债务，必要时政府给予适当财政补贴。探索由央企、省企、当地平台公司和民营企业共同组建城镇基础设施建设平台公司，促进融资平台主体多元化。要健全融资平台的治理结构，允许银行等金融机构派员参与平台公司监事会。建立支持融资平台公司健康发展的长效机制，强化企业自身的融资能力、偿债能力和风险防范能力。

拓展公私合作模式。地方政府拥有的资产、资金和资源已难以继续承担大规模建设需要，必须拓展公私合作的方式。对于新建的基础设施，政府可以采用BOT等形式与民营企业合作。对于已有的基础设施，政府可以通过出售、租赁、合同承包等形式与民营企业合作。A市的成片棚户区改造项目已经开始探索城市运营商建设模式。这种模式可以打通土地一级和二级市场，在房地产开发的同时，由城市运营商同步完成市政设施、社区医院、学校、文化设施的建设，从而免去了土地一级开发的成本和“招、拍、挂”的复杂程序，也免去了政府土地财政的负担和麻烦。

加强乡镇债务监管。尽管市县债务监管存在一定问题，但是，这些债务毕竟已经纳入管理部门的视线，并建立起了一定的防控机制；而乡镇债务并未进入市县政府债务的统计范围，对这部分债务，上级政府基本上没有进行有效的监管。必须充分重视乡镇债务给地方政府带来重大风险隐患。首先，要将乡镇债务纳入地方政府债务统计，掌握债务变化的动态信息；其次，应由县区融资平台对乡镇建设性债务进行统借统还，降低债务成本，防控债务风险；再次，要建立乡镇政府债务的监测体系和风险控制标准，用负债率、债务率等指标进行严格的数量控制。

约束地方政府行为。要建立科学的发展观和政绩观，有效约束地方政府的举债行为。党政干部的异地任职有利于防止腐败和不当利益关系，但是，也会造成主要领导的短期行为，造成前任借债后任偿还的局面。未来市、县（区）、乡镇的主要领导和班子成员应从本地长期居民中选拔，使之在决策时更多考虑本地居民的利益。要完善投资决策体系。不断扩大社会公众参与政府投资项目决策的力度和深度。逐步实行政府投资项目决策公示和重大项目决策听证制度。凡不涉及国家机密的城镇基础设施投资项目，要逐步建立在正式决策前向社会公示的制度，让社会公众知晓并积极参与项目决策过程。

参考文献

［1］威廉·配第．赋税论．北京：商务印书馆，1963

［2］李嘉图．政治经济学及赋税原理．北京：商务印书馆，1962

［3］高培勇，崔军．公共部门经济学．北京：中国人民大学出版社，2001

［4］E. S. 萨瓦斯．民营化与公私部门的伙伴关系．北京：中国人民大学出版社，2002

［5］鲁照旺．政府经济学．郑州：河南人民出版社，2002

［6］杨灿明，李景友．公共部门经济学．北京：经济科学出版社，2003

［7］约翰·M. 利维．现代城市规划．北京：中国人民大学出版社，2003

［8］沙安文，沈春丽．地方政府与地方财政建设．北京：中信出版社，2005

［9］田江海，张昌彩．投资体制改革的突破．南京：江苏人民出版社，1998

［10］刘立峰等．国债政策可持续性与财政风险问题研究．北京：中国计划出版社，2003

［11］刘立峰．政府投资理论与政策．太原：山西经济出版社，2011

［12］朱剑农．马克思主义地租理论的创立、发展和当代地租问题．经济研究，1984（1）

［13］刘绪贻．田纳西河流域管理局的性质、成就及其意义．美国经济，1991（4）

［14］洪银兴．地方政府行为和中国市场经济．经济学家，1997（1）

［15］张维迎，栗树和．地区间竞争与中国国有企业民营化．经济研究，1998（12）

［16］北京大学中国经济研究中心发展战略研究组．地方政府的职能和融资渠道——广信事件案例分析．管理世界，1999（5）

［17］林毅夫，刘志强．中国的财政分权与经济增长．北京大学学报（哲学社会科学版），2000（4）

［18］王玮华．城市住区老年设施研究．城市规划，2002（3）

［19］李静．关于农村合作基金会的研究综述．中国农村观察，2002（6）

［20］陈多长．土地税收理论发展：从威廉·配第到费尔德斯坦．哈尔滨工业大学学报（社会科学版），2002（3）

［21］谈国良，万军．美国田纳西河的流域管理．中国水利，2002（10）

［22］严兵，阮南．信用风险：BOT项目融资成败的关键——国内外电力行业项目融资案例分析．国际经济合作，2003（1）

[23] 张伟，刘晓梅．西方公共选择理论与实现机制评介．中共中央党校学报，2003（2）

[24] 赵早早．地方政府或有隐性负债问题研究——以农村合作基金会为例．公共管理学报，2005（4）

[25] 张晏，龚六堂．分税制改革、财政分权与中国经济增长．经济学季刊，2005（5）

[26] 陶希东．国外新区建设的经验与教训．城市问题，2005（6）

[27] 张卫国．地方政府投资行为：转型期中国经济的深层制约因素．学术月刊，2005（12）

[28] 欧阳昌朋．地方政府投资行为的宏观分析．当代财经，2006（1）

[29] 聂方红．转型时期地方政府投资行为分析．湖北经济学院学报，2006（9）

[30] 徐德富，涂云龙．我国地方政府的“土地财政”行为分析．现代商业，2007（2）

[31] 文义海，周元武．我国农村“普九”债务的性质及其化解对策．教育与经济，2007（3）

[32] 王海燕．我国金融体系发展问题研究．黑龙江社会科学，2007（6）

[33] 卢培云，严文复．城市新区空间结构优化探讨．沈阳建筑大学学报（社会科学版），2007（7）

[34] 邵绘春．“土地财政”的风险与对策研究．安徽农业科学，2007（35）

[35] 王波．论养老模式与现代服务业的融合．华东理工大学学报（社会科学版），2008（3）

[36] 林家彬．日本的特殊法人改革——日本道路公团的案例解析．经济社会体制比较，2008（3）

[37] 徐小慧．浅析我国房地产税收制度的缺陷及改革．商情（教育经济研究），2008（3）

[38] 何艳玲．城市的政治逻辑：国外城市权力结构研究述评．中山大学学报：社科版，2008（5）

[39] 王乾坤等．政府与市场互动的新区开发建设模式．中国集体经济，2008（8）

[40] 高宜程等．城市功能定位的理论和方法思考．城市规划，2008（10）

[41] 董再平．地方政府“土地财政”的现状、成因和治理．理论导刊，2008（12）

[42] 国外地方政府债务的规模控制与风险预警．经济研究参考，2008（22）

[43] 钟峻青．新加坡地铁公司多元化策略及启示．交通企业管理，2009（1）

[44] 徐瑞娥．国外地方政府债务管理概况．地方财政研究，2009（4）

[45] 严晓萍．美国社区养老服务设施建设及启示．社会保障研究，2009（4）

[46] 易凌．现行体制下我国“土地财政”问题的解决．经济师，2009（5）

[47] 刘焱，张文山．我国养老设施分类整合探讨．河北建筑工程学院学报，2009（2）

[48] 吴新华．建立高速公路与普通公路统筹发展新机制——日本公路投融资体制对我国的借鉴．交通财会，2009（9）

[49] 财政部预算司课题组．美国地方政府债务危机处理．经济研究参考，2009（43）

[50] 于新循．论我国养老服务业之市场化运行模式及其规范——基于公建民营、民办公助和以房养老等模式的法律分析与探讨．四川师范大学学报（社会科学版），2010（1）

[51] 陈志勇，陈莉莉．“土地财政”：缘由与出路．财政研究，2010（1）

[52] 财政部预算司考察团．美国、加拿大州（省）、地方政府债务情况考察报告．财政研究，2010（2）

[53] 于长革．财政分权、政府间竞争与经济社会发展失衡．地方财政研究，2010（6）
[54] 吴洪彪．美国和加拿大养老服务业考察报告．中国民政，2010（7）
[55] 张卫国，任燕燕，侯永建．地方政府投资行为对经济长期增长的影响——来自中国经济转型的证据．中国工业经济，2010（8）
[56] 刘尚希．土地财政是高房价的罪魁祸首吗．人民论坛，2010（9）（上）
[57] 钟峻青．新加坡地铁公司经营管理体制及其启示．城市轨道交通研究，2010（11）
[58] 顾大治，周国艳．低碳导向下的城市空间规划策略研究．现代城市研究，2010（11）
[59] 钱昕黎，盛朴．资产证券化在地方政府融资平台中的应用．现代金融，2010（12）
[60] 田代贵．重庆两江新区开发开放战略——借鉴浦东新区和滨海新区经验．重庆理工大学学报，2011（1）
[61] 周岚，于春．低碳时代生态导向的城市规划变革．国际城市规划，2011（1）
[62] 孙悦．地方政府破产与财政重建研究——以日本北海道夕张市为个案．公共行政评论，2011（1）
[63] 原青林．基础教育领域公私合作伙伴关系模式及其理论基础探析．肇庆学院学报，2011（1）
[64] 王克强，刘红梅．美国土地财政收入发展演化规律研究．财政研究，2011（2）
[65] 张菊梅．公用事业公私合作模式的困境与出路——从制度分析视角探讨．惠州学院学报（社会科学版），2011－2
[66] 孙伟，杨小萍．我国养老设施的分类特征及发展趋势探讨．山西建筑，2011，37（5）
[67] 董圣足，谢锡美．风险投资进入民办教育的现状、问题及对策．复旦教育论坛，2011（3）
[68] 李琦，王亮．地方政府破产与财政重建的一般过程分析．社会科学战线，2011（5）
[69] 杨团．公办民营与民办公助——加速老年人服务机构建设的政策分析．人文杂志，2011（6）
[70] 贾康，刘微．“土地财政”：分析及出路．财政研究，2012（1）
[71] 唐在富．中国土地财政基本理论研究——土地财政的起源、本质、风险与未来．经济经纬，2012（2）
[72] 赵先立，李子君．地铁经济中的公私合作——北京地铁 4 号线项目的运营、经验和意义．城市观察，2012（5）
[73] 任琦鹏，杨青．PPP 用于不同地域养老院的风险评价模型．工程管理学报，2012（4）
[74] 邓敏贞．公用事业公私合作制实施的问题与对策———以“汇津污水处理案”为实证分析对象．行政与法，2013（6）
[75] 大公国际资信评估有限公司课题组．地方政府融资平台的发展阶段与矛盾特征及转型模式．债券，2014（29）
[76] 郝伟亚，陈宏能．北京地铁 14 号线：风险处置范本．中国投资，2015－03（上半月刊）
[77] 武彦民．中外土地税制比较．中国国土资源报，2001－08－08
[78] 谢峰．英国工党的地方政府改革．学习时报，2006－11－6
[79] 王啸．金融危机对我国资本市场发展创新的启示．上海证券报，2008－11－13

[80] 学者称房产税规模可达7000亿. 北京晨报，2010-06-25

[81] 中国社会养老现状不容乐观：老有所养，如何养？. 中国青年报，2010-09-08

[82] 滨海新区的城市定位和空间发展战略. 中国建设报，2010-10-14

[83] 应向伟. 独立学院与“浙江模式”. 科学时报，2011-01-05

[84] 芬、瑞、日三国“养老产业”经验可以师法. 经济参考报，2011-06-07

[85] 袁迪. 美国市政债券发展经验及对我国的启示. 金融时报，2012-04-09

[86] 中国超亿亩损毁土地待复垦每年新损毁几百万亩. 法制日报，2012-09-03

[87] 大力发展市政债券拓展城镇化融资来源. 中国证券报，2013-06-17

[88] 陈文辉. 保险资金股权投资的创新与实践.21世纪经济报道，2013-09-07

[89] 地方频曝举债建奢华形象工程由一把手拍脑袋决定. 瞭望新闻周刊，2014-08-03

[90] 孟春等. 澳阿德莱德运用PPP模式加强水务建设. 中国经济时报，2014-09-11

[91] 王金龙. 兰州水污染事件周年考：业内质疑官方偏袒威立雅. 中国经营报，2015-04-04

[92] 盛松成. 社会融资总量的内涵及实践意义. 中国人民银行网站，2011-02-17

[93] 郭树清首谈资本市场明确六大重点. www. eastmoney. com，2011-12-02

[94] 郭树清. 不改善金融结构中国经济将没有出路. 财经网，2012-08-02

[95] 苏红，陈金永. 土地征用与地方政府的行为. http：//faculty. washington. edu/

[96] 雷志宇. 政权性质、政企关系和政市关系：转型期中国地方政府经济行为经验研究的三维视野. http：//www. chinareform. org. cn/gov

[97] 地方政府间竞争成政治晋升比拼负面效应凸显. 浙江在线新闻网站，2010-05-18

[98] 赵燕菁. 财产税与政府行为. 中国宏观经济信息网，2007-01-12

[99] 高新军. 我国地方政府治理的现状、问题、借鉴和改革的切入点. http：//www. cctb. net/

[100] 刘玉海. 绑定陕北：西咸新区打出资源底牌. http：//www. sina. com. cn

[101] 任进. 地方政府理论与地方治理理论述评. http：//china. findlaw. cn/xfwq/xiaofeiweiquanlunwen/49901_ 5. html

[102] 郁建兴，楼苏萍. 近20年来法国地方治理体系变革与新治理结构. 学术研究，2006（1）

[103] 现代治理理论解读. http：//blog. sina. com. cn/s/blog

[104] 国内外电力行业项目融资案例. http：//www. lawtime. cn/info/

[105] 张庆才. 汇津事件三问政府. http：//www. sina. com. cn

[106] 内地首个PPP项目调查：刺桐大桥“刺痛”了谁？. http：//www. nbd. com. cn

[107] BOT案例：英法海峡隧道. http：//blog. sina. com. cn/s/blog

[108] 浙江台州市椒江区推行教育股份制增加教育投入. 搜狐教育，2008-09-19

[109] 工商联. 建议适时修订担保法帮助民办学校融资. 网易财经，2013-03-01

[110] 孙强．我国社会养老服务体系建设存在的主要问题及对策．中国养老信息网，2011－02－15
[111] 宿迁市民政局．养老服务业发展中的政府定位和政策取向研究．中国老龄网，2009－06－12
[112] 乌丹星．澳大利亚养老机构运营管理及服务经验分享．中房网，2012－06－07
[113] 地方政府投融资平台的案例解析．http：//www. zuoyou. com/
[114] 土地解密：政府征地全程解析．http：//biz. 163. com，2006－02－22
[115] 房价里70%是政府税费不改不行．中国网，2012－08－15
[116] 专家预测：我国人口总量将不会突破15亿．http：//www. sina. com. cn，2010－05－19
[117] 杨峥．我国土地财政现状及原因．http：//blog. sina. com. cn/
[118] 以资本市场带动金融创新以金融创新促进新兴产业．http：//paper. chinahightech. com. cn/
[119] 我国信托业现状及未来发展思考．http：//www. sina. com. cn，2011－02－17
[120] 王秀宏，杨姗姗．城投债的探索之旅．http：//www. kingcapitaldl. com/news
[121] 全国农村"普九"债务可能超1000亿元．财新网，2010－02－11
[122] 中央财政首次出资偿还"普九"债务．财经网，http：//www. caijing. com. cn/
[123] 温铁军．农村合作基金会的兴衰：1984－1999. http：//www. usc. cuhk. edu. hk/
[124] 乔磊．美国是如何征收房地产税的？为何要收？．世界财经报道，2010－11－06
[125] 贺竹蘑．日本道路公团改革对我国高速公路管理模式的启示．中国高速公路运营管理网，2012－03－30
[126] 林文群．城市社会养老机构的经营模式探讨．厦门大学2005年硕士论文
[127] 陈畅．中国西北地区新城规划研究．天津大学2008年硕士论文
[128] 朱晓莉．我国教育领域的公私合作伙伴关系研究．浙江大学2009年硕士论文
[129] 王峰．我国金融体系的模式选择．天津大学2009年硕士论文
[130] 蔡伟丽．新区与城市的关系研究：空间结构与管理体制．华东师范大学2009年硕士论文
[131] 李飞龙．"公私合作伙伴关系"（PPP）在国外基础教育办学中的应用研究．福建师范大学2011年硕士论文
[132] 广东国际信托投资公司破产案．最高人民法院公报，2003（3）
[133] 财政部财科所．房地产税费制度对房地产价格变动的影响，2010年研究报告
[134] 山东泰山房地产有限公司．上海亲和源会员制老年社区考察报告，2010－04－07
[135] 陈岚，姜超．社会融资总量的跟踪和预测．国泰君安证券，2011－05－18
[136] 中国人民银行金融稳定分析小组．中国金融稳定报告2011年、2012年、2013年、2014年．北京：中国金融出版社
[137] 中国人民银行货币政策分析小组．中国货币政策执行报告
[138] 国土资源部．中国国土资源公报
[139] 全国土地利用总体规划纲要（2006－2020年）